应用型本科院校经济与管理类专业系列教材

金融企业会计实务

主　编　汪本强

副主编　倪泽强

参　编　陈　欣　方小枝

合肥工业大学出版社

内容提要

本书分为四个模块十二章。模块一共两章,主要讲述金融企业会计的基本理论与基本方法;模块二共七章,主要讲述商业银行的业务核算,包括商业银行存贷款业务的核算、支付结算业务的核算、外汇业务的核算、商业银行系统内往来业务的核算、金融机构往来业务的核算以及现代化支付系统的核算等;模块三共两章,主要讲述非银行金融机构业务的核算,包括保险业务、证券业务、信托业务、基金管理业务的核算;模块四即第十二章,主要讲述金融企业财务报告的编制方法。全书在内容的编排上注重把握知识与技能之间的横向联系,结构的编排上注重模块单元之间的逻辑性、系统性和整体性;同时,充分吸收最新的企业会计准则及金融相关法规,因此本书既简便实用又充满时代气息。

本书既可作为应用型本科院校会计类和金融类相关专业的教学参考用书,也可供银行、证券等相关行业从业人员使用。

图书在版编目(CIP)数据

金融企业会计实务/汪本强主编 . —合肥:合肥工业大学出版社,2015.5
ISBN 978 - 7 - 5650 - 2259 - 3

Ⅰ.①金… Ⅱ.①汪… Ⅲ.①金融企业—会计—高等学校—教材
Ⅳ.①F830.42

中国版本图书馆 CIP 数据核字(2015)第 101447 号

金融企业会计实务

主 编	汪本强	责任编辑	汤礼广

出 版	合肥工业大学出版社	版 次	2015 年 5 月第 1 版
地 址	合肥市屯溪路 193 号	印 次	2015 年 7 月第 1 次印刷
邮 编	230009	开 本	710 毫米×1000 毫米 1/16
电 话	理工编辑部:0551 - 62903087	印 张	23.25
	市场营销部:0551 - 62903198	字 数	411 千字
网 址	www.hfutpress.com.cn	印 刷	安徽昶颉包装印务有限责任公司
E-mail	hfutpress@163.com	发 行	全国新华书店

ISBN 978 - 7 - 5650 - 2259 - 3 定价:47.00 元

前　言

　　金融企业会计是会计学、金融学、财务管理等工商管理类专业人才培养方案规定的主干课程之一,也是工商管理类其他专业开设的主要选修课程之一。然而,目前市场上针对应用型本科会计学、金融学、财务管理等专业人才培养需要,即具有较强实践性的金融企业会计实务教材却不多见。为了更好地适应我国金融企业会计核算实践和应用型本科会计学、金融学、财务管理等专业课堂教学之需要,作者根据最新的企业会计准则,并结合金融企业最新的行业管理办法和会计核算方法,特编写本书。本书对商业银行、保险公司、证券公司、信托公司、基金管理公司等主要金融企业的相关业务进行了细致、系统地介绍;本书在编写时以培养学生的实践应用能力为主线,通过"序化"、"简化"、"例化"等方式处理理论知识与实践知识的关系,目的是强化其应用性和实践性。

　　本书分为四大模块共十二章。模块一分为两章,主要讲述金融企业会计核算的基本理论和方法;模块二共七章,主要讲述商业银行的业务核算;模块三共两章,主要讲述非银行金融企业(保险公司、证券公司、信托公司、基金管理公司)业务核算;模块四共一章,主要讲述金融企业财务报告。总之,本书从金融企业会计的基本理论和基本核算方法出发,分别阐述商业银行、保险公司、证券公司、信托公司、基金管理公司的会计核算,重点突出商业银行的业务核算,力求做到理论联系实际。作为教材,它与传统教材的区别主要在于:

　　第一,本书注重把握知识与技能之间的横向联系。与传统教材因注重知识的系统性、完整性而对金融业务的内涵、特点、作用、功能等进行长篇累牍的介绍不同,本书着重于对面向实际的金融业务流程及其账务处理的解读,强调探究式学习,注重知识可理解性、实践性和有用性。

第二,本书注重把握章节单元之间的逻辑性、系统性和内容设计的有用性。因此,本书在组织内容时,更多地以实际精选的案例性金融业务代替以某一个知识点为出发点的点状化金融业务,体现出知识与技能、过程与方法的有机统一,增强学习的有效性、有用性。

第三,注重教材内容的时效性。本书通过对传统教材中相关金融业务进行删、减、并、增,使其内容能够反映金融企业会计理论研究的最新成果和当前金融企业的实践活动状况,体现教材的时代性特征。例如,弱化对商业银行的传统存贷业务核算内容的讲述,增加对现代化支付系统所涉及的相关业务及其账务处理内容的讲解。

本书由合肥学院汪本强博士担任主编、倪泽强博士担任副主编。第一章至第四章、第十章至第十二章由汪本强编写,第五章、第六章由陈欣、方小枝编写,第七章至第九章由倪泽强编写;合肥工业大学研究生王雨蒙、杨晴晴参加了对书稿进行文字校对和数据校验工作。在编写本书过程中,作者还参阅了大量文献,在此对相关学者深表感谢;同时还要感谢合肥工业大学出版社对本书编写工作和出版工作给予的大力支持。

鉴于作者会计实践阅历和理论水平有限,书中难免存有诸多疏漏和不足之处,恳请读者给予批评指正。

编　者

目 录

模块一

理论基础

第一章 金融企业会计的基本理论

本章导读

在现代信用经济条件下,实体经济发展对金融服务的需求量越来越大,需求层次越来越高,因而导致其金融体系日趋复杂。金融活动不仅渗透到社会经济的各个领域,而且在某种程度上已经脱离实体经济独立运行,金融要素俨然成为与土地、资本、劳动力居于同等重要地位的第四大经济增长要素。"金融越发展,会计越重要"。金融发展对会计产生了直接需求,进而推动会计发展。金融企业会计作为金融企业内部的一项基础性工作,通过对金融企业经济活动的反映、经营业绩的评价、经营过程的控制、金融业务发展前景的预测以及参与企业金融决策等职能的发挥,促使金融企业加强经营管理,提高经济效益,从而保证金融企业健康、持续和稳定发展。

掌握知识和能力要点描述:

(1)了解我国金融机构体系和金融企业类型;

(2)理解金融企业会计的特点;

(3)掌握金融企业会计要素及其确认条件;

(4)建立金融企业会计核算的假设理念和信息质量的管理意识。

第一节　金融企业与金融企业会计

一、金融机构体系

随着市场经济的迅速发展和金融体制改革的不断深入,我国已初步形成以中国人民银行(中央银行)为核心,以商业银行和政策性银行为主体,银行、证券、保险、信托等多种金融机构并存的新型金融机构体系。目前,我国金融机构体系主要包括中央银行、政策性银行、国有控股商业银行、股份制商业银行、地方城市商业银行、地方农村商业银行、邮政储蓄银行、外资银行以及非银行金融机构类的证券公司、保险公司、基金管理公司、信托投资公司、金融资产管理公司等,如图 1-1 所示。

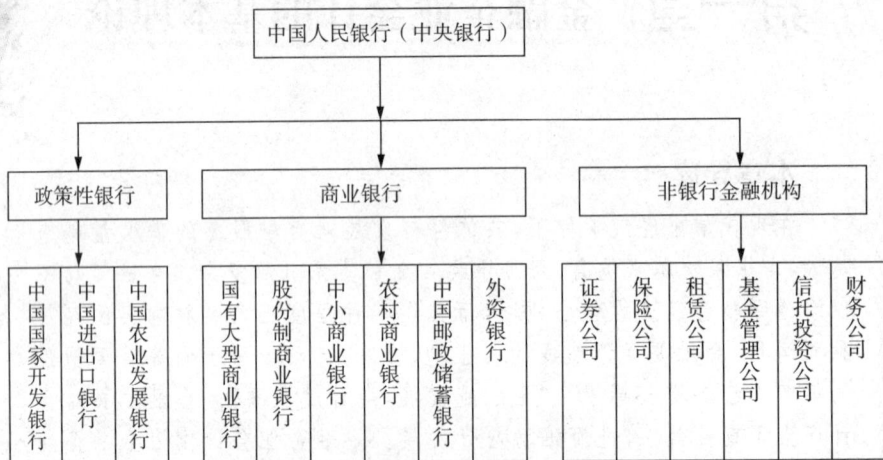

图 1-1　中国金融机构体系结构图

二、金融企业及其业务活动

金融企业是指经营金融商品的企业。在我国,金融企业由在中华人民共和国境内依法成立的商业银行和非银行金融机构组成。在我国金融机构体系中,除了中央银行和政策性银行之外,商业银行和其他非银行金融机构都是自主经营、自负盈亏、自我约束、自我发展的金融企业,以追求利润最大化为经营目标,以流动性、安全性、效益性为基本的经营原则。

(一)商业银行

商业银行是指依照《中华人民共和国公司法》(以下简称《公司法》)设立的、从事货币资金商业性买卖的金融法人。商业银行按照市场导向和区域经济发展的需要,开展以吸收存款、发放贷款、办理结算为主要业务的各种金融服务,吸收活期存款与创造信用货币是其最显著的特征。商业银行是我国金融组织体系的主体,目前主要包括四大国有控股商业银行(中国工商银行、中国建设银行、中国银行、中国农业银行)、四大股份制商业银行(招商银行、兴业银行、民生银行、中信银行)、地方城市商业银行、地方农村商业银行以及中国邮政储蓄银行等。按照《中华人民共和国商业银行法》(以下简称《商业银行法》)的规定,商业银行可以全部或部分经营的业务主要有:吸收公众存款;发放短期、中期和长期贷款;办理国内外结算;办理票据承兑与贴现;发行金融债券;代理发行、代理兑付、承销政府债券;买卖政府债券;从事同业拆借;买卖、

4

代理买卖外汇;提供信用证服务及担保;代理收付款项及代理保险;提供保管箱服务以及经银行业监督管理机构批准的其他业务。

（二）非银行金融机构

近年来,我国非银行金融机构如证券公司、保险公司、信托投资公司、基金管理公司、租赁公司、财务公司等得到了迅速发展,已成为我国金融机构体系的重要组成部分,对我国国民经济的健康发展起着重要的影响作用。与商业银行以吸收公众存款为其主要资金来源不同,非银行金融机构主要以发行股票与债券、接受信托、提供保险等多种形式筹集资金。在目前我国金融业实行分业经营、分业管理的模式下,各类非银行金融机构的经营范围各有侧重。

1. 证券公司

证券公司是指按照《公司法》和《中华人民共和国证券法》（以下简称《证券法》）规定设立的专门经营证券业务的有限责任公司或股份有限公司。根据新修订的《证券法》规定,证券公司的经营业务有:①证券经纪;②证券投资咨询;③证券自营;④证券承销与保荐;⑤证券交易;⑥与证券投资活动有关的财务顾问;⑦证券资产管理;⑧其他证券业务。新修订的《证券法》规定,证券公司经营上述①至③项业务的,注册资本最低限额为 5 000 万元人民币;经营④至⑦项业务之一的,注册资本最低限额为 1 亿元人民币;经营④至⑦项业务中两项以上的,注册资本最低限额为 5 亿元人民币。

2. 保险公司

保险公司是指依照《中华人民共和国保险法》（以下简称《保险法》）成立的经营保险业务的非银行金融机构,经营的实质是对投保人未来可能的损失予以赔偿给付的承诺,在国民经济中发挥着"互助共济,分担风险"的保障作用。根据《保险法》规定,保险公司经营业务范围有:人身保险业务（人寿保险、健康保险、意外伤害保险等）;财产保险业务（财产损失保险、责任保险、信用保险、保证保险等）;经保险监督管理机构批准的与保险有关的其他业务。另外,《保险法》规定,同一保险人不得同时经营人身保险业务和财产保险业务;但是,经营财产保险业务的保险公司经保监会批准,可以经营短期健康保险业务和意外伤害保险业务;经保监会批准,保险公司可以经营财产保险业务和人身保险业务的再保险分出和分入业务。

3. 信托投资公司

信托投资公司是指依法成立的主要经营信托业务的非银行金融机构,它与银行、保险并称为现代金融业的三大支柱。根据我国《信托投资公司管理办法》规定,我国信托投资公司可以申请经营的业务主要有:信托类业务,如受托经营资金的信托业务,受托经营动产、不动产及其他财产的信托业务,受托经营投资基金业务;代理类业务,如代理财产的管理、运用和处分,代理保管业务等;其他业务,如信用鉴证、资信调查及经济咨询业务,经营企业资产的重组、购并及项目融资、公司理财、财务顾问等中介业务,以固有财产为他人提供担保,等等。

4. 基金管理公司

基金管理公司是指依法设立的从事证券投资基金管理业务的非银行金融机构。它经营的主要业务有:证券投资基金的募集、基金份额的申购和赎回、基金财产的投资、收益分配等基金运作与管理等。证券投资基金是一种集合投资制度,是一种利益共享、风险共担的集合证券投资方式。

5. 租赁公司

租赁公司是指依法成立的以经营融资租赁业务为主的非银行金融机构。我国的租赁公司主要有综合租赁公司、专业租赁公司和金融机构兼营租赁业务三大类型。根据《金融租赁公司管理办法》的规定,金融租赁公司可以经营下列部分或全部业务:融资租赁;吸收股东 1 年期(含)以上定期存款;接受承租人租赁保证金;向商业银行转让应收租赁款;发行金融债券;同业拆借;向金融机构借款;境外外汇借款;租赁物品残值变卖及处理业务;经济咨询;其他租赁业务。

6. 财务公司

财务公司是指企业集团依法设立为内部集团成员提供筹资和融资服务的非银行金融机构。根据《企业集团财务公司管理办法》规定,财务公司可以经营下列部分或全部业务:吸收集团成员 3 个月以上定期存款;发行财务公司债券;同业拆借;对集团成员办理贷款及融资租赁;办理集团成员产品的消费信贷、买方信贷及融资租赁;办理集团成员商业汇票的承兑和贴现;办理集团成员的委托贷款及委托投资;承销集团成员的企业债券;对集团成员办理财务顾问、信用鉴证及其他咨询代理业务;对集团成员提供担保以及经中国人民银行批准的其他业务。

三、金融企业会计的任务

金融企业会计是以货币为主要计量单位,遵循会计核算的一般原则,采用专门的会计方法,对金融企业的经营活动进行连续、系统和全面的核算,为金融企业的利益相关人提供金融企业的财务状况、经营成果和现金流量等一系列会计信息的一项管理活动。金融企业会计是针对金融业务的工作特点而制定的特种会计,适用于金融系统的会计核算和经营管理。

金融企业会计的任务主要有以下几方面:

第一,按照国家的法令、法规、政策和有关规定,对金融业务活动和财务收支活动进行及时、准确、完整的记录和核算,提供真实、正确的会计信息。加强经济核算,管好金融企业内部资金和财务收支,正确核算成本,维护金融资产安全,努力增收节支,扩大金融资本积累。

第二,分析、预测发展趋势。按照会计准则的要求进行金融业务的会计处理,利用会计数据和资料进行会计分析,评价过去的经营业绩,预测未来的发展趋势,为决策者、投资者、经营管理者提供决策依据。

第三,加强金融企业内部会计监督。各金融企业应根据自身的经营业务特点,建立、健全内部会计监督制度和内部控制制度,防范内部风险,防止金融资产遭受损失,化解金融风险,保证金融业务安全稳健运行。

四、金融企业会计的特点

金融企业作为经营货币、信用业务的特殊企业,其业务具有自身的特点。与一般工业企业会计相比,金融企业会计具有以下几方面的特点。

（一）会计核算对象的社会性

金融企业会计核算的对象表现为金融企业的资金及其资金运动。金融企业是经营货币这个特殊"商品"的行业。金融企业的资金及资金运动主要在处理国民经济各部门、各企业、各单位以及社会公众的资金往来等经济业务过程中形成的,金融企业会计就是核算和监督在该过程中形成的资金及资金运动,涉及国民经济各部门、各企业、各单位以及社会公众,因而具有广泛的社会性。

（二）会计核算方法的独特性

由于金融企业经济业务具有特殊性,因而使得金融企业会计的核算方法在凭证的填制、账户的设置与登记、表单的设置、账务处理和核对程序等方面与其他企业会计存在着显著的差异。

（三）会计核算与业务处理的统一性

由于金融企业的业务活动主要表现为货币资金的流动,而会计主要核算企业经济业务中能够用货币表现的经济业务,这就使得金融企业的业务处理与会计核算有着不可分离的特点,即引起金融企业货币资金收付行为的经济业务发生后,所要进行的业务处理过程就是金融企业会计进行核算和监督的过程。

（四）会计监督与服务的双重性

金融企业是国民经济的综合部门,是社会资金活动的枢纽。金融企业与国民经济各部门以及社会公众有着广泛的货币信用联系,其工作质量好坏直接关系到金融企业的声誉。因此,金融企业会计在其业务核算过程中既要为客户提供高质量的金融服务,也要加强会计监督。金融企业一方面要监督客户资金是否合理收付,保证国家财经法规和各项规章制度得到有效执行;另一方面要监督客户资金的安全运行,防范各种贪污、盗窃、诈骗案件的发生。同时,金融企业还要监督和抵制一切非法的业务活动,保证国家、企事业单位和公民财产安全。

（五）内部控制的严密性

金融企业是连接国民经济的枢纽,是国民经济信贷收支、现金收支和支付结算的中心。如果金融企业的内部控制出现问题,不仅会引起自身出现经营风险,也会导致出现广泛的社会问题。因此,金融企业必须建立健全科学有效而严密的内部控制制度,以确保其会计核算的质量及资金运动的安全性和有效性。

（六）会计信息披露的及时性、准确性和严格性

金融企业会计核算信息资料披露是否准确、及时,对国民经济至关重要,它是国家了解国民经济各部门的情况、制定政策、进行决策的依据。因此,金融企业会计必须具有独特的核算方式,从制度上保证核算资料的准确和及时披露。另外,由于金融企业在国民经济中所处地位的重要性及其经营业务的特殊性,对其会计信息披露的要求更加严格,如在披露内容上,不仅要求披露反映金融企业财务状况、经营成果等信息,而且还要披露有关风险管理方面的信息,而这些对于金融企业能否可持续发展影响重大。

第二节　金融企业会计对象、会计要素和会计基础

一、会计对象

会计对象是指社会扩大再生产过程中能用货币表现的经济活动,具体表现为资金运动。金融企业会计对象同样表现为资金运动。但是,由于金融在国民经济中地位和业务活动的特殊性,导致金融企业的资金运动形式有别于其他企业的资金运动形式,决定了金融企业会计对象的特殊性。例如,银行业资金运动形式表现为:社会货币资金→银行信贷资金→社会货币资金。

为了便于对金融企业会计对象进行分类核算,按照其资金及其资金运动的不同经济内容,将其分为资产、负债、所有者权益、收入、费用和利润六大要素。其中,资产、负债和所有者权益主要反映金融企业在某一时点的资金来源及其分布的静态表现形式,构成企业资产负债表的内容;收入、费用

和利润主要反映金融企业某一时期经营成果的动态表现形式,构成企业利润表的内容。

二、会计要素及其确认条件

我国《企业会计准则——基本准则》对资产、负债、所有者权益、收入、费用和利润六大要素已进行了严格的定义,在此将根据金融企业的经营特点,分别阐述各要素的确认条件及其金融企业的要素内容。

（一）资产

资产是指企业过去的交易或者事项形成的、由企业拥有或者控制的、预期能够给企业带来经济利益流入的资源。

金融企业在确认资产时,除满足上述定义之外,还要符合下列确认条件:①与该资源有关的经济利益很可能流入企业;②该资源的成本或者价值能够可靠地计量。

金融企业的资产按其流动性大小进行分类,可以划分为流动资产和非流动资产。流动资产是指金融企业在一个会计年度内或一个营业周期内能够变现或者耗用的资产。如商业银行的流动资产主要有库存现金、存放中央银行款项、存放同业款项、贵金属、拆出资金、交易性金融资产、应收手续费及佣金、应收股利、应收利息、贴现资产、贷款等;非流动资产是指金融企业不能在一个会计年度内或一个营业周期内变现或者耗用的资产。如商业银行的非流动资产主要有可供出售的金融资产、持有至到期投资、长期股权投资、投资性房地产、固定资产、无形资产等。

另外,证券公司的流动资产主要有货币资金、结算备付金、拆出资金、交易性金融资产、应收手续费及佣金、应收股利、应收利息、代理兑付证券等;非流动资产主要有可供出售金融资产、持有至到期投资、长期股权投资、投资性房地产、固定资产、无形资产等。保险公司的流动资产主要有货币资金、拆出资金、交易性金融资产、应收保费、预付赔付款、应收股利、应收利息、贴现资产、贷款等;非流动资产主要有可供出售金融资产、持有至到期投资、长期股权投资、投资性房地产、固定资产、无形资产、存出资本保证金等。

（二）负债

负债是指企业过去的交易或者事项形成的、预期会导致经济利益流出企业的现时义务。

金融企业在确认负债时,除满足上述定义之外,还要符合下列确认条件:①与该负债有关的经济利益很可能流出企业;②未来流出的经济利益的金额能够可靠地计量。

金融企业的负债按其流动性大小进行分类,可以划分为流动负债和非流动负债。流动负债是指金融企业在一个会计年度内或一个营业周期内必须偿还的债务。如商业银行的流动负债主要有向中央银行借款、同业存放款项、拆入资金、交易性金融负债、吸收存款、贴现负债、应付手续费及佣金、应付职工薪酬、应交税费、应付利息、应付股利等。非流动负债是指偿还期超过一个会计年度或者一个营业周期的债务。如商业银行的非流动负债主要有应付债券、长期应付款等。

另外,证券公司的流动负债主要有短期借款、拆入资金、交易性金融负债、代理承销证券款、代理兑付证券款、应付手续费及佣金、应付职工薪酬、应交税费、应付利息、应付股利等;非流动负债主要有长期借款、应付债券、长期应付款等。保险公司的流动负债主要有短期借款、拆入资金、交易性金融负债、预收赔付款、应付赔付款、应付手续费及佣金、应付职工薪酬、应交税费、应付利息、应付股利、应付保单红利、应付分保账款等;非流动负债主要有长期借款、应付债券、长期应付款等。

(三)所有者权益

所有者权益也称股东权益,是指企业资产扣除负债后,由所有者享有的剩余权益。

金融企业的所有者权益主要包括投资者投入的资本(实收资本、资本公积)、直接计入所有者权益的利得和损失、留存收益(盈余公积、一般风险准备、未分配利润)。如商业银行的所有者权益具体包括:①实收资本,指投资者投入商业银行形成的资本金或股本金,它是商业银行成立和存在的前提。商业银行筹集的资本金按其来源不同,分为国家资本金、法人资本金、个人资本金和外商资本金。②资本公积,指资本(或股本)溢价、财产重估增值及接受的各种捐赠等。③盈余公积,指商业银行从利润中提取的公积金、公益金等。④一般准备,指商业银行按一定比例从净利润中提取的一般风险准备。⑤未分配利润,指待分配给投资者的利润和未决定用途的利润。

(四)收入

收入是指企业在日常活动中形成的、导致所有者权益增加的、与所有者投入资本无关的经济利益的总流入。

金融企业在确认收入时,除满足上述定义之外,应符合下列确认条件:①与收入相关的经济利益很可能流入企业,会导致企业资产增加或负债减少;②经济利益的流入额能够可靠地计量。

金融企业收入主要包括在经营业务活动过程中实现的与业务经营有关的营业收入、通过对外投资实现的投资收益以及取得与业务经营无直接关系的营业外收入等。如商业银行的收入包括利息收入、银行间业务往来收入、手续费及佣金收入、投资收益、汇兑收益、其他业务收入等;证券公司的收入主要包括利息收入、手续费及佣金收入、投资收益、汇兑收益、其他业务收入等;保险公司的收入主要包括保费收入、投资收益、汇兑收益、其他业务收入等。

（五）费用

费用是指企业在日常活动中发生的、导致所有者权益减少的、与向所有者分配利润无关的经济利益的总流出。

金融企业在确认费用时,除满足上述定义之外,还应符合下列确认条件:①与费用相关的经济利益很可能流出企业,结果会导致资产减少或负债增加;②经济利益的流出额能够可靠地计量。

金融企业费用主要包括在业务经营过程中发生的与业务经营有关的营业支出、按规定应缴纳的营业税金及附加、发生的与业务经营无直接关系的营业外支出等。如商业银行的费用主要包括利息支出、手续费及佣金支出、营业税金及附加、业务及管理费、资产减值损失等;证券公司的费用主要包括手续费及佣金支出、利息支出、营业税金及附加、业务及管理费、资产减值损失等;保险公司的费用主要包括退保金、赔付支出、提取未到期责任准备金、提取保险责任准备金、保单红利支出、分出保费、分保费用、营业税金及附加、手续费及佣金支出、业务及管理费、资产减值损失等。

（六）利润

利润是指企业在一定会计期间获得的经营成果,包括营业利润、利润总额和净利润。利润取决于收入与费用、直接计入当期利润的利得和损失的计量,其中收入与费用之差反映了企业日常活动的业绩;直接计入当期利润的利得和损失反映了企业非日常活动的业绩。

三、会计基础

我国《企业会计准则——基本准则》规定:"企业应当以权责发生制为基础进行会计确认、计量和报告。"权责发生制是指凡是当期已经实现的收入和已经发生或应当负担的费用,不论款项是否收付,都应当作为当期的收入和费用计入利润表;凡是不属于当期的收入和费用,即使款项已在当期收付,也不应当作为当期的收入和费用。

权责发生制的会计基础要求,金融企业应以收入在本期实现和费用在本期发生或应由本期负担为标准确认本期的收入和费用,而不论款项是否在本期收付。权责发生制的会计基础是以持续经营和会计分期假设为前提,与以收到或支付现金作为确认收入和费用为依据的收付实现制相对应。

第三节　金融企业会计假设和信息质量要求

一、会计假设

会计假设是会计核算的基本前提,是对会计核算的范围、内容、程序和方法的合理设定。金融企业会计的基本假设包括会计主体、持续经营、会计分期、货币计量。这四个基本假设是金融企业会计核算的客观需要,缺一不可,既相互联系,又有本质区别,共同为金融企业会计核算工作的开展奠定了坚实的基础。

(一)会计主体

会计主体是指会计为之服务的特定单位或组织。我国 2006 年发布的《企业会计准则——基本准则》第五条明确规定:"企业应当对其本身发生的交易或事项进行会计确认、计量和报告。"

金融企业会计核算应当反映某一个特定范围的经济活动,而这个特定范围是根据是否独立核算这个标准来确定和计量的,即采用独立核算的一个空间范围,确认为一个会计主体。有了会计主体假设,金融企业会计才能将本企业与其他企业的经济活动区分开来,才能真实地反映会计主体的财务状况、经营成果和现金流量等会计信息,会计信息的使用者才能据此做出正确的决策。

(二)持续经营

《企业会计准则——基本准则》第六条明确规定:"企业会计确认、计量和报告应当以持续经营为前提。"持续经营是指会计主体的生产经营活动在可以预见的未来不会破产、清算、解散。

持续经营假设明确了会计核算的时间范围。在这个假设前提下,会计核算应当以企业保持持续、正常的生产经营活动为前提,而不考虑企业是否破产、清算等各种意外情况,在此假设前提下选择会计核算的程序及会计处理方法。只有这样,企业才能保持会计信息处理的一贯性和稳定性。当然,如果企业在市场竞争中出现了破产清算、解散等情况,企业再按照相应的法律法规另行处理。

现行企业会计核算所采用的一系列方法和遵循的有关原则、要求都是建立在持续经营这个基本的会计假设前提之上。只有在持续经营前提下,企业的资产和负债才能区别为流动性和非流动性;企业对收入与费用的确认才能采用权责发生制;企业才有必要确立会计分期假设,划分收益性支出和资本性支出;会计属性才有必要划分为历史成本、重置成本、可变性净值等。

（三）会计分期

《企业会计准则——基本准则》第七条明确规定："企业应当划分会计期间，分期结算账目和编制会计报告。会计期间分为年度和中期。中期是指短于一个完整的会计年度的报告期间。"

会计分期假设是对会计核算时间范围的具体划分。会计分期假设的目的是通过会计期间的划分，企业分期结算账目、编制财务报表，从而及时地向有关方面提供反映财务状况、经营成果和现金流量等一系列相关的会计信息，满足其经营管理的需要。我国《会计法》规定，以公历年度的 1 月 1 日至 12 月 31 日为一个会计年度。

（四）货币计量

《企业会计准则——基本准则》第八条明确规定："企业会计应当以货币计量。"

会计主体在会计核算过程中应采用货币作为计量单位，记录、核算会计主体的经营状况。货币作为商品的一般等价物，同样能够用以计量金融企业的资产、负债和所有者权益以及收入、费用和利润，也便于进行综合核算。因此，金融企业会计同样必须以货币计量为前提。当然，会计核算中还要辅以其他计量单位，如实物、劳动工时等。这也体现了会计概念中的"会计以货币为主要计量单位"。另外，货币计量假设中还隐含着币值稳定这个假设，如果币值不稳定，出现恶性的通货膨胀，则会计信息将不具有可比性。

二、会计信息质量要求

会计工作的主要目的是为会计信息使用者提供一系列有关的会计信息，金融企业会计也不例外。要达到这一目的，就必须要求会计信息达到一定的质量标准。根据我国 2006 年发布的《企业会计准则——基本准则》之规定，会计信息质量标准包括客观性、相关性、可理解性、可比性、实质重于形式、重要性、谨慎性、及时性等要求。

（一）客观性

《企业会计准则——基本准则》第十二条明确规定："企业应当以实际发生的交易或者事项为依据进行会计确认、计量和报告，如实反映符合确认和计量要求的各项会计要素及其他相关信息，保证会计信息的真实可靠、内容完整。"

会计信息的客观性要求，会计信息质量必须从真实性、可验证性和中立性等方面来加以衡量。为满足会计信息质量的客观性要求，金融企业在会计核算中应当以实际发生的经济业务为依据，真实地反映金融企业的财务状况、经营成果和现金流量等信息；会计核算应当具有合法的凭证或可靠的依据，可据此复查其数据的来源和生成会计信息的过程；对有些只能根据会计人员的经验或对未来的预计进行计算的经济业务,应站在第三方中立的立场上进行职业判断,以客观事实为依据,公正地提供真实可靠的会计信息。

（二）相关性

《企业会计准则——基本准则》第十三条明确规定:"企业提供的会计信息应当与财务会计报告使用者的经济决策需要相关,有助于财务会计报告使用者对企业过去、现在或者未来的情况做出评价或者预测。"

金融企业会计信息是否具有相关性,要看其会计信息是否具有预测价值和反馈价值。会计信息的预测价值,是指会计信息能够帮助会计报告使用者对过去、现在或者未来事项的可能性结果做出预测,进而影响其决策行为;会计信息的反馈价值,是指会计信息能够帮助会计报告使用者证实或纠正过去决策时的预测结果,进而影响下一步的决策行为。

（三）可理解性

《企业会计准则——基本准则》第十四条明确规定:"企业提供的会计信息应当清晰明了,便于财务会计报告使用者理解和使用。"

为了满足可理解性会计信息质量要求,便于会计信息使用者能够准确、完整地把握会计信息的内容,金融企业的会计核算必须做到:会计记录准确、清晰;填制凭证和登记账簿依据合法,账户对应关系明确,文字摘要简明清楚,数字金额准确;报表项目完整且勾稽关系清楚,数字准确。

（四）可比性

《企业会计准则——基本准则》第十五条明确规定:"企业提供的会计信息应当具有可比性。"

会计信息质量的可比性,要求同一企业在不同时期发生的相同或者相似的交易或者事项,应当采用相同的会计政策,不得随意变更;而不同企业发生的相同或者相似的交易或者事项,应当采用规定的会计政策,确保会计信息口径一致性、一贯性和可对比,不得随意变更。

（五）实质重于形式

《企业会计准则——基本准则》第十六条明确规定:"企业应当按照交易或者事项的经济实质进行会计确认、计量和报告,不应仅以交易或者事项的法律形式为依据。"

如果企业的会计核算仅仅按照交易和事项的法律形式和人为形式进行,而且法律形式和人为形式又没有反映其经济活动的实质性内容,那么所提供的会计信息不仅不会有助于会计信息使用者的决策,反而会误导会计信息使用者的决策。

（六）重要性

《企业会计准则——基本准则》第十七条明确规定:"企业提供的会计信息

应当反映与企业财务状况、经营成果和现金流量等有关的所有重要交易或者事项。"

会计信息的重要性,要求企业编制的财务报告在全面反映其财务状况、经营成果和现金流量的同时,应当区别经济业务的重要程度,采用不同的会计处理程序和方法。对于重要的经济业务,应当单独核算、分项反映、力求准确,并在财务报告中重点说明;对于不重要的经济业务,在不影响会计信息真实性的情况下,可以适当简化会计核算或合并反映。

在金融企业会计实务中,判断某项交易或者事项是否重要,很大程度上取决于会计人员的职业判断能力。具体来说可以从如下两个方面考虑:一是从性质方面,只要某项交易或者事项的发生可能对决策产生一定的影响,就属于重要性的项目;二是从金额方面,当某项交易或者事项的金额达到了一定规模或者比例而可能对决策产生一定影响时,则认为该项交易或者事项具有重要性。

(七)谨慎性

《企业会计准则——基本准则》第十八条明确规定:"企业对交易或者事项进行会计确认、计量和报告应当保持应有的谨慎,不应高估资产或者收益、低估负债或者费用。"

金融企业属于高风险行业,在会计核算中遵循谨慎性要求尤为重要。在金融企业会计实务中,按照规定计提资产减值准备、贷款损失准备和坏账准备就是谨慎性要求的具体体现。当然,谨慎性原则的使用会受到会计规范的制约,不能滥用谨慎性原则设置各种秘密准备,否则视为会计差错。

(八)及时性

《企业会计准则——基本准则》第十九条明确规定:"企业对于已经发生的交易或者事项,应当及时进行会计确认、计量和报告,不得提前或者延后。"

由于会计信息具有较强的时效性,过时会计信息会使其相关性消失,无法为信息使用者的决策提供服务。因此,金融企业在会计核算中要在经济业务事项发生后,及时取得原始凭证,及时进行账务处理,定期结账、编制和提供财务会计报告,以确保会计信息的决策有用性。

调研与实践题:

分别以客户和银行为会计主体,组织学生对发生在客户与银行之间的几笔不同性质业务进行模拟,启发学生换位思考,从中把握金融企业会计要素的特征。

复习思考题：

1. 简述我国金融机构体系的构成及金融企业的业务活动。

2. 与其他类型企业会计相比,金融企业会计具有哪些特点?

3. 金融企业会计对象是什么? 会计要素有哪些? 会计基础是什么?

4. 金融企业会计基本假设的具体内容是什么? 它们之间的关系是什么?

5. 金融企业会计信息质量要求有哪些? 请举例说明其具体运用情况。

推荐拓展阅读：

1. 郑庆华,赵耀. 新旧会计准则差异比较与分析[M]. 北京:经济科学出版社,2006.

2. 中华人民共和国财政部. 企业会计准则 2006[M]. 北京:经济科学出版社,2006.

第二章 金融企业会计核算的基本方法

本章导读

　　金融企业会计的核算方法是指以一般工业企业会计核算方法为基础,结合金融企业业务特点及经营管理的要求而制定,且体现金融企业行业特点的会计核算方法。金融企业会计核算方法主要由金融企业的基本核算方法和各项金融业务的具体处理方法两部分组成。其中,基本核算方法是各项金融业务具体处理方法的高度概括,而各项金融业务的具体处理方法是基本核算方法在各项具体金融业务核算中的具体应用。金融企业会计的基本核算方法主要包括会计科目的设置、会计凭证的填制与审核、设计账务处理程序以及编制会计报表等基本内容。

掌握知识和能力要点描述:

(1)了解金融企业会计科目、会计凭证及其基本分类;

(2)理解金融企业会计核算系统及其账务处理程序;

(3)掌握金融企业会计凭证填制、审核、传递及保管的基本内容;

(4)建立金融企业会计核算的方法体系。

第一节　会计科目

一、会计科目的设置

　　会计科目是设置账户、归集和记载具体经济业务的依据,也是编制会计报表的基础。账户是根据会计科目开设的,是对会计要素的增减变动及其结果进行分类记录、核算的工具。因此,一个会计科目对应一个账户,二者所包含的经济内容具有一致性。在会计实务中,会计科目和账户经常被相互通用,很少进行严格区分。

我国 2006 年 10 月 30 日发布的《企业会计准则——应用指南》给出了 156个会计科目,其中有一部分是针对金融企业设置,并为金融企业专用。在实务中,金融企业在不违背企业会计准则中有关确认、计量和报告规定的前提下,可以根据自身的实际情况自行增设、分拆、合并跨级科目,同时,对于金融企业不可能发生的一些交易或者事项可以不设置相关科目。

与一般工业企业不同的是,金融企业会计科目根据其与资产负债表的关系,可以划分为表内科目和表外科目两大类。

(一)表内科目

表内科目用以核算金融企业资金实际增减变动并反映在资产负债表上的会计事项。按其反映经济内容的不同,表内科目可以分为资产类、负债类、资产负债共同类、所有者权益类、损益类五大类。根据《企业会计准则——应用指南》之规定,我国金融企业会计的表内科目的名称、编号和适用范围见表 2 - 1所列。

表 2 - 1　金融企业表内会计科目一览表

顺序号	编号	会计科目名称	适用范围
		一、资产类	
1	1001	库存现金	
2	1002	银行存款	
3	1003	存放中央银行款项	银行专用
4	1011	存放同业	银行专用
5	1012	其他货币资金	
6	1021	结算备付金	证券专用
7	1031	存出保证金	金融企业共用
8	1101	交易性金融资产	
9	1111	买入返售金融资产	金融企业共用
10	1122	应收保费	保险专用
11	1123	预付赔付款	保险专用
12	1124	应收手续费及佣金	银行和证券共用
13	1131	应收股利	
14	1132	应收利息	
15	1201	应收代位追偿款	保险专用

顺序号	编号	会计科目名称	适用范围
16	1211	应收分保账款	保险专用
17	1212	应收分保合同准备金	保险专用
18	1221	其他应收款	
19	1231	坏账准备	
20	1301	贴现资产	银行专用
21	1302	拆出资金	金融企业共用
22	1303	贷款	银行和保险共用
23	1304	贷款损失准备	银行和保险共用
24	1311	代理兑付证券	银行和保险共用
25	1321	代理业务资产	
26	1431	贵金属	银行专用
27	1441	抵债资产	金融企业共用
28	1451	损余物资	保险专用
29	1461	融资租赁资产	租赁专用
30	1501	持有至到期投资	
31	1502	持有至到期投资减值准备	
32	1503	可供出售金融资产	
33	1511	长期股权投资	
34	1512	长期股权投资减值准备	
35	1521	投资性房地产	
36	1531	长期应收款	
37	1532	未实现融资租赁	
38	1541	存出资本保证金	保险专用
39	1601	固定资产	
40	1602	累计折旧	
41	1603	固定资产减值准备	
42	1604	在建工程	

顺序号	编号	会计科目名称	适用范围
43	1605	工程物资	
44	1606	固定资产清理	
45	1611	未担保余值	租赁专用
46	1701	无形资产	
47	1702	累计摊销	
48	1703	无形资产减值准备	
49	1711	商誉	
50	1801	长期待摊费用	
51	1811	递延所得税资产	
52	1821	独立账户资产	保险专用
53	1901	待处理财产损益	
		二、负债类	
54	2001	短期借款	
55	2002	存入保证金	金融企业共用
56	2003	拆入资金	金融企业共用
57	2004	向中央银行借款	银行专用
58	2011	吸收存款	银行专用
59	2012	同业存放	银行专用
60	2021	贴现负债	银行专用
61	2101	交易性金融负债	
62	2111	卖出回购金融资产款	金融企业共用
63	2201	预付赔付款	保险专用
64	2202	预付手续费及佣金	金融企业共用
65	2203	预收保费	保险专用
66	2204	预付赔付款	保险专用
67	2211	应付职工薪酬	
68	2221	应交税费	

顺序号	编号	会计科目名称	适用范围
69	2231	应付利息	
70	2232	应付股利	
71	2241	其他应付款	
72	2251	应付保单红利	保险专用
73	2261	应付分保账款	保险专用
74	2311	代理买卖证券款	证券专用
75	2312	代理承销证券款	证券和银行共用
76	2313	代理兑付证券款	证券和银行共用
77	2314	代理业务负债	
78	2401	递延收益	
79	2501	长期借款	
80	2502	应付债券	
81	2601	未到期责任准备金	保险专用
82	2602	保险责任准备金	保险专用
83	2611	保户储金	保险专用
84	2621	独立账户负债	保险专用
85	2701	长期应付款	
86	2702	未确认融资费用	
87	2711	专项应付款	
88	2801	预计负债	
89	2901	递延所得税负债	
		三、资产负债共同类	
90	3001	清算资金往来	银行专用
91	3002	货币兑换	金融企业共用
92	3101	衍生工具	
93	3201	套期工具	
94	3202	被套期项目	

顺序号	编号	会计科目名称	适用范围
		四、所有者权益类	
95	4001	实收资本	
96	4002	资本公积	
97	4101	盈余公积	
98	4102	一般风险准备	金融企业共用
99	4103	本年利润	
100	4104	利润分配	
101	4201	库存股	
		五、损益类	
102	6011	利息收入	金融企业共用
103	6021	手续费及佣金收入	金融企业共用
104	6031	保费收入	保险专用
105	6041	租赁收入	租赁专用
106	6051	其他业务收入	
107	6061	汇兑损益	金融企业共用
108	6101	公允价值变动损益	
109	6111	投资收益	
110	6201	摊回保险责任准备金	保险专用
111	6202	摊回赔付支出	保险专用
112	6203	摊回分保费用	保险专用
113	6301	营业外收入	
114	6402	其他业务成本	
115	6403	营业税金及附加	
116	6411	利息支出	金融企业共用
117	6421	手续费及佣金支出	金融企业共用
118	6501	提取未到期责任准备金	保险专用
119	6502	提取保险责任准备金	保险专用

顺序号	编号	会计科目名称	适用范围
120	6511	赔付支出	保险专用
121	6521	保险红利支出	保险专用
122	6531	退保金	保险专用
123	6541	分出保费	保险专用
124	6542	分保费用	保险专用
125	6601	业务及管理费	金融企业共用
126	6701	资产减值损失	
127	6711	营业外支出	
128	6801	所得税费用	
129	6901	以前年度损益调整	

（二）表外科目

表外科目用以反映金融企业业务确已发生而尚未涉及资金实际增减变动,并不列入资产负债表的会计事项。根据该类科目设置账户用来记载那些业务已经发生但又没有引起资金变动的事项,包括或有事项、承诺事项、重要的有价单证、应收（付）托收款项以及财产保管等经济业务事项。在会计核算的方法上,表内科目采用借贷记账法;表外科目采用收付记账法,业务发生时记入收方,业务转销时记入付方,余额反映在收方。

二、会计科目的应用举例

（一）表内科目

（1）徽商银行发放给华联公司短期贷款 80 万元。

该笔业务涉及短期贷款和活期存款两个科目,分别导致银行资产和负债同增。

借:短期贷款——华联公司　　　　　　　　　　800 000

　　贷:活期存款——华联公司　　　　　　　　　　800 000

（2）工商银行收到某机构以现金投入的资本金 1 000 万元。

该笔业务涉及现金和实收资本两个科目,分别导致银行资产和所有者权益同增。

借:现金　　　　　　　　　　　　　　　　10 000 000

　　贷:实收资本　　　　　　　　　　　　　　10 000 000

（3）银行通过转账支付某单位活期存款利息 5 000 元。

该笔业务涉及利息支出和活期存款两个科目，分别导致银行费用支出和负债同增。

借：利息支出   5 000

  贷：活期存款   5 000

（4）张明用现金归还银行贷款利息 2 000 元。

该笔业务涉及现金和利息收入两个科目，分别导致银行资产和负债同增。

借：现金   2 000

  贷：利息收入   2 000

（5）王晨持一张现金支票来银行支取现金 20 000 元。

该笔业务涉及现金和活期存款两个科目，分别导致银行资产和负债同减。

借：短期存款——王晨   20 000

  贷：现金   20 000

（6）某农业银行用存放同业款项拆出临时资金 300 万元给某工商银行。

该笔业务涉及拆放同业和存放同业款项两个科目，分别导致该银行资产一增一减。

借：拆放同业——某工商银行   3 000 000

  贷：存放同业款项   3 000 000

（7）某建设银行以现金支付业务宣传费 500 元。

该笔业务涉及现金和营业费用两个科目，分别导致银行资产减少和费用增加。

借：营业费用   500

  贷：现金   500

（8）甲单位持转账支票来银行支付给在同行开户的乙单位货款 6 万元。

该笔业务涉及活期存款科目，分别导致银行负债一增一减。

借：活期存款——甲单位   60 000

  贷：活期存款——乙单位   60 000

（9）经批准，某银行将其公积金 30 万元转增资本金。

该笔业务涉及实收资本和资本公积金两个科目，分别导致银行所有者权益一增一减。

借：资本公积金   300 000

  贷：实收资本   300 000

（10）长江公司归还银行贷款利息 6 000 元。

该笔业务涉及利息收入和活期存款两个科目，分别导致银行收益的增加和负债的减少。

　　借：活期存款——长江公司　　　　　　　　　　　　6 000
　　　贷：利息收入　　　　　　　　　　　　　　　　　　6 000

（二）表外科目

（1）某银行柜组领回重要凭证支票800本。

该笔业务涉及"重要空白凭证"科目，业务发生记入收方。

　　收：重要空白凭证——支票　　　　　　　　　　　　800

（2）某企业购买支票20本。

该笔业务转销重要空白凭证，业务发生记入付方。

　　付：重要空白凭证——支票　　　　　　　　　　　　20

第二节　会计凭证

　　会计凭证是金融企业记录经济业务，明确经济责任的一种具有法律效力的书面证明文件。填制与审核会计凭证是金融企业会计核算工作的起点和基础。会计凭证登记账户后，应按规定进行整理、装订和归档保管，作为核对账务和事后查考的依据。金融企业每发生一笔经济业务，都必须在取得或填制会计凭证后才能进行账务处理。由于银行的会计凭证需要在银行内部或外部进行传递流转才能完成业务与核算手续，因而银行会计凭证又称为"传票"。

一、会计凭证的类型

　　金融企业会计凭证按其格式和使用范围，分为基本凭证和特定凭证两类。

（一）基本凭证

　　基本凭证又称通用凭证，是金融企业根据有关原始凭证及业务事实自行编制、自行填制并凭以记账的凭证，是金融企业用作记账依据，具有统一格式的凭证。

　　下面以商业银行为例，简要介绍其会计凭证的主要类型。商业银行的基本凭证按其性质特点可分为三大类共13种传票。

　　（1）第一类凭证仅供银行内部使用，不对外销售和传递，适用于未设专用凭证的现金收、付和转账业务。其包括以下四种传票：

　　① 现金收入传票（表2-2）；

　　② 现金付出传票（表2-3）；

　　③ 转账借方传票（表2-4）；

　　④ 转账贷方传票（表2-5）。

表 2-2 现金收入传票

中国××银行现金收入传票

年 月 日

铜牌或对号单第 号

| 总字第 号 |
| 字第 号 |

（贷）＿＿＿＿＿＿＿＿＿

（借）＿＿＿现金＿＿＿

户名或账号	摘　要	金　额									附件　张（白纸红油墨）
		百	十	万	千	百	十	元	角	分	

　　会计　　　　　　出纳　　　　　　复核　　　　　　记账

表 2-3　现金付出传票

中国××银行现金付出传票

年 月 日

铜牌或对号单第 号

| 总字第 号 |
| 字第 号 |

（贷）＿＿＿现金＿＿＿

（借）＿＿＿＿＿＿＿＿＿

户名或账号	摘　要	金　额									附件　张（白纸黑油墨）
		百	十	万	千	百	十	元	角	分	

　　会计　　　　　　出纳　　　　　　复核　　　　　　记账

表 2-4 转账借方传票

中国××银行转账借方传票

年 月 日

总字第	号
字第	号

科目（借）		对方科目（贷）										
户名或账号	摘　要	金　　额										
		亿	千	百	十	万	千	百	十	元	角	分
合　　计												

附件　张（蓝纸黑油墨）

会计　　　　　复核　　　　　记账　　　　　制票

表 2-5 转账贷方传票

中国××银行转账贷方传票

年 月 日

总字第	号
字第	号

科目（贷）		对方科目（借）										
户名或账号	摘　要	金　　额										
		亿	千	百	十	万	千	百	十	元	角	分
合　　计												

附件　张（浅蓝纸红油墨）

会计　　　　　复核　　　　　记账　　　　　制票

(2)第二类凭证仅供银行内部使用,不对外销售但可以对外传递,适用于未设专用凭证但又涉及外单位的转账业务,供银行主动代为收款进账或扣款时(如单位存款利息的进账或贷款利息的代扣)使用。其包括以下两种传票:

① 特种转账借方传票(表2-6);

② 特种转账贷方传票(表2-7)。

表2-6 特种转账借方传票

中国××银行特种转账借方传票

年 月 日

| 总字第 号 |
| 字第 号 |

付款单位	全　　称		收款单位	全　　称												作借方凭证或收账通知
	账号或地址			账号或地址												
	开户行、社	行号		开户行、社					行号							
金额	人民币（大写）			十	亿	千	百	十	万	千	百	十	元	角	分	
原凭证金额		赔偿金														
原凭证名称		号　码		科目（借）＿＿＿＿＿												附件
转账原因				对方科目（贷）＿＿＿＿＿												张
	行、社盖章			会计　复核　记账　制票												

（白纸蓝油墨）

表2-7 特种转账贷方传票

中国××银行特种转账贷方传票

年 月 日

| 总字第 号 |
| 字第 号 |

付款单位	全　　称		收款单位	全　　称												作贷方凭证或支款通知
	账号或地址			账号或地址												
	开户行、社	行号		开户行、社					行号							
金额	人民币（大写）			十	亿	千	百	十	万	千	百	十	元	角	分	
原凭证金额		赔偿金														
原凭证名称		号　码		科目（借）＿＿＿＿＿												附件
转账原因				对方科目（贷）＿＿＿＿＿												张
	行、社盖章			会计　复核　记账　制票												

（白纸紫油墨）

(3)第三类凭证是特定业务使用的凭证。其包括以下七种传票：

① 表外科目收入传票(表2-8)；

② 表外科目付出传票(表2-9)；

③ 外汇买卖借方传票——外币(表2-10)；

④ 外汇买卖贷方传票——人民币(表2-11)；

⑤ 外汇买卖贷方传票——外币(表2-12)；

⑥ 外汇买卖借方传票——人民币(表2-13)；

⑦ 外汇买卖套汇贷方传票——外币(表2-14)。

表2-8　表外科目收入传票

中国××银行表外科目收入传票
年　月　日

表外科目(收入)_____

总字第　　号
字第　　号

户名或账号	摘　　要	金　　额										
		亿	千	百	十	万	千	百	十	元	角	分

会计　　　　出纳　　　　复核　　　　记账

附件　张（白纸红油墨）

表2-9　表外科目付出传票

中国××银行表外科目付出传票
年　月　日

表外科目(付出)_____

总字第　　号
字第　　号

户名或账号	摘　　要	金　　额										
		亿	千	百	十	万	千	百	十	元	角	分

会计　　　　出纳　　　　复核　　　　记账

附件　张（白纸黑油墨）

表 2-10　外汇买卖借方传票(外币)

外汇买卖借方传票（外币）
年　月　日

传票
编号

结汇单位	全　　称	（借）　　　　外汇买卖 （对方科目　　　　　）
	账号或地址	

外汇金额	牌　价	人民币金额	
		￥	
摘要		会计 复核 记账 制票	

附件

张

表 2-11　外汇买卖贷方传票(人民币)

外汇买卖贷方传票（人民币）
年　月　日

传票
编号

结汇单位	全　　称	（贷）　　　　外汇买卖 （对方科目　　　　　）
	账号或地址	

外汇金额	牌　价	人民币金额	
		￥	
摘要		会计 复核 记账 制票	

附件

张

表 2-12 外汇买卖贷方传票(外币)

外汇买卖贷方传票（外币）
年 月 日

结汇单位	全　称	（贷）　　　　外汇买卖
		（对方科目　　　　）
	账号或地址	

| 外汇金额 | 牌　价 | 人民币金额 |
| | | ￥ |

摘要		会计
		复核
		记账
		制票

附件

张

表 2-13 外汇买卖借方传票(人民币)

外汇买卖借方传票（人民币）
年 月 日

结汇单位	全　称	（借）　　　　外汇买卖
		（对方科目　　　　）
	账号或地址	

| 外汇金额 | 牌　价 | 人民币金额 |
| | | ￥ |

摘要		会计
		复核
		记账
		制票

附件

张

表 2-14　外汇买卖套汇贷方传票(外币)

外汇买卖套汇贷方传票（外币）

外 汇 买 卖
（外方科目　　）

	传票编号
	日期
	摘要

外汇金额	人民币金额	牌　价	外汇金额	附件
				张

会计　　　　　复核　　　　　　记账　　　　　　制票

（二）特定凭证

商业银行所使用的凭证中还包括一些特定凭证，是银行据以办理业务并可代替凭以记账的各种专用凭证。特定凭证一般由银行印制，单位购买和填写，并提交银行凭以办理某种业务。这些特定凭证由银行用以代替传票并凭以记账，如支票、进账单、现金缴款单等；也有一些特定凭证由银行自行填制，凭以办理业务及记账，如联行报单、银行汇票等。特定凭证一般是一式数联的套写凭证，格式按有关业务需要设计。

二、会计凭证的填制

（一）会计凭证的要素

会计凭证的要素是指各种凭证中必须填写的与经济业务和账务记载有关的事项，这些必须填写的基本事项称为会计凭证的基本要素，主要包括以下内容：

（1）凭证的名称及编制的年、月、日（特定凭证中，需注明记账日期）；

（2）收、付款单位开户银行的名称和行号；

（3）收、付款单位的户名和账号；

（4）货币名称和大小写金额；

（5）款项来源、用途、摘要及附件张数；

（6）会计分录和凭证编号；

（7）单位按照有关规定的签章；

（8）经办金融企业及有关人员的印章。

（二）会计凭证的填制规则

填制会计凭证是会计核算工作的起点。会计凭证是金融企业办理业务和登记账簿的依据，正确填制会计凭证，对于如实反映金融企业经济业务的内容、确保会计核算的质量至关重要。基本凭证是金融企业内部使用，由金融企业会计人员根据业务自行填制。

1. 现金传票的填制

商业银行内部发生现金收入或者付出业务，每笔业务只需填制一张现金对应科目的现金收入传票或现金付出传票，即发生现金收入业务时，填制"（贷）××科目"的现金收入传票；发生现金付出业务时，填制"（借）××科目"的现金付出传票，不再另行编制现金科目传票。

商业银行对外办理业务时所受理的现金收入业务，以客户提交的现金缴款单第二联代替"（贷）××科目"的现金收入传票；受理现金付出业务时，以客户提交的现金支票代替"（借）××科目"的现金付出传票，也不再另行编制现金科目传票。

2. 转账传票的填制

商业银行发生转账业务，要对每笔业务所涉及的所有借方科目分别填制转账借方传票，所涉及的所有贷方科目分别填制转账贷方传票（有客户提交的特定凭证，可以用来代替转账借方、贷方传票的除外）。例如，对于一借一贷的转账业务，应填制一张"（借）××科目"的转账借方传票和一张"（贷）××科目"的转账贷方传票，同时，还应在这两张传票上填列对方科目的名称，以供参考，不作为记账依据。在对传票编号时，这两张传票应编有相同的顺序号，顺序号后以分数号来区分这两张传票的先后顺序，如为第10笔转账业务，则转账借方传票和转账贷方传票的编号分别为10(1/2)、10(2/2)。"一借多贷"的转账业务，要填制一张转账借方传票和多张转账贷方传票；"多借一贷"的转账业务，要填制多张转账借方传票和一张转账贷方传票。

商业银行对客户提交的特定凭证，可按规定分别代替转账借方传票和转账贷方传票。例如，当持票人和出票人同在某商业银行开户时，商业银行受理持票人提交的转账支票和一式两联进账单时，就应以转账支票代替转账借方传票，以第二联进账单代替转账贷方传票，进行账务处理。

（三）会计凭证的书写规范

填制会计凭证，要做到内容真实、要素齐全、字迹清晰、数字准确、书写规范、一式多联凭证必须套写。会计凭证书写规范如下：

（1）规范的大写数字：壹、贰、叁、肆、伍、陆、柒、捌、玖、拾、佰、仟、万、亿、零、整。

(2)人民币的大写金额之前应注明"人民币"字样,紧接其后书写金额,不得留有空白。

(3)大写金额到"元"的,在"元"后,一定要写"整(正)"字,大写金额到"角"的,在"角"之后,可以写也可以不写"整(正)"字,大写金额到"分"之后不写"整"字。

(4)金额中有"0"时,金额书写规定:①小写金额数字中间有单个"0"或中间连续有几个"0"时,中文大写一个"零"字。例如,3 205.4 元应写成:人民币叁仟贰佰零伍元肆角(整);6 008.95 元应写成:人民币陆仟零捌元玖角伍分。②小写金额中元位是"0"但角位不是"0"时,中文大写金额可以写一个"零"字,也可以不写零。例如,1 240.58 元应写成:人民币壹仟贰佰肆拾元零伍角捌分,或人民币壹仟贰佰肆拾元伍角捌分。③小写金额中角位是"0",而分位不是"0"时,大写金额"元"后面要写"零"字。例如,36 502.02 元应写成:人民币叁万陆仟伍佰零贰元零贰分。

(5)人民币小写金额前面应注明人民币符号"¥",数字不得连写,以免分辨不清。

三、会计凭证的审核

(一)会计凭证的审核内容

金融企业必须根据会计规范和有关业务的具体要求,对会计凭证进行认真审核,以保证其具有真实性、完整性、正确性和合法性。会计凭证审核的重点主要有以下几个方面:

(1)凭证是否为本企业受理;

(2)凭证内容、联数、附件是否齐全、相符,是否超过有效期限;

(3)账号与户名是否一致,是否为被冻结账户;

(4)大小写金额是否一致,有无涂改、刮擦痕迹;

(5)取款是否超过存款余额、拨款限额和贷款额度;

(6)密押、印鉴是否真实齐全;

(7)款项来源、用途是否符合政策及有关资金财务管理的规定;

(8)计息、收费、赔偿金、外汇牌价等计算标准和计算结果是否正确;

(9)科目及账户名称使用是否符合规定。

金融企业会计人员审核会计凭证时应坚持原则,认真履行职责。对内容不全、手续不完备、存在数字差错的会计凭证,应当退回、补填或更正;对不真实、不合法的会计凭证,应拒绝受理,并向金融企业负责人报告。

(二)会计凭证的签章

会计凭证经审核无误后,应由经办人员按规定加盖公章、名章。会计凭证签章是确认凭证有效性、表明业务手续完成程度和明确经济责任的需要。例如，现金收入传票及现金缴款单回单，在收妥现金后应加盖现金收讫章；现金付出传票，在付款后应加盖现金付讫章；转账传票和给客户的收、支款通知应加盖转讫章；签发的结算凭证及有关查询、查复书应加盖结算专用章；签发的银行汇票及承兑的商业汇票应加盖汇票专用章；联行间的往来凭证、报告表、查询和查复书等应加盖联行专用章；办完手续发给客户的重要单证如存单、存折回单等应加盖行名业务公章；对于已经填制或编制、复核、记账的各种单证、凭证、账簿和报表等应分别由各经办人员加盖个人名章。

四、会计凭证的传递

会计凭证的传递是指金融企业将填制或受理的会计凭证在其内部以及企业之间按照规定的时间与路线进行的传送过程。金融企业组织会计凭证传递，要根据各项业务的特点，分别制定各种不同凭证的传递程序，必须做到准确及时、手续严密。一般来说，外来凭证首先要经接柜员审核，然后交记账员确定会计分录，记入明细账，交复核员复核；自制凭证经有关人员签章并记账后，也交复核员复核。除有关业务核算手续另有规定外，会计凭证一律通过邮局或金融企业内部自行传递，不得交客户代为传递，以防流弊。在具体操作中应做到以下几点：

(1)现金收入业务必须先收款后记账；

(2)现金付出业务必须先记账后付款；

(3)转账业务必须"先借后贷"，即先借记付款单位账户，后贷记收款单位账户；

(4)对其他行的票据，必须坚持收妥入账，贯彻"银行不垫款"原则；

(5)对银行之间或柜组之间传递的凭证，原则上都通过邮电部门或银行内部自行传递，不能交客户代为传递，另有规定者除外；

(6)凭证在传递时，应考虑方便客户、服务群众，做到先外后内、先急后缓；

(7)当日凭证按核算处理过程由有关柜组处理，并随时送会计部门进行综合核算。

五、会计凭证的整理和保管

会计凭证是重要的经济档案和历史资料，为了确保会计资料的安全、完整，便于事后的检查，金融企业应根据《会计法》的规定，对会计凭证建立档案，妥善保管。

每日营业终了，必须将已办完会计核算手续的会计凭证全部集中，按科目整理，每一科目的凭证按现金收入、现金付出、转账借方、转账贷方的顺序整理后，分别附在各科目日结单的后面。各科目传票及附件的张数应与各科目日结单上的张数一致。

将按科目整理好的会计凭证,再按科目代号顺序排列,并加上传票封面、封底按日进行装订。装订时,应在结绳处加封纸条,由装订人员和会计主管人员在封条上盖骑缝印章。已装订成册的传票,应编列传票总号,并在传票封面上按规定填写有关内容。每日装订的传票,对每分册应按日编列顺序号,在其封面上标明共几册及第几册。

对按规定整理装订成册并且封面填写完整的传票,应及时登记"会计档案保管登记簿",入库保管。调阅传票和销毁超过规定保管期限的传票,必须按规定手续并经批准后,方可办理。

第三节 账务核算系统及处理程序

一、账务核算系统

金融企业账务核算系统包括明细核算系统和综合核算系统。这两个系统依据相同的会计凭证,按照双线核算和双线核对的原则,分别进行核算,并每日和定期相互进行核对,各自在金融企业会计核算中发挥不同的作用。

(一)明细核算系统

明细核算系统是根据总账科目的核算内容和实际需要设立分账户,详细反映金融企业各项资金增减变化及其结果的核算系统。明细核算系统由分户账、登记簿、现金收付日记账、余额表四部分组成。其账务处理程序是:首先,根据传票记载分户账(若为现金收付业务,则还要分别登记现金收入日记簿和现金付出日记簿);其次,对需要记载却不能入账的重要业务事项,则在登记簿中进行记载;最后,营业终了按分户账登记的各户当日最后余额编制余额表。

1. 分页账户(分户账)

分页账户是根据凭证逐笔连续登记、具体反映某项经济业务引起的资金增减变动情况的明细分类账簿。分页账户是金融企业进行明细核算的主要账簿,也是金融企业办理业务及与客户进行账务核对的重要工具。分页账户的样式一般有四种:

(1)甲种分户账。设有借方、贷方和余额三栏,适用于不计利息或使用余额表计息的账户以及金融企业内部资金各科目账户,如损益类账户。其账页样式见表2-15。

表 2 - 15　甲种分户账

（甲种账）　　　　　　　　商业银行　　　　　　×××　账

货币：　　　　　　　　　　领用凭

户名：　　　　账号：　　　证记录

| 本簿总页数 |
| 本户第　页 |

年		摘要	凭证号码	对方科目	借方(10亿位)	贷方(10亿位)	借或贷	余额(10亿位)	复核盖章
月	日								

　　　　　会计　　　　　　　　　　　记账

（2）乙种分户账。设有借方发生额、贷方发生额、余额和积数四栏，适用于在账页上计息的各账户，如存款账户、贷款账户等。其账页样式见表 2 - 16。

表 2 - 16　乙种分户账

（乙种账）　　　　　　　　商业银行　　　　　　×××　账

货币：　　　　　　　　　　领用凭

户名：　　　　账号：　　　证记录

| 本簿总页数 |
| 本户第　页 |

年		摘要	凭证号码	对方科目	借方(10亿位)	贷方(10亿位)	借或贷	余额(10亿位)	复核盖章
月	日								

　　　　　会计　　　　　　　　　　　记账

（3）丙种分户账。设有借方发生额、贷方发生额、余额和销账四栏，适用于借贷双方反映余额并分别计息的账户，如联行往来、同业往来等账户。其账页样式见表2-17。

表2-17　丙种分户账

（丙种账）　　　　　　　　　商业银行　　　　　×××账

货币：　　　　　　　　　　领用凭

户名：　　　　账号：　　　证记录

本簿总页数
本户第　页

年		摘要	凭证号码	对方科目	借方（10亿位）	贷方（10亿位）	借或贷	余额（10亿位）	复核盖章
月	日								

　　　　　　会计　　　　　　　　　　　记账

（4）丁种分户账。设有借方发生额、贷方发生额、余额和销账四栏,适用于逐笔记账、逐笔销账的一次性业务的账户,如应收账款、应付款项、存入保证金等账户。其账页样式见表2-18。

表2-18　丁种分户账

（丁种账）　　　　　　　　　商业银行　　　　　×××　账

货币：　　　　　　　　　　领用凭

户名：　　　　账号：　　　证记录

本簿总页数
本户第　页

年		摘要	凭证号码	对方科目	借方（10亿位）	贷方（10亿位）	借或贷	余额（10亿位）	复核盖章
月	日								

　　　　　　会计　　　　　　　　　　　记账

除了上述四种分户账外,外汇会计还会根据业务性质和实际需要另设外汇会计特种分户账,如外汇买卖分户账就是把外币金额和本位币金额同时记载在同一账页上的特种账户。

分户账在记载时,除有关业务核算手续另有规定外,应注意下列几点:

(1)账首不得省略如科目、户名、账号、币别、利率、账页、编号以及额度等内容;

(2)记账时先核对好户名、账号、币别、印鉴、业务内容,防止串户、冒领、冒支等现象发生;

(3)业务发生后逐笔记载、逐笔结出余额;

(4)对同一收付单位的多笔凭证,可按有关规定,取得开户单位同意后,汇总凭证记账,将原来的记账凭证(原始凭证也包括在内)作汇总传票附件;

(5)摘要栏内简明扼要地写明业务内容和有关凭证号码;

(6)账页记满时,应对账单及时或定期交开户单位对账,账目不符的,应及时查明原因。

2. 登记簿

登记簿是为了满足某些业务需要而设置的辅助性账簿,属备查簿性质,是分户账的补充。分户账上不能记载而又需要查考的业务,均使用登记簿核算,主要反映表外科目的明细情况,如对客户交来的托收单据、金融企业的一些重要空白凭证及有价单证进行登记,对金融企业租入固定资产进行登记等。登记簿与其他账簿之间不存在严密的勾稽关系,账页样式无统一规定,金融企业可以根据业务需要而自行设计。

3. 现金收付日记账

对于金融企业而言,现金收入和现金付出日记簿是其现金业务的序时记录,是用以记载现金收入数、现金付出数以及现金传票张数的最常见的明细分类账簿。它是会计人员根据现金收入传票和现金付出传票,按照收付款的先后顺序逐笔序时登记的。每日营业终了,分别结计出现金收入、现金付出合计数,并与金库中的现金库存簿以及现金总账科目的借方、贷方发生额合计数进行核对相符。常见的现金收付日记簿的样式见表2-19。

4. 余额表

余额表是用来填制分户账余额的一种明细表,其作用是据以核对总账和分户账余额,并计算利息。余额表按照总账科目及所统驭的分户账设置,每日营业终了根据各分户账的最后余额逐户转抄编制。按照对科目是否计息,余额表分为计息余额表和一般余额表。

表 2-19　现金收付日记簿

组
柜　名称：　　　　年　月　日　　　　第　页 共　页

凭证号码	科目代号	户名或账号	计划项目代号	金额（位数）	凭证号码	科目代号	户名或账号	计划项目代号	金额（位数）
	合计（或过次页）					合计（或过次页）			

复核　　　　　　　　　　　　出纳

（1）计息余额表。

计息余额表适用于需要在余额表上计算利息的科目，按照有关存、贷款科目分别设立。每日营业终了，根据需要在余额表上计算利息的分户账各户当日的最后余额填列，当日没有发生额的账户，根据上一日的最后余额填列。每旬末，将余额表中的余额相加，结出小计，每月末结出本月合计。将本月合计加上"至上月底累计未计息积数"，便得出"至本月底累计未计息积数"。每季末月，将"至上月底累计未计息积数"加上本月初至结息日的余额之和，便得出本结息期的"至结息日累计计息积数"，以此积数乘以相应的日利率，计算各分户账本结息期的应计利息。计算累计积数时，如遇错账冲正，应计算应加、应减积数，并填入余额表的相应栏目，对累计积数进行调整。

计息余额表的样式见表 2-20。

（2）一般余额表。

一般余额表适用于不计息的各科目，以及不需要在余额表上计息（如在乙种账上计息）的科目。根据分户账当日的最后余额编制，便于各科目总账与分户账余额进行核对。一般余额表可根据业务需要随时编制。

一般余额表的样式见表 2-21。

表 2 - 20　计息余额表

××银行

计息余额表

科目名称：　　　　　　　　　年　月　日　　　　　　　　单位:元

科目代号：　　　　　　　　　利率：　　　　　　　　第　页　共　页

日期 余额　户名 账号					合计	复核 盖章
1						
2						
3						
...						
10						
10 天小计						
11						
...						
...						
20 天小计						
21						
...						
...						
本月合计						
至上月底累计未计息积数						
应加积数						
应减积数						
至结息日累计计息积数						
至本月底累计未计息积数						
结息日计算利息数						

　会计　　　　　　　　　　　　　复核　　　　　　　　　　　制表

表 2-21 一般余额表

××银行

一般余额表

科目代号	户名	摘要	金额 (位数)	科目代号	户名	摘要	金额 (位数)

会计　　　　　　　　　　　复核　　　　　　　　　　　制表

(二)综合核算系统

综合核算是以科目为基础,利用科目日结单、总账、日计表三种账表进行核算。其账务处理程序是:首先根据科目日结单合计发生额和余额登记总账;其次根据总账各科目当日发生额和余额编制日计表,该表中各科目借、贷方发生额和余额各自平衡。

1. 科目日结单

科目日结单是反映每一科目当日传票的借、贷方发生额的汇总记账凭证,是监督明细账的笔数和发生额,是轧平当日账务和登记总账的依据。科目日结单的样式见表 2-22。

表 2-22 科目日结单

商业银行

科目日结单

年　　月　　日

凭证种类	借　　方		贷　　方	
	传票张数	金额 位数	传票张数	金额 位数
现金				
转账				
合计				

事后监督　　　　复核　　　　记账　　　　制单

科目日结单依据各科目当日的传票来编制,每个科目编制一张科目日结单,当天无发生额的科目不需要编制科目日结单。编制方法如下:

(1)一般科目日结单的编制方法:每日营业终了,将同一科目所有传票分现金、转账、借方和贷方加计笔数和金额填入科目日结单的发生额栏内;将传票按顺序排列附在科目日结单之后。

(2)现金科目日结单的编制方法:根据一般科目日结单中现金部分编制,将当天一般科目日结单现金部分即借方和贷方计算合计数反方向填入现金科目日结单中;现金科目日结单后附传票。

(3)全部科目日结单的借方发生额合计数与贷方发生额合计数必须加总平衡。

2. 总账

总账是按货币、分科目设立的账簿,是各科目的总括记录,是综合核算的主要账簿,是统驭分户账和编制会计报表的依据。总账主要设有借方、贷方发生额和借方、贷方余额四栏,账页每月更换一次。商业银行总账的样式见表2-23和表2-24。

表2-23 商业银行总账(正面)

年 月份	借 方		贷 方	
	(位数)		(位数)	
上年底余额				
本年累计发生额				
上月底余额				
上月底累计未计息积数				
日 期	发生额		余 额	
	借 方	贷 方	借 方	贷 方
	(位数)	(位数)	(位数)	(位数)
1 ⋮ 10天小计 11 ⋮				

会计　　　　　　　　复核　　　　　　　　记账

表 2-24　商业银行总账(反面)

日　　期	发生额		余　　额		核对盖章
	借　方	贷　方	借　方	贷　方	复核员
	(位数)	(位数)	(位数)	(位数)	
⋮ 20 天小计 ⋮ 30 ⋮					
月　　　计					
自年初累计					
本期累计计息积数					
本期累计未计息积数					

会计　　　　　　　　复核　　　　　　　　记账

　　总账的登记方法:启用账页时,账首各栏包括科目代号、科目名称、时间、上年底余额、本年累计发生额、上月底余额等都应填写并核对正确。每日营业终了,根据各科目日结单的借方、贷方合计数,记入总账各科目同一行的借方、贷方发生栏中并计算出余额。对于单方向反映余额的科目,余额是将上日余额加减当日发生额求得;对于借、贷双方反映余额的科目总账,则须分别计算出借方余额合计和贷方余额合计,分别登入总账余额的借、贷方,不得轧差登记总账余额。

　　对于借、贷双方反映余额的科目,账务是否正确,可以通过下列公式验算:

　　(1)当总账本日借方余额大于贷方余额时,

　　　　上次借方余额-上次贷方余额+本日借方发生额-

　　　　本日贷方发生额+本日贷方余额=本日借方余额

　　(2)当总账本日贷方余额大于借方余额时,

　　　　上次贷方余额-上次借方余额+本日贷方发生额-

　　　　本日借方发生额+本日借方余额=本日贷方余额

3. 日计表

　　日计表是反映当日全部银行业务活动情况的会计报表,也是轧平当日全部账务的主要工具。日计表由借方、贷方发生额和借方、贷方余额四栏组成。日计表的样式见表 2-25。

表 2 - 25　日计表

日计表

年　　月　　日　　　　　　　第　页　共　页

科目代号	科目名称	本日发生额		余　额		科目代号
		借方	贷方	借方	贷方	
		（位数）	（位数）	（位数）	（位数）	
合　计						

行长(主任)　　　　　会计　　　　　复核　　　　　制表

日计表应按日编制。每日营业终了,将总账各科目当日借方、贷方发生额和余额按科目代号顺序填入日计表相应科目的本日借方、贷方发生额和余额栏,当日没有发生额的科目,按上日余额填入,不得遗漏;计算出所有科目借方、贷方发生额合计数,两者应平衡。

二、账务处理

账务处理是指从填制或受理凭证开始,经过账务记载与核对,直至编制日计表以及轧平账务为止的全部过程,包括账务处理程序与账务核对。

账务处理程序与账务核对流程如图 2 - 1 所示。

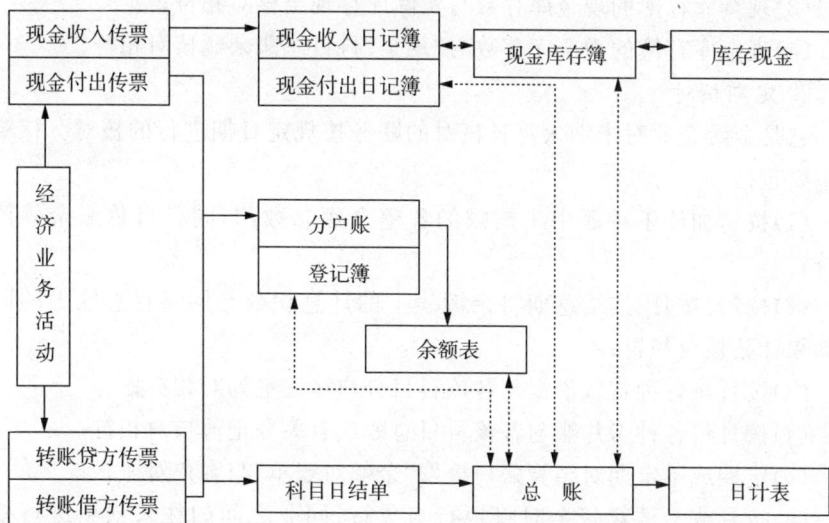

图 2 - 1　账务处理程序与账务核对图

注:——→代表账务处理程序;　◄----►　代表账务核对。

（一）账务处理程序

1. 明细核算系统的账务处理程序

(1)根据经济业务受理、审核或填制传票;

(2)根据传票逐笔登记分户账、登记账簿和现金收入、付出日记账;

(3)根据分户账编制余额表。

2. 综合核算系统的账务处理程序

(1)根据传票,按科目编制科目日结单,轧平当日所有科目的借方和贷方发生额;

(2)根据科目日结单登记总账;

(3)根据总账编制日计表。

（二）账务核对

通过账务核对可以防止账务差错,保证会计核算的质量及金融企业资金的安全。按照核对期限要求,可分为每日核对和定期核对。

1. 每日核对

它是金融企业在每日会计核算结束后,对有关账务进行的核对。核对内容主要包括:

(1)总账各科目余额与同科目分户账或余额表各户余额合计数核对相符;

(2)现金收入、付出日记簿合计数与"现金"科目总账借方、贷方发生额核对相符;

(3)现金库存簿的现金库存数与实际库存现金核对相符;

(4)现金库存簿的现金库存数与"现金"科目总账余额核对相符。

2. 定期核对

它是金融企业对未纳入每日核对的账务按规定日期进行的核对。核对内容主要包括:

(1)按旬加计丁种账中未销账的各笔金额总数,与同科目总账余额核对相符;

(2)按旬、按月、按结息期将余额表上的计息积数与同科目总账上的同期余额累计数核对相符;

(3)按月将各种贷款借据与各该科目分户账逐笔勾对相符;

(4)按月将各种卡片账与各该科目总账或有关登记簿核对相符;

(5)定期或不定期对结算账户填发"余额对账单"与客户对账;

(6)按月或于清算资金时将银行与央行、同业之间的往来款项进行核对一致;

(7)定期及在年终决算前将房屋器具等固定资产进行账实核对相符;

（8）存折户在办理业务时账折核对，支票户应按月发对账单与单位对账。

通过每日核对和定期核对，以使账账、账款、账据、账实、账表和内外账务的"六相符"。

调研与实践题：

组织学生调研几家商业银行，比较分析发生在客户与商业银行之间的几笔不同性质业务，启发学生初步掌握商业银行基本业务的核算流程。

复习思考题：

1. 简述金融企业会计科目的基本类型。

2. 金融企业的基本凭证有哪几种？凭证填制规则与审核内容有哪些？

3. 简述金融企业账务明细核算的程序和余额表编制的方法。

4. 简述金融企业账务综合核算系统的组成及其核算流程。

5. 简述金融企业账务核对内容及其账务处理程序。

推荐拓展阅读：

1. 中华人民共和国财政部 . 企业会计准则——应用指南[M]. 北京：中国财政经济出版社，2006.

2. 财政部会计司编写组 . 2010 企业会计准则讲解[M]. 北京：人民出版社，2010.

模块二

银行业务核算

第三章 商业银行存款业务的核算

本章导读

　　银行是经济中最为重要的金融机构之一。西方银行业的原始状态可溯及公元前古巴比伦文明古国时期。人们公认的早期银行萌芽,起源于文艺复兴时期的意大利。"银行"一词英文称之为"Bank",是由意大利文"Banca"演变而来的。现代银行的最初形式是资本主义商业银行,它是资本主义生产方式的产物。存款业务是商业银行的立行之本,是商业银行以信用方式吸收社会闲置资金的筹资活动,是银行负债业务中最重要的业务之一。吸收存款是商业银行信贷资金的主要来源,商业银行只有通过存款业务将资金集中起来,才能实现放款和投资等资产业务。

掌握知识和能力要点描述:

(1)了解商业银行存款账户的种类和管理;

(2)熟悉商业银行存款业务的会计科目设置;

(3)掌握银行存款利息的计算方法和会计核算方法;

(4)理解存款业务的会计核算及账务处理方法。

第一节　存款业务概述

一、银行存款的分类

　　存款是商业银行吸收社会闲置资金的信用活动,是其主要的负债业务,也是其信贷资金的主要来源。商业银行可以通过吸收存款形式把社会闲置资金聚成巨大的货币资金,通过银行信用中介作用,把资金贷放给流通和生产部门,从而对社会生产和经济活动进行有效调节。

　　按照商业银行存款业务的核算要求,银行存款可以根据不同的分类标志作如下分类：

(1)按存款对象分为单位存款和个人储蓄存款。单位存款主要是商业银行吸收企业、事业、机关、社会团体和部队等单位的闲置资金形成的存款；个人储蓄存款主要是商业银行吸收城乡居民个人的资金形成的存款。

(2)按存款期限分为活期存款和定期存款。活期存款是存入时不约定存期，可以随时存取的存款，其利率较低，主要包括单位活期存款和居民个人活期储蓄存款；定期存款是在存款时约定存期，到期支取的存款，其利率较高，主要包括单位定期存款和居民个人定期储蓄存款。

(3)按存款的资金性质分为财政性存款和一般性存款。财政性存款是指商业银行经办的各级财政拨入预算资金或应上缴财政的各项资金，以及财政安排的专项资金形成的银行存款；一般性存款是指企事业单位、部队、机关团体及个人存入并由其自行支配的各项资金形成的银行存款。

(4)按存款的币种分为人民币存款和外币存款。人民币存款是单位或个人存入的人民币存款；外币存款是单位或个人将其外汇资金存入商业银行，并于以后随时或约期支取的银行存款。

二、存款账户的种类与管理

(一)存款账户的种类

存款账户是商业银行办理信贷、结算、现金出纳、储蓄业务，反映存款人经济活动的工具。为了加强对银行存款及其结算账户的管理，各存款人必须按规定在商业银行开立各种存款结算账户。按存款账户性质不同分为单位存款账户和储蓄存款账户。

1. 单位存款账户

单位存款账户按其用途分为基本存款账户、一般存款账户、临时存款账户、专用存款账户四种。

(1)基本存款账户。基本存款账户是存款人因办理日常转账结算和现金收付需要开立的银行结算账户，是存款人主办账户。存款人只能选择一家银行营业机构开立一个基本存款账户。存款人日常经营活动的资金收付及其工资、奖金和现金的支取，只能通过该账户办理。

(2)一般存款账户。一般存款账户是存款人因借款或其他结算需要，在基本存款账户以外的银行开立的银行结算账户。一般存款账户用于办理存款人借款转存、借款归还和其他结算的资金收付。该账户可以办理现金收缴，但不能办理现金支取。

(3)临时存款账户。临时存款账户是存款人因临时需要并在规定期限内使用而开立的银行结算账户。它用于办理临时机构及存款人临时经营活动发生的资金收付。该账户开立时可按规定或所需确定其有效期,该有效期到期之前可以申请展期,但最长不得超过 2 年。

(4)专用存款账户。专用存款账户是存款人按照法律、行政法规和规章,对其特定用途资金进行专项管理和使用而开立的银行结算账户。专用存款账户只能用于办理各项专用资金的收付。如:基本建设资金、政策性房地产开发资金等。

2. 个人结算账户

个人结算账户是自然人因投资、消费、结算等需要,凭个人有效证件以自然人名称开立的银行结算账户。个人可利用个人结算账户办理现金、非现金转账收付和现金存取等业务,而个人储蓄账户仅限于办理现金存取业务,不得办理转账结算。

(二)银行存款账户的开立与管理

1. 银行存款账户的开立程序

对于存款人申请开立基本存款账户的,商业银行应将存款人的开户申请书、证明材料和审核意见等开户资料报送中国人民银行当地分行,经其核准后办理开户手续;对符合开立一般存款账户、其他专用存款账户和个人银行结算账户条件的,商业银行应办理开户手续并于开户之日起 5 个工作日内通过账户管理系统向中国人民银行当地分行备案。商业银行为存款人开立一般存款账户、其他专用存款账户,应自开户之日起 3 个工作日内书面通知基本存款账户的开户银行。商业银行为存款人开立银行结算账户,应与存款人签订银行结算账户管理协议,并向其核发开户等记证。银行基本存款账户开户流程如图 3-1 所示。

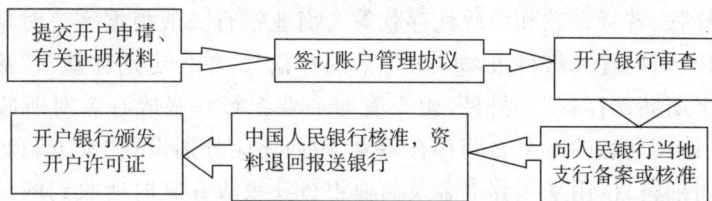

图 3-1 银行基本存款账户开户流程

存款人开立单位银行结算账户,自正式开立之日起 3 个工作日方可办理付款业务,注册验资的临时存款账户转为基本存款账户和因借款转存开立的一般存款账户除外。

2. 银行存款账户的管理要求

对单位开立的账户要加强管理,以强化信贷、结算监督和现金管理。

（1）一个基本账户。一个单位只能在一家商业银行开立一个基本存款账户，不允许在多家商业银行开立基本存款账户。

（2）实行开户许可制度。单位开立基本存款账户，应凭当地人民银行分支机构核发的开户许可证办理。商业银行不能对未持有开户许可证的存款人开立基本存款账户。

（3）自主选择银行开立银行存款账户。存款人可以根据需要自主选择商业银行，除国家法律、法规另有规定外，任何单位和个人不得强令存款人到指定银行开立银行存款账户。

（4）守法合规。存款人的账户只能办理存款人自己的业务，不得出借、出租银行结算账户，不得利用银行结算账户套取银行信用，不得利用银行存款账户进行偷逃税、逃避债务、套取现金等违法犯罪活动。

（5）存款信息保密。除国家法律、法规另有规定外，商业银行有权拒绝任何单位或个人查询存款人开立的银行存款账户情况。

（6）账户及时销毁。对1年未发生收付活动且未欠开户银行债务的单位银行结算账户，商业银行应通知其在1个月内办理销户，逾期视为自愿销户，未划款项列入专户管理。

三、存款业务会计科目设置

商业银行办理存款业务，应设置"吸收存款"、"利息支出"、"应付利息"等科目。

1."吸收存款"

该科目为负债类科目，根据该科目设置的账户用来核算商业银行吸收除同业存放款项以外的各种存款，包括单位存款、居民个人储蓄存款、信用卡存款、特种存款、转贷款存款和财政性存款等。商业银行一般根据客户对象不同和存款期限不同设置二级科目，如"单位活期存款"、"单位定期存款"、"活期储蓄存款"、"定期储蓄存款"。另外，由于有时商业银行在吸收存款时所收到的款项与用来计算利息的本金之间存在差异，因而还应分别设置"本金"和"利息调整"两个明细科目，用来核算本金及商业银行在吸收存款时所收到的款项与用来计算利息的本金之间的差额。

商业银行在收到客户存入款项时，应按实际收到金额借记"库存现金"或"存放中央行款项"等账户，按合同本金贷记"吸收存款——××存款——××单位（本金）"账户，按实际收到金额与合同本金之差贷记"吸收存款——××存款——××单位（利息调整）"账户。

资产负债表日，按摊余成本和实际利率计算本期应该支付的利息，借记"利息支出"账户，合同本金和合同利率计算应支付给客户的利息，贷记"应付利息"账户,两者之差借记或贷记"吸收存款——××存款——××单位(利息调整)"账户。

在实际支付客户利息时,借记"应付利息",贷记"吸收存款"。支付的存款本金,借记"吸收存款——××存款——××单位(本金)"账户,贷记"库存现金"账户或者"存放中央银行项"账户,同时结清"吸收存款——××存款——××单位(利息调整)"账户余额,若有差额记入"利息支出"账户。该账户期末贷方余额,反映商业银行吸收的除同业存放款项以外的各种存款。

2."利息支出"

该科目是损益类科目,根据该科目设置的账户核算商业银行发生的利息支出,包括银行吸收的各种存款、与企业金融机构之间发生资金往来业务、卖出回购金融资产等产生的利息。该科目可按利息支出项目进行明细核算。

资产负债表日,按摊余成本和实际利率计算本期应该支付的利息,借记"利息支出"账户,按合同本金和合同利率计算应支付给客户的利息,贷记"应付利息"账户,两者之差借记或贷记"吸收存款——××存款——××单位(利息调整)"账户。

值得注意的是,商业银行在吸收存款时,大多数情况下,实际利率和合同利率的差异不大,因而通常按合同利率计算确定利息费用,即用合同本金乘以合同利率计算出利息费用,借记"利息支出",贷记"应付利息"。期末,应将该账户本期发生额合计结转至"本年利润"账户,结转后该账户期末没有余额。

3."应付利息"

该科目为负债类科目,根据该科目设置的账户核算商业银行按照合同利率及本金计算的应支付给客户的利息。按照权责发生制原则,商业银行应在资产负债表日计算本期应支付的利息,记入本期费用类账户。

资产负债表日,按摊余成本和实际利率计算本期应该支付的利息,借记"利息支出"账户,按合同本金和合同利率计算应支付给客户的利息,贷记"应付利息"账户,两者之差借记或贷记"吸收存款——××存款——××单位(利息调整)"账户。在实际支付客户利息时,借记"应付利息",贷记"吸收存款"。期末,该账户贷方余额反映商业银行应付未付的利息。

第二节　单位存款业务的核算

一、单位活期存款的核算

活期存款是指不确定存款期限,随时可以存取的存款。其方式主要有现金存取和转账存取两种,其中转账存取主要是通过办理各种结算方式和运用支付工具来实现的。

(一)支票户存取现金的核算

支票户是单位在商业银行开立的凭现金支票、进账单等结算凭证办理现金存取的账户,适用于财务会计制度比较健全、存款金额较大、经常发生存取业务的单位。

1.存入现金的核算

单位存入现金时,应填制一式两联的进账单(即现金缴款单),连同现金一并交银行柜员。现金缴款单的格式见表3-1所列。

表3-1 现金缴款单

现金收缴单(收入凭证)

年 月 日

总字 号
现金日记账顺序 号

缴款人			全 称										
账号			缴款部门										
人民币(大写)				千	百	十	万	千	百	十	元	角	分
券别	张数	十	万	千	百	十	元	券别	张数	十	万	千	百	十	元	会计分录:
																(贷)
																对方科目(借):
																会计　　记账
																复核　　出纳

柜员根据缴款单所填列金额如数点清收款后,在缴款单上加盖"现金收讫"戳记和柜员名章,登记现金收入记账簿。第一联进账单作回单退给存款单位,第二联进账单送交会计部门,凭以代现金收入传票登记单位存款分户款。会计分录如下:

借:库存现金

　　贷:吸收存款——单位活期存款——××户

【例3-1】 某银行收到开户单位大华物业公司缴存现金15 000元,审核无误后登记入账。

借:库存现金　　　　　　　　　　　　　　　　　　　　15 000

　　贷:吸收存款——单位活期存款——大华物业公司　　　15 000

2. 支取现金的核算

单位向其开户行支取现金时,应在存款账户余额内签发现金支票,填明支取金额和款项用途,并在支票上加盖银行预留印鉴,由收款人背书后送至银行会计部门审核。会计人员审核现金支票时主要审核如下内容:是否由本行受理;支票是否超过提示付款期;账户和户名是否相符;大小写金额是否一致;支票上的签章与预留银行的印鉴是否相符;密码是否正确;是否已挂失;出票人账户是否有足额资金;有无收款人背书等。经审核无误后,银行会计部门以现金支票代现金付出传票登记分户账。会计分录如下:

借:吸收存款——单位活期存款——××户
　　贷:库存现金

同时,会计人员在支票上加盖名章,交复核人员进行复核盖章后,现金支票传递到出纳部门,由出纳人员根据现金支票登记现金日记簿,凭对号单向取款人支付现金。

【例3-2】 大华物业公司开出现金支票,到开户行提取 98 000 元。经审核无误予以办理。

借:吸收存款——单位活期存款——大华物业公司　　　　98 000
　　贷:库存现金　　　　　　　　　　　　　　　　　　　　98 000

二、存折户存取现金的核算

存折户是单位在商业银行开立的凭存折、存取凭条办理现金存取的账户,适用于业务规模小、存款金额小、不经常发生存取业务的单位。

1. 存入现金的核算

根据现金收款业务先收款后记账的要求,银行出纳部门审查凭证无误并清点现金后,再经复核、签章,在凭条上加盖"现金收讫"章,登记现金收入日记账,然后将凭条和存折传递给会计部门,会计人员经审查并核对账折无误后,以存款凭条代现金收入传票登记存款单位的分户账和存折,经复核后将存折退给取款人。会计分录如下:

借:库存现金
　　贷:吸收存款——活期存款——××户

2. 支取现金的核算

单位向其开户行支取现金时,应填制取款凭条,连同存折一并交给银行会计部门。根据现金付款业务先记账后付款的要求,银行会计部门审查凭证无误,经复核、签章后,以取款凭条代现金付出传票登记存款单位的分户账和存折,然后将凭条和存折传递给出纳部门,出纳人员根据取款凭条登记现金付出日记账,配款并复核后,向取款人付出现金,并将存折退给取款人。会计分录如下：

借：吸收存款——活期存款——××户

贷：库存现金

三、单位定期存款的核算

单位定期存款是单位在存入存款时约定存期,到期支取本息的一种存款业务。单位定期存款的起存金额为 10 000 元,多存不限,存期分 3 个月、6 个月、1 年、2 年、3 年和 5 年六个档期。单位定期存款办理支取时,只能以转账方式转入单位的基本存款账户。

（一）存入款项的核算

单位向商业银行申请办理定期存款时,应按存款金额签发转账支票,并交银行会计部门审核,审核无误后,以转账支票代转账借方传票登记单位活期存款分户账,据以为存款人开具一式三联的"单位定期存款开户证实书",以第一联证实书代转账贷方传票登记单位定期存款账;第二联加盖业务公章及经办人名章后交给存款人收执;第三联作卡片账,凭以登记"开销户登记簿",按顺序专夹保管。现金存入时,会计分录如下：

借：吸收存款——单位活期存款——××户

贷：吸收存款——单位定期存款——××户

【例 3－3】 阳光机械厂 2014 年 6 月 15 日签发转账支票 30 000 元,转为半年期定期存款。假设存入时挂牌的半年期定期存款利率为 3.05％,则存入时会计分录为：

借：吸收存款——活期存款——阳光机械厂　　　　　　　　30 000

贷：吸收存款——定期存款——阳光机械厂　　　　　　　　　　　30 000

（二）支取款项的核算

1. 到期支取的核算

单位定期存款到期办理支取时,存款人应在定期存款开户证实书背面加盖公章后持其向开户银行办理。银行接到存款人提交的开户证实书,应抽出专夹保管的卡片联核对无误后,按规定计付利息,填制利息清单,并在证实书上加盖"结清"戳记,销记"开销户登记簿"。以证实书和利息清单作转账借方传票,另填制特种转账贷方传票进行转账。会计分录如下：

借：吸收存款——单位定期存款——××户

应付利息

贷：吸收存款——单位活期存款——××户

【例 3－4】 沿用例 3－3 资料,到期时,阳光机械厂支取该笔存款,银行审核无误后予以办理。

借:吸收存款——单位定期存款——阳光机械厂　　　　30 000

　　应付利息——利息支出　　　　　　　　　　　　　457.5

　　贷:吸收存款——单位活期存款——阳光机械厂　　30 457.5

2. 提前支取的核算

提前支取包括全部或部分提前支取,若办理部分提前支取,以一次为限。部分提前支取时,若剩余定期存款低于起存金额,银行根据全部提前支取的规定计算利息,并对该项定期存款予以清户。

(1)全部提前支取。在办理单位定期存款全部提前支取时,商业银行应根据提前支取存款按照"全部提前支取时,按支取日挂牌公告的活期存款利率计算利息(不分段计息)"的有关规定,计算单位定期存款全部提前支取利息,并在卡片账及审查无误的存单上加盖"提前支取"戳记,办理转账。会计分录如下:

借:吸收存款——单位定期存款——××户　　　　　(本金)

　　应付利息——××户　　　　　　　　　　　　　(利息)

　　贷:吸收存款——单位活期存款——××户　　　　(本金＋利息)

若"吸收存款——利息调整"科目有余额,应予以转销。转销时,账务处理为:

借:利息支出

　　贷:吸收存款——利息调整

【例3-5】 沿用例3-3资料,阳光机械厂由于急需资金,于2014年9月15日全部提前支取该笔存款本金30 000元。假设2014年9月1日银行挂牌的活期存款利率为0.72%。

2014年9月15日全部提前支取时,应计利息为:

$$利息＝30\ 000×78×0.72\%÷360＝46.8(元)$$

借:吸收存款——定期存款——阳光机械厂　　　　　30 000

　　应付利息——阳光机械厂　　　　　　　　　　　46.8

　　贷:吸收存款——单位活期存款——阳光机械厂　　30 046.8

(2)部分提前支取。在办理单位定期存款部分提前支取时,若剩余定期存款不低于起存金额,商业银行应根据提前支取存款利息计算的有关规定,计算单位定期存款部分提前支取利息,填制利息清单,并采取"满付实收"、更换新存单做法,即视同原开户证实书本金一次全部支取,对实际未支取部分按原存期、原利率和原到期日另开具新开户证实书一式三联,新证实书上注明"由××号证实书部分转存"字样,并在开销户登记簿上作相应注明。同时,以原证实书代定期存款转账借方传票,原卡片账作附件,以新证实书第一联代转账贷方传票,另编制三联特种转账支票,一联作转账借方传票,一联作贷方传票,一

联作收账通知,办理转账。会计分录如下:

　　借:吸收存款——单位定期存款——××户　　（本金）（全部本金）

　　　应付利息——××户　　　　　　　　　（提前支取部分利息）

　　　贷:吸收存款——单位活期存款——××户　　　　　（本金）

同时

　　借:吸收存款——单位活期存款——××户　（本金）（未支取本金）

　　　贷:吸收存款——单位定期存款——××户（本金）（未支取本金）

　　新证实书第二联加盖"单位定期存款专用章"和经办人员名章后,作为定期存款的凭据,与利息清单及作收账通知的特种转账传票一起交存款单位,新证实书第三联定期存款卡片账留存,并按顺序专夹保管。新证实书待存款到期时再按到期支取的方式办理支取手续。

　　(三)逾期支取的核算

　　单位定期存款若逾期支取,商业银行除计算到期利息外,对逾期部分还应根据逾期的本金和逾期存期,按逾期支取存款利息的有关规定,计算逾期期间的利息。会计分录如下:

　　借:吸收存款——单位定期存款——××户

　　　应付利息　　　　　　　　　　　　　（合同利息）

　　　利息支出　　　　　　　　　　　　　（逾期利息）

　　　贷:吸收存款——单位活期存款——××户

四、单位通知存款的核算

　　单位通知存款是指存款人与商业银行签订通知存款协议,将款项一次存入,一次或分次支取,不约定存期,支取时按协议提前通知银行,于约定支取日办理款项支取的存款。单位通知存款的起存金额为 50 万元,每次支取的最低金额不少于 10 万元。通知存款提前通知的期限长短,有 1 天通知和 7 天通知两种形式,在存入时约定。通知存款一律记名,存款凭证丧失时可向银行申请挂失。

　　1. 存入的核算

　　存入通知存款时,单位应签发转账支票交银行会计部门,银行会计部门应对凭证进行审核,审核无误后,办理转账。会计分录如下:

　　借:吸收存款——单位活期存款——××户

　　　贷:吸收存款——单位通知存款——××户

　　2. 提前通知

　　存款人应按照通知存款的要求,在支取前的规定时间内,填制书面通知,在通知中列明支取的时间和支取金额,然后以书面传真方式通知或直接提交开户银行。

银行接到存款人的书面通知,应在证实书卡片联上用红笔批注支取日期和支取的金额,或在计算机系统的该通知存款账户上添加支取时间和金额标识。

3. 支取的处理

单位按约定的时间到银行办理支取单位通知存款。会计分录为:

借:吸收存款——单位通知存款——××户

    应付利息

    贷:吸收存款——单位活期存款——××户

4. 通知存款利息的计算

通知存款采取利随本清的方式计算利息。具体如下所述:

(1)单位按规定提前支取,并于通知期满支取确定金额的,其利息按支取日中国人民银行挂牌公告的相应档次的利率计息;

(2)未提前通知而支取的、已办理通知手续而又提前支取的、支取金额低于最低支取金额的,按支取日中国人民银行挂牌公告的活期利率计息;

(3)支取金额高于约定金额的,其超过部分按活期利率计息;

(4)支取金额低于约定金额的,则实际支取的部分按通知存款利率计息,不足部分按通知存款利率减去活期利率计算出差额,再将实际支取的利息减去差额,支付给客户;

(5)通知存款已办理通知手续未支取,或在通知期限内取消通知,通知期限内不再计算利息。

第三节　储蓄存款业务的核算

一、储蓄存款的种类

居民储蓄存款也称为个人存款,主要由居民货币收入的节余和待用部分组成,存取款项多为现金,并呈小额、零星的特点。我国银行储蓄存款业务种类主要有以下几类:

1. 活期储蓄

活期储蓄是零星存入,随时存取的存款。活期储蓄是目前一种基本的存款形式,其存取方便灵活,存期不受限制。

2. 定期储蓄

定期储蓄是储户在存款时约定存期,一次或在存期之内按期分次存入本金,整笔或分期、分次支取本金或利息的储蓄。定期储蓄根据其不同的存取方法和付息方式又分为:整存整取、零存整取、存本取息、整存零取四种。

3. 定活两便储蓄

定活两便储蓄是以存单为存取款凭证,存款时不确定存期,随时可以提取,利率随存期长短而变动的一种介于活期和定期之间的储蓄。它既有活期存款随时可取的灵活性,又具有达到一定期限可享有同档次定期储蓄一定折扣利率的优惠。

4. 专项储蓄

这是以积攒某项特定用途的费用为目的的储蓄,如教育储蓄。专项储蓄一般采取零存整取的办法,积少成多,逐步积累,以达到实现某项消费和开支的愿望。

二、活期储蓄的核算

个人活期储蓄存款是不约定存期,随时可以存取的一种储蓄存款,开户时1元起存,多存不限,具有存取灵活方便的优点。储户凭卡或凭折办理,凭密码支取。活期储蓄每季结息一次,利息于结息日的次日主动转存账户,中途需结清账户的,由银行计付利息。

1. 存入的核算

储户开户存入活期储蓄存款时,应提交本人有效身份证件,填写个人真实信息,需要开通网上银行的还需要填写有关凭证,连同身份证原件和复印件、单证、现金一并交银行经办人员。

银行经办人员审查存款凭证的日期、户名、金额和储户身份证件无误后,点收现金并输入计算机,由计算机系统编列账号、设置账户。凭密码支取的由储户预留密码。办理转账,会计分录如下:

借:库存现金
　　贷:吸收存款——个人活期储蓄存款——××户

经复核无误后,在活期储蓄存折上加盖业务章后,将存折或卡交给储户。

储户以后续存现金时,拿卡或存折、现金一并交给银行经办人员,经办人员检验无误后,办理业务。其余手续与开户存入相同。

【例3-6】 储户张华将75 000元现金存入某银行,银行柜员经审核无误后予以办理。

借:库存现金　　　　　　　　　　　　　　　　　　　75 000
　　贷:吸收存款——个人活期储蓄存款——张华　　　　75 000

2. 支取的核算

储户持活期储蓄存折或卡支取现金时,直接将折或卡交银行经办人员,据提示输入预留密码,办理支取手续。会计分录如下:

借:吸收存款——个人活期储蓄存款——××户

贷:库存现金

经复核无误后,将打印凭条交取款人签字确认,在回执上加盖业务章,将回执、现金或卡、存折一并交给储户。储户若要求取出全部存款,并无意保留账号时,应予以销户。处理手续同上,但是银行工作人员要结计利息。会计分录如下:

借:吸收存款——个人活期储蓄存款——××户

利息支出

贷:库存现金

【例3-7】 储户王红将个人活期储蓄存款账户中48 000元从银行中全部取出,银行支付其本金和利息共48 645元。

借:吸收存款——个人活期储蓄存款——王红　　　　　48 000

利息支出——活期储蓄存款利息　　　　　　　　　645

贷:库存现金　　　　　　　　　　　　　　　　　　48 645

三、定期储蓄的核算

个人定期储蓄存款是储户在存款时约定存期,到期支取本金和利息的一种储蓄存款。根据存取本息的方式不同分为整存整取、零存整取、存本取息、整存零取等。银行应在"定期储蓄存款"科目之下分别设置明细科目进行核算。

本小节主讲整存整取和零存整取两种定期储蓄的业务处理。

1. 整存整取的核算

整存整取定期储蓄存款是一次存入一定数额,约定存期,到期一次支取本息的储蓄存款。这种存款1 000元起存,多存不限,分为3个月、6个月、1年、2年、3年、5年六个档期,不同存期对应不同的利率,期限越长利率越高。储户也可与银行约定,存款到期时自动转存,储户也可提前支取。该核算采取利随本清的计息方法。

(1)开户。储户来行开户时,应提交本人有效身份证件,填写有关凭证,连同现金一起交银行经办人员。银行经办人员收妥现金,审核储户身份证件、凭证无误后,开始办理业务。个人储蓄业务办理时,银行一般要求储户凭密码支取,由储户预留密码。会计分录如下:

借:库存现金

贷:吸收存款——个人定期储蓄存款——整存整取××户

经复核无误后,打印存单上加盖业务章后将存单交储户收执。

(2)到期支取。存款到期,储户持存单来行支取存款,银行经办人员应根据储户提交的存单记账,经核对无误后,在存单上加盖支付日期和"结清"戳记。销记"开销户登记簿",然后按规定计算应付利息,并填制一式两联的储蓄

存款利息清单,以存单和利息清单作转账借方传票。会计分录如下:

借:吸收存款——个人定期储蓄存款——整存整取××户

应付利息

贷:库存现金

记账后,在存单、利息清单上加盖"现金付讫"戳记和经办人员名单,将一联利息清单连同本息交给储户,另一联清单由储户签收后作利息支出汇总传票的附件。

过期支取时,按规定计算过期利息,其余手续与到期支取的手续相同。

提前支取的,储户应提交本人身份证件,验证后将发证机关、证件名称及号码记录在存单背面,并由储户签章,然后在存单上加盖"提前支取"戳记,办理付款手续,并按提前支取的计息规定计付利息。

若储户申请部分提前支取时,应按"满付实收"的做法,更换新存单,即将原存单本金一次性全部付出,按规定计付支取部分的利息,对未支取部分按原存单存入日期、期限、到期日、利率等另开新存单,并在原存单上注明"部分提前支取××元",新存单上注明"由××号存单部分转存"字样,在"开销户登记簿"上也作相应的注明,其余手续与到期支取及存入时的手续相同。会计分录如下:

借:吸收存款——个人定期储蓄存款——整存整取××户　　　(原)

利息支出　　　　　　　　　　　　　　　　　　　　　(活期)

贷:库存现金

同时

借:库存现金

贷:吸收存款——个人定期储蓄存款——整存整取××号　　(新)

2. 零存整取的核算

零存整取定期储蓄存款是每月存入固定数额的款项,约定存期,到期一次支取本息的储蓄存款。其存期分1年、3年、5年三个档期。每月按固定存款金额存入一次,中途如有漏存,可在次月补存,到期支取存款本息。

(1)开户。储户开户时,应提交本人有效身份证件,填写有关凭证,将存款凭证连同现金一并交银行经办人员。银行经办人员收妥现金,审查储户身份证件、存款凭证并与点收现金核对无误后,根据存款凭证记账并打印零存整取储蓄存折,登记"开销户登记簿",复核无误盖章后,存折交储户收执。会计分录如下:

借:库存现金

贷:吸收存款——个人定期储蓄存款——零存整取××户

(2)续存。储户续存时,可在每月向银行存入约定金额,中途如有漏存,次月仍可续存,存期已满或存满应存次数,均不再办理续存手续。会计分录如下:

借:库存现金

　　贷:吸收存款——个人定期储蓄存款——零存整取××户

(3)支取。零存整取定期储蓄存款办理到期支取、提前支取(但不能办理部分提前支取)或逾期支取。会计分录如下:

借:吸收存款——个人定期储蓄存款——零存整取××户

　　应付利息或利息支出

　　贷:库存现金

3. 整存零取的核算

整存零取定期储蓄是一次存入较大数额的本金,在存期内分次等额支取本金,到期一次支付利息的储蓄存款。其存期分 1 年、3 年、5 年三个档期,存期的档次、利率与零存整取储蓄存款相同。储户存入款项时由银行发给存单,以后凭存单分期支取本金,支取期分为每 1 个月、3 个月、6 个月各一次,利息于到期结清时一次支付。

整存零取定期储蓄的存入和支取的业务处理同整存整取。

四、定活两便储蓄的核算

定活两便储蓄是一种存款期限不定,随时可取,按实际存期确定利率的储蓄存款方式。定活两便储蓄采用定额存单形式,储户来行办理存款时开立存单,支取时凭存单办理。凡存期不足 3 个月的,按支取日挂牌的活期储蓄利率计付利息;存期 3 个月以上(含 3 个月)不满半年的,整个存期按支取日整存整取 3 个月利率打六折计息;存期在半年以上(含半年)不满 1 年的,按支取日整存整取半年前利率打六折计息。其账务处理与整存整取相同。

第四节　存款利息的核算

一、活期利息的计算

(一)活期存款利息计算的有关规定

商业银行吸收的存款,除财政性存款和被法院判决为赃款的冻结户存款等规定的款项外,吸收的其他各类存款均应按规定计付利息,并作如下规定:

(1)活期存款的计息本金以元为单位,元以下不计息;利息计算到分,即保留两位小数,分以下四舍五入。

(2)活期存款采用定期结息,即按季度结息,按日计息,每季末月 20 日为结息日,从上季末月 21 日起至本季末月 20 日止为一个结息期。每年有四个结息期,分别是 12 月 21 至 3 月 20 日(90 天或 91 天)、3 月 21 至 6 月 20

日(92天)、6月21日至9月20日(92天)、9月21日至12月20日(91天),结息期间即"算头又算尾"。结出的利息于结息日次日入账。

(3)计息期间遇利率调整按支取日挂牌公告的活期利率计息。

(二)活期存款的利息计算与核算

活期存款可以随时支取,因而其余额经常变化,利息计算一般采用积数计息法。积数计息法就是按实际天数每日累计账户余额,以累计计息积数乘以日利率计算利息。账户余额的合计数即为积数,其计息公式为:

$$利息 = 累计计息(日)积数 \times 日利率$$

其中,日利率 = 年利率 ÷ 360 或月利率 ÷ 30。

目前,单位活期计息和个人活期计息方法相同,故下面只介绍单位活期存款利息的计算方法。

单位银行活期计息的方法主要有两种,分别是余额表计息法和分户账页计息法,即分别从余额表和分户账中求取积数的方法。

1. 余额表计息法

余额表计息法,就是在每日营业终了,将各计息分户账的最后余额填入余额表内,求得累计计息积数,并据此计算利息的一种方法。这种方法适用于单位存款余额变动较多的情况。

具体做法是:每日营业终了,系统自动按照单位或账户顺序逐户将账户当日余额分别过入余额表(当日余额没有变动的,照上日余额抄列),各日余额相加之和,即为计息积数,每旬、每月和结息期,应结出累计计息积数。如遇记账日期与起息日期不同,或错账冲正涉及利息的,或遇利率调整,应根据其发生额和天数,算出应加或应减积数,填入余额表"应加积数"或"应减积数"内,结息日计算得出本计息期调整后的累计计息积数,再乘以适用的日利率,即为本计息期的应付利息。

计息日计算出利息后,银行于结息次日制作"利息清单",办理转账。会计分录如下:

借:应付利息——××单位户

贷:吸收存款——活期存款——××单位户

2. 分户账页计息法

分户账页计息法,是指在营业终了时,将存款账户的昨日账面余额乘以该余额再次变动前一天所延续的日数而计算求得积数,并据此计算利息的一种方法。这种方法适用于单位存款余额变动不多的情况。

采用分户账页计息,一般使用乙种账。乙种账的特征是借方、贷方、余额后面再设两列,一列为日数,一列为积数,在分页账户每次余额变动后,计算变动前存款余额的实存日数和积数。计算时,以本次变动前的存款余额乘以上次存款余额的实存天数得出计息天数,然后填入分户账中的"日数"和"积数"栏。实存日数按"算头不算尾"的方法计算,但到结息日时要包括结息日当天的日数。如遇错账冲正,应调整积数,然后以加减调整后的积数乘以日利率,得出本季度应付利息数。

计息日计算出利息后,银行于结息次日制作"利息清单",办理转账。会计分录如下:

借:应付利息——××单位户

贷:吸收存款——活期存款——××单位户

【例3-8】 某银行开户单位中联贸易股份有限公司的单位活期存款分户账见表3-2所列。中联贸易股份有限公司2012年3月21日至5月31日的累计积数为9 526 000元。假设本计息期内活期存款月利率为0.72%,没有发生利率调整变化。

表3-2 中联贸易股份有限公司活期存款分户账

户名:中联贸易股份有限公司　　账号:20110003　　利率:0.72%　　单位:元

2012年 月	日	摘 要	借 方	贷 方	借或贷	余 额	日数	积 数	复核盖章
6	1	承前页			贷	220 000　0	72 4	952 600　00 880 000　00	
6	5	现付	10 000　00		贷	210 000　00	3	630 000　00	
6	8	转贷		5 000　00	贷	215 000　00	4	860 000　00	
6	12	现收		8 000　00	贷	223 000　00			
6	12	转借	25 000　00		贷	198 000　00	1	198 000　00	
6	13	转贷		14 000　00	贷	212 000　00	3	636 000　00	
6	16	转贷		20 500　00	贷	232 500　00	2	465 000　00	
6	18	转借	18 000　00		贷	214 500　00	1	214 500　00	
6	19	转借	23 000　00		贷	191 500　00	2	383 000　00	
6	21	转息		331　2	贷	191 831　2	92	13 792 500　00	

表3-2中,中联贸易股份有限公司2012年3月21日至5月31日的累计积数为9 526 000元,2012年6月1日至6月20日的累计积数为4 266 500元。

本计息期的累计计息积数＝9 526 000＋4 266 500＝13 792 500(元)

本计息期的利息＝13 792 500×0.72%÷30＝331.02(元)

计算出利息后,于6月21日编制"利息清单",将利息计入中联贸易股份有限公司活期存款账户的贷方,并结计出新的存款余额。6月21日利息转账的会计分录为:

借:应付利息——中联贸易股份有限公司户　　　　　　　331.02
　　贷:吸收存款——活期存款——中联贸易股份有限公司户　331.02

二、定期存款的利息计算

(一)定期存款利息计算的有关规定

(1)定期存款在原定存期内的利息,按存入日(开户日)挂牌公告的利率计息,存期内遇利率调整,不分段计息。

(2)定期存款全部提前支取时,按支取日中国人民银行挂牌公告的活期存款利息,不分段计息。

(3)定期存款部分提前支取时,若剩余定期存款不低于起存金额,提前支取部分按支取日挂牌公告的活期存款利率计算利息(不分段计息),未支取部分按原存期及到期日另开新存单,到期时按原存款开户挂牌公告的利率计算利息;提前支取时,若剩余定期存款低于起存金额,则对该项定期存款予以清户,按支取日中国人民银行挂牌公告的活期存款利率计算利息(不分段计息)。

(4)定期存款逾期支取时,逾期部分按支取日中国人民银行挂牌公告活期存款利率计息(不分段计息)。

(5)定期存款的到期日若为节假日,可于节假日前最后一个营业日办理支取手续,银行扣除提前支取天数后,按存入日中国人民银行挂牌公告利率计算利息。节假日后支取,按逾期支取计算利息。

(6)定期存款按对年、对月、对日计算利息,月按30天、年按360天计算,零头天数按实际天数计算,算头不算尾。如果遇到定期存款提前支取和逾期支取计算天数时,其天数的计算方法同上。

(7)定期利息采用利随本清的计息方式。

(二)单位定期存款的计息方法

按新会计准则规定,对于金融负债之一的单位定期存款,由于金额较大,其利息计算应采用实际利率法,即按照金融负债的实际利率计算其摊余成本及各期费用的方法。摊余成本是指该金融负债的初始确认金额经下列调整后的结果:扣除已偿还本金,加上或减去采用实际利率法将该初始确认金额与到期日金额之间的差额进行摊销形成的累积摊销额。

按存款金额和合同利率计算利息,贷记"应付利息"科目,按摊余成本和实际利率计算的利息,借记"利息支出"科目,按其差额,借记或贷记"吸收存款——利息调整"科目。

如果实际利率和合同利率相同或差异较小,可按照合同利率计算利息。

1. 按合同利率计算利息的方法

存款利率在存期内如果差异较小或者无变动,就可以按照合同利率计算利息而不是采用实际利率法。计算公式为:

$$应付利息=本金×存期×合同利率$$

2. 按实际利率计算利息的方法

存款在存期内如果利率变动较大,为了准确核算各会计期间的损益状况,按照准则的要求就要按前述的实际利率法计算利息。

(三)个人定期存款的计息方法

个人定期储蓄主要包括整存整取、零存整取、整存零取和存本取息四种,下面主要讲述整存整取和零存整取两种利息的计算方法。

1. 整存整取存款利息的计算

整存整取定期储蓄存款采用"利随本清"的计息方法,其计算公式为:

$$应付利息=本金×存期×利率$$

存款支取分为到期支取、提前支取和逾期支取三种情况,提前支取和逾期支取的天数都按照满月 30 天计算,不满 1 个月的按实际天数计算。

【例 3-9】 2013 年 8 月 5 日,储户王明开户存入定期储蓄存款 100 000 元,期限 1 年,存入时 1 年期定期利率为 3.25%。请根据以下几种情况分别计算其利息:①王明于次年到期日来行办理取款手续;②王明于当年 10 月 10 日来行提前部分支取 20 000 元;③剩余本金王明于次年 9 月 12 日才来行支取本息,假设支取时挂牌的活期利率为 0.5%。

上面三种情况分别是到期支取、提前部分支取和逾期支取。其利息计算分别为:

① 次年 8 月 5 日到期支取。

$$利息=100\ 000×3.25\%=3\ 250(元)$$

② 当年 10 月 10 日部分提前支取。

$$提前支取的活期利息=20\ 000×65×0.5\%÷360=18.06(元)$$

③ 次年 9 月 12 日逾期支取。

利息＝80 000×3.25％＋80 000×37×0.5％÷360＝2 600＋41.11＝2 641.11(元)

2. 零存整取存款利息的计算

零存整取是在存期内固定金额存入,因此存期属于等差数列,可以按等差数列求和的原理来计算其利息,具体的利息计算方法主要有固定基数法和月基数法。

固定基数法:该方法先计算出 1 元存款存满约定期限,按规定利率计算出应付利息作为基数。到期支取时,以 1 元存款利息基数乘以最后存款余额即得出应付利息。其计算公式为:

$$应付利息＝1 元利息基数×最后余额$$

$$1 元利息基数＝[1 元×(1＋存期月数)]÷2×月利率$$

根据零存整取定期储蓄存款的期限,银行事先计算每元本金的固定计息基数。办理计息时只需将计息基数乘以储蓄账户的最后余额即得应付利息额。

月积数法:该方法根据等差数列公式,将分户账上的每月余额计算累计余额积数,再乘以月利率,即为当期的应付利息。其计算公式为:

$$应付利息＝[(首次余额＋最后余额)×存款次数]÷2×月利率$$

调研与实践题:

组织学生调研某一家商业银行不同性质的存款业务,对其进行比较分析,启发学生从中把握商业银行存款业务的核算流程。

复习思考题:

1. 简述存款主要有哪些类型。

2. 个人定期储蓄存款业务有哪几种? 其内容有哪些?

3. 单位存款账户主要有哪些?

4. 单位定期存款如何核算?

5. 简述活期储蓄存款和定期储蓄存款利息计算方法及其核算。

账务处理题:

1. 某储户于 2013 年 11 月 11 日存入 10 000 元 1 年期整存整取储蓄存款,要求银行在存款到期后办理自动转存,存入日利率 3.10％。假设转存日整存整取 1 年期利率为 3.25％,储户于 2014 年 12 月 28 日支取全部本息,支取日活期储蓄存款年利率为 0.35%。该储户到期共可获得多少利息?

2. 2014 年 9 月某商业银行的开户单位发生如下经济业务:

(1)9 月 2 日,百大百货公司存入现金,现金缴款单上的合计数为 100 000元。

(2)9 月 5 日,A 公司提取现金,开出现金支票,金额 40 000 元。

(3)9 月 20 日,第三季度 A 公司活期存款账户累计积数为 870 000 元,由于错账更正应冲减积数为 6 000 元。活期存款年利率为 0.35%。

要求:根据上述业务编制相关的会计分录。

3. 2014 年 10 月份,某支行发生下列单位定期存款业务。

(1)2014 年 10 月 8 日,杨宁集团签发转账支票存入 3 年期定期存款 500 000元。

(2)2014 年 10 月 12 日,华兴宾馆 1 年期定期存款到期支取,本金金额 30 000元,存入时一年期定期存款年利率为 3%。

(3)2014 年 10 月 22 日,金鹰商场要求部分提前支取 2 年期定期存款 120 000元,该存款于前一年的 8 月 25 日存入,存入金额为 300 000 元,存入时 2 年期定期存款年利率为 4.5%,支时挂牌的活期存款年利率为 0.35%。

(4)2014 年 10 月 25 日,飞天科技公司来行要求支取 2012 年 7 月 15 日存入金额为 150 000 元的 1 年期定期存款,存入时年利率为 3%,支取日银行挂牌的活期存款利率为 0.35%。

要求:根据上述资料,编制有关会计分录。

推荐拓展阅读:

1. 程婵娟. 银行会计学[M]. 北京:科学出版社,2004.

2. 戴建中. 国际银行业务[M]. 北京:清华大学出版社,北京交通大学出版社,2008.

第四章 商业银行贷款业务的核算

本章导读

商业银行在发展初期只承做"商业"短期放贷业务,放款期限一般不超过一年,放款对象一般为商人和进出口贸易商。商业银行发展到今天,与其当初发放的自偿性贷款相比已相去甚远,贷款业务范围不断扩大,逐渐成为多功能、综合性的"金融贷款公司"。商业银行发放贷款应遵循安全性、流动性和效益性原则。在此详细阐述商业银行贷款业务会计核算的科目设置、会计核算原则、账务处理方法、贷款损失的计提方法等内容,以此反映银行贷款业务会计核算的经济实质。

掌握知识和能力要点描述:

(1)了解商业银行贷款的种类和核算要求;

(2)熟悉商业银行贷款业务的会计科目设置与会计核算原则;

(3)理解贷款损失准备的计提方法和会计核算;

(4)掌握贷款业务的会计核算和账务处理方法。

第一节 贷款业务概述

一、贷款的分类

贷款也称放款,是指商业银行将其所吸收的资金按约定的利率和期限提供给借款人,并按期还本付息的经济行为。贷款是商业银行资产业务的核心,是其资金运用的主要途径,也是商业银行取得主营业务收入的主要来源。

商业银行发放的贷款,按不同的标准分类如下:

(1)按贷款偿还期限长短不同分类,贷款可以分为短期贷款、中期贷款和长期贷款。

短期贷款是指贷款期限在1年以内(含1年)的贷款;中期贷款是指贷款

期限在 1 年以上 5 年以下(含 5 年)的贷款;长期贷款是指贷款期限在 5 年以上的贷款。

(2)按贷款资金来源及贷款风险承担人不同分类,贷款可分为自营贷款和委托贷款。

自营贷款是指商业银行以合法方式筹集的资金自主发放的贷款,其贷款风险由商业银行承担并由其收取本金和利息。委托贷款是指由委托人(如政府部门,企事业单位及个人等)提供资金,由商业银行(受托人)根据委托人确定的贷款对象、用途、金额、期限、利率等而代理发放、监督使用并协助收回贷款本息的贷款,其贷款风险由委托人承担,银行只收取手续费,不承担风险。

(3)按贷款的保障程度不同分类,贷款可分为信用贷款和担保贷款。

信用贷款是指仅凭借款人的信誉而发放的贷款,这种贷款没有任何担保,风险较大。担保贷款是指商业银行以法律规定的担保方式作为还款保障而发放的贷款,根据其担保方式的不同,又可分为保证贷款、抵押贷款和质押贷款。

保证贷款是指按《中华人民共和国担保法》规定的保证方式,以第三人承诺在借款人不能偿还贷款时,按约定承担一般保证责任或者连带责任为前提而发放的贷款。

抵押贷款是指按《中华人民共和国担保法》规定的抵押方式,以借款人或第三人的财产作为抵押物而发放的贷款。

质押贷款是指按《中华人民共和国担保法》规定的质押方式以借款人或第三人的动产或权利作为质押物发放的贷款。

其中,抵押贷款的担保物不用移交给债权人,一般抵押物要做抵押登记,如抵押的房产要到房产部门进行抵押登记,从而取得他项权利;质押贷款的担保物要交由债权人保管。

(4)按贷款风险程度不同分类,贷款可分为正常贷款、关注贷款、次级贷款、可疑贷款和损失贷款五类。

正常贷款,是指借款人能够严格履行合同,没有足够理由怀疑贷款本息不能按时足额偿还,即有充分把握按时足额偿还贷款本息的那部分贷款。一般情况下,这类贷款应占银行贷款的绝大部分。这要求按正常类贷款期末总额的 1.5% 计提准备金。

关注贷款,是指尽管借款人目前有能力偿还贷款本息,但存在一些可能对偿还产生不利影响的因素。有关因素包括借款人的正常经营活动受到一些不利影响、借款人的财务状况有恶化的迹象、贷款项目出现重大的不利于贷款归还的调整等,这些因素需要引起银行的密切关注,如果得不到有效的控制或继续恶化,贷款将会出现问题。这要求按关注类贷款期末总额的 3% 计提准备金。

次级贷款,是指借款人的还款能力出现明显问题,完全依靠其正常经营收入已无法保证足额偿还贷款本息,即使执行担保,也可能会造成一定损失。具体可根据以下特征来判断:借款人未能按时归还贷款本息;借款人的财务状况恶化或有明显的恶化趋势,比如借款人的盈利水平、现金流量明显下降,主营业务收入明显低于预期水平,还款能力明显降低,负债总额大幅度增加等。这要求按次级类贷款期末总额的 30% 计提准备金。

可疑贷款,是指借款人无法足额偿还贷款本息,即使执行担保,也肯定要造成较大损失。相对而言,可疑贷款具有次级贷款的所有特征并且程度更加严重。这要求按可疑类贷款期末总额的 60% 计提准备金。

损失贷款,是指在采取所有可能的措施或一切必要的法律程序之后,本息仍然无法收回,或只能收回极少部分。这要求按损失类贷款期末总额的 100% 计提准备金。

这种分类法是商业银行在进行贷款风险管理时进行的分类,即贷款五级分类法,其中次级贷款、可疑贷款和损失贷款称为不良贷款。

二、贷款核算的基本原则

1. 贷款本息分别核算

商业银行发放的各种贷款,应当按照实际贷出的贷款金额入账。期末,应当按照贷款本金和适用的利率计算应收取的利息,并分别对贷款本金和利息进行核算。

2. 商业性贷款和政策性贷款分别核算

商业性贷款是指商业银行自主发放的贷款。政策性贷款是指商业银行按照国家或有关政府部门规定的限定用途、限定贷款对象而发放的贷款,如国家特定贷款、外汇储备贷款等。由于商业性贷款和政策性贷款的性质不同,应当分别进行核算。

3. 自营贷款与委托贷款分别核算

自营贷款由商业银行自行承担风险并收取本金和利息。委托贷款的风险由委托人承担,商业银行只收取手续费,且手续费按收入确认条件予以确认。

4. 应计贷款和非应计贷款分别核算

非应计贷款是指逾期 90 天没有收回的贷款。应计贷款是指非应计贷款以外的贷款。当应计贷款转为非应计贷款时,应将已入账的利息收入和应收利息予以冲销;从应计贷款转为非应计贷款后,在收到该笔贷款的还款时,应首先冲减贷款的本金;本金全部收回后,再收到的还款则确认为当期利息收入。

三、贷款业务会计处理原则

(1)发放的贷款应按发放贷款的本金和相关交易费用之和作为初始确认

金额。

（2）贷款持有期间所确认的利息收入，应当根据实际利率计算；实际利率应在取得贷款时确定，在该贷款存续期间或适用的更短期间内保持不变。实际利率与合同利率差别较小的，也可按合同利率计算利息收入。

（3）企业收回或处置贷款时，应将取得价款与该贷款账面价值之间的差额计入当期损益。

第二节　贷款业务的核算

一、贷款业务会计科目设置

商业银行办理贷款业务，应设置"贷款"、"利息收入"、"应收利息"、"贷款损失准备"、"资产减值损失"等科目进行核算。

1."贷款"

该科目为资产类科目，用来核算商业银行按规定发放的各种贷款，包括信用贷款、担保贷款、抵押贷款、质押贷款等。商业银行按规定发放的具有贷款性质的银团贷款、贸易融资、协议透支、信用卡透支、转贷款以及垫款等，在该科目核算，也可单独设置"银团贷款"、"贸易融资"、"协议透支"、"信用卡透支"、"转贷款"、"垫款"等科目核算。

该科目可分"本金"、"利息调整"、"已减值"等项目进行明细核算。

商业银行在发放贷款时，应按本金及相关费用的合计成本借记"贷款"科目，其中本金借记"贷款——本金"科目，而本金与实际成本之间的差额则借记或贷记"贷款——利息调整"科目。该账户期末余额在借方，反映商业银行按规定发放尚未收回贷款的摊余成本。

2."利息收入"

该科目为损益类科目，用来核算商业银行确认的利息收入，包括发放如银团贷款、贸易融资、贴现和转贴现融出资金、信用卡透支、转贷款、垫款等各类贷款与如中央银行、同业等其他金融机构之间发生的资金往来业务，买入返售金融资产等实现的利息收入。该科目按业务类别进行明细核算。

资产负债表日，商业银行应按本金和合同利率计算确定的应收未收利息，借记"应收利息"科目，按摊余成本与实际利率计算确定的利息收入，贷记"利息收入"科目，按其差额，借记或贷记"贷款——利息调整"科目。实际利率与合同利率差异较小，可直接采用合同利率计算确定本期的"利息收入"和"应收利息"。期末，应将该账户余额结转"本年利润"账户，本账户期末无余额。

3. "应收利息"

该科目为资产类科目,用来核算商业银行交易性金融资产、持有至到期投资、可供出售金融资产、发放贷款、存放中央银行款项、拆出资金、买入返售金融资产等应收未收的利息。该科目可按借款人或被投资单位进行明细核算。

商业银行发放的贷款,应于资产负债表日按贷款的合同本金与利率计算确定应收未收利息,借记"应收利息"科目,按贷款的摊余成本和实际利率计算确定利息收入,贷记"利息收入"科目,按其差额,借记或贷记"贷款——利息调整"科目。应收利息实际收到时,借记"吸收存款——活期存款(借款人)"科目,贷记"应收利息"科目。该账户期末余额在借方,反映商业银行应收而尚未收到的利息。

4. "贷款损失准备"

贷款是商业银行的重要资产,根据《企业会计准则》中不能高估资产的要求,资产负债表日要对资产进行减值准备的计提,为此设置"贷款损失准备"科目,作为"贷款"账户的调整账户。在计提贷款减值时,贷记"贷款损失准备"科目,该账户与"贷款"科目一并归类为资产类科目,按计提贷款损失准备的资产类别进行明细核算。

资产负债表日,贷款发生减值的,按照测算的减值金额,借记"资产减值损失"科目,贷记"贷款损失准备"科目。在发生确实无法收回的贷款时,按照管理权限报经批准后予以核销,核销时应借记"贷款损失准备"科目,贷记"贷款"等资产类科目。已计提贷款损失准备的贷款价值以后又得以恢复以及已计提的贷款损失准备可以转回,可转回至"贷款损失准备"账户,直至余额为零为止。转回时借记"贷款损失准备"科目,贷记"资产减值损失"科目。该账户期末余额在贷方,反映商业银行已计提尚未转销的贷款损失准备。

5. "资产减值损失"

该科目为损益类科目,用来核算商业银行已计提各项资产减值准备所形成的损失。该科目按照资产减值损失的项目进行明细核算。

资产负债表日,贷款发生减值的,按照测算的减值金额,借记"资产减值损失"科目,贷记"贷款损失准备"科目。在发生确实无法收回的贷款时,按照管理权限报经批准后予以核销,核销时应借记"贷款损失准备"科目,贷记"贷款"等资产类科目。已计提贷款损失准备的贷款价值以后又得以恢复以及已计提的贷款损失准备可以转回,可转回至"贷款损失准备"账户,直至余额为零为止。转回时借记"贷款损失准备"科目,贷记"资产减值损失"科目。期末,应将该账户余额转入"本年利润"账户,结转后该账户无余额。

二、信用贷款的核算

信用贷款是商业银行完全凭借客户的信誉而无需提供抵押物或第三者担

保而发放的贷款。这类贷款从理论上讲风险较大,银行通常收取较高的利息。它需要逐笔申请,逐笔立据审核,确定期限,到期归还。

（一）信用贷款的发放

1. 贷款发放

借款申请人借款时,应向银行信贷部门提交贷款申请书,经银行信贷部门审核批准后,双方签订借款合同。

借款合同签订后,当借款人需要用款时,由借款人填写一式五联借款凭证,送信贷部门审批:第一联为贷款科目借方传票;第二联为存款科目贷方传票;第三联为贷款发放通知(回单);第四联为放款通知,信贷部门进行信贷监测凭证;第五联为借款借据。经银行信贷部门审批并签署意见后,送银行会计部门办理贷款手续。

银行会计部门收到上列借款凭证后,应认真审查:借款凭证各栏填写是否正确、完整;大小写金额是否一致;印章是否齐全,预留银行印鉴是否相符;印鉴与借款单位名称是否一致;有无信贷部门和有权审批人员的签章。经审查无误后,编列贷款户账户,以借款凭证第一、二联代转账借方、贷方传票办理转账。会计分录如下:

如借款单位在本行开户的:

借:贷款——信用贷款(本金)——××贷款人户(贷款合同规定的本金)

贷:吸收存款——借款人存款户(银行实际支付的金额)

借或贷:贷款——信用贷款(利息调整)——××贷款人户(合同本金与实际支付金额的差额)

然后将第三联作回单交借款单位,第四联送本行信贷部门,第五联会计部门按贷款到期日顺序专夹保管。

2. 资产负债表日计提利息

资产负债表日,应按贷款的合同本金和合同利率计算确定的应收未收的利息,借记"应收利息"科目,按贷款的摊余成本和实际利率计算确定的利息收入,贷记"利息收入"科目,按其差额,借记或贷记本科目(利息调整)。合同利率与实际利率差异较小的,也可以采用合同利率计算确定利息收入。会计分录如下:

借:应收利息

贷:利息收入

借或贷:贷款——信用贷款(利息调整)——××贷款人户

【例4-1】 2012年11月10日,徽商银行黄山路支行向其开户单位华夏燃气公司发放1年期贷款,合同本金100万元,合同利率10%,每季度收息一

次,并于 2013 年 11 月 10 日到期收回本金。假定实际利率与合同利率差异较小。会计分录如下:

借:贷款——信用贷款——华夏燃气公司　　　　　1 000 000

　　贷:吸收存款——活期存款——华夏燃气公司　　　　1 000 000

2012 年 11 月 30 日,确认利息收入。

本期利息收入＝1 000 000×20×10％÷360＝5 555.56(元)

借:应收利息——华夏燃气公司　　　　　　　　　5 555.56

　　贷:利息收入——发放贷款及垫款　　　　　　　　5 555.56

2012 年 12 月 31 日至 2013 年 10 月 31 日,每月月末确认利息收入。

利息收入＝1 000 000×1×10％÷12＝8 333.33(元)

借:应收利息——华夏燃气公司　　　　　　　　　8 333.33

　　贷:利息收入——发放贷款及垫款　　　　　　　　8 333.33

其中,2012 年 12 月 21 日收取利息。

应收的利息＝1 000 000×40×10％÷360＝11 111.11(元)

借:吸收存款——活期存款——华夏燃气公司　　　11 111.11

　　贷:应收利息——华夏燃气公司　　　　　　　　　11 111.11

3 月 21 日收取利息。

应收的利息＝1 000 000×90×10％÷360＝25 000(元)

借:吸收存款——活期存款——华夏燃气公司　　　25 000

　　贷:应收利息——华夏燃气公司　　　　　　　　　25 000

6 月 21 日收取利息。

应收的利息＝1 000 000×92×10％÷360＝25 555.56(元)

借:吸收存款——活期存款——华夏燃气公司　　　25 555.56

　　贷:应收利息——华夏燃气公司　　　　　　　　　25 555.56

9 月 21 日收取利息。

应收的利息＝1 000 000×92×10％÷360＝25 555.56(元)

借:吸收存款——活期存款——华夏燃气公司　　　25 555.56

　　贷:应收利息——华夏燃气公司　　　　　　　　　25 555.56

注意:2013 年 11 月 10 日贷款到期时还应补收利息。

补收利息＝100 000－11 111.11－25 000－25 555.56－25 555.56

　　　　　＝12 777.77(元)

(二)信用贷款的收回

　　银行会计部门应经常查看贷款借据的到期情况,在贷款即将到期时,与信贷部门联系,通常提前 3 天通知借款单位准备还款资金,以便贷款到期时归还贷款。贷款到期时,可能是由借款人主动归还,也可能是由银行主动扣收,视不同情况办理。

　　1. 借款单位主动归还到期贷款的核算

　　借款人是本行的存款单位,在到期主动归还贷款时,应签发转账支票及填制一式四联的还款凭证提交银行,银行收到借款单位签发的转账支票及填制的一式四联贷款还款凭证后,应同贷款账簿进行核对,抽出留存的到期卡,核对无误后,于贷款到期日办理收回贷款的转账手续。在到期日转账时,应认真核对支票的印鉴,查看借款单位存款账户是否有足够的余额等,以转账支票作为借方凭证(还款凭证第一联作附件),以还款凭证第二联作贷方传票。会计分录如下:

借:吸收存款——还款人户(实际归还的金额)

　　贷:应收利息(收回的应收利息)

　　　　贷款——信用贷款(本金)——××贷款人户

　　　　利息收入(按其借贷差额)

　　如果还存在利息调整余额的,应同时结转。

　　转账后,会计部门将第三联还款凭证送交信贷部门核销原放款记录,第四联作回单退还借款人,原保管的第五联借款凭证加盖"注销"戳记退还借款人。若借款属分次归还,应在原借据上作分次还款的记录。

　　【例 4-2】 沿用例 4-1 资料,2013 年 11 月 10 日到期收回本金,利息计算如下:

　　　　全部应收利息＝1 000 000×10％×1＝100 000(元)

已收利息＝11 111.11＋25 000＋25 555.56＋25 555.56＝87 222.23(元)

　　　　应补收利息＝100 000－87 222.23＝12 777.77(元)

借:吸收存款——活期存款——华夏燃气公司　　　　1 012 777.77

　　贷:贷款——信用贷款——华夏燃气公司　　　　　1 000 000

　　　　利息收入——发放贷款及垫款　　　　　　　　12 777.77

　　2. 银行主动扣收到期贷款的核算

　　贷款到期,借款人未能主动归还贷款,而其存款账户的余额又足够还款时,会计部门征得信贷部门的同意,并由信贷部门出具"贷款收回通知书",会计部门可以填制两联特种转账借方传票:一联特种转账贷方传票,据以办理转账,会计分录可与借款人主动归还贷款时的会计分录相同;另一联转账借方传票连同注销的借款凭证递交借款人。

3. 贷款展期的核算

借款人因故不能按期归还贷款时,短期贷款必须在到期日以前,中长期贷款必须在到期日1个月前,由借款人填具一式三联"贷款展期申请书",向信贷部门提出展期申请。但每笔贷款只能展期一次,短期贷款展期不能超过原贷期,中长期贷款展期不能超过原期限的一半,最长不得超过3年。对于展期贷款,全部以展期之日公告的贷款利率为计息利率。展期申请经银行信贷部门审查同意后,在展期申请书上签注意见,一联留存备查,其余两联作贷款展期通知交于会计部门办理贷款展期手续。

4. 逾期贷款的核算

贷款到期,借款单位事先未向商业银行申请办理展期手续,或申请展期未获批准,或已经办理展期但展期到期日仍未归还贷款的,即为逾期贷款。商业银行应将该贷款转入该单位逾期贷款账户。商业银行会计部门与信贷部门联系后,根据原借据,分别编制特种转账借方传票和特种转账贷方传票各两联,凭特种转账借方和贷方传票各一联办理转账。会计分录为:

借:贷款——逾期贷款——××贷款人户

　　贷:贷款——信用贷款——××贷款人户

转账之后,再将另外两联转账借方传票、贷方传票作为收、支款通知,加盖转讫章和经办人章后交借款单位。同时,在原借据上批注"××××年××月××日转入逾期贷款"的字样后,另行保管。等借款单位存款账户有款支付时,一次或分次扣收,并从逾期之日起至款项还清前一日止,除按规定利率计息外,还应按实际逾期天数和中国人民银行规定的罚息率计收罚息。逾期贷款利息的计算公式为:

逾期贷款利息＝逾期贷款本金×逾期天数×规定的利率×（1＋罚息率）

三、担保贷款的核算

按照贷款的不同担保形式,担保贷款可以分为保证贷款、抵押贷款、质押贷款。担保贷款到期,若借款人不能按期归还贷款,应由担保人履行偿债付息责任或以财产拍卖、变卖的价款偿还贷款。

（一）保证贷款

保证贷款是商业银行普遍使用的一种贷款方式。借款人申请保证贷款,应提交申请书和银行要求的其他相关资料,同时向银行提供保证人情况及保证人同意保证的有关证明文件,担保人承担了保证偿还借款的责任后,还应开具"贷款担保意向书"。

银行信贷部门要对保证人的资格和经济担保能力进行认真的审核。重点审核保证人的法人资格、经济效益和信用履历情况,从而避免因担保人无力担保或无力承担担保责任而使贷款产生损失。审核符合放贷要求后,银行要同借款人(被担保人)、担保人三方签订借款合同、担保合同,明确各方责任。

保证贷款贷出后,银行和保证人应共同监督借款人按合同规定使用贷款和按期偿还贷款。贷款到期后,如果借款人按期还本付息,借款合同和担保合同随即解除。若借款人无力偿还贷款本息,银行可以通知担保人代偿。保证贷款的发放和收回的核算手续与信用贷款基本相同。

(二)抵押贷款

1. 抵押物的种类

按照我国《担保法》的规定,借款人申请抵押贷款时可以充当抵押物的必须是借款人所有的、有价值的、可保存的、易变现的财产。按照我国《担保法》第四条的规定,以下财产可以充当抵押物:抵押人所有的房屋及其地上附着物;抵押人所有的机器、交通运输工具和其他财产;抵押人依法有处分权的国有土地使用权、房屋及其他地上附着物;抵押人依法有处置权的国有机器、交通运输工具和其他财产;抵押人依法承包并经发包人同意抵押的荒山、荒沟、荒丘、荒滩等荒地的土地使用权;依法可以抵押的其他财产。

借款人可以以其中一种、几种或全部财产做抵押。但是,土地所有权、集体所有的土地使用权、公益单位的社会公益设施、所有权或者使用权不明或有争议以及被查封、扣押、监管的财产不能作为抵押物。

2. 抵押贷款的申请和审批

抵押贷款由借款人向商业银行提出申请,并向银行提供以下资料:借款人的法人资格证明;抵押物清单及符合法律规定的所有权证明;需要审查的其他资料。收取抵债资产应当按照规定确定接收价格,核实产权。商业银行收到借款申请后要对贷款人的资格、贷款目的和抵押物进行审查。审批同意后签订抵押借款合同,按照抵押物价值的 50%~70% 发放贷款。

$$贷款额度 = 抵押物作价金额 \times 抵押率$$

每笔贷款抵押率的高低要根据具体情况确定,要考虑贷款风险、借款人的信用和抵押物的性质而定。

3. 抵押物的保管

抵押合同签订和贷款发放后,抵押物依据合同要移交给债权银行。动产抵押中体积小而金额高的抵押物一般由银行保管;对于保管技术性强的抵押物,也可以委托第三方保管。办理抵押贷款的各种费用由借款人承担。对于抵押品,银行应签发"抵押品代保管凭证"一式两联,一联交借款人,另一联由银行留存,然后登记表外科目,即:

  收入:代保管有价值品   (评估价)

  4. 抵押贷款的发放和收回

  借款人使用贷款时,由信贷部门根据确定的贷款额度,填写一式五联的借款凭证,签字后加盖借款人预留印鉴,经信贷部门有关人员审批后,与抵押贷款有关单证一并送交会计部门。会计部门收到信贷部门转来的有关单证,经审查无误后,根据有关规定及借款人的要求办理转账。会计分录如下:

  借:贷款——抵押贷款——××户

   贷:吸收存款——单位活期存款——××户

  抵押贷款到期,借款人主动提交还款凭证,连同银行出具的抵押品代保管凭证,办理还款手续。会计分录如下:

  借:吸收存款——单位活期存款——××户

   贷:贷款——抵押贷款——××户

    应收利息

  同时,销记表外科目,原抵押申请书作为表外科目付出传票的附件,即:

  付出:代保管有价值品   (评估价)

  【例4-3】 大华公司以所拥有的房屋一幢向建设银行申请抵押贷款700 000元,经评估其价值为1 000 000元。贷款期限1年,年利率4.5%,到期一次还本付息。会计分录如下:

  发放贷款时:

  借:贷款——抵押贷款——大华公司   700 000

   贷:吸收存款——活期存款——大华公司   700 000

  同时,对抵押品进行表外登记。

  归还时:

  借:吸收存款——活期存款——大华公司   731 500

   贷:贷款——抵押贷款——大华公司   700 000

    利息收入——抵押贷款利息收入   31 500

  贷款本息收回后,注销表外科目,同时将抵押物及有关单据退回借款人。

  抵押贷款到期,借款单位如不能按期归还贷款本息,银行应将其贷款转入"逾期贷款"科目核算,确认合同利息,并开始按规定计收逾期利息。会计分录如下:

借：贷款——抵押贷款——逾期贷款——××户

　　贷：贷款——抵押贷款——××户

借：应收利息

　　贷：利息收入

若贷款逾期1个月，借款单位仍无法归还贷款本息的，银行有权依据已签订的借款合同，依法处理抵押品。当然，贷款人在处置抵押权时，不得损害抵押人的合法权益。

抵押品处置主要有两种方式：作价入账和出售。

(1)将抵押品作价入账。贷款人将抵押品作价入账时，应按抵押品资产的公允价值入账。贷款本息的账面余额与抵押资产公允价值之间的差额冲减贷款损失准备金，贷款损失准备金不足以冲减的部分计入当期损益。会计分录如下：

借：固定资产　　　　　　　　　　　　　　　　　　（公允价值）

　　贷款损失准备

　　坏账准备

　　营业外支出

　　贷：贷款——抵押贷款——逾期贷款——××户

　　　　应收利息

同时，销记表外科目，原抵押申请书作为表外科目付出传票的附件，即：

付出：代保管有价值品　　　　　　　　　　　　　　（评估价）

(2)出售抵押品。贷款人按规定拍卖借款人的抵押品时，应以拍卖所得净收入抵补抵押贷款本息，净收入是指扣除拍卖中各项税费以后的剩余。

① 若拍卖所得净收入高于贷款本息之和，应向原借款人支付超出部分价款。会计分录如下：

借：吸收存款——单位活期存款——××买方户

　　贷：贷款——抵押贷款——逾期贷款——××户

　　　　应收利息　　　　　　　　　　　　　　　　（合同利息）

　　　　利息收入　　　　　　　　　　　　　　　　（逾期利息）

　　　　吸收存款——单位活期存款——××借款人户

同时，销记表外科目，原抵押申请书作为表外科目付出传票的附件，即：

付出：代保管有价值品　　　　　　　　　　　　　　（评估价）

② 若净收入低于贷款本息但高于贷款本金，其低于的部分利息应进行坏账冲减，不再有罚息。会计分录如下：

借：吸收存款——单位活期存款——××买方户

　　坏账准备

贷:贷款——抵押贷款——逾期贷款——××户

　　应收利息

同时,销记表外科目,原抵押申请书作为表外科目付出传票的附件,即:

付出:代保管有价值品

　　③ 若收入小于本金,则本金损失的部分作为坏账由"贷款损失准备"予以冲销,贷款合同利息部分由"坏账准备"全部予以冲销,不再有罚息。会计分录如下:

借:吸收存款——单位活期存款——××买方户

　　贷款损失准备

　　贷:贷款——抵押贷款——逾期贷款——××户

同时,冲销利息,会计分录如下:

借:坏账准备

　　贷:应收利息

然后,销记表外科目,原抵押申请书作为表外科目付出传票的附件,即:

付出:代保管有价值品　　　　　　　　　　　　　　　　（评估价）

　　【例 4-4】　A 实业有限公司因业务经营需要向当地某银行提交有关产权证明,申请短期贷款。资料显示,该公司是以一处临街经营中的三层商业楼作抵押,拟申请贷款金额为 80 000 000 元,期限为 1 年。银行受理业务后委托评估机构对商业楼进行了价值评估,认定其市值为 1.5 亿元,经市行审批同意为其足额发放贷款,银行遂于 2013 年 5 月 3 日为其发放 1 年期短期贷款 80 000 000元,年利率为 6%,利随本清。会计分录如下:

　　① 2013 年 5 月 3 日,发放贷款。

借:贷款——抵押贷款——A 实业有限公司　　　　　　　80 000 000

　　贷:吸收存款——单位活期存款——A 实业有限公司　　　　80 000 000

同时,根据有关凭证登记表外科目。

收入:代保管有价值品——A 实业有限公司商业楼　　　　150 000 000

　　② 2014 年 5 月 3 日,贷款到期银行按时收回贷款本息。

$$应收利息＝80\,000\,000×6\%＝4\,800\,000（元）$$

借:吸收存款——单位活期存款——A 实业有限公司　　　84 800 000

　　贷:贷款——抵押贷款——A 实业有限公司　　　　　　　　80 000 000

　　　　应收利息　　　　　　　　　　　　　　　　　　　　　4 800 000

同时,销记表外科目,原抵押申请书作为表外科目付出传票的附件,即:

付出:代保管有价值品——A 实业有限公司商业楼　　　　150 000 000

　　【例 4-5】　沿用例 4-4 资料,假设贷款到期,因公司出现了重大变故,已无力按期偿还贷款本息,虽经银行多次催要,无果。银行遂按规定在当地媒体发布公告,对 A 实业有限公司的商业大楼进行公开拍卖,在贷款逾期 2 个月时由在该行开户的中央百货公司购得,扣除税费后拍卖净额为 1.2 亿元。假设本金逾期利息为合同利率加成 40%;应收利息的逾期按复利计,本题略。会计分录如下:

① 2014 年 5 月 3 日,贷款逾期。

借:贷款——抵押贷款——逾期贷款——A 实业有限公司

                                          80 000 000

    贷:贷款——抵押贷款——A 实业有限公司   80 000 000

借:应收利息   4 800 000

    贷:利息收入   4 800 000

② 2014 年 7 月 3 日,拍卖。

逾期本金利息 $= 80\ 000\ 000 \times 2 \times 6\% \times (1 + 40\%) \div 12 = 1\ 120\ 000$(元)

借:吸收存款——单位活期存款——中央百货公司   120 000 000

    贷:贷款——逾期贷款——A 实业有限公司   80 000 000

        应收利息(合同利息)   4 800 000

        利息收入(逾期利息)   1 120 000

        吸收存款——单位活期存款——A 实业有限公司   34 080 000

同时,协助中央百货公司办理抵押品过户,即:

付出:代保管有价值品——A 实业有限公司商业楼   150 000 000

(三)质押贷款

质押贷款的发放以质押物为基础,质押物可以是动产,也可以是财产权利。以动产作质押的,必须将动产移交给发放贷款的银行占有,并签订质押合同。可以作为质押物的动产和财产权利包括:汇票、支票、本票、债券、存款单、仓单、提单、可以转让的股份、股票、依法可以转让的商标专用权、专利权、著作权中的财产权等。以汇票、支票、本票、债券、存款单、仓单、提单作为质押物的,应当在合同约定的期限内将权利凭证交付给发放贷款的银行;以可以转让的股份、股票作为质押物的,应向证券登记机构办理出质登记;依法可以转让的商标专用权、专利权、著作权中的财产权,应向出质人的管理机构办理出质登记。

质押贷款的发放和回收与抵押贷款基本相同。贷款到期不能收回时,贷款人可以以所得质押物的价款偿还贷款本息和其他相关费用。

四、贷款利息的核算

(一)贷款利息计算的有关规定

(1)商业银行发放贷款的合同利率,应根据人民银行规定的利率及浮动幅度加以确定。

(2)商业银行发放的贷款期限在一年以内的,贷款期内按合同利率计息,遇利率调整,不分段计息。

(3)商业银行发放的贷款期限在一年以上,遇利率调整,从新年度开始按调整后的利率计息。

(4)商业银行发放的贷款,到期日为节假日,若在节假日前一日归还,应在扣除归还日至到期日的天数后,按前述规定的利率计算利息;节假日后第一个工作日归还,应加收到期日至归还日的天数,按前述规定的利率计算利息;节假日后第一个工作日未归还,应从节假日后第一个工作日开始按逾期贷款利率计算利息。

(二)贷款利息的核算

1. 定期结息

定期结息即按规定的结息期结计利息,可以按月结息,也可以按季结息。按季结息的每季末月20日为结息日,结计的利息于次日办理入账。利息计算可采用余额表计息法或分户账上按实际天数,计算累计计息积数,再乘以日利率,得到当期利息,其计算方法同活期存款计息法。

2. 利随本清

又叫逐笔结息法,是指银行按规定的贷款期限,在收回贷款的同时一次性计收贷款利息。贷款整年按年利率计算,满月按月利率计算,零头天数按日利率计算;整年按360天计算,满月按30天计算,零头按实际天数计算,"算头不算尾"。其计算公式为:

$$利息=本金×时期(年或月)×年或月利率$$

或

$$利息=本金×时期(天数)×日利率$$

【例4-6】 某公司于2013年8月3日向银行申请借款50万元,批准发放日为8月10日,期限1年,利率为月息4‰,双方约定采用利随本清的方法计算利息,公司于2014年8月10日签发转账支票归还贷款,则利息为:

$$500\ 000×4‰÷30×360=24\ 000(元)$$

商业银行按照权责发生制的原则确认利息收入,在会计期的期末确认当期的应收利息,在实际收到时冲减应收利息。期末结算利息时的会计分录如下:

借:应收利息——××单位户

　　贷:利息收入——贷款利息收入

实际收到已经确认的应收利息时,冲减已确认应收利息。其会计分录如下:

借:单位活期存款——××单位户

　　贷:应收利息——××单位户

应收利息计入表内的时间为 90 天,即当贷款的本金或应收利息逾期 90 天尚未收回的,应冲减原已应收利息和利息收入。其会计分录如下:

借:利息收入

　　贷:应收利息——××单位户

【例 4-7】 某银行于 2014 年 6 月 21 日发放给大华公司一笔短期贷款,金额为 15 万元,假定月利率为 3.2‰,期限 6 个月,则:

① 2014 年 9 月 20 日银行按季结息时,会计分录如下:

$$150\,000 \times 3 \times 3.2‰ = 1\,440(元)$$

借:应收利息——大华公司　　　　　　　　　　　　　1 440

　　贷:利息收入——贷款利息收入　　　　　　　　　　　1 440

② 2014 年 9 月 21 日实际结算利息时,会计分录如下:

借:吸收存款——单位活期存款——大华公司　　　　　1 440

　　贷:应收利息——大华公司　　　　　　　　　　　　　1 440

每个结息日和实际利息扣收日都做上述分录。

③ 如果该笔贷款本金和全部利息不能按期归还并逾期 90 天,利息部分会计分录如下:

借:利息收入　　　　　　　　　　　　　　　　　　　2 880

　　贷:应收利息——应收大华公司单位利息　　　　　　　2 880

同时登记表外科目,应收利息——大华公司单位利息户 2 880 元。

第三节　票据贴现的核算

一、票据贴现的含义

票据贴现是指票据的持票人为取得资金而向商业银行贴付利息转让未到期的商业汇票的行为。票据贴现既是商业银行发放贷款的一种方式,也是商业信用与银行信用相结合的融资手段。商业汇票的贴现必须具备以下条件:

在银行开立存款账户的企业法人及其他组织;与出票人或直接前手有真实的商品贸易关系;提供与其直接前手交易的增值税专用发票与发运单据的复印件。

票据贴现类似于质押贷款,因而也叫贴现贷款,它与一般贷款有明显的区别。

(1)资金投放的对象不同。贴现贷款以持票人(债权人)为放款对象;一般贷款以借款人(债务人)为对象。

(2)信用关系不同。贴现贷款体现的是银行与持票人、出票人、承兑人及背书人之间的信用关系;一般贷款体现的是银行与借款人、担保人之间的信用关系。

(3)利息计收顺序不同。贴现贷款在放款时扣收利息,即利息先付;一般贷款人则是到期或定期计收利息,即利息后付。

(4)资金的流动性不同。贴现贷款可以通过转贴现和再贴现提前收回资金;一般贷款只有到期才能收回。

二、票据贴现的核算

(一)商业汇票贴现

商业汇票持有人向开户银行申请贴现时,应填制一式五联的贴现凭证,见表 4-1。

表 4-1 贴现凭证(代申请书) ①

贴现汇票	种类		号码			申请人	全称							
	发票日	年 月 日					账号							
	到期日	年 月 日					开户银行							
汇票承兑人(或银行)名称			账号				开户银行							
汇票金额(即贴现金额)		人民币(大写)						十	万	千	百	十元	角	分
贴现率每月‰	贴现利息	十	万	千	百	十	元	角	分	实付贴现额	十 万	千	百	十元 角 分
兹根据"银行结算办法"的规定,附送承兑汇票申请贴现,请审批。此致_____(贴现银行)申请人盖章	银行审批			负责人_____ 信贷员_____			会计处理:(借)_____ 对方科目:(贷)_____ 复核_____ 记账_____							
填写日期 年 月 日				第 号										

第一联作贴现借方凭证,第二联作收款户的贷方凭证,第三联作利息收入的贷方凭证,第四联作收账通知,第五联作票据贴现到期卡。持票人在第一联上加盖预留印鉴后,连同汇票送交银行信贷部门。银行信贷部门对持票人、贴现凭证和贴现票据等进行审查,若符合贴现条件,应在贴现凭证"银行审批"栏签注"同意"字样,并加盖有关人员印章后送交会计部门。会计部门接到汇票和贴现凭证后,要审查汇票是否真实、内容填写是否完整,还应审查贴现凭证与汇票是否相符。经审核无误后,按规定的贴现利率计算贴现利息和实付贴现金额,其计算公式为:

贴现息＝票据到期值×贴现天数×贴现月利率÷30

实付贴现金额＝票据到期值－贴现息

其中:贴现天数从贴现之日起至汇票到期日止,"算头不算尾"。异地贴现再加 3 天。

计算完毕后,将贴现利息和实付贴现金额填写在贴现凭证的相应栏后,以贴现凭证第一联作转账借方传票,第二、第三联作转账贷方传票,办理转账。其会计分录如下:

借:贴现资产——票据贴现——××户

　　贷:吸收存款——个人活期存款——××户

　　　　贴现资产——票据贴现——××户 　　　　　　　　(利息调整)

(二)资产负债表日的账务处理

资产负债表日,将利息调整结转利息收入,计入当期损益。其会计分录如下:

借:贴现资产——票据贴现——××户

　　贷:利息收入——票据贴现利息收入户 　　　　　　　　(利息调整)

(三)票据贴现到期收回票款的账务处理

贴现银行应经常查看贴现汇票的到期情况,对到期的贴现汇票,应及时收回票款。

1. 商业承兑汇票贴现贷款到期收回的账务处理

商业承兑汇票贴现贷款的收回是通过委托收款方式进行。贴现银行作为收款人,应于汇票到期前,匡算邮程,以汇票作为收款依据,提前填制委托收款凭证向付款人收取票款。

当贴现银行收到付款人开户行退回委托收款凭证和汇票时,其会计分录为:

借:清算资金往来

　　贷:贴现资产——票据贴现——××户 　　　　　　　　(面值)

如果贴现银行收到付款人开户行退回委托收款凭证和汇票时,对已贴现的金额应从贴现申请人账户收取,办理转账手续。其会计分录为:

借:吸收存款——单位活期存款——贴现申请人户

贷:贴现资产——票据贴现——××户 　　　　　　　　　　(面值)

若贴现申请人账户余额不足,则不足部分转做"逾期贷款"。其会计分录为:

借:吸收存款——单位活期存款——贴现申请人户

　贷款——逾期贷款——代贴现申请人垫款户

贷:贴现资产——票据贴现——××户 　　　　　　　　　　(面值)

自转入"逾期贷款"之日起按每日5‰计收罚息。

2. 银行承兑汇票贴现贷款到期收回的账务处理

银行承兑汇票的承兑人是付款人开户银行,信用可靠,一般不会发生退票情况。贴现银行在汇票到期前,应以自己为收款人,填制委托收款凭证,向对方银行收取贴现款。收到对方银行报单及划回款项时,其会计分录为:

借:清算资金往来

贷:贴现资产——票据贴现——××户

【例4-8】 2013年7月10日山东淄博特种车辆厂持长春一家客户开出的未到期商业汇票去开户银行申请贴现,票据面额320 000元,票据到期日为11月4日,经银行信贷部门审核同意办理。假定贴现率为3‰,其会计分录为:

$$贴现息＝320\ 000\times(117＋3)\times3‰\div30＝3\ 840(元)$$

$$实付贴现金额＝320\ 000－3\ 840＝316\ 160(元)$$

借:贴现资产——票据贴现——淄博特种车辆厂户(面值)　　320 000

贷:吸收存款——个人活期存款——淄博特种车辆厂户　　　316 160

　贴现资产——票据贴现——淄博特种车辆厂户(利息调整)　3 840

【例4-9】 沿用例4-8资料,假设票据到期,银行没有及时收回票款,转而向淄博特种车辆厂账户扣款,但发现其账户中只有200 000元,其余票款银行于11月10日收回。

① 到期转逾期:

借:吸收存款——单位活期存款——淄博特种车辆厂户　　　200 000

　贷款——逾期贷款——淄博特种车辆厂垫款户　　　　　　120 000

贷:贴现资产——票据贴现——淄博特种车辆厂户(面值)　　320 000

② 逾期款收回:

逾期利息＝120 000×6×5‰＝360(元)

借：吸收存款——单位活期存款——淄博特种车辆厂户　　　120 360

贷：贷款——逾期贷款——淄博特种车辆厂垫款户　　　120 000

利息收入——贴现贷款罚息　　　360

第四节　贷款损失准备的核算

一、贷款损失准备的种类和计提方法

为了提高银行抵御风险的能力,根据《金融企业会计制度》的规定,要求商业银行在期末分析各项贷款的可收回性并预计可能产生的贷款损失,计提贷款损失准备,这是商业银行持续、稳健经营的重要保证。贷款损失准备的计提范围为承担风险和损失的资产,包括贷款(含抵押、质押、保证等贷款)、银行卡透支、贴现、银行承兑汇票垫款、信用证垫款、担保垫款、进出口押汇、拆出资金等。银行不承担风险和还款责任的委托贷款不计提贷款损失准备。

银行应当按照谨慎性原则,合理估计贷款可能发生的损失,及时计提贷款损失准备。贷款损失准备应根据借款人的还款能力、贷款本息的偿还情况、抵押品的市价、担保人的支持力度和商业银行内部信贷管理情况,分析贷款的风险和回收的可能性,合理提取。

1. 贷款损失准备的种类

贷款损失准备包括一般准备、专项准备和特种准备。一般准备是根据全部贷款余额的一定比例计提的、用于弥补尚未识别的可能性损失准备;专项准备是指根据《贷款风险分类指导原则》,对贷款进行风险分类后,按每笔贷款损失的程度计提的用于弥补专项损失准备;特种准备是指针对某一国家、地区、行业或某一类贷款风险计提的准备。

2. 贷款损失准备的提取方法

大多数国家要求商业银行同时计提普通呆账准备金和专项呆账准备金。贷款损失准备由银行总行统一计提。专项准备金按照贷款五级分类的结果提取,每类贷款的提取比率由商业银行自主决定。中国人民银行发布的《贷款损失准备金计提指引》提出了不同类型贷款损失准备计提的参考比例:

(1)银行应按季计提一般准备,一般准备年末余额应不低于年末贷款余额的1%。

(2)对于关注类贷款,计提比例为 2%;对于次级类贷款,计提比例为25%;对于可疑类贷款,计提比例为 50%;对于损失类贷款,计提比例为

100％。其中,次级和可疑类贷款损失准备的计提比例可以上下浮动 20％。

(3)特种准备由银行根据不同国别或不同行业贷款的特殊风险情况、风险损失概率及历史经验,自行确定按季计提比例。

(4)上市银行执行 2006 年 2 月 15 日发布的新会计准则后,需要根据未来现金流量贴现与账面余额对比提取贷款损失准备。

二、贷款损失准备的核算

(一)贷款损失准备的提取

1. 一般准备金的提取

商业银行根据应提取贷款损失准备金的贷款期末余额和规定的比例,计算一般准备金的期末余额,并与现有一般准备金的余额进行比较(或者按照现金流量贴现法提取贷款损失准备)。如果现有余额不足,应按照差额补提一般准备金,其账务处理为:按照计提的准备,借记"利润分配——提取一般准备金"科目,贷记"贷款损失准备——一般准备金(或一般风险准备)"科目。如果原有余额高于本期末应有余额,则应按照差额冲减,账务处理与补提时相反。

2. 专项准备金的提取

商业银行在会计期期末,按照贷款五级分类结果和制定的提取比例,计算本期专项准备金的应有余额,与期末现有余额比较。如果现有余额不足,应按照差额补提专项准备金,其账务处理为:按照计提准备额,借记"资产减值损失",贷记"贷款损失准备——专项准备金"科目。如果原有余额高于本期末应有余额,则应按照差额冲减,账务处理与补提时相反。

【例 4 - 10】 某商业银行 2013 年末计提的贷款损失准备金。贷款余额为 550 000 万元,分类如下:正常贷款 550 000 万元;关注贷款 12 000 万元;次级贷款 5 000 万元;可疑贷款 4 000 万元;损失贷款 2 000 万元。按照贷款余额 1％ 提取一般准备,按照专项贷款的比例计提专项准备。年末一般准备账面余额为 5 200 万元,专项准备余额为 7 820 万元。

要求:按比例计算年末应提取一般准备和专项准备的数额;计算应该调整贷款损失准备的数额并做出提取贷款损失准备的账务处理(以万元为单位)。

① 一般准备金的提取:

年末应提取的一般准备＝550 000×1％＝5 500(万元)

调整提取的一般准备＝5 500－5 200＝300(万元)(调整增加)

借:利润分配——提取一般准备金　　　　　　　　　　　　　　　300

　　贷:贷款损失准备——一般准备金　　　　　　　　　　　　　　300

② 专项准备金的提取：

年末应提取的专项准备＝$12\,000×2\%＋5\,000×25\%＋4\,000×50\%$

$＋2\,000×100\%＝5\,490$(万元)

调整提取专项准备＝$5\,490－7\,820＝－2\,330$(万元)(调整减少)

借：资产减值损失   2 330

  贷：贷款损失准备——专项准备金   2 330

3. 特种准备金的提取

特种准备金的提取的会计处理方法与专项准备金基本相同。

(二)呆账贷款的核销

呆账贷款是指：①借款人和担保人依法宣告破产,进行清偿后未能还清的贷款；②借款人死亡或者依照《中华人民共和国民法通则》的规定,宣告失踪或宣告死亡,以其财产或者遗产清偿后未能还清的贷款；③借款人遭到重大自然灾害或意外事故,损失巨大且不能获得保险补偿,确定无力偿还的部分或全部贷款,或者以保险清偿后未能还清的贷款；④贷款人依法处置贷款抵押物、质物,所得价款不足以补偿抵押、质押贷款的部分；⑤经国务院专案批准核销的贷款。

符合规定条件的呆滞贷款应转入呆账贷款。其会计分录为：

借：呆账贷款——××单位

  贷：呆滞贷款——××单位

商业银行根据本行制定的呆账贷款的核销规定,经过相应的授权或批准以后,可以进行核销。由于《金融企业会计制度》规定不再针对应收利息提取坏账准备,核销时应包括该笔贷款的本金和应收利息,同时报财政部门备案。其会计分录为：

借：贷款损失准备——专项准备金

  贷：呆账贷款——××单位

对于已经核销的呆账贷款,商业银行应贯彻"账销实存"的原则,保留对贷款的追索权。

(三)呆账贷款的收回

对于已经核销的贷款,如果以后又收回,商业银行应通过"贷款损失准备——专项准备金"科目进行核算。其会计分录为：

借：呆账贷款——××单位

  贷：贷款损失准备——专项准备金

然后再转销呆账贷款,根据收回的形式借记相关科目,即：

借：相关科目

贷：呆账贷款——××单位

【例4-11】 某银行于2012年核销品尚公司的呆账贷款200万元后，又有50万收回。

① 核销呆账贷款时：

借：贷款损失准备——专项准备　　　　　　　　　　2 000 000

　　贷：呆账贷款——品尚公司　　　　　　　　　　　　2 000 000

② 已确认并核销的呆账贷款又收回时：

借：呆账贷款——品尚公司　　　　　　　　　　　　　500 000

　　贷：贷款损失准备——专项准备　　　　　　　　　　　500 000

然后再转销呆账贷款，根据收回的形式借记相关科目。

借：吸收存款——活期存款　　　　　　　　　　　　　500 000

　　贷：呆账贷款——品尚公司　　　　　　　　　　　　　500 000

调研与实践题：

组织学生调研某一家商业银行不同性质的贷款业务，对其进行比较分析，启发学生从中把握商业银行不同贷款业务的核算流程。

复习思考题：

1. 贷款的种类有哪些？它与票据贴现的区别在哪里？

2. 贷款业务的核算要求有哪些？

3. 商业银行的哪些资产应计提贷款损失准备？如何计提其贷款损失准备？

4. 贷款利息的计算有哪些规定？如何进行核算？

5. 如何进行票据贴现的账务处理？

账务处理题：

1. 2013年3月1日，某修理厂向开户银行申请信用贷款60 000元，期限6个月，贷款利率4.5%，到期还本付息。经审查后，银行于3月3日发放贷款60 000元。修理厂于2013年9月1日足额归还银行的贷款本息（假设修理厂采取按月预提利息的方法，且合同利率和实际利率差异较小，采用合同利率计算确定利息收入）。做出上述业务开户银行的账务处理。

2. 2013年1月31日，某银行为客户东华科技公司办理票据贴现业务。东华科技公司申请贴现的商业汇票票面金额为1 000万元，6个月后到期。该银行办好贴现业务，将实付贴现金额转入东华科技公司账户。2013年7月31

日贴现汇票到期,该银行收到票款 1 000 万元,该月贴现率为 1.4‰。做出该银行 2013 年 1 月 31 日办理贴现时、确认各月的贴现利息以及到期收到款项的会计分录。

3. 2013 年 1 月 3 日,工商银行花园街支行向其开户单位金鹰集团发放 1 年期贷款,贷款本金 150 万元,合同利率为 5%,按季度收息,并于到期日收回本金。假设不考虑其他因素,而且合同利率和实际利率差异较小。编制发放贷款、结息日确认利息收入和收取利息以及到期收回本金的会计分录。

推荐拓展阅读:

1. 于春红.银行会计学[M].北京:对外经济贸易大学出版社,2009.
2. 志学红.银行会计[M].北京:中国人民大学出版社,2008.

第五章 支付结算业务的核算

本章导读

　　随着我国信用体系的逐步完善,商业银行作为金融中介,已深入到企业和个人的经济活动各个角落。如何高效完成企业之间、个人之间及企业与个人之间资金的给付活动,对于当今商业银行而言显得尤为重要。为此,从企业或个人和银行两个维度,详细阐述支票、银行汇票、银行本票和商业汇票以及汇兑、托收承付、委托收款等方式进行支付结算的具体过程及其会计处理方法,深刻反映金融企业支付结算活动的经济实质。

掌握知识和能力要点描述:

(1)了解支付结算的概念、原则、纪律和责任以及支付结算的种类;
(2)理解支付结算业务核算的要求和特点;
(3)掌握支票、银行汇票、银行本票等支付结算方式的会计核算;
(4)建立金融企业支付结算业务会计处理的方法体系。

第一节　支付结算业务概述

一、支付结算的概念

　　广义的支付结算又称银行结算,是指单位、个人在社会经济活动中使用票据、信用卡和汇兑、托收承付、委托收款等结算方式进行货币给付及资金清算的行为,包括现金结算和银行转账结算。狭义的支付结算仅指银行转账结算,即 1997 年 9 月中国人民银行发布的《支付结算办法》中所指的支付结算。

　　随着我国市场经济制度的完善,除少数经济往来的款项按规定可以使用现金结算以外,大部分的支付清算活动都必须通过银行的票据结算和支付结算方式完成。支付结算能够加速资金的周转,促进经济发展,同时,有利于集中社会闲散资金,稳定和扩大信贷资金来源。

二、支付结算的原则

(一)恪守信用,履约付款

办理支付结算业务的单位和个人,必须依照共同约定的民事法律关系内容,享受相应的权利并承担相应的义务;结算当事人应严格遵守信用,按照事先的承诺,履行资金结算义务,按照规定的付款金额和付款日期完成款项的支付。该原则强调结算双方办理款项收付完全建立在自觉自愿和相互信任的基础上。

(二)谁的钱进谁的账,由谁支配

银行作为资金结算的中介机构,必须按照委托人的意志行事,对存款人的资金,除国家法律另有规定外,必须由其自己支配。其他任何单位、个人及银行本身都不得对其资金进行干预和侵犯。客户委托银行把钱转给谁,银行就把钱进谁的账。该原则主要是维护存款人对存款资金的所有权,保证其对资金支配的自主权。

(三)银行不垫款

银行只是承担办理支付结算的职责,根据客户的委托进行账户资金的转移。在支付结算业务处理过程中,银行必须坚持"先付后收,收妥抵用"。客户委托银行代收款项,在款项尚未收妥入账之前,不得支用;客户委托银行代付款项,必须在账户上有足够的存款余额。该原则旨在划清银行资金和存款人资金的界限,有利于保护银行资金的所有权或经营权,也有利于促使客户以自己所有或经管的财产直接对自己的债务承担责任,保证银行资金的安全。

三、支付结算纪律

(一)银行应遵守的支付结算纪律

银行是办理支付结算业务的主体。银行应按照支付结算制度办理结算,维护支付结算的正常秩序。银行的结算纪律归纳起来可以用"十不准"概括:不准以任何理由压票、任意退票、截留挪用客户和他行资金;不准无理拒绝支付应由银行支付的票据款项;不准违章签发、承兑、贴现票据,套取银行资金;不准签发空头银行汇票、银行本票和办理空头汇款;不准在支付结算制度之外规定附加条件,影响汇路畅通;不准违反规定为单位和个人开立账户;不准拒绝受理、代理他行正常结算业务;不准改变对企事业单位和个人违反结算纪律的制裁;不准无理拒付、不扣或少扣滞纳金、罚金;不准逃避向中国人民银行转汇大额汇划款项。

(二)客户应遵守的支付结算纪律

单位和个人是办理支付结算的重要当事人。单位和个人严格遵守结算纪律,按照结算制度办理结算,是严肃信用制度、维护结算秩序的前提。单位和个人必须遵守的结算纪律,具体包括:不准签发没有资金保证的票据或远期支票,套取银行信用;不准签发、取得和转让没有真实交易和债权债务的票据,套取银行和他人资金;不准无理拒绝付款,任意占用他人资金;不准违反规定开立账户、出租、出借、转让账户和使用账户,不准利用多头开户转移资金以逃避支付结算的债务。

四、支付结算业务核算的特点

(一)支付结算的核算程序必须以相关法律为依据

凡是与支付结算相关的法律、行政法规以及部门规章和地方规定,都可以作为办理支付结算业务的法律依据。中国人民银行颁布的支付结算政策性文件也是支付结算业务活动所必须遵守的规定。目前,这方面的法律、行政法规以及部门规章和政策性规定主要包括《中华人民共和国票据法》、《支付结算办法》和《银行账户管理办法》等。

(二)支付结算业务的处理程序与其会计处理步骤完全一致

由于支付结算业务主要是办理银行各账户之间资金的转移,而银行各账户资金的收入和付出又完全需要由会计部门来处理,因而结算业务的处理过程,包括凭证的审查、传递和账务的划转,必然同会计处理过程相统一。因此,银行的会计部门必须根据各种不同的票据和支付结算方式,分别进行不同的账务处理。

(三)支付结算业务的凭证格式由银行统一制订

单位和个人在办理结算业务时,需要按照业务的要求,选用适当的结算方式和该种结算方式的专用凭证,按规定内容填妥后,送交开户银行办理支付结算业务的有关手续。银行受理时,以这种具有统一格式的外来专用凭证作为业务的起点,并通过这些凭证的传递和使用,完成结算款项的划转。支付结算凭证的格式和联数,虽因业务类型不同而有所区别,但一般应具有四联、一式套写,使收付款人及双方开户银行在不同的业务环节各持一联,以凭其办理业务和记载账务。这样,有关各方记账的依据完全一致,不容易发生错误;即使发生错误,也易于查对。这种统一格式的凭证一律由银行统一印制和发售,并在相关的法规中公布样本,任何单位和个人不得仿制或自行印制。

五、支付结算种类

目前,我国的结算方式主要有银行汇票、商业汇票、银行本票、支票、汇兑、托收承付、委托收款和信用卡等支付结算方式。按照使用的工具可分为票据结算和非票据结算。银行汇票、商业汇票、银行本票和支票属于票据结算;汇兑、托收承付和委托收款属于非票据结算。按照收付款项的地区不同,可分为异地、同城和异地同城三种结算方式。银行汇票、汇兑和托收承付属于异地结算;银行本票和支票属于同城结算;商业汇票、委托收款和信用卡属于异地同城结算。

第二节　票据结算业务的核算

票据是指出票人无条件约定自己或委托第三人支付并可流通转让的有价证券,如汇票、本票和支票。票据具有结算功能、信用功能和流通功能。产生票据权利与义务的法律行为称为票据行为,主要包括出票、背书、承兑和保证。出票是指出票人签发票据并将其交给收款人的票据行为;背书是指在票据背面或者粘单上记载有关事项并签章的票据行为;承兑是指票据的付款人在票据上记载一定的事项,以承诺在票据到期日向持票人支付票据金额的票据行为;保证是指票据债务人以外的第三人通过在票据上记载一定的事项,为特定的票据债务人履行票据债务提供担保,对汇票的债务承担保证责任的票据行为。上述四种票据行为均可独立地发生效力,互不影响。一个票据行为的无效并不影响其他票据行为的效力,这一特性称为票据行为的独立性。根据我国《票据法》规定,票据结算主要包括支票、银行本票、银行汇票和商业汇票结算四种。

一、支票结算

支票是出票人签发并委托办理支票存款业务的银行在见票时无条件支付确定的金额给收款人或持票人的票据。同一票据交换区域需要支付各种款项的单位和个人均可使用支票。

支票是一种委托式信用证券,可分为现金支票、转账支票和普通支票。现金支票只能用于支取现金,样式见表 5-1;转账支票只能用于转账,样式见表5-2;普通支票既可支取现金,也可转账。在普通支票左上角划两条平行线的为划线支票,划线支票只能用于转账。

（一）支票的基本规定

(1)支票提示付款期限自出票日起 10 日。超过提示付款期限,持票人开户银行不予受理;到期日遇法定节假日顺延,但中国人民银行另有规定的除外。

(2)支票使用涉及出票人、付款人和收款人。出票人即填制支票的单位或个人,必须是在办理支票业务的银行机构开立支票存款账户的单位或个人;支票的付款人为支票上记载的出票人开户银行;支票的收款人即支票上标明的

第五章

支付结算业务的核算

99

收款单位或个人。

表5-1　银行现金支票

| 中国工商银行
现金支票存根
Ⅶ Ⅱ 0101101

科　　目____
对方科目____
出票日期　年　月

收款人：
金　额：
用　途：
单位主管
会计 | 本支票付款期限十天 | ××银行　现金支票　　　　　Ⅶ Ⅱ 0101101
出票日期（大写）　　　年　月　日　　付款行名称：
　　　　　　　　　　　　收款人：
　　　　　　　　　　　　　　　　　出票人账号：
　　　　　　　　　　　　用途____
上列款项请从我账户内支付

出票人签章　　　　　　　　　　复核　　记账 |
| | | 人民币
（大写）　　　　千 百 十 万 千 百 十 元 角 分 |

表5-2　银行转账支票

| 中国工商银行
转账支票存根
Ⅶ Ⅱ 0201101

科　　目_____
对方科目_____
出票日期　年　月

收款人：
金　额：
用　途：
单位主管
会计 | 本支票付款期限十天 | ××银行　转账支票　　　　　Ⅶ Ⅱ 0101101
出票日期（大写）　　　年　月　日　　付款行名称：
收款人：　　　　　　　　　　　　出票人账号：

用途____　　　　　　　　　　科　目_____
上列款项请从我账户内支付　　对方科目_____

出票人签章　　　　　　　　　　复核　　记账 |
| | | 人民币
（大写）　　　　千 百 十 万 千 百 十 元 角 分 |

（3）持票人可以委托开户银行收款或向付款人提示付款。用于支取现金的支票仅限于收款人向付款人提示付款。持票人委托开户银行收款时，应在支票背面的背书人签章栏签章、记载"委托收款"字样、背书日期、开户银行名称，并将支票和填制的进账单送交开户银行。

（4）出票人签发的支票记载的绝对事项包括表明"支票"的字样、无条件支付的委托、确定的金额、付款人名称、出票日期、出票人签章，欠缺记载任何一项，支票均为无效。支票的金额、收款人名称可以由出票人授权补记，未补记前不得背书转让和提示付款。

（5）签发支票应使用碳素墨水或墨汁填写。支票的填写必须做到标准化、规范化，要求要素齐全、数字正确、字迹清晰、不错漏、不潦草，大小写金额、日期和收款人不能更改，否则支票无效。对于支票上除绝对事项以外的事项，原记载人可以更改，但必须签章证明。

（6）出票人签发空头支票、签章以及预留银行签章不符的支票、支付密码错误的支票，银行应予以退票，并按票面金额处以 5％但不低于 1 000 元的罚款；持票人有权要求出票人赔偿支票金额 2％的赔偿金。对屡次签发空头支票的单位或个人，银行应停止其签发支票。

（7）转账支票可以背书转让，已转让的支票背书应当连续，但现金支票不能背书转让。

（二）支票结算的会计处理

1. 持票人与出票人在同一行处开户的会计处理

（1）银行受理持票人交来的支票和两联进账单时，应对其内容进行严格审查，主要包括：支票是否为统一规定印制，是否真实，提示付款期是否超过；填明的持票人是否在本行开户，持票人的名称是否为持票人，与进账单上的名称是否一致；出票人账户是否有足够支付的款项；出票人的签章是否符合规定，与预留银行的签章是否一致；使用密码支付的支票，密码是否正确；大小写金额是否一致，与进账单的金额是否相符；必须记载的事项是否齐全，出票金额、出票日期、收款人名称是否更改，其他事项的更改是否由原记载人签章证明；背书转让的支票是否按规定的范围转让，背书是否连续，签章是否符合规定，背书使用的粘单是否按照规定在粘接处签章；背书人是否在支票背面做委托收款背书。经审核无误后，银行将支票作为借方凭证，以进账单第二联作为贷方凭证办理转账。编制会计分录为：

借：吸收存款——出票人账户

　　贷：吸收存款——持票人账户

进账单第一联加盖转讫章交持票人作为收账通知。

【例 5-1】 工商银行花园支行收到鞍马锻造厂交来委托收款的进账单和在本行开户的华远商贸签发的转账支票各 1 张，金额为 75 000 元。审核无误后，编制会计分录为：

借：吸收存款——单位活期存款——华远商贸　　　　　75 000

　　贷：吸收存款——鞍马锻造厂——持票人账户　　　　　75 000

（2）出票人向银行送交支票时，应填写三联进账单，连同支票一并送交开户银行。银行按审查无误后进行账务处理；会计分录与受理持票人交存支票时相同。转账后,进账单第一联加盖转讫章后交出票人作为回单;进账单第三联加盖转讫章后作为收账通知,转交收款人。

2. 持票人与出票人不在同一行处开户的会计处理

(1)持票人开户银行收到持票人交存的支票和两联进账单,在第二联进账单上加盖"收妥后入账"戳记,将第一联进账单加盖转讫章交持票人。按照同城票据交换规定,及时提出支票交换,待退票时间过后,以第二联进账单作为贷方凭证办理转账。其会计分录为:

借:存放中央银行款项(同城)

  贷:吸收存款——持票人户

(2)出票人开户银行收到交换提入的支票。按照上述规定对支票的内容进行审查,审查无误后,以支票作为借方凭证办理转账。其会计分录为:

借:吸收存款——出票人户

  贷:存放中央银行款项

若支票发生退票,出票人开户银行应将其作为"其他应收款"处理;持票人开户银行则作为"其他应付款"处理。

(3)出票人开户银行接到出票人交来的转账支票和三联进账单时,仍按上述内容进行审查,审查无误后,以支票作为借方凭证办理转账。其会计分录为:

借:吸收存款——出票人户

  贷:存放中央银行款项

第一联进账单加盖转讫章,交出票人作为回单;第二、第三联进账单盖章后,按照同城票据交换的有关规定,及时提出交换。

(4)收款人开户银行收到交换提入的第二、第三联进账单,审查无误后,以第二联进账单作为贷方凭证,办理转账。其会计分录为:

借:存放中央银行款项

  贷:吸收存款——收款人户

第三联进账单加盖转讫章交收款人作为收账通知。

【例5-2】 A地工商银行开户单位招远公司送交转账支票1张,金额为28 000元,系在异地工商银行开户的电器公司支付的材料款。经审核无误后办理款项结算。编制相关会计分录。

① A地工商银行提交支票时,不做账务处理。

② 异地工商银行收到转账支票:

借:吸收存款——单位活期存款——电器公司　　　　　　　　28 000

  贷:存放中央银行款项　　　　　　　　　　　　　　　　　　　28 000

③ A 地工商银行收到货款：

借：存放中央银行款项　　28 000

　　贷：吸收存款——单位活期存款——招远公司　　28 000

(三)支票的领购和挂失

银行的存款人需领购支票时，应填写“票据和结算凭证领用单”，加盖与预留银行签章相同的签章。银行审核后，收取支票工本费和手续费，在“重要空白凭证领用登记簿”上注明领用日期、存款人名称、支票起止号码等以备核查，然后将支票交存款人。支票账户的存款人结清账户时，必须将全部剩余空白支票交回银行，由银行统一处理。

若发生支票丢失，失票人应及时到支票付款行办理挂失手续，并提交支票挂失止付通知书，银行审核无误并确定票款未付后，登记“支票挂失登记簿”，并在出票人分户账做出标记，凭以止付。

二、银行本票

银行本票是指银行签发并承诺在见票时无条件支付确定的金额给收款人或者持票人的票据。银行本票由银行签发、保证兑付且见票即付。银行本票可以分为定额和不定额本票，样式如图 5-1。定额银行本票的面额分为 1 000 元、5 000 元、10 000 元和 50 000 元四种。银行本票为见票即付，单位和个人在同一票据交换区域需支付各种款项，均可使用银行本票。

付款期限 贰 个 月

× × 银行

本　票　2

地 EB/名 03 00000000

出票日期　　年　月　日

（大号）

收款人：		申请人：	
凭票即付 人民币（大写）			
转账	现金		
备注：		出票行签章	出纳　　复核　　经办

此联出票行结清本票时作借方凭证

图 5-1　银行本票

(一)银行本票的基本规定

(1)出票人是经中国人民银行当地分支行批准办理银行本票业务的银行

机构。

（2）银行本票可以用于转账，注明"现金"字样的银行本票可以用于现金支取。

（3）银行本票的提示付款期自出票日起最长不得超过 2 个月，付款期限最长达 6 个月。持票人超过提示付款期付款的，代理付款人不予受理。银行本票的代理付款人是代理出票银行审核支付银行本票款项的银行。

（4）银行本票为不定额本票的，无金额起点限制。

（5）填写"现金"字样的银行本票不得背书转让，转账的银行本票可以在同一票据交换区域内背书转让。

（6）申请人因银行本票超过提示付款期限或其他原因要求退款时，应将银行本票提交到出票银行，并提交单位证明或个人身份证明。出票银行对于在本行开有存款账户的申请人，只能将款项转入其存款账户；对于现金银行本票和未在银行开立存款账户的申请人，应退付现金。

（7）银行本票丢失时，失票人可以凭人民法院出具的其享有票据权利的证明，向出票银行请求付款或退款。

银行本票支付结算的基本流程如图 5-2 所示。

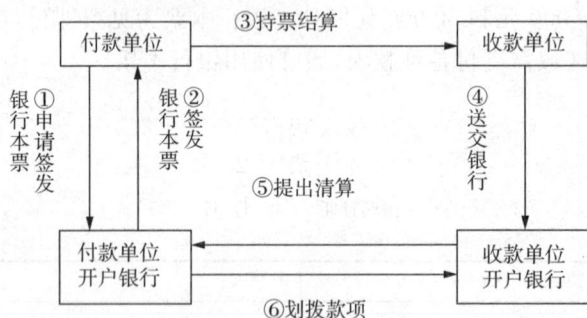

图 5-2　银行本票的支付结算流程

（二）银行本票的会计处理

1. 出票行签发银行本票的核算

申请人使用银行本票时应向银行填写"银行本票申请书"，填写收款人名称、申请人名称、支付金额、申请日期等事项并签章。银行本票申请书一式三联，第一联存根，第二联借方凭证，第三联贷方凭证。交现金办理本票的，第二联注销。另外，申请人和收款人均为个人的，应在"支付金额"栏先填写"现金"字样，后填写支付金额；申请人或收款人为单位的，不得申请签发"现金"字样的银行本票。

出票银行受理银行本票申请书，应认真审查其填写内容是否齐全、清晰，申请书填明"现金"字样的,要审查申请人和收款人是否均为个人。审查无误后,收妥款项并签发银行本票。

(1)转账交付的,以第二联申请书作为借方凭证,第三联作为贷方凭证。会计分录为:

借:吸收存款——申请人户

　　贷:开出本票

(2)现金交付的,以第三联作为贷方凭证。会计分录为:

借:库存现金

　　贷:开出本票

"开出本票"科目应按定额银行本票和不定额银行本票分户进行核算。

签发的银行本票必须记载事项包括表明"银行本票"的字样、无条件支付承诺、确定金额、收款人名称、出票日期、出票人签章。欠缺记载上列事项之一的,银行本票无效。

不定额银行本票凭证一式两联:第一联卡片,第二联本票;定额银行本票凭证分为存根联和正联。填写时,本票的出票日期和出票金额必须大写;用于转账的本票须在银行本票上划去"现金"字样;支取现金的本票须在银行本票上划去"转账"字样。不定额银行本票需用压数机压印出票小写金额。

签发完毕,出票银行在本票上签章后将定额本票正联交申请人,不定额本票第二联交申请人;第一联卡片或存根联盖章后留存,并专夹保管。

2. 银行本票付款的核算

本票申请人取得银行本票后,将其转给相关的收款人,用于债权债务的结算。收款人受理银行本票时应审查下列事项:收款人是否确定为本单位或个人;银行本票是否在提示付款期限内;必须记载的事项是否齐全;出票人签章是否符合规定;不定额银行本票是否有压数机压印的出票金额,并与大写出票金额是否一致;出票金额、出票日期、收款人名称是否更改;更改的其他记载事项是否由原记载人签章证明。收款人可以将银行本票背书转让给被背书人,收款人或被背书人需在付款期内持本票向银行兑付。

代理付款行接到本行开户持票人交来的本票和两联进账单时,应认真审查本票是否为统一印制凭证,本票是否真实,提示付款期是否超过;填明的持票人是否在本行开户,持票人名称是否为该持票人,与进账单上的名称是否相符;出票行的签章是否符合规定,加盖的本票专用章是否与印模相符;不定额银行本票是否有统一制作的压数机压印金额,与大写的出票金额是否一致;本票必须记载的事项是否齐全,出票金额、出票日期、收款人名称是否更改,其他记载事项的更改是否由原记载人签章证明;持票人是否在本票背面"持票人向银行提示付款签章证明"处签章,背书转让的本票是否按规定的范围转让,背书是否连续,签章是否符合规定,背书使用粘单是否按规定在粘接处盖章。审查无误后,即可办理兑付手续。

当持票人与原申请人在同一行处开户时,代理兑付行兑付的是本行签发的本票。此时,应以本票第一联代借方凭证,进账单第二联代贷方凭证办理转账。会计分录为:

借:开出本票

　　贷:吸收存款——持票人户(或其他有关科目)

第一联进账单加盖转讫章交持票人作收账通知。

当持票人与原申请人不在同一行处开户时,代理兑付行以进账单第二联代贷方凭证办理转账。会计分录为:

借:存放中央银行款项(或其他有关科目)

　　贷:吸收存款——持票人户(或其他有关科目)

第一联进账单加盖转讫章交持票人作收账通知,本票加盖转讫章,通过同城票据交换将其转给出票银行。

对于跨系统银行代理付款的,根据中国人民银行的规定,代理付款银行可以按同业往来利率向出票银行收取1天的利息。代理付款行填制计收利息凭证,加盖同城签证章和票据清算章后,同本票一起通过同城票据交换向出票银行收取款项。会计分录为:

借:存放中央银行款项

　　贷:利息收入

持票人向银行兑取现金时,需要认真查验本票上填写的申请人和收款人是否均为个人、收款人和被委托人的身份证件,并要求提交收款人和被委托人身份证件的复印件留存备查,审查无误后办理付款。将本票作为借方凭证,本票卡片或存根联作为附件,会计分录为:

借:开出本票或存放中央银行款项

　　贷:库存现金

3. 银行本票结清的核算

当持票人与申请人在同一行处开户时,本票付款时即可结清"开出本票"科目。当持票人与申请人不在同一行处开户时,代理付款行通过同城票据交换提出本票,出票行收到交换提入的本票时,抽出专夹保管的本票卡片或存根,经核对确属本行出票,则将本票作为借方凭证,本票卡片或存根作为附件,办理本票的结清。会计分录为:

借:开出本票

　　贷:存放中央银行款项

对于收到跨系统银行交换划来的计收利息凭证,经核对无误后办理转账。会计分录为:

借:利息支出

　　贷:存放中央银行款项

4. 银行本票的退款、超期付款和挂失的核算

(1)退款。申请人因本票超过提示付款期限或其他原因要求出票行退款时,应填制一式二联的进账单,连同本票一并交给出票银行,并提交必要的证明或身份证件。出票银行经与原专夹保管的卡片或存根核对无误后,在本票上注明"未用退回"字样。出票银行将第二联作为贷方凭证,本票作为借方凭证,本票卡片或存根作为附件,办理转账。会计分录为:

借:开出本票

　　贷:吸收存款——申请人户

　　　库存现金(或其他有关科目)

第一联进账单加盖转讫章交原申请人作为收账通知。

(2)超期付款。持票人超过付款期不付款的,在票据权利时效期内请求付款时,应向出票银行说明原因,并将本票交给出票银行。出票银行经与原专夹保管的本票卡片或存根核对无误,即在本票上注明"逾期付款"字样,办理付款手续。

持票人在出票银行开户的,出票银行以持票人提交的进账单第二联作为贷方凭证,本票作为借方凭证,本票卡片或存根作为附件,办理转账。会计分录为:

借:开出本票

　　贷:吸收存款——持票人户(或其他有关科目)

第一联进账单加盖转讫章交持票人作为收账通知。

作为个人的持票人提交注明"现金"字样的本票,银行应查验取款人的身份证件,查验无误后,编制如下分录:

借:开出本票

　　贷:库存现金

持票人未在出票银行开户的,需填制三联进账单,出票银行以本票作为借方凭证,本票卡片或存根作为附件,办理转账。会计分录为:

借:开出本票

　　贷:存放中央银行款项

第一联进账单加盖转讫章交持票人作为收账通知,第二、第三联进账单向持票人开户行提出交换。持票人开户行收到进账单,以第二联进账单作为贷方凭证办理转账。会计分录为:

借:存放中央银行款项

　　贷:吸收存款——持票人户(或其他有关科目)

第三联进账单加盖转讫章交持票人作为收账通知。

(3)银行本票的挂失。填明"现金"字样的银行本票丢失,失票人到出票银行挂失时,应提交第一、第二联挂失止付通知书,经出票银行审核无误后方可受理。出票银行将第一联挂失止付通知书加盖业务公章作为回单交给失票人,第二联登记本票挂失登记簿后,与原本票卡片或存根一并专夹保管,凭以控制付款或退款。

(4)丢失银行本票付款或退款。丢失本票,失票人凭人民法院出具的享有票据权利的证明,向出票银行请求退款或付款时,出票银行经审查确定未付款的,分情况做如下处理:①出票银行向持票人付款时,应抽出原专夹保管的本票卡片或存根进行核对,核对无误后比照超期付款的处理手续将款项付给收款人;②出票银行向原申请人退款,应抽出原专夹保管的本票卡片或存根进行核对,核对无误后比照银行本票退款的有关手续处理。

【例5-3】 A地工商银行开户单位华盛公司提交银行本票委托书,金额为80 000元,银行审核无误后,同意签发银行本票。4日后,本市交通银行开户单位机电公司兑付该银行本票,通过同城票据交换将本票交给A地工商银行。编制相关会计分录。

① 工商银行签发银行支票:

借:吸收存款——单位活期存款——华盛公司　　　　　80 000

　　贷:开出本票　　　　　　　　　　　　　　　　　　80 000

② 交通银行兑付银行本票:

借:存放中央银行款项(同城票据清算等科目)　　　　80 000

　　贷:吸收存款——单位活期存款——机电公司　　　　80 000

③ 工商银行结算银行本票:

借:开出本票　　　　　　　　　　　　　　　　　　　80 000

　　贷:存放中央银行款项(同城票据清算等科目)　　　80 000

三、银行汇票

银行汇票是出票银行签发的,由其在见票时按照实际结算金额无条件支付给收款人或持票人的票据,样式如图5-3。银行汇票的出票人为经中国人民银行批准办理银行汇票业务的银行,银行汇票的出票银行即为银行汇票的付款人。

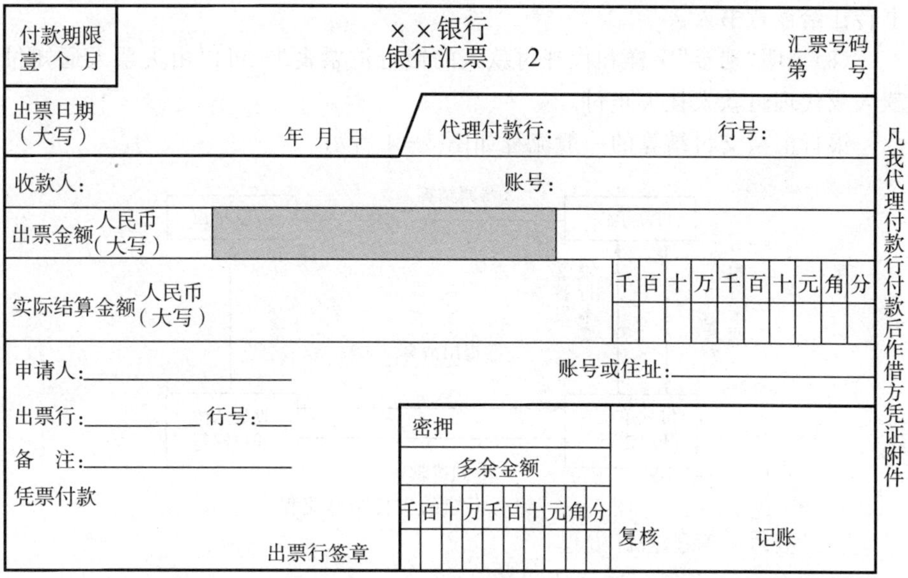
付款期限 壹个月

××银行
银行汇票 2

汇票号码 第 号

出票日期（大写） 年 月 日 | 代理付款行: 行号:

收款人: 账号:

出票金额 人民币（大写）

实际结算金额 人民币（大写） 千 百 十 万 千 百 十 元 角 分

申请人: 账号或住址:

出票行: 行号:

备 注:

凭票付款

出票行签章

密押

多余金额 千 百 十 万 千 百 十 元 角 分

复核 记账

凡我代理付款行付款后作借方凭证附件

图 5-3 银行汇票

（一）银行汇票的基本规定

（1）单位和个人各种转账结算，均可使用银行汇票。

（2）银行汇票的出票和付款，全国范围限于中国人民银行和各商业银行参加“全国联行往来”的银行机构办理。跨系统银行签发的转账银行汇票的支付，应通过同城票据交换将银行汇票和解讫通知提交给同城有关银行支付后抵用。银行汇票的代理付款人是代理本系统出票银行或跨系统签约审核支付汇票款项的银行。代理付款人不得受理未在本行开立存款户的持票人为单位直接提交的汇票。

（3）银行汇票的提示付款期限自出票日起一个月，持票人超过付款期限提示付款的，代理付款人不予受理。

（4）银行汇票的实际结算金额不得更改，更改实际结算金额的银行汇票无效。

（5）申请人和收款人均为个人可以签发现金银行汇票，银行不得为单位签发现金银行汇票。银行汇票可以用于转账，填明“现金”字样的银行汇票可以用于支取现金。

（6）收款人可以将银行汇票背书转让给被背书人，但填明“现金”字样的银行汇票不得转让。未填写实际结算金额或实际结算金额超过出票金额的银行汇票也不得背书转让。

（7）银行汇票丧失。失票人可以凭人民法院出具的其享有票据权利的证明，向出票银行请求付款或退款。银行汇票为记名式，收款人可将银行汇票背书转让给被背书人。

(8)填明"现金"字样和代理付款人的银行汇票丧失,可以由失票人通知付款人或代理付款人挂失止付。

银行汇票支付结算的一般流程如图5-4所示。

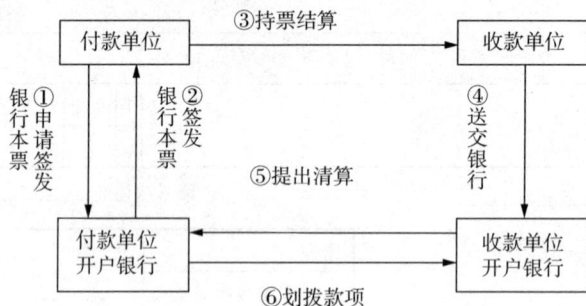

图5-4　银行汇票的支付结算流程

(二)银行汇票的会计处理

1. 出票行签发银行汇票的核算

单位或个人需要使用银行汇票时应向银行填写一式三联的"银行汇票申请书",第一联存根,第二联借方凭证,第三联贷方凭证。出票银行受理申请人提交的第二、第三联银行汇票申请书时,需详细审查其内容是否填写齐全、清晰,汇票的签章是否为预留银行的签章;申请书填明"现金"字样的,要看申请人和收款人是否均为个人,且申请人是否交存现金。对银行汇票中申请书的有关内容审查无误后,出票行才可予以受理。

申请人为转账交付的,出票行以第二联申请书作为借方凭证,第三联作为贷方凭证。会计分录为:

借:吸收存款——申请人户

　　贷:汇出汇款

申请人为交付现金的,出票行以第二联申请书作贷方凭证。会计分录为:

借:库存现金

　　贷:汇出汇款

出票行办好转账或收妥现金后,即可签发银行汇票。签发的银行汇票必须记载的事项包括表明"银行汇票"的字样、无条件支付的承诺、出票金额(必须大写)、付款人名称、收款人名称、出票日期(必须大写)和出票人签章。

汇票凭证一式四联,第一联卡片,第二联汇票,第三联解讫通知,第四联多余款收账通知。填写汇票经审核无误后,在第二联上加盖汇票专用章,并由授权的经办人签名或盖章,在实际结算金额栏的小写金额上端用总行统一制作的压数机压印出票金额,然后连同第三联一并交给申请人;第一联上加盖经办、复核名章,在逐笔登记汇出汇款账并注明汇票号码后,连同第四联一并专夹保管。

2. 持票人接受并审核银行汇票

银行汇票的申请人将出票行开给的汇票第二、第三联交给汇票上记名的收款人,用以偿付商品或劳务结算款项。此时,收款人应审查下列事项:银行汇票和解讫通知是否齐全;汇票号码和记载的内容是否一致;收款人是否为本单位或本人;银行汇票是否在提示付款期限内;必须记载的事项是否齐全;出票人签章是否符合规定,是否有压数机压印的出票金额,并与大小写出票金额一致;出票金额、出票日期、收款人名称是否更改,更改的记载事项是否由原记载人签章证明;持票人若为被背书人,应审查银行汇票是否记载实际结算金额有无更改,其金额是否超过出票金额;背书是否连续,背书人签章是否符合规定,背书使用粘单的是否按规定签章;背书人为个人的要审查其身份证件。

审查无误后,收款人应在汇票出票金额以内,按实际交易结算款项的金额办理结算,将实际结算金额和多余金额填入银行汇票和解讫通知的有关栏内。否则,银行将不予受理。

3. 持票人向银行兑付汇票的核算

(1)持票人在代理付款行开立账户。持票人向开户银行提示付款时,应在汇票背面“持票人向银行提示付款签章”处签章,签章须与预留银行签章相同。然后,将银行汇票和解讫通知及两联进账单一并送交开户银行。

开户银行接到汇票、解讫通知和两联进账单后,应认真审查:汇票和解讫通知是否齐全,汇票号码印记载的内容是否一致;汇票是否是统一规定印制的凭证,提示付款期限是否超过;汇票填明的持票人是否在本行开户,持票人名称是否为该持票人,与进账单上的名称是否相符;出票行的签章是否符合规定,加盖的汇票专用章是否与印模相符;使用密押的,密押是否正确;压数机压印的金额是否由统一制作的压数机压印,与大写的出票金额是否一致;汇票的实际结算金额大小写是否一致,是否在出票余额以内,与进账单所填金额是否一致,多余金额结计是否正确;如果全额进账,必须在汇票和解讫通知的实际结算金额栏内填入全部金额,多余金额栏填写“—”;汇票必须记载的事项是否齐全,出票金额、实际结算金额、出票日期、收款人名称是否更改,其他记载事项的更改是否由原记载人签章证明;持票人是否在汇票背面“持票人向银行提示付款签章”处签章,背书转让的汇票是否按规定的范围转让,背书是否连续,签章是否符合规定,背书使用粘单的是否按规定签章。审查无误后将汇票作为借方凭证附件,第二联进账单作贷方凭证,办理转账。会计分录为:

借:联行科目

贷:吸收存款——持票人户(或其他有关科目)

第一联进账单上加盖转讫章作收账通知交给持票人,解讫通知加盖转讫章随联行借方报单寄给出票行。

(2)持票人未在代理付款行开户。若持票人未在代理付款行开户,代理付款行除按上述要求审查汇票等凭证外,还必须审查持票人的身份证件,汇票背面"持票人向银行提示付款签章"处是否有持票人的签章和注明身份证件名称、号码和发证机关,并要求提交持票人身份证件复印件留存备查。对现金汇票持票人委托他人向代理付款行提示付款的,代理付款行必须查验持票人和被委托人的身份证件,在汇票背面是否作委托收款背书,以及是否注明持票人和被委托人身份证件名称、号码及发证机关,并要求提交持票人和被委托人身份证件复印件留存备查。审查无误后,以持票人姓名开立应解汇款账户,并在该分户账上填明汇票号码以备查考,第二联进账单作贷方凭证,办理转账。会计分录为:

借:联行科目

　　贷:应解汇款——持票人户

"应解汇款"账户只付不收,付完清户,不计付利。转账支取的,该账户的款项只能转入单位或个体工商户的存款账户,严禁转入个人储蓄账户和信用卡账户。

(3)原持票人需要支取现金。代理付款行经审查汇票上填写的申请人和收款人确定为个人,并按规定填明"现金"字样,以及填写的代理付款行名称确定为本行,可以办理现金支付手续;未填明"现金"字样需要支取现金的,由代理付款行按照现金管理规定审查支付,另填一联现金借方凭证。会计分录为:

借:应解汇款——持票人户

　　贷:库存现金

持票人超过汇票期限则不能向代理付款行提示付款。持票人须在票据权利时效内向出票银行做出说明,并提供本人身份证件或单位证明,持银行汇票和解讫通知向出票银行请求付款。出票行将汇票款从"汇出汇款"科目转入"应解汇款"科目,再由持票人重新办理申请汇票手续或办理汇兑结算方式将款项汇出。

4.银行汇票结清的核算

出票行收到代理付款行寄来的联行报单及解讫通知后,抽出原专夹保管的汇票卡片,经核对确属本行出票,借方报单与实际结算金额相符,多余金额结计正确无误后,按不同情况分别作如下处理:

(1)汇票全额解付。出票行在汇票卡片的实际结算金额栏填入全部金额,在多余款收账通知的多余金额栏填写"—0—",汇票卡片作借方凭证,解讫通知和多余款收账通知作借方凭证的附件。会计分录为:

借:汇出汇款

　　贷:联行科目

同时销记汇出汇款账。

(2)汇票有多余款。出票行应在汇票卡片和多余款收账通知上填写实际结算金额,汇票卡片作借方凭证,解讫通知作多余款贷方凭证。会计分录为:

借:汇出汇款　　　　　　　　　　　　　　　　(汇票金额)
　贷:联行科目　　　　　　　　　　　　　　　　(实际结算金额)
　　　吸收存款——申请人户(或其他有关科目)　　(多余款金额)

同时销记汇出汇款账,在多余金额栏填写多余金额,加盖转讫章,通知申请人。

(3)申请人未在出票行开立账户。出票行应将多余金额先转入其他应付款科目,以解讫通知代其他应付款科目作贷方凭证。会计分录为:

借:汇出汇款
　贷:联行科目
　　　其他应付款——申请人户

同时销记汇出汇款额,并通知申请人持申请书存根及本人身份证件来行办理领取手续。领取时,以多余款收账通知代其他应付款科目作借方凭证。会计分录为:

借:其他应付款——申请人户
　贷:库存现金

5.银行汇票退款、挂失和丧失的核算

(1)退款。申请人由于超过付款期限或其他原因要求退款时,应交回汇票和解讫通知,并向出票行提交证明或身份证件。出票行经与原专夹保管的汇票卡片核对无误后,即在汇票和解讫通知的实际结算金额大写栏填写"未用退回"字样,汇票卡片作借方凭证,汇票作附件,解讫通知作贷方凭证(如退付现金,即作为借方凭证的附件)办理转账。会计分录为:

借:汇出汇款
　贷:吸收存款——申请人户(或现金及其他有关科目)

同时销记汇出汇款账。收账通知多余金额栏填入原出票金额并加盖转讫章作收款通知,交给申请人。申请人由于短缺收账通知要求退款的,应当备函向出票银行说明短缺原因,并交回持有的汇票,出票行于提示期满1个月后比照退款手续办理退款。

(2)挂失。填明"现金"字样及代理付款行的汇票丧失,失票人到代理付款行或出票行挂失时应当提交"挂失止付通知书",由代理付款行或出票行相互通知,以控制付款或退款。

(3)丧失。失票人凭人民法院出具的享有该汇票权利以及实际结算余额的证明,可以向出票银行请求付款或退款。

【例 5-4】 A 地建设银行开户单位胜利公司提交银行汇票委托书，金额为 98 000 元，银行审核无误后，同意签发银行汇票。15 天后，B 地黄山路建设银行开户单位机械公司向开户行提交该汇票，实际结算金额为 90 000 元。代理兑付该银行汇票的资金后，通过系统内电子汇划系统将汇票款项与 A 地建设银行结清资金。编制相关会计分录。

① A 地建设银行签发银行汇票：

借：吸收存款——单位活期存款——胜利公司　　98 000

　　贷：汇出汇款　　98 000

② B 地黄山路建设银行代理付款：

借：资金清算往来——辖内往来　　90 000

　　贷：吸收存款——单位活期存款——机械公司　　90 000

③ A 地建设银行结清银行汇票：

借：汇出汇款　　98 000

　　贷：资金清算往来——辖内往来　　90 000

　　　　吸收存款——单位活期存款——胜利公司　　8 000

四、商业汇票

商业汇票是由出票人签发并委托付款人在指定付款日期无条件支付确定金额给收款人或持票人的票据。商业汇票分为商业承兑汇票和银行承兑汇票，汇票样式如图 5-5 和图 5-6。商业承兑汇票由银行以外付款人承兑，银行承兑汇票由银行承兑。

商业承兑汇票　2　　$\frac{AA}{01}$00000000

出票日期　年　月　日　（大写）

出票人全称		收款人	全　称	
出票人账号			账　号	
付款行全称			开户行	
汇票金融	人民币（大写）			亿 千 百 十 万 千 百 十 元 角 分
汇票到期日（大写）		付款人	行　号	
承兑协议编号			地　址	
本汇票请你行承兑，到期无条件付款。 出票人签章		本汇票已经承兑，到期日由本行付款。 承兑行签章 承兑日期　年　月　日		复核　记账
		备注：		

此联收款人开户行随托收凭证寄付款行作借方凭证附件

图 5-5　银行承兑汇票

商业承兑汇票　2　　　　　　　　　　$\frac{A}{0}\frac{A}{1}$00000000

出票日期　年 月 日　　　　　　　　　　　　　　　（大写）

<table>
<tr><td rowspan="3">付
款
人</td><td>全　称</td><td></td><td rowspan="3">收
款
人</td><td>全　称</td><td colspan="10"></td></tr>
<tr><td>账　号</td><td></td><td>账　号</td><td colspan="10"></td></tr>
<tr><td>开户行</td><td></td><td>开户行</td><td colspan="10"></td></tr>
<tr><td colspan="2">汇票金融
（大写）</td><td>人民币</td><td></td><td>亿</td><td>千</td><td>百</td><td>十</td><td>万</td><td>千</td><td>百</td><td>十</td><td>元</td><td>角</td><td>分</td></tr>
<tr><td colspan="2">汇票到期日
（大写）</td><td colspan="2"></td><td rowspan="2">付款人
开户行</td><td colspan="2">行　号</td><td colspan="7"></td></tr>
<tr><td colspan="2">交易合同号码</td><td colspan="2"></td><td colspan="2">地　址</td><td colspan="7"></td></tr>
<tr><td colspan="4">本汇票已承兑，到期无条件支付票款。

　　　　　　　　　　　　　承兑人签章
承兑日期　年 月 日</td><td colspan="11">本汇票予以承兑，于到期日付款。

　　　　　　　　　　　　　出票人盖章</td></tr>
</table>

图 5-6　商业承兑汇票

（一）商业汇票的基本规定

(1)商业汇票的使用必须是在银行开立存款账户的法人与其他组织之间，且必须具有真实的交易关系或债权债务关系。出票人不得签发无对价的商业汇票，用以骗取银行或者其他票据当事人的资金。

(2)商业汇票可以在出票时向付款人提示承兑后使用，也可以在出票后先使用，然后再向付款人提示承兑。定日付款或出票后定期付款的商业汇票，持票人应在汇票到期日前向付款人提示承兑；见票后定期付款的汇票，持票人应当自出票日起一个月内向付款人提示承兑。

(3)商业汇票的付款人接到出票人或持票人向其提示承兑的汇票时，应当向出票人或持票人签发收到汇票的回单，记明汇票提示承兑日并签章。付款人应当自收到提示承兑的汇票之日起 3 日内承兑，或出具证明，拒绝承兑。

(4)商业汇票的付款期限，最长不得超过 6 个月。定日付款的汇票，付款期限自出票日起计算；出票后定期付款的汇票，付款期限自出票日起按月计算。见票后定期付款的汇票，付款期限自承兑或拒绝承兑日起按月计算。

(5)商业汇票的提示付款期限，自汇票到期日起 10 日。持票人应在提示付款期内通过开户银行委托收款或直接向付款人提示付款。对异地委托收款的，持票人可匡算邮程，提前通过开户银行委托收款超过提示付款期，开户银行不予受理。

(6)符合条件的商业汇票的持票人可持未到期的商业汇票向银行申请

贴现。

商业汇票支付结算的一般流程如图5-7和图5-8所示。

图5-7 银行承兑汇票流程图

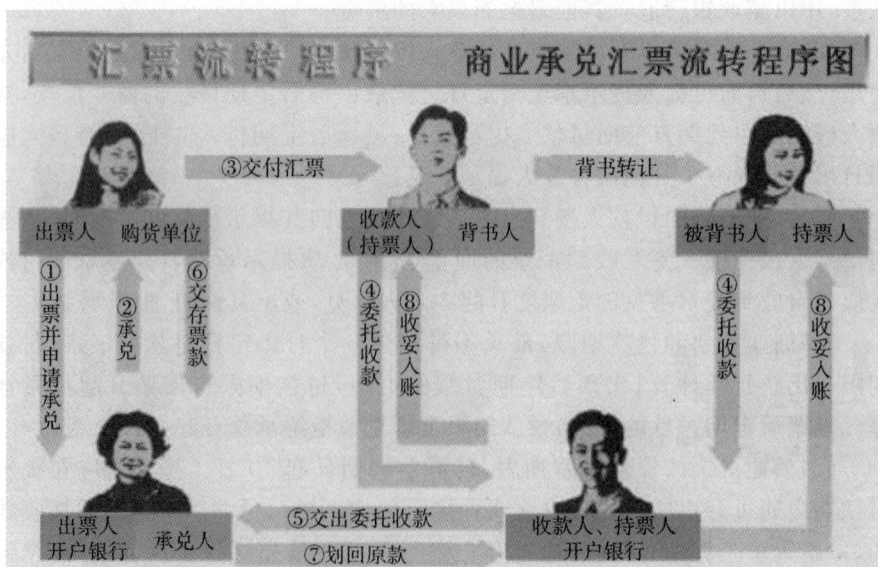

图5-8 商业承兑汇票流程图

（二）银行承兑汇票的会计处理

1. 银行承兑汇票的签发

银行承兑汇票应由在承兑银行开立存款账户的存款人签发。签发银行承兑汇票必须记载表明"银行承兑汇票的字样"、无条件支付的委托、确定的金额、付款人和收款人的名称以及出票日期和出票人签章。

2. 银行承兑汇票的承兑核算

出票人或持票人持银行承兑汇票向银行承兑时，银行信贷部门须对出票人的资格、资信、购销合同和汇票记载的内容进行认真审查。符合规定和承兑条件的，与出票人签署一式二联的承兑协议，一联留存，另一联及副本和第一、第二联汇票一并交会计部门。会计部门审核无误后，在第一、第二联汇票上注明承兑协议编号，并在第二联汇票"承兑人签章"处加盖汇票专用章，还应由授权的经办人签名或盖章。由出票人申请承兑的，将第二联汇票连同第一联承兑协议交给出票人；由持票人提示承兑的，将第二联汇票交给持票人，一联承兑协议交给出票人，同时，还要按票面金额向出票人收取万分之五的手续费，收取手续费的会计分录为：

借：吸收存款——承兑申请人户（或其他有关科目）

　　贷：手续费及佣金收入

承兑银行将留存的第一联汇票卡片及承兑协议副本专夹保管，并在登记簿上进行登记。

3. 持票人委托开户银行收取汇票款

持票人在提示付款期内委托开户银行向承兑银行收取票款时，应填制异地邮划或电划委托收款凭证，注明"银行承兑汇票"及其汇票号码，连同汇票一并送交开户行。开户银行按规定审查无误后，在委托收款凭证各联上加盖"银行承兑汇票"戳记，委托收款凭证第一联加盖业务公章交持票人，第二联专夹保管，第三、第四和第五联连同汇票一并寄交承兑银行。

4. 承兑银行到期收付汇票款的核算

（1）到期足额支付。承兑银行应每天查看汇票的到期情况，对到期汇票应于到期日（法定休假日顺延）向承兑申请人收取票款。填制两联特种转账借方凭证、一联特种转账贷方凭证，并在"转账原因"栏注明"根据××号汇票划转票款"。会计分录为：

借：吸收存款——承兑申请人户（或其他有关科目）

　　贷：应解汇款——承兑申请人户

特种转账借方凭证加盖转讫章后作支款通知交给出票人。

（2）出票人账户无款支付。应在特种转账凭证的"转账原因"栏注明"××号

汇票无款支付转入逾期贷款账户",每日按万分之五计收利息。会计分录为:

借:贷款——承兑申请人逾期贷款户

贷:应解汇款——承兑申请人户

特种转账借方凭证加盖业务公章转交出票人。

(3)出票人账户存款余额不足的,应在特种转账凭证的"转账原因"栏注明"××号汇票划转部分票款",不足部分转入逾期贷款户。会计分录为:

借:吸收存款——承兑申请人户

贷款——承兑申请人逾期贷款户

贷:应解汇款——承兑申请人户

特种转账借方凭证加盖转讫章作支款通知交给承兑申请人。

5. 承兑银行支付汇票款的核算

承兑银行收到持票人开户行寄来的汇票和委托收款凭证后,应抽出专夹保管的汇票卡片和承兑协议副本,审查相关事项。审查无误后应于汇票的到期日或到期日之后的见票日,按照委托收款划款阶段的处理手续。会计分录为:

借:应解汇款——承兑申请人户

贷:联行科目(异地)

存放中央银行款项(同城)

在委托收款凭证第四联上填注支付日期后,连同联行报单一并寄持票人开户行,或向持票人开户行拍发电报。

6. 持票人开户行收款的核算

持票人开户行接到承兑银行寄来的联行报单及委托收款凭证或拍来的电报,按照委托收款款项划回的手续处理,将留存的第二联委托收款凭证抽出,与收到的第四联凭证相核对,核对无误后,在第二联凭证上填注转账日期,并以之作为贷方凭证。会计分录为:

借:联行科目(异地)

存放中央银行款项(同城)

贷:吸收存款——持票人户(或其他有关科目)

转账后,第四联委托收款凭证加盖转讫章后,作为收账通知交给持票人。

7. 已承兑的银行承兑汇票的注销、挂失和丧失

出票人对未使用已承兑的银行承兑汇票应申请注销,注销时交回第二联、第三联汇票,银行从专夹中抽出该份第一联汇票和承兑协议副本核对相符后,在第一、三联汇票备注栏和承兑协议副本上注明"未用注销"字样,将第二联汇票加盖业务公章退交出票人。

已承兑的银行承兑汇票丢失时,失票人应到承兑银行挂失。挂失时提交

三联挂失止付通知书。承兑银行接到挂失止付通知书,应从专夹中抽出第一联汇票卡片和承兑协议副本,核对相符确定未付款时予以受理。在第一联挂失止付通知上加盖业务公章作为受理回单;第二、第三联于登记汇票挂失登记簿后,与第一联汇票卡片一并另行保管,凭以控制付款。

己承兑的银行承兑汇票丧失,失票人凭人民法院出具的享有票据权利的证明向承兑银行请求付款。银行经审查确定未支付的,应根据人民法院出具的证明,抽出原专夹保管的第一联汇票卡片,核对无误后,将款项付给失票人。

【例5-5】 甲地建设银行接到客户辛明公司的承兑申请,承兑其开出银行承兑汇票,金额为200 000元,经审核签署承兑协议,并按票面额的0.3%收取手续费。数月后,异地乙建设银行收到开户单位华源商场提交的银行承兑汇票和托收凭证,为其收取即将到期的银行承兑汇票款。编制会计分录。

① 甲地建设银行与辛明公司签署承兑协议,并收取承兑手续费:

借:吸收存款——单位活期存款——辛明公司　　　　　　　600

　　贷:手续费及佣金收入　　　　　　　　　　　　　　　　600

② 银行承兑汇票到期,甲地建设银行办理转账:

借:吸收存款——单位活期存款——辛明公司　　　200 000

　　贷:应解汇款及临时存款——出票人户　　　　　200 000

(三)商业承兑汇票的会计处理

1. 商业承兑汇票的签发

商业承兑汇票的出票人必须是在银行开立存款账户的法人以及其他组织,与付款人具有真实的委托付款关系,且具有支付汇票金额的可靠资金来源。签发商业承兑汇票必须记载表明"商业承兑汇票"的字样、无条件支付的委托、确定的金额、付款人的名称、收款人的名称、出票日期和出票人的签章,必须记载事项缺一不可,否则汇票无效。

2. 商业承兑汇票的承兑

商业承兑汇票可以由付款人签发并承兑,也可以由收款人签发交由付款人承兑。付款人承兑商业汇票,应当在汇票正面记载"承兑"字样和承兑日期并签章;付款人承兑时不得附有条件,否则视为拒绝承兑;付款人对承兑的汇票负有到期无条件支付票款的责任。

3. 商业承兑汇票提示付款

商业承兑汇票的付款人承兑后,该汇票即可延期付款。收款人作为持票人可在提示付款期内通过开户银行或直接向付款人提示付款。

4. 持票人委托开户行收取汇票款

持票人在提示付款期内委托开户银行收取商业承兑汇票款时,应先填制邮划或电划的委托收款凭证。开户银行对相关事项审查无误后即在委托收款凭证各联加盖"商业承兑汇票"戳记。委托收款凭证第一联加盖业务公章,退给持票人;第二联专夹保管;第三、第四、第五联与商业承兑汇票一并寄交付款人开户行。

5. 付款人开户行收到汇票的核算

付款人开户行收到持票人开户行寄来的委托收款凭证及汇票后,应审核确定付款人确实在本行开户。承兑人在汇票上的签章与预留银行的签章相符,即可将商业承兑汇票留存,委托收款凭证第五联转交给付款人并签收。

付款人接到开户银行的付款通知,应在当日通知银行付款;次日起三日内未通知银行付款的,视同付款人承诺付款,银行应于第四日上午开始营业时将票款划给持票人。

划款时可能出现两种情况:

(1)付款人银行账户有足够款项支付汇票款时,将第三联委托收款凭证作借方凭证,汇票加盖转讫章作附件。会计分录为:

借:吸收存款——付款人户(或其他有关科目)

　　贷:联行科目(异地)

　　　　存放中央银行款项(同城)

转账后,银行在第四联委托收款凭证上填写支付日期,与联行报单一并寄交持票人开户行,或向持票人开户行拍发电报。

(2)付款人银行账户不足支付的,银行应填制付款人未付票款通知书,在委托收款凭证备注栏注明"付款人无款支付"字样,连同汇票一并寄回持票人开户行,处理手续与委托收款结算的无款支付相同。

银行在付款人接到通知的次日起 3 日内收到付款人拒绝付款证明时,应按拒绝付款的手续处理,注明"拒绝付款"字样的委托收款凭证、拒付证明及汇票均寄回持票人开户行。

6. 持票人开户银行收到划回票款或退回凭证的核算

持票人开户行收到付款人开户行寄来的联行报单及委托收款凭证或拍来的电报,将原留存的第二联凭证抽出,与收到凭证相核对。审核无误后在凭证上填注转账日期,以第二联委托收款凭证作贷方凭证。会计分录为:

借:联行科目(异地)

　　存放中央银行款项(同城)

　　贷:吸收存款——持票人户(或其他有关科目)

转账后,将第四联委托收款凭证加盖转讫章,作为收账通知交给持票人。

持票人开户行若收到付款人开户行发来的未付票款通知书或拒绝付款证

明以及退回的汇票和委托收款凭证,应将未付款通知书或拒绝付款证明及汇票和委托收款凭证退还给持票人,由持票人签收。

【例5-6】 甲建设银行凭客户中原材料公司提交的商业承兑汇票及尾货收款凭证,向同城的丙建设银行收取即将到期的商业承兑汇票款55 000元。丙建设银行收到交换汇入的票据后,向汇票付款单位鑫源公司提示付款。汇票到期后,丙建设银行将汇票款划转甲建设银行付款。编制相关会计分录。

① 丙建设银行将汇票款划转甲建设银行付款:

借:吸收存款——单位活期存款——鑫源公司　　　　　　55 000
　　贷:辖内往来(或有关科目)　　　　　　　　　　　　55 000

② 甲建设银行收到凭证,为中原材料公司入账:

借:辖内往来(或有关科目)　　　　　　　　　　　　　55 000
　　贷:吸收存款——单位活期存款——中原材料公司　　　55 000

第三节　非票据结算业务的核算

一、汇兑

汇兑结算是汇款人委托银行将款项汇给异地的收款人的一种传统结算方式。按照划转款项不同,汇兑结算分为信汇和电汇,两种汇兑凭证样式如图5-9和图5-10所示。

××银行 信汇凭证 （借方凭证）						1
委托日期　　年　　月　　日						

图 5-9　信汇凭证

规格:8.5×17.5cm(白纸蓝油墨)

××银行 **电汇凭证** （回 单） 2

☐ 普通　　☐ 加急　　　　委托日期2007年8月25日

汇款人	全　称	滨海机械厂	收款人	全　称	上海西河电力钢材剪切配送有限公司
	账　号	20100354		账　号	436742121733
	汇出地点	省　　市/县		汇入地点	省　　市/县
	汇出行名称	工商行三分行		汇入行名称	建设银行上海分行宝山路营业部

| 金额 | 人民币（大写）肆万零玖佰伍拾元整 | 亿 | 千 | 百 | 十 | 万 | 千 | 百 | 十 | 元 | 角 | 分 |
| | | | | | | 4 | 0 | 9 | 5 | 0 | 0 | 0 |

支付密码

附加信息及用途

汇出行签章　　　　　　　　复核：　　　　记账：

此联汇出行给汇款人的回单

图 5-10　电汇凭证

（一）汇兑结算的基本规定

（1）汇兑结算凭证必须记载的事项包括："信汇"或"电汇"字样、支付委托、金额、收款人名称、汇款人名称、汇入地点、汇入行名称、汇出地点、汇出行名称、委托日期、汇款人向汇出银行提交汇兑凭证的日期和汇款人签章。欠缺上述记载事项之一，银行不予受理。

（2）汇兑凭证记载收款人若为个人，收款人需到汇入银行领取款项，汇款人应在汇兑凭证上注明"留行待取"字样；对于留行待取汇款，需指定该单位某个收款人领取的，还应注明收款人单位名称；信汇凭证上指明凭收款人签章收取的，应在信汇凭证上预留收款人签章。

（3）汇款人限定所汇款项不得进行转汇，应在汇兑凭证备注栏内写明"不得转汇"字样。

（4）汇款人和收款人均是个人的，需要在汇入行支取现金的，应在信汇或电汇凭证的"汇款金额"大写栏内，先填写"现金"字样，后填写汇款金额。

（5）无论电汇还是信汇，都没有金额起点的限制，不管金额多少都可以使用。

汇兑结算的一般流程如图 5-11 所示。

（二）信汇结算业务会计处理

汇款人办理信汇结算时应填制信汇凭证一式四联，填妥后交银行工作人员审核。第一联为回单，汇出行受理信汇凭证后给汇款人；第二联为支款凭

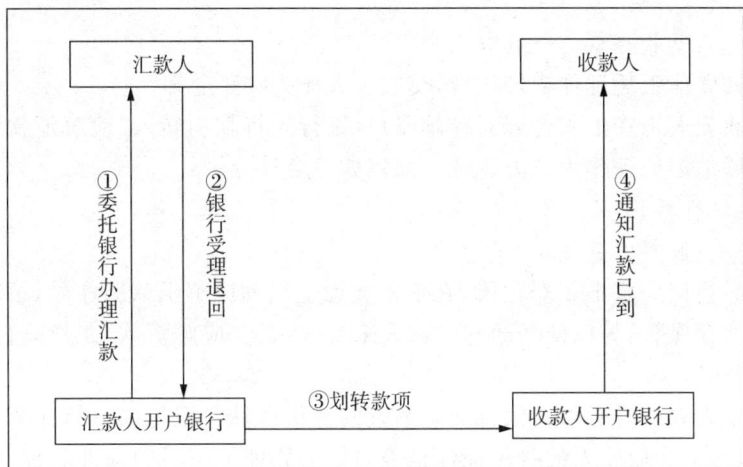

图 5-11　汇兑结算流程

证,汇款人委托开户银行办理转账付款的支付凭证;第三联为收款凭证,汇入行将款项收入收款人账户后的收款凭证;第四联为收账通知。如果汇款人是以现金支付,应将现金和信汇凭证一并交付汇出行办理。

1. 汇出行的核算

汇出银行在受理信汇凭证时,经审核无误后,第一联信汇凭证加盖转讫章后退给汇款人。若汇款人转账交付,银行以第二联信汇凭证作为借方凭证办理转账。会计分录为:

借:吸收存款——汇款人户(或其他有关科目)

　贷:联行往账(或其他联行科目)

若汇款人以现金交付,银行填一联特种转账贷方凭证,以第二联信汇凭证作为借方凭证记账。会计分录为:

借:库存现金

　贷:应解汇款

借:应解汇款

　贷:联行科目

转账后第三联信汇凭证加盖联行专用章,与第四联随同联行报单一并寄给汇入行。

2. 汇入行的核算

汇入行收到汇出行寄来联行报单和第三、第四联信汇凭证,经审核无误后,若收款人在汇入行开立存款账户,银行应将汇款直接转入收款人账户,并向收款人发出收款通知,以第三联信汇凭证作为贷方凭证办理转账。会计分录为:

借:联行科目

　　贷:吸收存款——收款人户

第四联信汇凭证加盖转讫章,交收款人作为收账通知。

若收款人未在汇入行开立存款账户,银行先将款项转入"应解汇款"科目,以第三联信汇凭证作为贷方凭证。编制如下会计分录:

借:联行科目

　　贷:应解汇款

同时登记应解汇款登记簿,在信汇凭证上编列应解汇款顺序号,第四联信汇凭证留存保管,另以便条通知收款人来行取款。"应解汇款"账户只付不收,不计付利息。

收款人取款时必须向银行交验本人的身份证件。银行抽出留存第四联信汇凭证,并查验取款人的身份证件是否与信汇凭证上填写的证件名称、号码及发证机关等内容一致,收款人是否签章;凭签章取款的,应查验收款人签章是否与预留签章一致,审核无误后,分别几种情况办理付款手续。

(1)信汇凭证上填有"现金"字样,应一次办理现金支付手续。银行填制应解汇款借方凭证,以第四联信汇凭证作为附件转账。会计分录为:

借:应解汇款

　　贷:库存现金

(2)分次支取的,应根据第四联信汇凭证注销应解汇款登记簿中该笔汇款,并如数转入应解汇款科目的分户账内。银行审核收款人填写的取款凭证、预留银行签章和取款人的身份证件,审核无误后办理分次支付手续。最后结清时,将第四联信汇凭证作为借方凭证的附件。分次支付的会计分录同上。

(3)若需要转汇,应重新办理汇款手续。收款人和款项用途必须与原汇款人用途相同,并在第三联信汇凭证上加盖"转汇"戳记,若第三联信汇凭证已注明不得转汇,银行不予办理。

(三)电汇结算业务会计处理

汇款人委托银行办理电汇时,填制一式三联的电汇凭证(如图5-9所示),第一联为回单,第二联为借方凭证,第三联为发电依据。

1. 汇出行的核算

汇出行对受理的电汇凭证审核无误后,第一联电汇凭证加盖转讫章后交汇款人,以第二联信汇凭证作为借方凭证办理转账,会计分录与信汇业务分录相同。然后,根据第三联电汇凭证编制联行报单,并向汇入行拍发电报。对填明"现金"字样的电汇凭证,应在电文金额前加拍"现金"字样。

2. 汇入行的核算

汇入行接到汇出行发来的电报,审核无误后应填制三联电划贷方补充报单,第一联为代联行凭证,第二联为代贷方凭证,第三联为代收款通知交收款人。其处理手续与信汇结算业务相同。

(四)退汇的处理手续

它包括汇款人申请退汇和汇入行主动退汇两种情况。

1. 汇款人申请退汇

(1)汇出行办理退汇。汇款人要求退款时,若收款人在汇入行开立账户,由汇款人与收款人自行联系退汇;若收款人未在汇入行开立账户,应由汇款人备函或出具本人身份证件,连同原信、电汇回单一并交汇出行办理退汇手续。

汇出行接到退汇函件或身份证件及回单,填制四联"退汇通知书",第一联交原汇款人,第二、第三联寄交汇入行,第四联与函件和回单联一起保管。汇款人要求使用电报通知退汇时,退汇通知书只需两联,第一联同上,第二联凭以向汇入行拍发电报,然后与函件和回单联一起保管。

(2)汇入行办理退汇。汇入行接到退汇通知书或电报,若该笔汇款已经转入"应解汇款"且尚未解付,应向收款人索回取款通知便条,并以第二联退汇通知书代借方凭证,第四联汇款凭证作为附件转账。会计分录为:

借:应解汇款

　　贷:联行科目

转账后,第三联退汇通知书随同联行报单寄回原汇出行或拍发电报通知原汇出行。

如果该笔款项已经解付,应在第一、第三联退汇通知书或电报上注明解付情况及日期,留存第二联退汇通知单或电报,以第三联退汇通知书或拍发电报通知原汇出行。

(3)汇出行接到汇入行寄来的退汇通知书及报单或退汇电报,应以第三联退汇通知书代贷方凭证办理转账。会计分录为:

借:联行科目

　　贷:吸收存款——汇款人户(或其他有关科目)

若汇款人未在银行开立账户,另填制一联现金借方凭证,将现金退还汇款人。会计分录为:

借:联行来账(或其他联行科目)

　　贷:其他应付款——原汇款人户

借:其他应付款——原汇款人户

　　贷:库存现金

然后,第二联汇款凭证上注明"此款已于×月×日退汇"字样存档,以备查考。第四联退汇通知书上注明"退汇款退回已代进账"字样,加盖转讫章后作为收账通知交给汇款人。

2. 汇入行主动退汇

汇入行对于收款人拒绝接受的汇款应立即办理退汇;汇入行向收款人发出取款通知,经 2 个月无法交付的汇款,也应主动办理退汇。

(1)汇入行办理退汇时,应填制一联特种转账借方凭证和两联特种转账贷方凭证,在凭证上注明"退汇"字样,将第四联汇款凭证作为附件,办理转账。会计分录为:

借:应解汇款——原收款人户

　　贷:联行科目

两联特种转账贷方凭证连同联行报单一并寄交原汇出行,同时销记应解汇款登记簿。

(2)原汇出行接到原汇入行寄来的联行报单和特种转账贷方凭证,对退回的款项办理转账。会计分录为:

借:联行科目

　　贷:吸收存款——原汇款人户

如汇款人未在银行开立账户,填制一联现金借方凭证,将现金退还汇款人。会计分录为:

借:联行来账(或其他联行科目)

　　贷:其他应付款——原汇款人户

借:其他应付款——原汇款人户

　　贷:库存现金

二、托收承付

托收承付是指收款人根据购销合同发货后,委托银行向异地付款人收取款项,并由收款人向银行承兑付款的结算方式。

托收承付办理结算的款项必须是商品交易以及因商品交易而产生的劳务供应款项。

(一)托收承付结算的基本规定

(1)采用托收承付结算方式,收付双方必须签有购销合同且注明使用托收承付结算方式。

(2)收款人办理托收时,必须出具商品确已发运的证件,包括铁路、航运、公路等运输部门签发的运单、运单副本和邮局包裹回执等。

(3)托收承付结算每笔的金额起点为 10 000 元,新华书店系统每笔金额起点为 1 000 元。

(4)托收承付结算款项的划回方法,分邮寄和电报两种,由收款人选用。

托收承付结算方式的基本流程如图5-12所示。

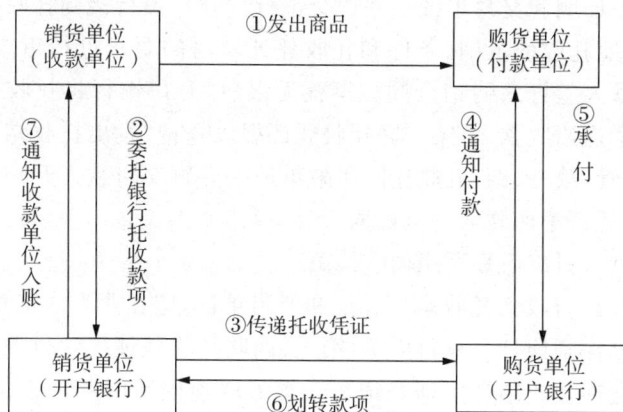

图5-12 托收承付流程

(二)收款人开户银行受理托收承付的核算

全额支付的异地托收承付结算,其处理过程可分为四个阶段:收款人开户行受理并发出托收凭证;付款人开户行通知承付;付款人开户行划款;收款人开户行收账。

收款人按照签订的购销合同发货后,即可填制托收凭证一式五联(如图5-13):第一联为回单,第二联为贷方凭证,第三联为借方凭证,第四联为收账通知,第五联为付款通知。

托收凭证 (受理回单) 1

委托日期2007年8月28日

业务类型		委托收款(邮划□ 电划□)			托收承付(邮划□ 电划□)											
付款人	全称	石家庄机器厂			收款人	全称	滨海机械厂								
	账号	0402021509248026				账号	20100354								
	地址	省 市县	开户行	工行裕华支行		地址	省 市县	开户行	工商行三分行						
金额	人民币(大写)壹万玖仟叁佰零伍元整							亿	千	百	十	万	千	百	十	元	角	分
											¥	1	9	3	0	5	0	0
款项内容	销货款		托收凭据名称	发货票 运单			附寄单证张数								
商品发运情况	已发					合同名称号码									
备注:		款项收妥日期													
复核: 记账:				年 月 日		收款人开户银行签章 年 月 日									

图5-13 托收凭证

托收凭证按要求的内容填妥并盖章后,连同发运单证或其他符合托收承付结算的有关证明和交易单证一并送交银行。开户银行接到托收凭证及其附件后,应当按照托收的范围、条件和托收凭证填写的要求进行审查,必要时还应查验收付款人签订的购销合同。审核无误后,开户银行将托收凭证第一联加盖业务公章退给收款人,第二联托收凭证据以登记"发出托收结算凭证登记簿"并留存保管,第三、四、五联连同所附单证一并寄交付款人开户行。如为电划方式,托收凭证第四联为发电依据。

(三)付款人开户行受理承付的核算

付款人开户行收到托收承付凭证和所附单证,应在两天内审查无误后,在各联凭证上批注到期日及承付期限,第三、四联托收凭证按承付到期日顺序保管,并登记"定期代收结算凭证登记簿",第五联连同所附单证送付款人,通知其准备到期付款。承付货款分为验单付款和验货付款两种,由收付款双方商量选用,并在合同中明确规定。

验单付款的承付期为 3 天,从付款人开户银行发出承付通知次日算起(遇节假日顺延)。付款人在承付期内未向银行表示拒绝付款,银行即视作承付,并在承付期满的次日上午银行开始营业时,将款项主动从付款人账户内付出,按照付款人指定的划款方式划给收款人。

验货付款的承付期为 10 天,从运输部门向付款人发出提货通知次日算起,对收付双方在合同中明确规定并在托收凭证上注明验货付款期限的,银行从其规定。付款人收到提货通知后应立即向银行交验提货通知,若付款人在收到银行发出承付通知后 10 天内仍未收到提货通知,应在第 10 天将货物尚未到达情况通知银行,否则银行将视同已经验货,于 10 天期满的次日上午开始营业时将款项划给收款人。付款人在通知银行以后又收到提货通知,需及时送交银行,以免银行计扣逾期付款赔偿金。采用验货付款,收款人必须在托收凭证上加盖"验货付款"字样戳记,托收凭证未注明验货付款,经付款人提交合同证明是验货付款的,银行可按验货付款。

不论是验单付款还是验货付款,付款人都可以在承付期内提前向银行表示承付,并通知银行提前付款,银行应立即办理划款;因商品价格、数额或地址变动,付款人需多付款项的,应在承付期内书面通知银行,银行据此随同当次托收款项划给收款人。

承付期满次日上午,付款人开户行主动将托收款项从付款人账户付出,以第三联托收凭证代借方传票办理转账。编制会计分录如下:

借:吸收存款——付款人户

贷:联行科目

在第四联托收凭证上填注支付日期,并在"定期代收结算凭证登记簿"栏登记销账日期,凭证随同联行贷方报单寄收款人开户行,在电汇方式下开户行拍发电报划往收款人。

收款人开户行收到付款人开户行寄来的联行报单及所附第四联托收凭证后,与留存的第二联托收凭证核对相符,然后以第二联托收凭证代贷方传票办理转账。编制会计分录如下:

借:联行科目

　　贷:吸收存款——收款人户

销记"发出托收结算凭证登记簿",并将第四联托收凭证代收账通知交收款人。

(四)逾期付款的处理方法

付款人在承付期满日银行营业终了时,如无足够资金支付,其不足部分即为逾期未付款项,按逾期付款处理。

(1)逾期天数及赔偿金。

逾期天数应从承付期满日算起。承付期满银行营业终了时,付款人如无足够资金支付,其不足部分应当算作逾期1天;在承付期满次日(如遇节假日,逾期天数计算也相应顺延,但在以后遇到节假日算逾期天数),银行营业终了仍无足够资金支付,其不足部分应当算作逾期2天。赔偿金每天按逾期付款金额的万分之五计算。另外,银行审查拒绝付款期间不能算作付款人逾期付款,但对无理拒付而增加银行审查时间的,则要从承付期满日起计算逾期付款赔偿金。

逾期付款的赔偿金实行定期扣付,每月计算一次,于次月3日内单独划给收款人。在月内有部分付款的,其赔偿金随同部分支付的款项划给收款人,对尚未支付的款项,月终再计算赔偿金,于次月3日内划给收款人,次月又有部分付款时,从当月1日起计算赔偿金,随同部分支付的款项划给收款人,对尚未支付的款项,从当月1日起至月终再计算赔偿金,于第三个月3日内划给收款人。第三月仍有部分付款的,按照上述方法计扣赔偿金。

赔偿金的扣付列为企业销售收入扣款顺序的首位,如付款人账户余额不足全额支付时,应排列在工资之前,并对该账户采取"只收不付"的控制方法,待一次扣足赔偿金后才准予办理其他款项的支付,产生的经济后果由付款人自行负责。

(2)付款人开户银行对付款人逾期未能付款的情况,应当及时通知收款人开户银行,由其转告收款人。

(3)付款人开户银行应随时掌握付款人账户逾期未付资金情况,待账户有款时必须将逾期未付款项和应付赔偿金及时扣划给收款人,不得拖延扣划。

(4)付款人开户银行对不执行合同规定、三次拖欠货款的付款人,应当通知收款人开户银行转告收款人,停止对该付款人办理托收。若收款人不听劝告,继续对该付款人办理托收,付款人开户行对发出通知的次日起1个月之后收到的托收凭证,可以拒绝受理,退回原件。

(5)付款人开户银行对逾期未付的托收凭证,负责进行扣款的期限为3个月(从承付期满日算起)。在此期限内,银行必须按照扣款顺序继续扣款。期满时,如果付款人仍无足够资金支付该笔尚未付清的欠款,银行应于次日通知付款人将有关交易单证在两日内退回银行。银行将有关结算凭证连同交易单证或应付款项证明单退回收款人开户银行转交收款人,并将应付的赔偿金划给收款人。对付款人逾期不退回单证的,开户银行应当自发出通知的第三天起,按照尚未付清欠款的金额,每天处以万分之五不低于50元的罚款,并暂停付款人向外办理结算业务,直到退回单证时止。

(五)拒绝付款的处理方法

符合下列情况,付款人在承付期内可向银行提出全部或部分拒绝付款:没有签订购销合同或未注明使用托收承付结算方式支付款项;未经双方事先达成协议,收款人提前交货或因逾期交货付款人不再需要该项货物的款项;未按合同规定的到货地址发货的款项;代销、寄销、赊销商品的款项;验单付款时发现所列货物的品种、规格、数量、价格与合同规定不符,或货物已到但货物与合同规定或发货清单不符的款项;货款已经支付或计算有错误的款项。除此以外,付款人不得向银行提出拒绝付款。

付款人拒付时必须填写"拒绝付款理由书"一式四联,加盖单位公章并注明拒付理由,涉及合同的应引证合同规定的有关条款:属于商品质量问题,需要提交商检部门的检验证明;属于商品数量问题,需要提交证明及有关数量的记录;属于外贸部门进口商品,应提交国家商品检验或运输部门出具的证明,一并送交开户银行。

开户银行必须认真审查拒绝付款理由。对于付款人提出拒付的手续不全、依据不足、理由不符合规定和不属于前述7种拒付情况的,以及超过承付期拒付和应当部分拒付却为全部拒付的,银行均不同意拒付的,实行强制扣款。银行同意部分或全部拒付的,应在拒付理由书上签注意见。如果是部分拒付款,除办理部分付款外,应将拒付理由书连同拒付证明及拒付商品清单邮寄给收款人开户银行转交收款人;如果是全部拒付,则应将拒付理由书、拒付证明和有关单证邮寄给收款人开户银行转交收款人。付款人提出拒绝付款,银行经审查无法判明是非的,应由收付双方自行协商处理,或向仲裁机关、人民法院申请调整或裁决。

【例5-7】　A中国银行收到客户中外运公司提交的托收承兑结算凭证和发运单,向异地购货方康桥公司收取货款及代垫运费7 850 000元。A中国银行审核无误后,发出托收凭证和交易单证。康桥公司开户行C中国银行收到凭证后,通知康桥公司验单付款。承兑期满,康桥公司未提出异议,C中国银行将款项划转给A中国银行。请进行相关账务处理。

① C中国银行划出款项:

借:吸收存款——单位活期存款——康桥公司　　　　　　　7 850 000

　　贷:辖内往来(或有关科目)　　　　　　　　　　　　　7 850 000

② A中国银行收到划回款项:

借:辖内往来(或有关科目)　　　　　　　　　　　　　　7 850 000

　　贷:吸收存款——单位活期存款——中外运公司　　　　7 850 000

三、委托收款

委托银行收款是指收款人向银行提供收款依据,委托银行向付款人收取款项的结算方式。委托收款凭证的样式如图5-14所示。

图 5-14　委托收款凭证

(一)委托收款结算的基本规定

(1)在银行或其他金融机构开立账户的单位和个体工商户的商品交易、劳务款项和其他应收款项的结算,均可使用委托收款结算方式;

(2)委托收款在同城和异地均可使用;

(3)委托收款不受金额起点的限制;

(4)委托收款结算款项划转方式有邮寄和电报划回两种,由收款人根据需要选择使用；

(5)委托收款付款期为 3 天，付款期时若满付款人存款账户余额不足，则不予以延期；银行不负责审查拒付理由。

委托收款结算的一般流程如图 5-15 所示。

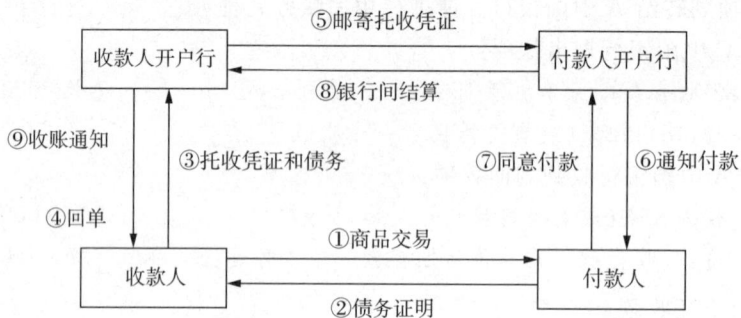

图 5-15　委托收款流程

(二)委托收款的会计处理

1. 收款人开户银行受理委托收款

收款人办理委托收款时，填制一式五联委托收款凭证，第一联为回单，第二联为贷方凭证，第三联为借方凭证，第四联为收账通知，第五联为付款通知。签发托收凭证必须记载事项包括表明"委托收款"字样、确定金额、付款人名称、收款人名称、委托收款凭据名称及附寄单证张数、委托日期、收款人签章等。

填妥凭证后，收款人在委托收款凭证第二联加盖单位印章或个人签章后，将结算凭证和债务证明提交开户银行。开户银行按照委托收款凭证的填写要求审查无误后，比照托收承付结算方式的会计处理方法，向付款人开户银行发出委托收款凭证，或通过同城票据交换提出委托收款凭证。

2. 付款人开户银行通知划款

付款人开户银行收到委托收款凭证及有关单证，审查是否确属本行受理，审查无误后，登记"收到委托收款凭证登记簿"，将第五联凭证加盖业务公章，连同其他有关单证一并交付款人签收。

3. 付款人开户银行划款

付款人接到通知后，应于当日书面通知银行付款。如付款人未在接到通知的次日起 3 日内通知银行付款，银行应于付款人接到通知的次日起第 4 日上午开始营业时(遇节假日顺延)，将款项划给收款人。会计分录为：

借:吸收存款——付款人户

贷:联行科目(异地)

存放中央银行款项(同城)

付款人在付款期满时,账户上如果没有足够资金支付全部款项,银行应索回全部单证,并填写付款人未付款通知书,连同第四联委托收款凭证一并退回收款人开户银行。付款人若提出全部或部分拒付,应填制拒付理由书,连同委托收款凭证及所附单证送交开户银行,由银行转交收款人开户银行。付款人开户银行不负责审查拒付理由,对部分支付的款项按全额划款的手续处理。

4. 收款人开户银行收款

收款人开户银行收到划款的凭证或电报,将原留存保管的委托收款凭证抽出进行核对,审核无误后办理转账,其手续与托收承付基本相同。会计分录为:

借:联行科目(异地)

　　存放中央银行款项(同城)

　　贷:吸收存款——收款人户

对于无款支付和拒付等情况,收款人开户银行应将未付款通知书、拒付理由书及债务证明转交收款人。

【例 5-8】 甲地工商银行收到客户单位大华公司提交的委托收款凭证和债务证明,系向乙地工商银行开户的天亮公司收取款项 100 000 元。3 日后,收到乙地工商银行通过电子汇划系统划回的款项。请进行相关账务处理。

① 甲地工商银行受理大华公司委托收款凭证和债务证明,经审核无误后,发出委托收款凭证,并销记"发出委托收款登记簿",不进行账务处理。

② 乙地工商银行收到委托收款凭证时,假定开户单位有足够款项支付:

借:吸收存款——单位活期存款——天亮公司　　　　　100 000

　　贷:辖内往来(或有关科目)　　　　　　　　　　　　100 000

③ 甲地工商银行收到划回款项:

借:辖内往来(或有关科目)　　　　　　　　　　　　100 000

　　贷:吸收存款——单位活期存款——大华公司　　　　100 000

第四节　信用卡结算业务的核算

信用卡是指商业银行向个人和单位发行,凭以向特约单位购物、消费和向银行存取现金,且具有消费信用的特制载体卡片,包括银行卡、支票卡、自动出纳机卡、记账卡和灵光卡等。信用卡广泛运用于商品经济的支付与结算,具有"电子货币"功能。

一、信用卡结算的基本规定

(1)单位卡账户资金必须从其基本存款户转入,不得交存现金,不得将销售收入存入信用卡账户;个人账户资金以其持有的现金存入,严禁将单位款项存入个人卡账户。

(2)信用卡主要用于消费性支付,单位卡不得用于 10 万元以上的大额商品交易、劳务供应款项的结算;单位卡一律不得支取现金。

(3)普通信用卡透支额度最高为 5 000 元;金卡最高不超过 1 万元;透支期限最长为 60 天。

(4)信用卡透支利息,自签单日或银行记账日起,15 日内按日息万分之五计算,超过 15 日按日息万分之十计算,超过 30 日或透支金额超过规定限额的,按日息万分之十五计算。透支利息不分段,按最后期限或者最高透支额的最高利率档次计算。

(5)无论是单位或个人,禁止信用卡恶意透支。

二、信用卡结算业务的会计处理

(一)信用卡的发放

单位申请信用卡应填写申请表。发卡银行审查同意后,及时通知申请人前来办理领卡手续,并按规定向其收取备用金和手续费,申请人从其基本存款账户支付以上款项。具体分以下两种情况:

1. 申请人已在发卡银行机构开立基本存款账户

申请人开具支票、填写三联进账单,交发卡行经办人员。经办人员审查无误后,支票作借方凭证,第二联进账单作贷方凭证,另填制一联特种转账贷方凭证,作为收取手续费贷方凭证。会计分录为:

借:吸收存款——申请人户
　贷:吸收存款——申请人信用卡户
　　手续费及佣金收入

银行经办人员将第一联进账单加盖转讫章,作为回单交给申请单位。

2. 申请人未在发卡银行机构开立基本存款账户

申请人开具支票、填写二联进账单,交发卡银行经办人员。发卡银行经办人员审核无误后,在二联进账单上加盖"收妥后入账"戳记,将第一联加盖转讫章交给持票人,支票按票据交换的规定及时提出交换。待退票时间过后,第二联进账单作贷方凭证,另填制一联特种转账贷方凭证,作收取手续费贷方凭证。会计分录为:

借:存放中央银行款项
　贷:吸收存款——申请人信用卡户
　　手续费及佣金收入

(二)信用卡消费业务的核算

1. 特约单位接受信用卡

特约单位受理客户信用卡,经审查无误后,在签购单上压卡,并填写实际结算金额、用途、持卡人身份证件号码、单位名称和编号。如超过支付限额,应向发卡银行索权并填写授权号码,交持卡人签名确认,同时核对其签名与卡片背面签名是否一致无误后,由持卡人在签购单上签名确认,并将信用卡、身份证件和第一联签购单交还给持卡人。

每日营业终了,特约单位应将当日受理的信用卡签购单汇总,并按规定比率计算出应交给银行的手续费用,在交易总额中扣除后得出净额,然后将总额、银行手续费、净额、签购单张数、结算日期等记入"汇计单",并将汇计单(一式三联)、签购单(第二、三联)、进账单(一式二联)一并送交银行办理进账。

2. 信用卡的资金款项

(1)特约单位与持卡人在同一城市不同银行机构开户。

对特约单位交来的二联进账单、三联汇计单及第二、三联签购单,收单银行应认真审查。审查无误后,在第一联进账单加盖转讫章作收账通知,第一联汇计单加盖业务公章作交费收据,退给特约单位。收单银行应将第二联进账单作贷方凭证,第二联签购单作其附件,并根据第二联汇计单的手续费填制一联特种转账贷方凭证;将第二联签购单加盖业务公章,连同第二联汇计单向持卡人开户行提出票据交换。会计分录为:

借:存放中央银行款项
　　贷:吸收存款——特约单位户
　　　　手续费及佣金收入

持卡人开户银行收到交换来的第三联汇计单,审核无误后办理转账。会计分录为:

借:吸收存款——持卡人户
　　贷:存放中央银行款项

(2)发卡银行是异地跨系统银行。

特约单位开户银行(收单银行)向本地跨系统发卡银行的通汇行按上述手续提出票据交换,通汇行接到收单银行交换来的签购单和汇计单,随同联行借方报单寄给持卡人开户行。会计分录为:

借:联行科目
　　贷:存放中央银行款项

发卡行收到同城交换来的第二联签购单和第二联汇计单,经审查无误后,

将第二联签购单作借方凭证,第三联汇计单留存。会计分录为:

借:吸收存款——持卡人户

贷:联行科目

(3)特约单位与持卡单位不在同一城市,但在同一系统银行开户。

收单银行应将第二联进账单作贷方凭证,第三联签购单作其附件,根据第二联汇计单的手续费填制一联特种转账贷方凭证后作其附件;第二联签购单加盖转讫章,连同第二联汇计单随联行借方报单寄持卡人开户行。会计分录为:

借:联行科目

贷:吸收存款——特约单位户

手续费及佣金收入

发卡行收到联行寄来报单及第二联签购单和第三联汇计单时,认真审核无误后,第二联签购单作借方凭证,第三联汇计单留存。编制会计分录为:

借:吸收存款——持卡人户

贷:联行科目

【例5-9】 合肥市民张明使用中国银行长城信用卡在合肥市徽商银行支取现金5 000元,并另支付手续费50元。请进行相关账务处理。

① 合肥市徽商银行受理此项业务:

借:存放中央银行款项(或辖内往来等)   5 000

贷:应解汇款及临时存款科目——张明户   5 000

② 支取现金时:

借:应解汇款及临时存款科目——张明户   5 000

现金   50

贷:存放中央银行款项(或辖内往来等)   5 000

手续费及佣金收入   50

③ 中国银行收到同城票据交换来的签购单和汇计单:

借:吸收存款——活期储蓄存款——张明户   5 000

贷:存放中央银行款项(或辖内往来等)   5 000

调研与实践题:

以工业企业和商业银行为会计主体,分别组织学生到企业财务部门调研支付结算现状,到银行调研观摩最新及快捷支付结算方式,启发学生创新实践金融系统新结算支付手段。

复习思考题:

1. 简述我国金融机构体系支付结算工具有哪些。

2. 简述银行汇票和银行本票结算的异同。

3. 简述商业承兑汇票和银行承兑汇票结算的异同。

4. 简述我国非票据结算的特点。

5. 简述我国信用卡发行现状,请举例说明其具体运用情况。

账务处理题:

2014 年,合肥市工商银行花园街支行为其开户单位办理下列支付结算业务:

1. 百脑汇商场提交电汇凭证一份,汇往省外工商银行某支行开户的光大科技集团,金额 385 000 元,用途为购货款。

2. 收到省外工商银行某支行传来汇划信息。本行开户的华联超市收款的托收承付一笔,金额 78 000 元,属于正常汇划款项。

3. 开户单位苏果超市送来由在同一银行开户的第九中学签发的转账支票 1 张及进账单 1 份,金额 13 500 元,审核无误后转账。

4. 华联商厦提交银行汇票申请书,申请签发银行汇票,汇款为 80 000 元,系货款。银行审查后签发汇票。

5. 某加工厂提交银行承兑汇票 1 张与银行承兑协议,申请承兑,汇票面额 35 000 元。银行审查后统一承兑,并按票面金额的万分之五收取手续费。

6. 佳通集团持有承兑申请人的银行承兑汇票 1 张,面额 180 000 元,本日到期,开户行其存款账户收取款项,由于存款不足,只收取了 140 000 元,其余作为逾期贷款。

7. 某加工厂提交银行本票申请书,申请签发不定额银行本票 1 张,票面金额 26 000 元,银行审查同意后签发银行本票。

8. 紫金大酒店向银行提交进账单、汇计单及签购单各 1 份,金额为 4 860 元,经审查无误后,银行为紫金大酒店办理入账,并以 1‰向收款人收取手续费;有关凭证提出交换给同城系统内某支行(发卡行),信用卡的持卡人为宏达公司。

要求:根据上述经济业务,编制会计分录。

推荐拓展阅读:

1. 王金媛. 银行会计学[M]. 北京:科学出版社,2011.

2. 杨华. 金融企业新会计准则应用与讲解[M]. 北京:中国金融出版社,2007.

第六章 外汇业务的核算

本章导读

外汇是国际经济贸易往来发展的产物。随着经济进入新常态时期，我国与国外的贸易和非贸易往来日趋频繁，外汇业务已成为金融企业特别是商业银行业务不可或缺的重要组成部分。正确、及时进行外汇业务的核算，是我国外汇业务管理最基本的要求。为此，从货币买卖、外汇存贷款、国际汇兑和进出口贸易四个方面阐述商业银行经营外汇业务的有关会计核算，并以此反映我国外汇业务管理的新理念和应用新常态。

掌握知识和能力要点描述:

(1)了解外汇业务的主要内容和外汇业务核算的特点;

(2)理解外汇业务对我国开展国际贸易的重要意义;

(3)掌握外汇买卖业务、外汇存款业务、外汇贷款业务、国际贸易结算业务的账务处理;

(4)建立外汇业务会计核算的理论方法体系。

第一节 外汇业务概述

一、外汇的概念和种类

(一)外汇的概念

外汇是国际汇兑的简称,是指以外国货币表示的用于国际清偿和国际结算的支付手段。

外汇有狭义和广义之分。狭义的外汇是指以外国货币表示的可用于国际债权债务结算的各种支付手段。它必须具备三个特点:可支付性(必须以外国货币表示的资产)、可获得性(必须是在国外能够得到补偿的债权)和可兑换性

（必须是可以自由兑换为其他支付手段的外币资产）。广义的外汇是指一国拥有的一切以外币表示的资产。

国际货币基金组织对外汇的定义："外汇是货币行政当局（中央银行、货币管理机构、外汇平准基金及财政部）以银行存款、财政部国库券、长短期政府证券等形式保有的在国际收支逆差时可以使用的债权。"

我国《外汇管理条例》规定，"外汇是指下列以外币表示的可以用作国际清偿的支付手段和资产：外币现钞，包括纸币、铸币；外币支付凭证或者支付工具，包括票据、银行存款凭证、银行卡等；外币有价证券，包括债券、股票等；特别提款权；其他外汇资产"。

（二）外汇的种类

（1）按照外汇兑换时受限制程度，可分为自由兑换外汇、有限自由兑换外汇和记账外汇。

自由兑换外汇，是指在国际金融市场上可以自由买卖、清偿债权债务并可以自由兑换其他国家货币的外汇，例如美元、港币、加拿大元等。

有限自由兑换外汇，是指未经货币发行国批准，不能自由兑换成其他货币或对第三国进行支付的外汇。国际货币基金组织规定，国际性经常往来的付款和资金转移有一定限制的货币均属于有限自由兑换货币。世界上大多数国家货币属于有限自由兑换货币，包括人民币。

记账外汇，又称清算外汇或双边外汇，是指记账在双方指定银行账户上的外汇，不能兑换成其他货币，也不能对第三国进行支付。

（2）根据外汇的来源与用途不同，可以分为贸易外汇、非贸易外汇和金融外汇。

贸易外汇，也称实物贸易外汇，是指来源于或用于进出口贸易的外汇，即由于国际商品流通所形成的一种国际支付手段。

非贸易外汇，是指贸易外汇以外的一切外汇，即一切非来源于或用于进出口贸易的外汇，如劳务外汇、侨汇和捐赠外汇等。

金融外汇是属于一种金融资产外汇。例如银行同业间买卖的外汇，既非来源于有形贸易或无形贸易，而是为了各种货币头寸的管理。

（3）根据外汇汇率市场的走势不同，外汇又分为硬外汇和软外汇。

外汇是指某种具体货币，如美元外汇是指以美元作为国际支付手段的外汇；英镑外汇是指以英镑作为国际支付手段的外汇；日元外汇是指以日元作为国际支付手段的外汇。在国际外汇市场上，根据币值和汇率走势，我们可将各种货币归类为硬货币和软货币，或叫强势货币和弱势货币。硬币是指币值坚挺，购买能力较强，汇价呈上涨趋势的自由兑换货币。

第 六 章

外汇业务的核算

二、外汇业务的主要内容

根据《银行外汇业务管理规定》的规定,由外汇管理局指定银行和经批准的商业银行可以经营下列部分或全部外汇业务:外汇存款;外汇贷款;外汇汇款;外币兑换;国际结算;同业外汇拆借;外汇票据的承兑和贴现;外汇借款;外汇担保;结汇、售汇;发行或者代理发行股票以外的外币有价证券;买卖或者代理买卖股票以外的外币有价证券;自营外汇买卖或者代客外汇买卖;外汇信用卡的发行和代理国外信用卡的发行及付款;资信调查、咨询、鉴证业务;国家外汇管理局批准的其他外汇业务。上述外汇业务由国家外汇管理局界定。

三、汇率的概念和种类

汇率也叫作"外汇行市"或"汇价",是指以一种货币表示另一种货币的价格。

(一)汇率的标价方法

折算两种货币的比率,首先要确定以哪一国货币作为标准,称为汇率的标价方法。选用不同的标价标准,相应产生了两种不同的汇率标价方法。

1. 直接标价法

直接标价又称支付汇率或本币计价汇率,是指以一定单位外国货币作为标准,折成若干数量的本国货币来表示汇率的方法。也就是说,在直接标价法下,以本国货币表示外国货币的价格。除英国、美国、欧元区外,大多数国家不采用直接标价法。

在直接标价法下,一定单位的外国货币折算成本国货币的数额增大,说明外国货币币值上升或本国货币币值下降,称为外币升值,或称本币贬值;一定单位的外国货币折算成本国货币的数额减少,说明外国货币币值下降或本国货币币值上升,称为外币贬值,或称本币升值。外币币值的上升或下跌的方向和汇率值的增加或减少的方向相同。例如,人民币市场汇率为,月初 USD1＝CNY7.9560,月末 USD1＝CNY7.9580,说明美元币值上升,人民币币值下跌。

2. 间接标价法

间接标价法是指以一定单位的本国货币为标准,折算成若干数额的外国货币来表示汇率的方法。也就说,在间接标价法下,以外国货币表示本国货币的价格。目前美国、英国以及使用欧元的国家和地区采用;英镑对欧元采用直接标价;美元对英镑、欧元采用直接标价法。

在间接标价法下,一定单位本国货币折算成外国货币数量增多,称为外币贬值或本币升值;一定单位本国货币折算成外国货币数量减少,称为外币升值或本币贬值。在间接标价法下,外币币值的上升或下跌的方向和汇率值的增加或减少的方向相反。例如,伦敦外汇市场汇率为,月初 GBP1＝USD1.8115,月末 GBP1＝USD1.8010,说明美汇率升值,英镑汇率贬值。

(二)汇率的种类

汇率又称外汇牌价,有汇买价、汇卖价(钞卖价)、钞买价、中间价四种。

汇买价是指银行买进外汇现汇的价格,钞买价是指银行买入外币现钞的价格。银行的钞买价小于汇买价,因为外币现钞只有在支付一定的运输保险费用运往货币发行国变成现汇后才能用于国际结算支付,银行要承担汇率风险、支付运费、保险费以及垫付资金的利息,钞买价低于汇买价正是为了弥补这部分支出。汇卖价是指银行卖出外汇现汇的价格,卖出外币现钞的价格与卖出外汇现汇的价格相同。中间价是汇买价与汇卖价的平均价,作为银行内部结算或套汇时使用。在我国,商业银行与中央银行之间的外汇买卖有时也用中间价。

四、外汇业务的核算方法

我国是实行外汇严格管理的国家。对外实行统一政策、集中管理、统一经营的方针。国家外汇管理局行使外汇管理职权,由外汇指定银行和经批准的其他商业银行经营外汇业务。

经营外汇业务的商业银行在办理外汇业务及国际清算的过程中,存在各种外币资金间及本币与外币资金间的收付。本、外币的货币名称及货币单位既不相同,单位货币价值及实际购买力水平也不一致。因此,为了有效记录和反映本、外币资金的收付,核算和监督各种不同币种的收、支、存情况,对外汇业务除以本币为计量单位外,还要以外币为计量单位,并采用专门的记账方法。在我国,外币业务的记账方法一般有两种:外汇统账制和外汇分账制。

(一)外汇统账制

外汇统账制又称本币统账制,是指以本国货币为记账单位,各种外币都按照一定的标准汇价折合为本国货币再进行记账的一种方法。按折价标准不同,分为时价法和定价法两种。

1. 时价法

在外汇业务发生时,将各种外币按照当时外币与本币的汇价折合成本币登记入账,而不需通过"货币兑换"科目核算。至年终决算时,再按照决算日汇价,将该外币资产负债的余额另行折成本币,与账上原本币余额进行比较,所得借贷差额即为外汇损益。

2. 定价法

在外汇业务发生时,将各种外币一律以预先按照固定汇率折合成本币登记入账,并不考虑真实汇价。至年终决算时,再按决算日汇价将各种外币折合为本币,与该外币资产负债有关科目以及"货币兑换"科目本币户余额进行比较,所得差额即为外汇损益。

外汇统账制的记账法,是将所有外汇业务均按当时外汇市场价或按固定汇率折合成本币直接登记入账,如外汇价格有变,会计核算中所反映的外币记账价值将与外币的实际价值不一致。另外,这种记账方法只设立一种账簿,不能反映各种外币的存、贷增减变动情况,不便于外汇资金的调拨、运用与管理。因此,外汇统账制适用于稳定单一汇率制的国家。我国商业银行一般不采用外汇统账制进行外币业务核算。

(二)外汇分账制

外汇分账制又称原币记账法。商业银行在经营外汇业务时,直接以原币记账,发生涉及两种货币的交易时,通过"货币兑换"账户,分别于原币的对应账户构成借贷关系。会计期末,按一定的汇率将各种外币账户记录的业务金额均换算成报告货币(企业对我国有关部门报出的会计报表应以人民币为报告货币),各外币性账户调整后的账面金额与原账面金额之差,作为当期汇兑损益。

外汇分账制的主要内容包括以下几个方面:

1. 人民币与各种外币的分账核算

在外汇资金核算中,银行应当将本币和外币严格分开设置账户。一般按照经营的主要外汇币种分别设置外汇账户,填制外币凭证、登记账簿,编制报表形成独立的外币财务系统。其外汇业务账户自成体系,自求平衡,各种货币分账核算,账务互不混淆,以反映各种外币的资金活动及其头寸的多寡。

2. 设置"货币兑换"科目

为了不同货币之间的换算和保证各种分账货币保持各自账务系统的完整和相对独立性,当外币与本币或不同货币发生兑换业务时,专门设置"货币兑换"科目进行核算。该科目是为实现外汇分账制而设立的一个特定科目,在涉及不同种类货币交易业务核算中起到相互联系和平衡作用。

3. 年终编制和各种货币合并的决算报表

年终决算时,为全面反映本币与外币的资产负债情况,除分别编制各外币和本币决算报表外,还应对各种分账货币按照年终决算日汇价折合为本币,与本币核算的决算报表对应科目对口合并,汇总编制各类货币合并的本币决算报表,汇总反映本行财务状况和经营成果。

由于外汇分账制按不同外币分别设立一套账户,可以全面、完整、系统、真实地记载和反映各种外汇资金的增减变化及余额,清晰反映涉及外汇业务的银行资产、负债及损益情况,便于国家及时掌握各种外汇的价值和余缺,满足国家对外汇资金管理的要求。因此,目前我国商业银行外汇业务核算都采用"外汇分账制"这一专门的方法。

第二节　外汇买卖业务的核算

外汇买卖又称外汇兑换,是指外汇银行在日常业务中,由于使用货币种类不同,以一种货币兑换成另一种货币,按一定汇率卖出一种货币或买入一种货币的行为。外汇银行在办理外汇业务过程中,经常需要将一种货币兑换成另一种货币了结双方的债权债务。外汇买卖是外汇业务中的一项基础性业务,是实现结汇、售汇的手段和外汇兑换的桥梁。

一、科目设置

商业银行在外汇业务会计核算时使用外汇分账制,专门设置"货币兑换"科目进行外汇买卖业务的会计核算。在实际工作中,"货币兑换"通常指以外币兑换本币或以本币兑换外币,以一种外币兑换成另一种外币的行为简称为套汇。

"货币兑换"属于资产负债共同类科目,是一级总分类科目,用于核算商业银行间发生的外汇买卖业务。当买入外币时,借记有关科目(外币),贷记"货币兑换"科目(外币);相应付出本币时,借记"货币兑换"科目(本币),贷记有关科目(本币)。当卖出外币时,借记"货币兑换"科目(外币),贷记有关科目(外币);相应借记有关科目(本币),贷记"货币兑换"科目(本币)。分账货币在年终决算时按决算日汇价折算为本币,与本币项下的"货币兑换"科目相比较,计算汇兑损益,结转利润。发生汇兑收益,借记本科目,贷记"汇兑损益";发生亏损,借记"汇兑损益",贷记本科目。

"货币兑换"科目的借方凭证和贷方凭证均为多联套写,其中两联凭证是"货币兑换"科目外币联和"货币兑换"科目本币联,凭证内容主要包括客户名称、货币名称、本外币金额、本币外汇牌价、款项和业务内容、日期等。在结汇时,商业银行使用"货币兑换"科目的贷方凭证;售汇时,商业银行使用"货币兑换"科目的借方凭证。

"货币兑换"科目设置总账和分户账。分户账簿由买入、卖出、结余三栏组成,买入、卖出栏内列出外币、汇价和本币三栏,买入栏外币为贷方,本币为借方;卖出栏外币为借方,本币为贷方,结余栏设借或贷外币、借或贷本币两栏。其格式见表 6-1 所列。

表6-1 ××银行"货币兑换"科目账户

货币：　　　　　　　　　　　　　　　　账户：

年		摘要	买　入			卖　出			结　余				
			外币(贷)	汇价	本币(借)	外币(借)	汇价	本币(贷)	借/贷	外币	借/贷	本币	
月	日		(十亿位)		(十亿位)	(十亿位)		(十亿位)		(十亿位)		(十亿位)	

注：买入外币(贷方)×汇价＝本币借方；卖出外币(借方)×汇价＝本币贷方。

"货币兑换"科目的总账按各币种分别设置。"货币兑换"科目的余额反映商业银行外币资金头寸的余缺状况。"货币兑换"科目余额贷方余额，表明该货币买入大于卖出，即为多头；反之，表明该外币卖出多于买入，即空头。

二、外汇买卖业务的核算

我国商业银行经营外汇买卖，主要有以下三种形式，即结售汇、套汇和银行自营或代客户进行的外汇买卖交易。

(一)结汇业务的核算

结汇即买入外汇。银行在受理客户结汇业务时，应按结汇外币金额和当天银行挂牌汇率计算的人民币金额填制货币兑换贷方凭证，根据第二联贷记外币"货币兑换"账户，根据第三联借记人民币"货币兑换"账户。

【例6-1】 某人持100美元现钞到某商业银行兑换人民币。该业务发生时，美元现钞买入价为USD100＝￥615.30。其会计分录如下：

借：库存现金　　　　　　　　　　　　　　　　　USD100
　　贷：货币兑换——钞买价　　　　　　　　　　　USD100
借：货币兑换——钞买价　　　　　　　　　　　　￥615.30
　　贷：库存现金　　　　　　　　　　　　　　　　￥615.30

(二)售汇业务的核算

按照外汇管理规定，境内企事业单位、机关和社会团体可在经常项目下，持有效凭证用人民币到外汇指定银行按银行挂牌汇率购汇，办理支付。

银行售汇时，应填制货币兑换借方凭证，根据第二联和第三联分别借记外币"货币兑换"账户和贷记人民币"货币兑换"账户。按规定收妥人民币金额，配售外币后，办理转账。

【例6-2】 某外贸公司向商业银行购买10 000美元外币支付进口货款。假设业务发生时，美元汇卖价USD100＝￥620.40。其会计分录为：

借：吸收存款——某外贸公司户　　　　　　　　￥62 040.00
　　贷：货币兑换——汇卖价　　　　　　　　　　￥62 040.00

借:货币兑换——汇卖价   USD10 000
　　贷:汇出汇款或有关科目   USD10 000

若该外贸公司出口售汇,商业银行则发生结汇业务,美元汇买价为
USD100=￥615.80。其会计分录为:

借:汇出汇款或有关科目   USD10 000
　　贷:货币兑换——汇买价   USD10 000
借:货币兑换——汇买价   ￥61 580
　　贷:吸收存款——某外贸公司户   ￥61 580

(三)套汇业务的核算

套汇是指银行根据客户的要求,将一张外汇(外币)兑换成另一种外汇(外币)的外汇买卖。按照我国套汇的相关政策,当两种外币进行兑换时,一种外汇要兑换成另一种外汇,须通过人民币进行折算。套汇业务包括以下两种类型:

1. 两种外汇之间的套汇,即以一种外汇兑换成另一种外汇

【例6-3】　某单位以其外汇美元存款申请汇往中国香港,以支付某客户货款港币10 000元。假设业务发生时,美元汇买价为USD100=￥615.28,港币汇卖价为KHD100=￥105.25。其会计分录为:

借:吸收存款——某单位外币存款   USD1 710.60
　　贷:货币兑换——汇买价   USD1 710.60
借:货币兑换——汇买价   ￥10 525
　　贷:货币兑换——汇卖价   ￥10 525
借:货币兑换——汇卖价   HKD10 000
　　贷:汇出汇款   HKD10 000

2. 现钞与现汇之间的套汇

【例6-4】　某港商持美元现钞USD 10 000要求汇往纽约。该业务发生时,美元钞买价为USD100=650.84,美元汇卖价为USD100=￥670.25。其会计分录为:

借:库存现金   USD10 000
　　贷:货币兑换——钞买价   USD10 000
借:货币兑换——钞买价   ￥65 084
　　贷:货币兑换——汇卖价   ￥65 084
借:货币兑换——汇卖价   USD9 710.41
　　贷:汇出汇款   USD9 710.41

第三节 外汇存款业务的核算

一、外汇存款业务概念及类型

外汇存款是指单位和个人将其所持有的外汇资金存入银行，并在以后随时或约定期限支取的一种存款，是商业银行以信用方式吸收国内外单位和个人在经济活动中暂时闲置并能自由兑换或在国际上获得偿付的外币资金，包括国外汇入汇款、携入或寄入的自由兑换外币、立即付款的外币票据以及其他经商业银行核准的外汇。按存款对象的不同，外汇存款可分为单位外汇存款和个人外汇存款；按存入的资金形态不同，外汇存款可分为现汇存款和现钞存款；按照存款期限不同，外汇存款可分为活期存款和定期外汇存款；按对存款管理的要求不同，外汇存款可分为甲种外币存款、乙种外币存款和丙种外币存款。外汇存款是银行集聚外汇资金的主要来源。

二、单位外汇存款业务的核算

单位外汇存款也称甲种外汇存款，凡在我国境内机关、团体、企事业单位、部队以及业务经营中有外汇收付并经商业银行同意开户的单位，均可开立该项存款。单位外汇存款，按存取期限方式不同，分为活期存款和定期存款；按支取方法的不同，分为支票户和存折户两种。支票户凭缴存款单、进联单、支取凭支票随时存取，存折户凭存折及存取款凭条办理。

根据国家外汇管理局《境内外汇账户管理规定》要求，单位外汇存款适用范围包括：汇往境内外；按现汇买价兑换本币；转入其他账户；经商业银行同意后换取少量外币现钞；购买旅行支票等。活期存款的起存额为不低于人民币1 000元的等值外币；定期存款的起存金额为不低于人民币10 000元的等值外币。

存款单位可凭存单及预留印鉴或其他约定方式支取存款。存款对象不得擅自超出外汇管理局核定的账户收支范围、使用期限、最高金额使用外汇账户，不得出租、出借或者串用外汇账户，不得利用外汇账户代其他单位或个人收付、保存或者转让外汇。

对于支票户单位外汇活期存款，存入时用缴存款单、送款单，支取时用支票。存折户存款，存入时用存款凭条，支取时用取款凭条，并凭存折一并交与银行办理存取款手续。

单位申请外汇定期存款时，凡从存款单位外汇活期存款账户支款转存，或由汇入汇款或其他款项转进存入的，商业银行可按单位要求办理开户手续，开出外汇定期存款单;凡单位事前没有开立活期存款账户而办理定期存款的,单位应按照有关开户规定,申请办理开户手续,经商业银行审查同意后为其开户,填发外汇定期存款单。单位外汇定期存款应根据有关凭证登记开销户登记簿。

外汇存款业务的会计核算分存入、支取、计息三个环节。

1. 外汇存款的存入核算

(1)以外币现钞存入。单位外汇活期或定期存款一般为现汇账户,存入时应按存入日的现钞买入价和同种货币现汇卖出价折算入账。其会计分录为:

借:库存现金　　　　　　　　　　　　　　　　　　(外币)
　　贷:货币兑换——钞买价　　　　　　　　　　　　　(外币)
借:货币兑换——钞买价　　　　　　　　　　　　　　(本币)
　　贷:货币兑换——汇卖价　　　　　　　　　　　　　(本币)
借:货币兑换——汇卖价　　　　　　　　　　　　　　(外币)
　　贷:吸收存款——××外汇活(定)期存款——××户　(外币)

【例6-5】 某单位持现钞10 000港币存入活期存款账户,当天港币钞买价为 HKD100 = ￥101.05,港币汇卖价为 HKD100 = ￥102.25。其会计分录为:

借:库存现金　　　　　　　　　　　　HKD10 000
　　贷:货币兑换——钞买价　　　　　　HKD10 000
借:货币兑换——钞买价　　　　　　　　￥10 105
　　贷:货币兑换——汇卖价　　　　　　￥10 105
借:货币兑换——汇卖价　　　　　　　　HKD9 882.64
　　贷:吸收存款——××外汇活期存款——××单位户

　　　　　　　　　　　　　　　　　　HKD9 882.64

银行收到存款单位送存的外汇缴款单一式两联,审核无误后,将缴款单第一联退缴款单位,第二联作贷方传票办理转账。

(2)国外汇入汇款或国内转汇存款。商业银行根据收到 SWIFT 报文和转款收账通知,编制收款凭证一式二联,将收款凭证第一联通知存款单位,第二联作贷记凭证据以记账。

① 若存款单位以汇款的原币存入,其会计分录为:

借:汇入汇款或有关科目　　　　　　　　　　　　　　(外币)
　　贷:吸收存款——××外汇活(定)期存款——××户　(外币)

② 当汇入汇款币种与存入币种不相同时,按当天外汇汇价折算入账。其会计分录为:

借:汇入汇款或有关科目　　　　　　　　　　　　　　　（外币）
　　贷:货币兑换——汇买价　　　　　　　　　　　　　　（外币）
借:货币兑换——汇买价　　　　　　　　　　　　　　　（本币）
　　贷:货币兑换——汇卖价　　　　　　　　　　　　　　（本币）
借:货币兑换——汇卖价　　　　　　　　　　　　　　　（外币）
　　贷:吸收存款——××外汇活(定)期存款——××户　（外币）

③ 若存款是境内机构转汇存入,其会计分录为:

借:全国联行外汇往来　　　　　　　　　　　　　　　　（外币）
　　贷:吸收存款——××外汇活(定)期存款——××户　（外币）

2. 外汇存款的支取核算

支取存款时,存折户填写取款凭条;支票户填写支票,加盖预留印章。如果通过国内外联行划出款项等方式办理现汇取款,使用有关结算凭证、联行报单等办理取款手续。

(1)从现汇账户中支取原币现钞,其会计分录为:

借:吸收存款——××户　　　　　　　　　　　　　　　（外币）
　　贷:货币兑换——汇买价　　　　　　　　　　　　　　（外币）
借:货币兑换——汇买价　　　　　　　　　　　　　　　（本币）
　　贷:货币兑换——钞卖价　　　　　　　　　　　　　　（本币）
借:货币兑换——钞卖价　　　　　　　　　　　　　　　（外币）
　　贷:库存现金　　　　　　　　　　　　　　　　　　　（外币）

不得从外汇定期存款账户中直接提取现金,只能先转入活期存款再从中支取。

(2)以原币汇往国外或国内异地时,其会计分录为:

借:吸收存款——××外汇活期存款——××户　　　　　（外币）
　　贷:汇出汇款或联行外汇往来等有关科目　　　　　　　（外币）

凡汇款应按规定的收费标准收取本币或等值外币手续费。

(3)支取货币与原存款货币不同时,其会计分录为:

借:吸收存款——××外汇活期存款——××户　　　　　（外币）
　　贷:货币兑换——汇买价　　　　　　　　　　　　　　（外币）
借:货币兑换——汇买价　　　　　　　　　　　　　　　（本币）
　　贷:货币兑换——汇卖价　　　　　　　　　　　　　　（本币）
借:货币兑换——汇卖价　　　　　　　　　　　　　　　（外币）
　　贷:汇出汇款或全国联行外汇往来等有关科目　　　　　（外币）

(4)外汇活期存款转存外汇定期存款,凭存款单位转账支票办理,其会计分录为：

借：吸收存款——××外汇活期存款——××户　　　　　　（外币）

　　贷：吸收存款——××外汇定期存款——××户　　　　　（外币）

(5)定期存款账户转存活期存款。存款单位应向银行提交外汇定期存款单、进账单及有关证明文件,计付利息后连同本金一并办理转存手续。其会计分录为：

借：吸收存款——××外汇定期存款——××户　　　　　　（外币）

　　应付利息　　　　　　　　　　　　　　　　　　　　　（外币）

　　利息支出——外汇定期吸收存款利息支出户　　　　　　（外币）

　　贷：吸收存款——××外汇活期存款——××户　　　　　（外币）

3. 利息的核算

单位外汇活期存款利息采用余额表计息法,按季计算利息。每日营业终了,将各账户余额记入计息余额表,在季末结息日逐户将本季末的累计计息积数乘以日利率,即得出各存款单位户的应计利息数。每季末月 20 日为结息日,次日以原币登记入账。

单位外汇定期存款利息,按对年对月计息,不足 1 年或 1 月的,按零头天数折算成日利息。存款到期利随本清,一次计付利息；如遇利率调整,仍按存入日的利率计算利息；存款到期续存,按续存日利率计算；存款到期未办理支取,逾期部分按取款日活期存款利率计算；如提前支取,按取款日活期存款利率计算。根据权责发生制原则,存期为 3 个月以上的单位定期存款按季以原币计提应付利息,到期冲销"应付利息"科目,不足部分在"利息支出"科目中核算；3 个月以下的定期存款不计提应付利息,直接在"利息支出"科目中核算。

(1)单位外汇活期存款结息,其会计分录为：

借：利息支出——外汇活期存款利息支出户　　　　　　　（外币）

　　贷：吸收存款——××外汇活期存款——××户　　　　　（外币）

(2)单位外汇定期存款在结息日计算应付利息,其会计分录如下：

借：利息支出——外汇定期存款利息支出户　　　　　　　（外币）

　　贷：应付利息　　　　　　　　　　　　　　　　　　　（外币）

【例 6-6】　某公司 5 月 5 日存入港币 200 000 元,定期半年,年利率 2.5%。同年 11 月 5 日到期,该公司于同年 12 月 7 日到某商业银行支取该笔定期存款,支取日活期存款年利率为 1%。

5 月 5 日至 11 月 5 日,应付利息为：200 000 元×1/2×2.5%=2 500 元；

11 月 5 日至 12 月 7 日,应付利息为：200 000 元×32 天×1%÷360 天=

177.78 元。

支取日的会计分录如下：

借:吸收存款——××外汇定期存款——××公司户　　HKD200 000

　　应付利息　　　　　　　　　　　　　　　　　　HKD2 500

　　利息支出——外汇定期吸收存款利息支出户　　　HKD177.78

　　贷:吸收存款——××外汇定期存款——××公司户 HKD202 677.78

三、个人外汇存款业务的核算

根据存款对象的不同,个人外汇存款主要包括乙种存款和丙种存款。乙种外汇存款的对象为个人;丙种外汇存款(即境内居民外币定期存款)的对象为中华人民共和国境内的居民,包括归侨、侨眷和港澳台同胞的亲属等。乙种和丙种外汇存款又可分为定期存款和活期存款。活期存款为存折户,可随时存取;定期存款为记名式存单,分为 1 个月、3 个月、半年、1 年和 2 年等多种形式,采取一次存入,整存整取。

个人外汇存款使用范围包括汇往境内外的汇款,按外汇买入价兑换本币,在规定限额内提取外币现钞,购买旅行支票等。乙种活期存款的起存金额为不低于人民币 100 元的等值外币,丙种活期存款的起存金额为不低于人民币 20 元的等值外币;定期存款的起存金额为不低于人民币 150 元的等值外币。

个人申请外汇储蓄存款时,应填写存款凭条,提供身份证明,并书面约定存取方式,如书面约定凭印鉴支取,须预留印鉴。由境外直接汇款转存的,应附开户内容,约定存单或存折的处理办法以及取款手续,商业银行按约定要求办理。

个人外汇存款的存款人支取外币储蓄存款时,须凭存折、存单、预留印鉴或书面约定的支取方式办理支取。外币定期储蓄存款为记名式存单,到期支取;如提前支取,须凭存款人身份证或有关单位的证明办理;外币储蓄存款可约定自动转存。

1. 个人外汇存款的存入核算

(1)存款人将外币现钞存入现钞户,其会计分录为:

借:库存现金　　　　　　　　　　　　　　　　　　(外币)

　　贷:吸收存款——个人外汇活(定)期存款——××户　(外币)

(2)从境内、境外汇入的汇款或托收的外币票据存入现汇户,其会计分录为:

借:存放国外同业或有关科目　　　　　　　　　　　(外币)

　　贷:汇入汇款　　　　　　　　　　　　　　　　　(外币)

借:汇入汇款　　　　　　　　　　　　　　　　　　　　　（外币）

　　贷:吸收存款——个人外汇活(定)期存款——××户　　　（外币）

2. 个人外汇存款的支取核算

(1)从个人外币活期存款现钞户中支取,其会计分录如下:

借:吸收存款——个人外汇活期存款——××户　　　　　　（外币）

　　贷:库存现金　　　　　　　　　　　　　　　　　　　（外币）

(2)从个人外币定期存款现钞户中支取,计算应付存款利息,办理转账。会计分录为:

借:吸收存款——个人外汇定期存款——××户　　　　　　（外币）

　　应付利息　　　　　　　　　　　　　　（外币,已提取部分）

　　利息支出——外汇定期吸收存款利息支出户（外币,不足部分）

　　贷:库存现金　　　　　　　　　　　　　　　　　　　（外币）

3. 汇出汇款的核算

办理现汇户的汇出汇款时,签发结算凭证,办理账务划转手续,同时计算外币定期或活期储蓄存款的利息。其会计分录为:

借:吸收存款——个人外汇活(定)期存款——××户　　　（外币）

　　或:应付利息(或利息支出)　　　　　　　　　　　　（外币）

　　贷:汇出汇款　　　　　　　　　　　　　　　　　　　（外币）

汇出行收到汇入行解付通知书后,应冲销"汇出汇款"科目卡片账。其会计分录如下:

借:汇出汇款　　　　　　　　　　　　　　　　　　　　　（外币）

　　贷:存放国外同业或有关科目　　　　　　　　　　　　（外币）

同时按规定收取等值本币的邮电费、手续费。其会计分录如下:

借:库存现金　　　　　　　　　　　　　　　　　　　　　（本币）

　　贷:手续费收入——结算手续费收入户　　　　　　　　（本币）

　　　业务及管理费用——邮电费　　　　　　　　　　　　（本币）

【例6-7】 客户李超持外汇管理部门批准证明,从其活期存款美元外汇户支取 200 英镑的等值美元,申请用信汇方式汇往伦敦牛津大学以英镑交学费。客户按有关要求办妥汇款手续,交商业银行审核无误后办理汇出汇款,并收取手续费人民币 20.1 元。当天美元汇买价为 USD100＝￥620.28,英镑汇卖价£100＝￥1 003.40。其会计分录为:

借:活期存款——个人外汇活期存款——李超户　　　USD323.53

　　贷:货币兑换——汇买价　　　　　　　　　　　　USD323.53

借:货币兑换——汇买价　　　　　　　　　　　　　　　　￥2 006.80

　　贷:货币兑换——汇卖价　　　　　　　　　　　　　　　￥2 006.80

借:货币兑换——汇卖价　　　　　　　　　　　　　　　　£200

　　贷:汇出汇款　　　　　　　　　　　　　　　　　　　　£100

借:库存现金　　　　　　　　　　　　　　　　　　　　　￥20.07

　　贷:手续费收入——结算手续费收入户　　　　　　　　　￥20.07

4. 个人外汇存款的利息核算

(1)个人外汇活期存款的利息核算

个人外汇活期存款的利息结息日为每年 6 月 30 日,全年按实际天数计算,以结息日挂牌外币活期储蓄存款利率计付利息。其会计分录为:

借:利息支出——外汇活期存款利息支出户　　　　　　　(外币)

　　贷:吸收存款——个人外汇活期存款——××户　　　　(外币)

储户要求销户时,应随时结清利息。其会计分录为:

借:吸收存款——个人外汇活期存款——××户　　　　　(外币)

　　利息支出——外汇活期吸收存款利息支出户　　　　　(外币)

　　贷:库存现金　　　　　　　　　　　　　　　　　　　(外币)

(2)个人外汇定期存款的利息核算

个人外汇定期存款采取到期还本付息方法。遇利率调整时仍按存入日利率计算利息;存款到期续存时,按续存日利率计息;存入时未办理约定自动转存手续的,过期部分按支取日外币活期储蓄存款利率计息;如提前支取,提前支取部分按支取日外币活期储蓄存款利率计息,未提前支取部分,仍按存入日利率计算。

个人外汇定期存款到期时,由存款人凭存单、预留印鉴向银行支取本息。其会计分录为:

借:吸收存款——个人外汇定期存款——××户　　　　　(外币)

　　应付利息　　　　　　　　　　　　　　　(外币,已提取部分)

　　利息支出——外汇定期存款利息支出户　　　(外币,不足部分)

　　贷:库存现金　　　　　　　　　　　　　　　　　　　(外币)

个人外汇定期存款应付利息按季计提,3 个月以上存期的存款计付利息,应通过"应付利息"科目核算,应付利息不足部分从"利息支出"科目支付;3 个月以下存期的个人外汇定期存款计付的利息,通过"利息支出"科目核算。

第四节　外汇贷款业务的核算

外汇贷款也称外汇放款,是商业银行外汇资金的主要运用形式。外汇贷款的对象是经工商行政管理机关或主管机关核准登记的企事业法人、其他经济组织。外汇贷款的使用范围主要包括引进先进技术、进口先进设备和国内短缺原材料,扩大出口商品的生产能力;进口原料、辅助加工出口;发展交通运输、旅游事业、对外承包工程和短期周转资金等。按贷款资金来源分为现汇贷款、贸易融资、买方信贷、银团贷款、外资贷款等。本节主要介绍现汇贷款、贸易融资和买方信贷三种外汇贷款业务的核算。

一、现汇贷款

现汇贷款是指企业根据业务需要采用信用证、托收或汇款等结算方式,在国际市场上采购商品,向商业银行申请额度内外汇贷款或单笔外汇贷款。贷款到期,借款单位以外汇收入或其他外汇偿还本息。办理现汇贷款时,借款人与商业银行应订立借款合同,开立外汇贷款专户及还本付息专户,并在贷款额度范围内使用贷款。贷款货币由借款人选择,贷款期限根据业务需要而定,贷款利息以原币收取。

现汇贷款的核算主要包括贷款发放、计收利息、到期偿还三个环节,在核算中主要通过"短(中)期外汇贷款"科目进行核算。该科目属于资产类,用于核算商业银行经办的外汇贷款的发放和收回,借方反映贷款的发放和利息转入本金,贷方反映贷款到期收回,余额在借方,表明贷款尚未到期。

(一)现汇贷款发放的核算

借款单位申请使用现汇贷款时,应向商业银行填具借款申请书,并提交其他贷款申请资料及有关批准文件。经商业银行信贷部门调查评估,按规定权限审批同意后,双方订立借款契约。根据借款契约在核定的借款额度内,一次或分次使用借款,应逐笔订立借据,填具借款凭证,经商业银行信贷员及审批人员签章后,交由会计部门进行处理。在会计主管签字确认后,据以开立外汇贷款账户。商业银行放款时,使用"短(中)期外汇贷款"科目核算,按借款单位不同分设账户,并应区别不同情况办理发放手续。

(1)直接使用贷款对外付汇,会计分录为:

借:短(中)期外汇贷款——××户　　　　　　　　　　　(外币)
　　贷:存放国外同业或其他有关科目　　　　　　　　　　(外币)

(2)以非贷款的货币对外付汇,会计分录如下:

借:短(中)期外汇贷款——××户　　　　　　　　　　(贷款外币)

　　贷:货币兑换——汇买价　　　　　　　　　　　　　(贷款货币)

借:货币兑换——汇买价　　　　　　　　　　　　　　(本币)

　　贷:货币兑换——汇卖价　　　　　　　　　　　　　(本币)

借:货币兑换——汇卖价　　　　　　　　　　　　　　(非贷款货币)

　　贷:存放国外同业或其他有关科目　　　　　　　　(非贷款货币)

(二)现汇贷款的利息核算

现汇贷款的利率根据合同规定,一般采用浮动利率。在浮动期内,借款单位使用贷款发放当天确定的利率保持固定不变,不受市场利率变动的影响;在浮动期后,按浮动利率计息。浮动利率是根据伦敦国际银行同业间拆借利率加上银行管理费用,由总行审定。浮动的档次分为1个月、3个月和6个月。贷款计息天数按实际天数,"算头不算尾"。以每月贷款账户余额的累计积数,按当月总行发布的利率计算每月应收利息,计入贷款账户的利息栏内,每季度结息一次,每季末月20日为结息日。结息时,根据应收利息由商业银行填制"外汇贷款结息凭证",办理转账结息期计收利息。

(1)借款单位以外汇存款偿还利息,其会计分录为:

借:吸收存款——××外汇活期存款——××户　　　　(外币)

　　贷:利息收入——××贷款利息收入户　　　　　　　(外币)

(2)利息转为贷款本金,其会计分录为:

借:短(中)期外汇贷款——××户　　　　　　　　　　(外币)

　　贷:利息收入——××贷款利息收入户　　　　　　　(外币)

(3)借款单位还本付息专户无足够余额支付利息,其会计分录为:

借:应收利息　　　　　　　　　　　　　　　　　　　(外币)

　　贷:利息收入——××贷款利息收入户　　　　　　　(外币)

借款单位付息时,其会计分录为:

借:吸收存款——××外汇活期存款——××户　　　　(外币)

　　贷:应收利息　　　　　　　　　　　　　　　　　(外币)

【例6-8】　某企业2013年3月29日向银行借入一笔金额为90万美元,期限为半年的贷款,利率采用3个月浮动利率,利息转入贷款本金。借款日美元3个月浮动利率为6.15%,7月25日美元3个月浮动利率为6.43%。该企业于贷款到期日从其美元存款账户偿还全部贷款本息(假设不考虑利息调整,资产负债表日不计提利息)。

① 3 月 29 日至 6 月 20 日计算的利息为：

US $ 900 000 × 104 × 6.15 ‰ ÷ 360 ＝ US $ 15 990

6 月 21 日办理利息转账，其会计分录为：

借：贷款——短期外汇贷款——×× 户   US $ 15 990
 贷：利息收入   US $ 15 990

② 9 月 20 日计算利息时，由于利率变化，需分段计息。

6 月 21 日至 7 月 24 日，计算的利息为：

(US $ 900 000 ＋ US $ 15 990) × 34 × 6.15 ‰ ÷ 360 ＝ US $ 5 320.38

7 月 25 日至 9 月 20 日，计算的利息为：

(US $ 900 000 ＋ US $ 15 990) × 58 × 6.43 ‰ ÷ 360 ＝ US $ 9 489.15

9 月 20 日利息合计为：

US $ 5 320.38 ＋ US $ 9 489.15 ＝ US $ 14 809.53

9 月 21 日办理利息转账，其会计分录为：

借：贷款——短期外汇贷款——×× 户   US $ 14 809.53
 贷：利息收入——发放贷款及垫款户   US $ 14 809.53

③ 9 月 29 日还款，计算的利息为：

(US $ 900 000 ＋ US $ 15 990 ＋ US $ 14 809.53) × 8 × 6.43 ‰ ÷ 360 ＝ US $ 1 330

收回贷款本息的会计分录为：

借：吸收存款——活期外汇存款——×× 户 US $ 932 129.53
 贷：贷款——短期外汇贷款——×× 户   US $ 930 799.53
   利息收入   US $ 1 330

(三)现汇贷款偿还的核算

借款单位使用现汇贷款必须按期偿还，也可以提前偿还或分批偿还。借款单位在归还贷款时，应填制还款凭证交付商业银行，经商业银行核对无误后，连同应收利息办理转账。收回贷款时，应将最后一个结息日至还款日尚未计收的利息与本金一并收回。收回贷款时应分不同情况进行处理：

(1)借款单位用外汇存款偿还贷款本息，其会计分录为：

借：吸收存款——×× 外汇活期存款——×× 户 (外币)
 贷：短(中)期外汇贷款——×× 户   (外币)
   利息收入——×× 贷款利息收入户   (外币)

(2)借款单位经批准用本币买汇偿还贷款本息，其会计分录为：

借：吸收存款——×× 外汇活期存款——×× 户 (本币)
 贷：货币兑换——汇卖价   (本币)

借：货币兑换——汇卖价　　　　　　　　　　　　　　　（外币）

　　贷：短（中）期外汇贷款——××户　　　　　　　　　（外币）

　　　　利息收入——××贷款利息收入户　　　　　　　　（外币）

（3）借款单位用非原贷款外币存款偿还，其会计分录为：

借：吸收存款——××外汇活期存款——××户　　　　　（还款外币）

　　贷：货币兑换——汇买价　　　　　　　　　　　　　（还款外币）

借：货币兑换——汇买价　　　　　　　　　　　　　　　（本币）

　　贷：货币兑换——汇卖价　　　　　　　　　　　　　（本币）

借：货币兑换——汇卖价　　　　　　　　　　　　　　　（贷款外币）

　　贷：短（中）期外汇贷款——××户　　　　　　　　　（贷款外币）

　　　　利息收入——××贷款利息收入户　　　　　　　　（贷款外币）

二、贸易融资

贸易融资是指商业银行结合进出口贸易结算业务，对进口商、出口商和中间商提供融通资金的便利，是贸易、贸易结算和资金融通三者的有机结合。针对进出口贸易结算的不同阶段和环节，商业银行提供的贸易融资主要方式有进口押汇、出口押汇、票据贴现和打包贷款四种。

（一）进口押汇

进口押汇是指进口商以进口货物的物权作抵押，向商业银行申请短期资金融通。根据结算方式不同，进口押汇可分为信用证项下进口押汇和托收项下进口押汇。无论是信用证项下还是托收项下商业银行提供的进口押汇，均是在商业银行收到有关单据，根据进口商的押汇申请，先行垫款对外支付，转而向进口商办理付款赎单手续，收回贷款，释放交单据的过程。因此，进口押汇的会计核算主要包括承做进口押汇和收回押汇垫款两个环节。会计核算中主要通过"进口押汇"科目。该科目属资产类，用于核算进口方商业银行向进口商提供信用证项下或托收项下进口押汇的发放和收回，借方反映贷款的发放，贷方反映贷款的收回，余额在借方，表明尚未收回的贷款。

（1）承做进口押汇。进口商申请进口押汇时，填制进口押汇申请书、信托收据、贸易合同和其他有关资料。经商业银行审核同意，办理进口押汇、对外付款手续。其会计分录为：

借：进口押汇——××户　　　　　　　　　　　　　　　（外币）

　　贷：存放国外同业或有关科目　　　　　　　　　　　（外币）

（2）偿还押汇本息。进口商向商业银行偿还进口押汇本息和赎取单据时，应抽出保管凭证以冲销卡片账，计算并扣除自进口押汇日起至进口商赎单还款日止的利息。其会计分录为：

借:吸收存款——××外汇活期存款——××户　　　　　　　　（外币）

　　贷:进口押汇——××户　　　　　　　　　　　　　　　（外币）

　　　利息收入——押汇利息收入户　　　　　　　　　　　（外币）

托收项下的进口押汇会计核算可参照信用证项下进口押汇处理（会计分录略）。

（二）票据贴现

票据贴现是指远期票据经承兑后,在到期日前由商业银行从票面余额中扣减贴现息后,将余款支付给持票人的一种融资方式。一般商业银行只承做银行承兑汇票的贴现业务。

票据贴现包括贴入票据和收回票款两个环节,主要通过"贴现资产"科目进行核算。该科目属于资产类,用于核算贴现银行向持票人提供远期信用证项下承兑汇票的贴进和收回,借方反映贴现款项发放,贷方反映贴现款项收回,余额在借方,表明尚未收回的贴现垫款。

（1）贴入票据。持票人申请贴现时,应填制贴现申请书,提供开证行、保兑行或付款行承兑的远期汇票,经商业银行审核无误后,计算贴息并办理贴现。其会计分录为:

借:贴现资产——××户　　　　　　　　　　　　　　　（外币）

　　贷:吸收存款——××外汇活期存款——××户　　　　　（外币）

　　　利息收入——贴现利息收入户　　　　　　　　　　　（外币）

（2）收回票款的核算。承兑到期收回贴现票款,其会计分录为:

借:存放国外同业或有关科目　　　　　　　　　　　　　（外币）

　　贷:贴现资产——××户　　　　　　　　　　　　　　（外币）

借:贴现资产——利息调整　　　　　　　　　　　　　　（外币）

　　贷:利息收入　　　　　　　　　　　　　　　　　　　（外币）

（三）出口押汇

出口押汇是指出口商将全套出口单据提交议付行,由该行买入单据并按票面金额扣除自议付日到预计收汇日止的利息及有关手续费,将净款预先付给出口商的一种出口融资方式。根据结算方式的不同,出口押汇可分为信用证项下出口押汇及托收项下出口押汇,包括承做出口押汇和收回押汇垫款两个环节。在核算中主要通过"出口押汇"科目反映,该科目属于资产类,用于核算出口方商业银行向出口商提供信用证项下或托收项下出口押汇的发放和收回,借方反映贷款的发放,贷方反映贷款的收回,余额在借方,表明尚未收回的贷款。

（1）承做出口押汇的核算。商业银行在承做出口押汇时,出口单位需填制"出口押汇申请书",并与押汇行签订"出口押汇总质权书",明确双方权利和义务。押汇行经审核同意后,按押汇之日起加上开证行或付款行的合理工作日,加邮程时间和票据期限,计算押汇垫款利息,办理出口押汇手续。其会计分录为:

借:出口押汇——××户　　　　　　　　　　　　　　　　　（外币）

　贷:利息收入——押汇利息收入户　　　　　　　　　　　　（外币）

　　货币兑换——汇买价　　　　　　　　　　　　　　　　　（外币）

借:货币兑换——汇买价　　　　　　　　　　　　　　　　　（本币）

　贷:吸收存款——××户　　　　　　　　　　　　　　　　（本币）

出口押汇的利率,按同档次流动资金贷款利率执行。

出口押汇利息＝票面金额×估计收列票据所需日数×年利率÷360

出口押汇贷款实际入账金额＝票据金额－押汇利息－预扣国外银行费用－本行费用

（2）收款偿还押汇的核算。押汇行收到国外联行或代理行寄来贷方报单时,要考核押汇时间是否合理,然后收回出口押汇款项。其会计分录为:

借:存放国外同业或有关科目　　　　　　　　　　　　　　　（外币）

　贷:手续费及佣金收入——国外银行费用收入户　　　　　　（外币）

　　出口押汇——××户　　　　　　　　　　　　　　　　　（外币）

【例6－9】　某进出口公司1月4日把即期信用证项下全套单据金额USD 50 000,连同押汇申请书交某商业银行,经审核单据符合押汇要求,该行当即按6.5％的年利率扣收15天利息,并将余额按当日美元挂牌汇买价USD100＝¥620.28折算本币后,收入该公司本币存款户。1月20日,该行收到国外代理行贷记通知,金额USD 50 100（其中USD100为银行费用）,经审核无误后办理转账。

①1月4日承做出口押汇,其会计分录为:

押汇利息＝50 000×15×6.5％÷360＝135.42（美元）

借:出口押汇——某公司户　　　　　　　　　　USD50 000

　贷:利息收入——押汇利息收入户　　　　　　USD135.42

　　货币兑换——汇买价　　　　　　　　　　　USD49 864.58

借:货币兑换——汇买价　　　　　　　　　　　¥309 300.02

　贷:吸收存款——某公司户　　　　　　　　　¥309 300.02

②1月20日收到开证行的贷记通知,其会计分录为:

借:存放国外同业或有关科目——某国外代理行户　　USD50 100

　贷:手续费及佣金收入——国外银行费用收入户　　　USD100

　　出口押汇——某公司户　　　　　　　　　　　　　USD50 000

托收项下出口押汇的会计核算可参照信用证项下出口押汇处理(会计分录略)。

(四)打包贷款

打包贷款是指信用证的受益人受证后,由于缺乏本币资金备货,可凭信用证正本按规定手续向当地商业银行申请的出口前期的短期融资性贷款。该贷款用以缓解受益人在备货期间资金不足的临时困难。

申请打包贷款的信用证必须是贷款银行可以凭以议付、付款或承兑。为了减少贷款风险,商业银行应对申请人的资信状况、与商业银行的业务往来、出口业务的备货情况以及贷款的偿还能力等进行认真审查,借款协议中需针对该信用证项下因货物未能出口而不能偿还的风险订立保证归还贷款的条款;贷期限期从贷款之日起至该信用证项下货款收妥或办理出口押汇日止,一般为3~6个月,原则上不超过信用证有效期后的半个月。贷款利率按照本币同档次的流动资金贷款利率执行,贷款到期不得展期,贷款逾期按规定加收逾期利息。

对打包贷款业务,可通过"打包贷款"科目核算。该科目属于资产类,用于核算出口方商业银行向出口商提供的以信用证正本为抵押的出口前期融资性本币短期贷款的发放和收回,借方反映贷款的发放,贷方反映贷款的收回,余额在借方,表明尚未收回的贷款。

(1)打包贷款发放的核算。打包贷款单位向商业银行提交打包贷款申请书、贸易合同及国外银行开来的信用证正本等有关文件,与商业银行签订打包贷款合同。经商业银行核准,发放贷款并收入当事人有关账户。其会计分录为:

借:打包贷款——××户   (本币)
　　贷:吸收存款——××户   (本币)

(2)打包贷款本息偿还的核算。商业银行原则上从打包贷款受益人议付货款中主动扣还打包贷款本息,也可以由受益人存款主动归还,视还款具体情况做不同的账务处理。

① 以出口押汇归还打包贷款本息,其会计分录为:

借:出口押汇——××户   (外币)
　　贷:货币兑换——汇买价   (外币)
借:货币兑换——汇买价   (本币)
　　贷:打包贷款——××户   (本币)
　　　　利息收入——××贷款利息收入户   (本币)
　　　　吸收存款——××户   (本币,剩余部分)

② 以收妥结汇款归还打包贷款本息，其会计分录为：

借：存放国外同业或有关科目　　　　　　　　　　　　　　（外币）
　　贷：货币兑换——汇买价　　　　　　　　　　　　　　　（外币）
借：货币兑换——汇买价　　　　　　　　　　　　　　　　　（本币）
　　贷：打包贷款——××户　　　　　　　　　　　　　　　（本币）
　　　　利息收入——××贷款利息收入户　　　　　　　　　（本币）
　　　　吸收存款——××户　　　　　　　　　　　　（本币，剩余部分）

③ 以存款归还打包贷款本息，其会计分录为：

借：吸收存款——××户　　　　　　　　　　　　　　　　　（本币）
　　贷：打包贷款——××户　　　　　　　　　　　　　　　（本币）
　　　　利息收入——××贷款利息收入户　　　　　　　　　（本币）

三、买方信贷

买方信贷是出口国银行向买方或买方银行提供的贷款，用于向出口国购买技术和设备，解决买方一时筹集巨额资金的困难。买方信贷是出口信贷的一种，分为出口买方信贷和进口买方信贷。目前我国商业银行主要办理进口买方信贷，即从出口国银行取得并按需要转贷给国内借款单位使用的进口买方信贷，是我国利用外资的重要形式。

买方信贷必须经出口国政府批准，签订贸易合同和贷款合同，用于购买或支付出口国的货款、技术或劳务。贷款金额不得超过贸易合同金额的85%，其余15%由进口商以现汇支付定金，支付定金后才能使用贷款。目前，我国买方信贷项下向国外银行的借入款，是由各商业银行总行集中开户，并由总行负责偿还借入的本息。各地分行对使用贷款的单位发放买方信贷外汇贷款，由有关分行开户，并由分行负责按期收回贷款的本息。

买方信贷的核算包括对外签订协议、支付定金、使用贷款和收回贷款本息四个环节，主要使用以下两个科目：①"买方信贷外汇贷款"科目，用于核算出口国银行向进口商或进口国银行提供长期外汇贷款的发放和收回。该科目属于资产类，借方反映贷款的发放，贷方反映贷款的到期偿还，余额在借方，表明贷款尚未到期；②"借入买方信贷款"科目，专门用于核算获得买方信贷后借入款项的数额及到期偿还的情况，是与"买方信贷外汇贷款"科目对应的总行专用科目。该科目属于负债类，借方反映借入款项情况，贷方反映借入款项到期归还情况，余额在贷方，反映借入但尚未归还的款项。

（一）对外签订协议

商业银行总行根据国家的有关法规、政策，统一对外谈判，签订买方信贷总协议。通知各分行和有关部门总协议下各个项目的具体信贷协议，由商业银行总行对外谈判签订,也可由商业银行总行授权分行谈判签订。协议签订后,均由商业银行总行使用"买方信贷用款限额"表外科目核算,并登记"买方信贷用款限额登记簿"。其会计分录为:

　　收:买方信贷用款限额　　　　　　　　　　　　　　　　　　（外币）

在使用贷款时,按使用金额随时逐笔转销此表外科目。其会计分录为:

　　付:买方信贷用款限额　　　　　　　　　　　　　　　　　　（外币）

（二）支付定金的核算

根据买方信贷运作的惯例,使用买方信贷外汇贷款前,一般要先付一定比例的定金。

（1）借款单位以外汇支付定金,其会计分录为:

　　借:吸收存款——××外汇活期存款——××户　　　　　　（外币）
　　　贷:存放国外同业或有关科目　　　　　　　　　　　　　（外币）

（2）借款单位以本币购买外汇支付定金,其会计分录为:

　　借:吸收存款——××户　　　　　　　　　　　　　　　　（本币）
　　　贷:货币兑换——汇卖价　　　　　　　　　　　　　　　（本币）
　　借:货币兑换——汇卖价　　　　　　　　　　　　　　　　（外币）
　　　贷:存放国外同业或有关科目　　　　　　　　　　　　　（外币）

（3）借款单位向商业银行申请现汇贷款支付定金,其会计分录为:

　　借:短期外汇贷款——××户　　　　　　　　　　　　　　（外币）
　　　贷:存放国外同业或有关科目　　　　　　　　　　　　　（外币）

（三）使用贷款的核算

使用买方信贷外汇贷款对外付汇有如下两种情况:

（1）进口单位无现汇,需取得买方信贷外汇贷款,到期时进口单位偿还贷款本息。

① 若进口单位与商业银行总行在同地,商业银行总行直接向其发放贷款。其会计分录为:

　　借:买方信贷外汇贷款——××户　　　　　　　　　　　　（外币）
　　　贷:借入买方信贷款——××户　　　　　　　　　　　　（外币）

同时,冲销表外科目的用款限额。

② 若进口单位与商业银行总行在异地,由辖属分行发放外汇贷款。其会计分录为:

　　借:买方信贷外汇贷款——××户　　　　　　　　　　　　（外币）
　　　贷:联行外汇往来　　　　　　　　　　　　　　　　　　（外币）

③ 商业银行总行收到其辖属分行发来报单后进行账务处理。其会计分

录为：

　　借：联行外汇往来　　　　　　　　　　　　　　　　　（外币）
　　　　贷：借入买方信贷款——××户　　　　　　　　　　（外币）
同时，冲销表外科目的用款限额。

　　(2)进口单位有现汇，按正常手续向商业银行办理结汇，商业银行按规定收取结汇手续费；买方信贷资金由商业银行利用，并承担买方信贷项下利息。

　　① 商业银行总行办理结汇，其会计分录为：

　　借：吸收存款——××户　　　　　　　　　　　　　　（本币）
　　　　贷：货币兑换——汇卖价　　　　　　　　　　　　　（本币）
　　借：货币兑换——汇卖价　　　　　　　　　　　　　　（外币）
　　　　贷：借入买方信贷款——××户　　　　　　　　　　（外币）
同时，冲销表外科目的用款限额。

　　② 由当地分行办理结汇，其会计分录为：

　　借：吸收存款——××户　　　　　　　　　　　　　　（本币）
　　　　贷：货币兑换——汇卖价　　　　　　　　　　　　　（本币）
　　借：货币兑换——汇卖价　　　　　　　　　　　　　　（外币）
　　　　贷：联行外汇往来　　　　　　　　　　　　　　　　（外币）
商业银行总行收到辖属分行发来报单后进行账务处理。其会计分录为：

　　借：联行外汇往来　　　　　　　　　　　　　　　　　（外币）
　　　　贷：借入买方信贷款——××户　　　　　　　　　　（外币）
同时，冲销表外科目的用款限额。

　　(四)收回贷款本息的核算

　　贷款到期，商业银行按照借款契约规定计算借款利息，如期收回贷款本息。

　　(1)商业银行总行偿还国外借款利息，其会计分录为：

　　借：利息支出——买方信贷外汇贷款利息支出户　　　　（外币）
　　　　贷：存放国外同业或有关科目　　　　　　　　　　　（外币）
　　商业银行总行偿还本金，其会计分录为：

　　借：借入买方信贷款——××户　　　　　　　　　　　（外币）
　　　　贷：存放国外同业或有关科目　　　　　　　　　　　（外币）
　　(2)借款单位在商业银行总行开户以人民币结汇偿还本息，其会计分录为：

　　借：吸收存款——××户　　　　　　　　　　　　　　（本币）
　　　　贷：货币兑换——汇卖价　　　　　　　　　　　　　（本币）

借:货币兑换——汇卖价　　　　　　　　　　　　　　　（外币）
　　贷:买方信贷外汇贷款——××户　　　　　　　　　　　（外币）
　　　　利息收入——买方信贷外汇贷款利息收入户　　　　　（外币）
借款单位以外汇偿还,其会计分录为:
借:吸收存款——××外汇活期存款——××户　　　　　　　（外币）
　　贷:买方信贷外汇贷款——××户　　　　　　　　　　　（外币）
　　　　利息收入——买方信贷外汇贷款利息收入户　　　　　（外币）
如借款单位在分行开户,则通过"联行外汇往来"科目进行核算。

第五节　国际贸易结算业务的核算

国际结算业务是指不同国家或地区的企业之间进行贸易进出口业务。由国际间商品交易而引起的外汇收付或债权债务的结算称为国际贸易结算。国际贸易结算主要有信用证、托收和汇兑三种基本方式。

一、信用证

信用证是开证银行根据申请人(进口商)要求向出口商(受益人)开立一定金额、在一定期限内凭议付行寄来规定单据付款或承兑汇票的书面承诺,是银行有条件保证付款凭证。信用证是国际贸易中使用最广泛的结算方式,包括进口商申请开证、进口方银行开证、出口方银行通知信用证、出口商受证出运、出口方银行议付及索汇、进口商赎单提货六个环节。

进口商根据贸易合同的规定,向银行申请开立信用证应填具开证申请书,并缴纳相应保证金。银行审核同意后开出信用证,收取保证金,并通过其国外代理的出口地银行通知或转递信用证给出口商。出口方银行收到信用证后,进行认真核对与审查。若接受来证,应根据信用证的要求,将信用证通知或转递给出口商。出口商收到信用证,与合同内容进行核对无误后,在信用证规定的装运期限内将货物装上运输工具,并编制和取得信用证所规定的装运单据,连同签发的汇票和信用证正本、修改通知书,送交规定的议付行。出口方银行即议付行根据单证一致、单单一致的原则,对信用证项目单进行审核,然后分情况对外贸公司进行出口押汇或收妥结汇。议付行付款后,开证行应立即通知进口商备款赎单,进口商将开证行所垫票款及发生的费用一并付清,并赎回单据后即可凭装运单据提货。

信用证结算方式的全部结算过程分为进口信用证结算和出口信用证结算

两个方面。

(一)进口信用证业务的核算

进口信用证结算,是银行根据国内进口商的开证申请,向国外出口商开立信用证或信用保证书,凭国外银行寄来信用证中规定的单据,按照信用证条款规定对国外出口商付款,并向国内进口商办理结汇的一种结算方式。进口信用证结算主要包括开立信用证、修改信用证以及审单付款三个环节。

1. 开立信用证

进口商根据与国外出口商签订的贸易合同规定,向银行提出开证申请,并填具开证申请书。银行审核无误后,根据不同情况收取开证保证金。银行审核同意后签发的信用证采用套写格式,共六联(第一联为正本,其余为副本):第一、第二联通过国外联行或代理行转给出口商,第三联开证行代统计卡,第四、五联交进口商,第六联为信用证留底。

收取开证申请人保证金的会计分录为:

借:吸收存款——活期外汇存款(开证人)　　　　　　　　(外币)
　　贷:存入保证金——开证人　　　　　　　　　　　　　　(外币)
借:应收开出信用证款项　　　　　　　　　　　　　　　　(外币)
　　贷:应付开出信用证款项　　　　　　　　　　　　　　　(外币)

2. 修改信用证

进口商如需修改信用证,应向银行提出申请。银行审核同意后,立即通知国外联行或代理行,修改信用证的增减额。修改信用证增加金额时,与开出信用证的会计分录相同;减少金额时,会计分录相反。

3. 审单付款

开证行收到国外议付行寄来的信用证项下单据,与信用证条款进行核对,并通知进口商。经审核确认付款后,由银行根据信用证规定办理付款或承兑,并对进口商办理进口结汇。根据付款期限的不同,信用证付款分为即期信用证付款和远期信用证付款两种。

(1)即期信用证付款的核算。即期信用证付款分为单到国内审单付款、国外审单主动借记、国外审单后电报向我账户行索汇、授权国外议付行向我账户行索汇四种,大多采用单到国内审单付款。单到国内进口商确认付款后,银行办理对外付款手续,填制特种转账传票,并先从保证金账户支付,不足部分再从结算账户支付。企业采用现汇开证的,会计分录为:

借:吸收存款——活期外汇存款(开证人)　　　　　　　　(外币)
　　　存入保证金——开证人　　　　　　　　　　　　　　(外币)
　　贷:存放同业(或其他科目)　　　　　　　　　　　　　(外币)

借:应付开出信用证款项 （外币）

　　贷:应收开出信用证款项 （外币）

（2）远期信用证付款的核算。远期信用证付款方式又分为国外付款行承兑和国内开证行承兑两种,核算程序分为承兑汇票及到期付款两个阶段。在国内开证行承兑方式下,开证行收到远期信用证项下议付行寄来单据后,送进口商确认并待进口商确认到期付款后即办理远期汇票承兑手续,并将承兑汇票寄国外议付行,由议付行到期凭以索汇。其会计分录为:

借:应收承兑汇票款

　　贷:承兑汇票

借:应付开出信用证款项

　　贷:应收开出信用证款项

到期付款时的会计分录为:

借:存入保证金——开证人户

　　吸收存款——活期外汇存款（开证人户）

　　贷:存放同业（或其他科目）

借:承兑汇票

　　贷:应收承兑汇票款

（二）出口信用证业务的核算

出口信用证结算是出口商根据国外进口商通过国外银行开来的信用证和保证书,按照其条款规定,待货物发出后,将出口单据及汇票送交国内银行,由银行办理审单议付,并向国外银行收取外汇后向出口商办理结汇的一种结算方式。出口信用证结算主要包括受证与通知、审单议付、收汇与结汇三个环节。

1. 受证与通知

银行接到国外银行开来的信用证时,首先应对开证银行的资信、进口商的偿付能力和保险条款进行全面审查,并明确表示信用证能否接受、如何修改。经审核并核对印鉴认为可以受理时,当立即编列信用证通知流水号,将信用证正本通知有关出口商,以便发货,然后将信用证副本及银行留底联严格保管,并及时登记"国外开来保证凭信"记录卡,填制"国外开来保证凭信"表外科目收入传票进行核算。其会计分录为:

收入:国外开来保证凭信

以后若接到开证行的信用证修改通知书,要求修改金额,或信用证受益人因故申请将信用证金额的一部分或全部转往其他行时,除按规定办理信用证修改和通知或转让手续外,其增减金额还应在表外科目"国外开来保证凭信"

中核算。

另外,对开证行汇入的信用证押金,授权我行在议付单据后进行抵扣,应在信用证以及其他有关凭证上做好记录。其会计分录为:

借:存放同业　　　　　　　　　　　　　　　　　　　　(外币)
　　贷:存入保证金　　　　　　　　　　　　　　　　　　(外币)

2. 审单议付

议付行收到出口商提交的信用证和全套单据,按信用证条款认真审核,保证单证一致、单单相符。审核无误后,填制出口寄单议付通知书向国外银行寄单索汇,并进行相应的账务处理。其会计分录为:

借:应收信用证出口款项
　　贷:代收信用证出口款项
　　付出:国外开来保证凭信

3. 收汇与结汇

议付行接到国外银行将票款收入我行账户通知书时,应按当日外汇牌价买入外汇,折算成人民币支付给出口商,以结清代收妥的出口外汇。其会计分录为:

借:存放同业(或其他科目)　　　　　　　　　　　　　(外币)
　　贷:货币兑换(汇买价)　　　　　　　　　　　　　　(外币)
借:货币兑换(汇买价)　　　　　　　　　　　　　　　(人民币)
　　贷:吸收存款——活期存款(出口商户)　　　　　　　(人民币)
借:代收信用证出口款项
　　贷:应收信用证出口款项

二、托收结算

托收结算是由债权人或收款人签发汇票或提供索汇凭据,委托银行向国外债务人或付款人代为收款的一种结算方式。根据是否附有货运单据,托收结算方式分为跟单托收和光票托收两种。跟单托收是收款人(出口商)签发汇票并附有货运单据,凭跟单汇票委托银行向付款人(进口商)收取货款的一种贸易结算方式。光票托收是收款人签发不附有货运单据的汇票,委托银行凭以收款的托收方式。虽有发票、收款清单等交易单据但无货运提单的,也属光票托收。光票托收广泛运用于非贸易结算。在贸易结算中,光票托收仅用于收取出口货款尾欠、样品费、各种佣金、代垫费用等各种贸易从属费用及进口索赔款项。

托收结算业务包括进口方结算业务和出口方结算业务两个方面。

(一)出口托收业务的核算

出口托收,是出口商根据买卖双方签订的贸易合约,在规定期限内备货出运后,将货运单据连同以进口买方为付款人的汇票一并送交银行,由银行委托境外代理行向进口买方代为交单和收款的一种出口贸易结算方式。

1. 发出托收单证

出口商备货出运并取得货运单据后,应填写出口托收申请书一式两联,连同全套出口单据一并送交银行办理托收。银行审单后,将申请书其中一联退给出口商作为回单,另一联留存,并据以填制出口托收委托书。托收行发出托收凭证时,其会计分录为:

借:应收出口托收款项　　　　　　　　　　　　　　(外币)
　贷:代收出口托收款项　　　　　　　　　　　　　　(外币)

出口托收寄单后,因情况变化需增加托收金额时,分录同上;需减少托收金额时,分录相反。如进口商拒付,也应反向注销托收金额。

2. 收妥进账

出口托收款项实行收妥进账。根据国外银行的贷记报单或授权借记通知书,经核实确认已收妥时,银行方能办理收汇或结汇。其会计分录为:

借:代收出口托收款项　　　　　　　　　　　　　　(外币)
　贷:应收出口托收款项　　　　　　　　　　　　　　(外币)
借:存放同业(或其他科目)　　　　　　　　　　　　(外币)
　贷:货币兑换(汇买价)　　　　　　　　　　　　　(外币)
借:货币兑换(汇买价)　　　　　　　　　　　　　　(人民币)
　贷:吸收存款——活期存款(出口商户)　　　　　　(人民币)

(二)进口托收业务的核算

进口托收,是国外出口商根据贸易合同规定,在装运货物后,通过国外托收银行寄来单据,委托我国银行向进口商收取款项的一种结算方式。

1. 收到国外单据

进口方银行收到国外银行寄来的托收委托书及有关单据,经审核无误后,如果同意受理即为代收行。代收行收到进口代收单据后,编制进口代收单据通知书,连同有关单据一起交给进口商。其会计分录为:

借:应收进口代收款项　　　　　　　　　　　　　　(外币)
　贷:进口代收款项　　　　　　　　　　　　　　　　(外币)

2. 办理对外付款

进口商对进口代收单据确认付款,或者远期承兑汇票已到付款日,代收行即按有关规定办理对外付款手续。其会计分录为:

借:吸收存款——活期存款(进口商户)　　　　　　(人民币)
　贷:货币兑换(汇卖价)　　　　　　　　　　　　　(人民币)

借:货币兑换(汇卖价) （外币）

    贷:存放同业(或其他科目) （外币）

借:进口代收款项 （外币）

    贷:应收进口代收款项 （外币）

三、汇兑结算

国际汇兑结算是银行利用汇票或其他信用工具,使处于不同国家的债权人和债务人清算其债权债务的一种结算方式。汇兑结算业务的基本程序分为汇出行汇出国外汇款和汇入行解付国外汇款两个阶段。

（一）汇出行汇出国外汇款

汇款人要求汇款时,应填制汇款申请书一式两联,一联作为银行传票附件,一联加盖业务公章后作为回单退还汇款人。银行经办人员根据汇款申请书,计算手续费,根据汇款人申请的汇款方式,填制汇款凭证,并分情况进行账务处理。

以结汇项下汇出时,会计分录为:

借:吸收存款——活期存款(或其他科目) （人民币）

    贷:货币兑换(汇卖价) （人民币）

      手续费及佣金收入 （人民币）

借:货币兑换(汇卖价) （外币）

    贷:汇出汇款 （外币）

以外币存款汇出时,其会计分录为:

借:吸收存款——活期外汇存款——××户 （外币）

    贷:汇出汇款 （外币）

借:吸收存款——活期存款——××户 （人民币）

    贷:手续费及佣金收入 （人民币）

汇出行接到国外银行借记报单时,凭借记报单抽出"汇出国外汇款"科目借方传票,进行核销转账。其会计分录为:

借:汇出汇款 （外币）

    贷:存放同业(或其他科目) （外币）

（二）汇入行解付国外汇款

应根据电汇、信汇、票汇等不同方式,分别办理解付手续。

1. 信汇和电汇解付

接到国外汇出行电报,应首先核对密押。收到信汇支付委托书时,应核对印鉴。经核对相符后,填制汇款通知书,通知收款人领取汇款。对机关、企业采用一式五联套写通知书,第一联为国外汇入汇款通知书,第二联为正收条,

第三联为副收条,第四联为国外"汇入汇款"科目贷方传票,第五联为国外"汇入汇款"科目卡片账。其会计分录为:

借:存放同业(或其他科目)   (外币)
   贷:汇入汇款   (外币)

解付汇款时,以原币入账的,其会计分录为:

借:汇入汇款(外币)   (外币)
   贷:吸收存款——活期外汇存款——××户   (外币)

以结汇入账的,其会计分录为:

借:汇入汇款   (外币)
   贷:货币兑换(汇买价)   (外币)
借:货币兑换(汇买价)   (人民币)
   贷:吸收存款——活期存款——收款人户   (人民币)

2. 票汇解付

收到国外汇款行寄来的付款行票汇通知书以及汇款头寸,经核对印鉴等无误,凭以转入"汇入汇款"科目,待持票人前来兑取。其会计分录为:

借:存放同业(或其他科目)   (外币)
   贷:汇入汇款   (外币)

当持票人持票来行取款时,须经持票人在柜面签字背书,并核对汇票通知书、出票行印鉴、付款金额、有效期、收款人姓名等后,才能办理人民币结汇或支付原币。

调研与实践题:

以商业银行为会计主体,组织学生对其货币兑换业务、外汇存款业务、国际汇兑、托收业务进行模拟实践,比较以上几种国际结算方式的异同,启发学生思考目前商业银行如何更好利用外汇业务服务实体经济发展。

复习思考题:

1. 简述外汇的概念和种类。

2. 什么是货币兑换业务?如何使用货币兑换科目进行账务处理?

3. 什么是外汇存款和贷款业务?目前我国外汇存款和贷款业务有哪些?

4. 什么是信用证结算?进口信用证和出口信用证分别如何核算?

账务处理题:

1. 2014 年 3 月 8 日,星海进出口公司将国外汇入款 2 000 美元结汇,转入其人民币存款户,当日美元汇买价 100 美元=706.45 元人民币。

2. 陈华因公出国,要求从其现汇账户中支取12 000美元现钞,银行审核后同意办理。当日美元现汇买入价100美元=758.33元人民币,现汇卖出价为100美元=768.22元人民币(与现钞卖出价相同)。

3. 2014年7月6日,科达公司持有其现汇活期存款20 000美元,要求兑换成港元现汇,入港元现汇活期存款户以备支付货款。当日的外汇牌价为:1美元的买入价为1美元=7.448元人民币,港元卖出价为1港元=1.025元人民币。

4. 客户张华6月18日持去年6月1日开立的1年期定期存单2 000美元转存活期外汇存款,存单标明利率2.25%,逾期部分按活期外汇存款利率1%付息。

要求:根据上述经济业务,编制会计分录。

推荐拓展阅读:

1. 王慧. 国际贸易法原理(第一版)[M]. 北京:北京大学出版社,2011.

2. 程祖伟,韩玉军. 国际贸易结算与融资[M]. 北京:中国人民大学出版社,2012.

第七章　商业银行系统内往来业务核算

本章导读

在经济社会中,时时刻刻都发生着因商品交易、劳务供应等引发的货币收付。商业银行通过一定的技术手段和流程设计,为客户之间完成货币收付,结清债权债务关系,提供了便利支付结算的功能,在加速社会资金周转过程中发挥了不可替代的作用。

商业银行支付结算功能的发挥,依赖于一个多层次、全覆盖、功能完备的支付清算系统的建立和不断完善。在这一系统中,资金清算分为两个层次。本章将系统阐明商业银行系统内部的资金清算,即支付清算资金在商业银行系统内部从一个行处向另一个行处的划拨。

掌握知识和能力要点描述:

(1)了解系统内往来的含义、系统内资金清算的含义;

(2)熟悉资金汇划清算系统的业务范围及处理流程;

(3)理解汇划款项与资金清算;

(4)掌握系统内备付金存款的核算、系统内借款的核算及利息的核算。

第一节　商业银行系统内往来概述

一、系统内往来的含义、特点和构成要素

(一)系统内往来的概念

商业银行系统内往来(以前称为"联行往来"),是银行系统内各行处在资金上具有往来关系的业务处理,是系统内银行的资金账务往来的一部分,它是由于系统内银行间办理资金的支付结算、相互间代收、代付款项和行内资金调拨等而引起的。

系统内往来是银行办理社会支付和银行内部资金汇划的基础,也是加速社会资金流动的有力工具。及时、准确、快捷、安全地组织系统内往来核算是银行会计的重要任务,系统内往来的实质是系统内各行处之间的应收应付款关系。目前各商业银行都分别构建了包含有全国联行、省辖联行、县辖联行组成的各自的网内系统和管理制度,一般都建立了处理同一数据中心内往账行与来账行之间本外币资金汇划、查询查复等业务的应用系统,以提高和加快社会资金周转。

(二)系统内往来的特点

(1)系统内往来必定发生在两个行处之间。资金划拨业务的发生行称为发报行(简称甲行),收受划拨资金的行称为收报行(简称乙行)。

(2)系统内往来的账务系统划分为来账和往账两个系统。发报行办理往账,收报行办理来账。从某一个经办行看,既有发报的往账业务,又有收报的来账业务,各行应对往账、来账分别核算,严格划分,不得混淆。

(3)采用特定的往、来账核对方法。从一个联行系统看,在一定时期内,往账之和一定等于来账之和。但就单个的行处来说,往账一般不等于来账。这是因为甲、乙行的距离、传输手段等因素影响,往往会形成联行未达账项。每年年初 3 个月,用来查清上年联行未达账项。

(三)系统内往来的基本要素

系统内往来的基本要素有联行行号、发报行与收报行、联行专用章、联行密押等。

(1)联行行号。联行行号是指办理系统内往来业务的行处使用的行名代码。

(2)发报行与收报行。发报行与收报行是指受理客户业务并负责清算往来资金的行处。发报行是联行业务的发生行;收报行是联行业务的接收行。一个银行机构可以既是发报行又是收报行。

(3)联行专用章。联行专用章是指用于系统内往来业务的专用印章,以证明联行往来凭证有效、真实。由总行统一制作,并分发给各经办行使用。

(4)联行密押。联行密押是办理系统内往来,用以辨认汇划款项真伪,保障资金安全的机要密码。编码方法由总行统一规定,密押号码的发送、启用、变更和使用,按总行统一规定办理。

二、系统内往来的核算类型

系统内往来由于采用的是各行自成系统的办法,因此各家商业银行制定系统内往来制度存在一定差异,其主要差异是在对账方法上。归纳起来主要有以下几种:

（1）集中监督，分散对账——传统手工联行的做法。

（2）集中监督，集中对账——现行中国农业银行、中国银行、中国建设银行的做法。

（3）集中监督，当时对账——现行中国人民银行的电子联行做法。

（4）实存资金，同步清算，头寸控制，集中监督——现行中国工商银行的做法。

（5）互设往来账户，逐笔核对与定期复对相结合——现行境外联行的做法。

（6）集中监督，定日报告，总行对账——现行省辖行、县辖行的做法。

三、系统内往来核算的管理体制

我国系统内往来实行"全国联行往来、分行辖内往来、支行辖内往来"三级管理体制。

（一）全国联行往来

全国联行往来适用于总行与所属各级分支之间以及不同省、自治区、直辖市各机构之间的资金账务往来。全国联行往来业务由总行负责监督管理。

（二）分行辖内往来

分行辖内往来适用于省、自治区、直辖市分行与所辖各分支机构之间以及同一省、自治区、直辖市辖内各银行机构之间的资金账务往来。分行辖内联行往来账务由分行负责监督管理。

（三）支行辖内往来

支行辖内往来适用于县（市）支行与所属各机构之间以及同一县（市）支行内各机构之间的资金账务往来。其所涉及的账务由县（市）支行管理监督。

第二节　资金汇划清算系统简介

一、资金汇划清算系统的含义

资金汇划清算系统是办理结算资金和内部资金汇划与清算，通过电子计算机网络采用逐级传输方式来完成的划拨过程。它是商业银行办理结算资金和内部资金汇划与清算的工具，是一套集汇划业务、清算业务、结算业务于一体的综合性应用系统。

二、资金汇划清算系统的构成

资金汇划清算系统由汇划业务经办行、省区清算行、总行清算中心通过计

（1）经办行，是具体办理结算资金和内部资金汇划业务的行处。汇划业务的发生行是发报经办行；汇划业务的接收行是收报经办行。同一家经办行既办理发报业务，同时也办理收报业务，因此，每一家经办行均设有发报和收报两个系统，并分别核算。

（2）清算行，是办理其辖属行处汇划资金清算的分行，包括直辖市分行、总行直属分行及二级分行（含省分行营业部）。清算分行在总行清算中心开立备付金存款账户，通过该账户办理管辖行和内部资金的汇划清算业务。清算行同样具有发报汇划清算和收报汇划清算两个系统，分别对发报业务和收报业务进行汇划清算。省区清算分行也在总行开立备付金存款账户，但只办理系统内资金调拨和内部资金利息汇划业务。

（3）总行清算中心，是办理系统内各经办行之间的资金汇划、各清算行之间的资金清算及资金拆借、账户对账等账务的核算和管理部门。

三、基本做法

资金汇划清算的基本做法是：实存资金、同步清算、头寸控制、集中监督。

实存资金是指以清算行为单位在总行清算中心开立备付金存款账户，用于汇划款项时资金清算。

同步清算是指发报经办行通过其清算行经总行清算中心将款项汇划至收报经办行，同时总行清算中心办理清算行之间的资金清算。

头寸控制是指各清算行在总行清算中心开立的备付金存款账户，保证足额存款，总行清算中心对各行汇划资金实行集中清算。清算行备付金存款不足，二级分行可向管辖省区分行借款，省区分行和直辖市分行、直属分行头寸不足可向总行借款。

集中监督是指总行清算中心对汇划往来数据发送、资金清算、备付金存款账户资信情况和行际间查询查复情况进行管理和监督。

第三节 系统内资金汇划与清算的核算

一、业务范围与处理流程

（一）资金汇划清算系统的业务范围

资金汇划清算系统处理的汇划业务范围主要包括系统内行际间的异地划收款、划付款业务。其中，异地划收款业务包括单位、个人之间结算业务的各项资金划拨（包括信汇、电汇、托收承付、委托收款结算种类）、系统内行处间的资金划拨等;异地划付款业务的范围限于解付银行汇票、系统内按规定扣划款项、贷款账户移转,以及按规定允许扣收的款项和特定的直接借记业务。

(二)资金汇划清算系统的业务处理流程

资金汇划清算系统处理的汇划业务,其信息从发报经办行发起,经发报清算行、总行清算中心、收报清算行,至收报经办行止。

经办行是办理结算和资金汇划业务的行处。发报经办行为汇划业务的发生行;收报经办行为汇划业务的接收行。

清算行是在总行清算中心开立备付金存款账户的行处,各直辖市分行和二级分行(包括省区分行营业部)均为清算行,清算行负责办理辖属行处汇划款项的清算。

省区分行也在总行清算中心开立备付金存款账户,但不用于汇划款项的清算,只用于办理系统内资金调拨和内部资金利息的汇划。

总行清算中心主要是办理系统内各经办行之间的资金汇划、各清算行之间的资金清算及资金拆借、账户对账等账务的核算与管理。

资金汇划清算系统处理汇划业务的流程为:各发报经办行根据发生的结算等资金汇划业务录入数据,全部及时发送至发报清算行;发报清算行将辖属各发报经办行的资金汇划信息传输给总行清算中心;总行清算中心对发报清算行传输来的汇划数据及时传输给收报清算行;收报清算行当天或次日将汇划数据传输给收报经办行,从而实现资金汇划业务。其中,清算行处于信息中转的地位,既要向总行清算中心传输发报经办行的汇划信息,又要向收报经办行传输总行清算中心发来的汇划业务信息,资金汇划的出口、入口均反映在清算行,使其可以控制辖属经办行的资金汇划与清算。资金汇划清算系统处理汇划业务流程如图7-1所示。

资金汇划清算系统以清算行为单位在总行清算中心开立备付金存款账户,用于汇划款项资金清算。当发报经办行通过其清算行经总行清算中心将款项汇划给收报经办行的同时,总行清算中心每天根据各行汇出汇入资金情况,从各清算行备付金存款账户付出资金或存入资金,从而实现各清算行之间的资金清算,各清算行在总行清算中心开立的备付金存款账户,应保证足额的存款。同样,各支行应在上级管辖分行清算中心开立备付金存款账户,用于经办行与清算行或清算行辖内其他支行之间的资金清算。

二、会计科目的设置

(一)会计科目设置

1."上存系统内款项"科目

该科目属于资产类科目,是下级行用以核算其存放在上级行的资金。各

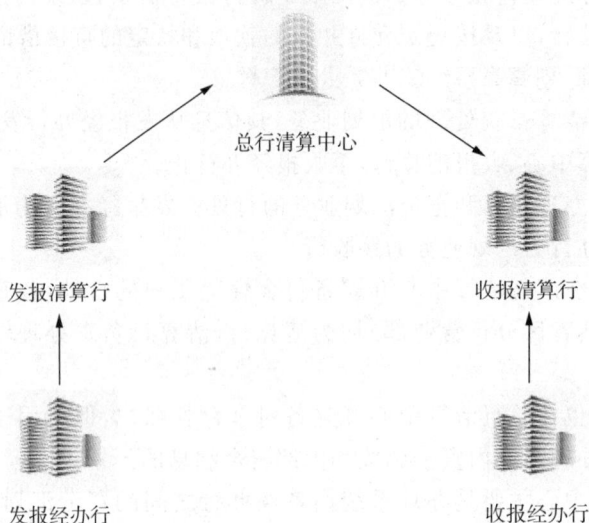

图 7-1　资金汇划清算系统处理汇划业务流程图

清算行和省区分行在总行开立的备付金账户以及二级分行在省区分行开立的调拨资金账户均使用该科目进行核算。

各清算行包括直辖市分行、总行直属分行和二级分行均应在该科目下设置"上存总行备付金"账户，用以核算资金调拨和清算辖属行处的汇划款项；二级分行还需设置"上存省区分行调拨资金"账户，用以核算在辖内集中调拨资金。

2."系统内款项存放"科目

该科目属于负债类科目，与"上存系统内款项"科目相对应，是上级行用以核算其下级行上存的备付金存款和调拨资金。总行在该科目下按清算行和省区分行设置"××行备付金"账户，用以核算各清算行和省区分行在总行的备付金存款的增减变动情况；省区分行在该科目下按二级分行设置"××行调拨资金"账户，用以核算二级分行的调拨资金存款的增减变动情况。

3."待清算辖内往来"科目

该科目属于资产负债共同类科目，用以核算各发、收报经办行与清算行之间的资金汇划往来与清算情况，余额轧差反映。

4."上存辖内款项"科目

该科目属于资产类科目，是各支行、网点用以核算其存放在上级行的备付金存款。

5."辖内款项存放"科目

该科目属于负债类科目，是各分行、支行用以核算其所辖支行、网点上存的备付金存款。

（二）会计凭证

由于各商业银行网内资金汇划系统具体做法不完全一致,所用网内往来的会计凭证格式有所不同,但使用原理和作用基本相同,均为网内往来的专用凭证,一般包括:

1. 待清算辖内往来汇总记账凭证

待清算辖内往来汇总记账凭证分为"待清算辖内往来(借方)汇总记账凭证"和"待清算辖内往来(贷方)汇总记账凭证"两种,由发报经办行每日营业终了,根据当天向清算行发出的汇划业务信息打印,并以"资金汇划清算业务清单"作为附件。

2. 资金汇划补充凭证

资金汇划补充凭证分为"资金汇划(借方)补充凭证"和"资金汇划(贷方)补充凭证"两种,是收报行接收来账数据后打印的凭证,是账务记载的依据和款项入账的通知。资金汇划补充凭证是重要的空白凭证,必须按规定使用和保管,并纳入表外科目核算。

三、电子汇划款项与资金清算的核算

(一)电子汇划业务的账务处理

一笔汇划业务从需汇出的营业网点开始,将汇出凭证的各项信息要素转化为电子信息,经复核后,导入清算系统,并通过本行的集中汇划点将电子信息发送至异地收汇的集中汇划点,通过异地收汇的集中汇划点,将入账信息输送给收汇的营业网点。

1. 划收款的核算

(1)汇出行的处理。

① 汇出网点的处理。汇出网点审核付款凭证无误后,按规定逐笔填制"电子汇划款项划收款清单"一份,经复核无误后将异地汇划信息上传集中汇划点,并填制"电子清算划收款专用凭证"一联作贷方记账凭证,电子汇划款项划收款清单作附件,以有关付款凭证作借方记账凭证。会计分录如下:

借:活期存款——××存款人户

贷:清算资金往来——集中汇划点往来户

付款人附寄的有关通知、清单、证明等非记账凭证,营业机构应作为电子汇划信息的附单寄收款人开户行,或通过清算系统中的跟单业务方式录入信息发送至汇入行。

② 集中汇划点的处理。集中汇划点收到汇出网点的异地划收款汇划信息,经审核无误后,填制"电子汇划款项划收款清单"两份、"电子清算划收款专

用凭证"两联,逐笔加编业务密押后,将电子汇划信息转发至资金清算系统,以两联专用凭证分别作借、贷方记账凭证,以两份"电子汇划款项划收款清单"分别作借、贷方记账凭证附件。会计分录如下:

借:清算资金往来——汇出网点往来户

　　贷:清算资金往来——电子汇划款项户

(2)汇入行的处理。

① 集中汇划点的处理。集中汇划点从清算系统接收汇划信息,经审查并核对密押无误后,将汇入信息集中入账并向汇入网点下传已入账信息,或将汇划信息发送汇入网点入账。集中汇划点填制"电子汇划款项划收款清单"两份和"电子清算划收款专用凭证"两联,以两联专用凭证分别作借、贷方记账凭证,两份清单分别作借、贷方记账凭证附件。会计分录如下:

借:清算资金往来——电子汇划款项户

　　贷:清算资金往来——汇入网点往来户

② 汇入网点的处理。汇入网点根据集中汇划点已集中入账信息或下传的未入账汇划信息,填制"电子汇划款项划收款清单"一份、"电子清算划收款专用凭证"一联和"电子汇划收款补充报单"两联,经复核无误后,以电子清算划收款专用凭证作借方记账凭证,清单作附件,以电子汇划收款补充报单第一联作贷方记账凭证,第二联加盖转讫章作收账通知交收款人。对单设机构"先直后横"方式转划款的,应将两联"电子汇划收款补充报单"通过票据交换或同城其他划款方式将款项划转收款人开户银行。会计分录如下:

借:清算资金往来——集中汇划点往来户

　　贷:活期存款——收款人户

　　或:××科目——××户

2. 划付款的核算

(1)汇出行的处理。

① 汇出网点的处理。汇出行审核有关收款凭证无误后,按规定逐笔填制"电子汇划款项划付款清单",经复核无误后将异地汇划信息上传集中汇划点,并填制"电子清算划付款专用凭证"一联作借方记账凭证,"电子汇划款项划付款清单"作附件,以有关收款凭证作贷方记账凭证。会计分录如下:

借:清算资金往来——集中汇划点往来户

　　贷:活期存款——付款人户

　　或:××科目——××户

如有应说明的事项,汇出网点应作为电子汇划信息的附单寄付款人开户行,或通过清算系统中的跟单业务方式录入信息发送至汇入行。

② 集中汇划点的处理。集中汇划点收到汇出网点的异地划付款汇划信息,填制"电子汇划款项划付款清单"两份、"电子清算划付款专用凭证"两联,复核无误后将电子汇划信息转发至资金清算系统(属特定借记业务的,应加编业务密押),以两联专用凭证分别作借、贷方记账凭证,两份清单分别作借、贷方记账凭证附件。会计分录如下:

借:清算资金往来——电子汇划款项户

　贷:清算资金往来——汇出网点往来户

(2)汇入行的处理。

① 集中汇划点的处理。集中汇划点收到清算系统发来的汇划信息,经审核(特定借记业务的应加核业务密押)无误后,将汇入信息集中入账并向汇入网点下传已入账信息,或将汇划信息发送汇入网点入账。集中汇划点填制"电子汇划款项划付款清单"两份和"电子清算划付款专用凭证"两联,以两联专用凭证分别作借、贷方记账凭证,两份清单分别作借、贷方记账凭证附件。会计分录如下:

借:清算资金往来——汇划网点往来户

　贷:清算资金往来——电子汇划款项户

② 汇入网点的处理。汇入网点根据集中汇划点已集中入账信息或下传的未入账汇划信息,填制"电子汇划款项划付款清单"一份、"电子清算划付款专用凭证"一联和"电子汇划付款补充报单"两联,经审核无误后,区别以下情况处理:

A. 一般划付款业务

以电子清算划付款专用凭证作贷方记账凭证(电子汇划款项划款清单作附件),电子汇划付款补充报单第一联作借方记账凭证,第二联作附件。会计分录如下:

借:××科目——××户

　贷:清算资金往来——集中汇划点户

B. 解付汇票的划付款业务

划付款业务为解付汇票的,与"汇出汇款登记簿"和原专夹保管的汇票第一联、第四联核对无误,确属本行签发的,销记"汇出汇款登记簿",分别作如下处理:

a. 全额解付的,将汇划金额填入汇票第一联"实际结算金额"栏,在汇票第四联的"多余金额"内填写"-0-",以汇票第一联作借方记账凭证(两联电子汇划付款补充报单和汇票第四联作附件),以电子清算划付款专用凭证作贷方记账凭证(电子汇划款项划付款清单作附件)。会计分录如下:

借:汇出汇款——××银行汇票户

　　贷:清算资金往来——集中汇划点往来户

b. 有多余金额的,将汇划金额填入汇票第一联"实际结算金额"栏,将"原凭证金额"减"汇划金额"后的余额填入汇票第四联"多余金额"栏内,以汇票第一联作借方记账凭证(两联电子汇划付款补充报单作附件),电子清算划付款专用凭证作"清算资金往来"科目的记账凭证(清单作附件)。另根据"多余金额"填制特种转账贷方凭证一联作多余款转入科目的贷方记账,将汇票第四联加盖转讫章作收账通知交原汇票申请人。会计分录如下:

借:汇出汇款——××银行汇票户

　　贷:清算资金往来——集中汇划点往来户

　　　活期存款——××存款人户

(3)特定直接借记业务的划付款业务。划付款业务为特定直接借记业务的,将"电子汇划付款补充报单"第二联加盖转讫章作付款通知交付款人,其他处理手续比照上述"一般划付款业务"处理。

3. 待汇出业务的核算

(1)汇划网点的核算。汇划网点对当日已处理的汇划业务,由于网络故障等原因无法汇出的,暂作待汇出处理,留待次日发送。

待汇出业务为划收款的,日终填制借、贷方记账凭证各一联。会计分录如下:

借:清算资金往来——集中汇划点往来户(或电子汇划款项户)

　　贷:待汇出汇划款项——待汇出汇划款项户

次日将待汇出款项发出,并填制借、贷方记账凭证各一联,做相反的会计分录。

待汇出业务为划付款,按上述方法处理,做相反会计分录。

(2)集中汇划点的核算。集中汇划点(个人汇款清算部)对当日受理汇出网点的汇出业务,由于各种原因在汇划时间内无法传送清算中心的,或清算中心由于各种原因在汇划时间内无法发送的,由集中汇划点暂作待汇出处理,留待次日发送。发生待汇出时,应填制"清算中心待汇出统计表"和借、贷方记账凭证各一联,转入"待汇出汇划款项"科目。

待汇出业务为划收款的,日终填制借、贷方记账凭证各一联。会计分录如下:

借:待汇出汇划款项——待汇出汇划款项户

　　贷:清算资金往来——汇出网点往来户(集中汇划点)

　　或:清算资金往来——电子汇划款项户(个人汇款清算部)

次日将待汇出款项发出并填制借、贷方凭证各一联,做相反的会计分录。

待汇出业务为划付款的,按上述方法处理,集中汇划点做相反会计分录。

4. 查询、查复及紧急止付的处理

(1)清算中心对汇划款项的查询、查复要求。清算中心(组)在办理电子汇划中发现可疑信息,应立即发出查询,待查明后再行处理。查询时应填制"电子汇划信息查询、查复书",经部门负责人审批后,编制电子报文发送。汇划款项有下列情形之一:①收、付款单位名称、账号、收款行等有疑问;汇票、委收、托收划回金额,与原始凭证底卡不符;②业务密押不符;有重汇、错汇的可疑;款项未收到。由查询部门填制"电子汇划信息查询、查复书",经部门负责人审批并签章后送清算中心(组)。清算中心(组)应据此发送电子查询、查复。属于款项业务内容需要查询的事项,由汇入、汇出行另行处理。

清算中心(组)接到查询信息后,必须在当日转告有关部门及时查复并处理。重汇和错汇款项的信息属于汇出行的错误,由汇出行提出紧急止付请求,应填制"电子汇划信息查询书",经负责人签章后,送清算中心(组)发出紧急止付请求信息;属于发报的清算中心(组)的错误,由清算中心(组)提出紧急止付请求,填制"清算信息查询书",经负责人签章后发出紧急止付请求信息。

清算中心(组)收到上级发送转来的紧急止付请求信息,应立即送交汇入行查明处理,确属重汇、错汇的,汇入行应即按一般汇划方法办理退回。如款项已被支用无法退回时,汇入行除积极协助追回款项外,应将情况通知发出紧急止付请求行处理。由此造成的经济损失,由有关责任方负责。

(2)查询的处理。汇入行集中汇划点和汇划网点收到异地错误汇款信息,按规定需要查询的,填制"电子汇划业务查询、查复书",复核无误并经指定人员审批后,通过清算系统向汇出行发出查询,汇划款项暂作挂账处理。

划收款信息挂账时,会计分录如下:

借:清算资金往来——电子汇划款项户(或集中汇划点往来户)

　　贷:待处理结算款项——待查错汇户

划付款信息挂账时,会计分录如下:

借:待处理结算款项——待查错汇户

　　贷:清算资金往来——电子汇划款项户(或集中汇划点往来户)

待汇出行回复后,根据查复结果办理入账、退汇、转汇等。

汇划网点对票据真伪、汇款到账等事务类查询,填制"支付结算通知查询、查复书"。通过清算系统向汇票签发行、汇款汇入行发出查询。

(3)查复的处理。被查行集中汇划点(个人汇款清算部)和汇划网点收到清算系统传来的查询信息,经查明原因后,填制"支付结算通知查询、查复书",

复核无误,并经指定人员审批后,通过清算系统向查询行发出回复。

(4)紧急止付的处理。汇划网点发现重汇、错汇等需要紧急止付的汇划信息,根据不同情况,采取申请本地退汇或发出紧急止付命令等措施处理。

① 本地退汇。集中汇划点尚未将汇划信息发送上网时,汇划网点向集中汇划点(或个人汇款清算部)提出退回申请,集中汇划点停止发送该笔汇划信息,经授权后退回汇划网点。汇划网点办理错账更正及重新汇划。

② 紧急止付。集中汇划点(或个人汇款清算部)已将汇划信息发送上网的,汇划网点(或个人汇款清算部)应立即以查询形式向汇入行发出紧急止付通知。汇入行根据款项入账情况,按规定办理查复、退汇、错账冲正、协助追款等。

(二)资金清算的账务处理

1. 日终资金清算的处理

(1)日终对账。营业日终,集中汇划点(汇划网点)应将当日汇划流水与清算系统转发的信息逐笔核对相符后,结计汇差,作日终资金清算账务处理。集中汇划点或汇划网点已记账但由于各种原因未发出的汇划信息,或清算系统已接收但尚未发往集中汇划点的来账,应作待汇出汇划款项处理,于次日首批发送。

(2)日终汇差资金清算的核算。

① 总行的处理。根据当日清算业务收发日报表汇差金额填制借、贷方记账凭证,与下级行清算汇差资金。会计分录如下:

借:系统内存放款项——××机构存放××款项户(应付汇差行)

贷:系统内存放款项——××机构存放××款项户(应收汇差行)

如日终确有未转发的信息,填制借(或贷)方记账凭证列"待汇出汇划款项"科目。

② 分行的处理。无集中汇划点的分行日终按清算业务收发日报表的汇差金额填制借、贷方记账凭证,与总行(或上级行)和下级行清算汇差资金。会计分录如下:

应付总行(或上级行)汇差:

借:系统内存放款项——××机构存放××款项户(应付汇差行)

贷:存放系统内款项——存放××机构××款项户

系统内存放款项——××机构存放××款项户(应收汇差行)

应收总行(或上级行)汇差:

借:存放系统内款项——存放××机构××款项户

系统内存放款项——××机构存放××款项户(应付汇差行户)

贷:系统内存放款项——××机构存放××款项户(应收汇差行户)

如因各种原因确实未能发送总行(或上级行)或转发下级行的汇划信息，填制借(或贷)方记账凭证列"待汇出汇划款项"科目，次日发送后再办理清算。

(3)集中汇划点的处理。

① 与上级行的清算。日终，集中汇划点根据清算业务收发日报表的汇差金额及"清算资金往来——电子汇划款项户"余额，填制特种转账借、贷方凭证各一联。会计分录如下：

应付资金：

借:清算资金往来——电子汇划款项户

　　贷:存放系统内款项——存放××机构××款项户

应收资金：

借:存放系统内款项——存放××机构××款项户

　　贷:清算资金往来——电子汇划款项户

② 与下级行的清算。根据清算业务收发日报表的各汇划网点汇差金额及"清算资金往来——汇划网点往来户"余额，按汇划网点以管辖支行汇总后填制特种转账借、贷方凭证各一联。会计分录如下：

应付下级行资金:("清算资金往来——汇划网点往来户"账户余额为贷方)

借:清算资金往来——汇划网点往来户

　　贷:系统内存放款项——××机构存放××款项户

应收下级行资金:("清算资金往来——汇划网点往来户"账户余额为借方)

借:系统内存放款项——××机构存放××款项户

　　贷:清算资金往来——汇划网点往来户

(4)管辖支行的处理。日终，各管辖支行根据上级行清算信息和清算业务收发日报表，按应收(付)上级行汇差金额填制特种转账借(或贷)方凭证一联；按"清算资金往来——集中汇划点往来户(或电子汇划款项户)"余额填制特种转账借(或贷)方凭证一联；另按各汇划网点应收汇差金额填制特种转账贷方凭证一联和"辖内往来划收款报单"(应付汇差的填制特种转账借方凭证和"辖内往来划付款报单")。经会计主管签字后，辖内往来划款报单存根联作"辖内往来"科目的记账凭证，通知联连同特种转账凭证交汇划网点。会计分录如下：

应付上级行汇差：

借(或贷):清算资金往来——集中汇划点往来户(或电子汇划款项户)

　　　　辖内往来——××机构往来户(应付汇差网点)

　　贷:存放系统内款项——存放××机构××款项户

　　　　辖内往来——××机构往来户(应收汇差网点)

应收上级行汇差：

借：存放系统内款项——存放××机构××款项户

（或贷）：清算资金往来——集中汇划点往来户（或电子汇划款项户）

借：辖内往来——××机构往来户（应付汇差网点）

贷：辖内往来——××机构往来户（应收汇差网点）

（5）汇划网点的处理。日终，汇划网点根据管辖支行辖内往来划款报单及随付的特种转账凭证，按照"清算资金往来"账户余额方向不同，分别作如下处理：

① 应付汇差，即"清算资金往来"账户余额为贷方时，以特种转账借方凭证作借方记账凭证，以辖内往来划付款报单通知联作贷方记账凭证。会计分录如下：

借：清算资金往来——集中汇划点往来户（或电子汇划款项户）

贷：辖内往来——××机构往来户

② 应收汇差，即"清算资金往来"账户余额为借方时，以辖内往来划收款报单通知联作借方记账凭证，以特种转账贷方凭证作贷方记账凭证。会计分录如下：

借：辖内往来——××机构往来户

贷：清算资金往来——集中汇划点往来户（或电子汇划款项户）

2. 电子汇划清算账户的核算

各清算分中心在总行清算中心开立备付金账户，在"系统内上存款项"科目核算。通过中国人民银行将款项汇入总行清算中心，具体手续是：根据资金营运部门的资金调拨单，填制人民银行电（信）汇凭证，通过中国人民银行汇入总行清算中心。会计分录为：

借：其他应收款——待处理汇划款项户

贷：存放中央银行款项——准备金存款户

待总行清算中心收到后，由系统自动作账务处理。会计分录为：

借：系统内上存款项——上存总行备付金存款户

贷：其他应收款——待处理汇划款项户

总行清算中心收到各清算行和省区分行上存的备付金后，应该当日通知有关清算行，并进行账务处理，通过"系统内款项存放"科目核算。会计分录为：

借：存放中央银行款项——准备金存款户

贷：系统内款项存放——××分行备付金存款户

二级分行在管辖省区分行开立备付金账户，也是通过中国人民银行汇入省区分行,处理手续同上。

支行在管辖省区分行开立备付金存款账户,通过"辖内上存款项"和"辖内款项存放"科目核算,其具体处理手续同上。通过中国人民银行汇入省区分行,支行会计分录为:

借:其他应收款——待处理汇划款项户

贷:存放中央银行款项——准备金存款户

待省区分行收到后,由系统自动进行账务处理。会计分录为:

借:辖内上存款项——上存分行备付金存款户

贷:其他应收款——待处理汇划款项户

省区分行收到各支行上存的备付金后,当日通知有关支行,并进行账务处理。会计分录为:

借:存放中央银行款项——准备金存款户

贷:辖内款项存放——××支行备付金存款户

各行在上级行出现头寸不足时,应通过中国人民银行及时补足备付金存款。

调研与实践题:

组织学生实地调研同一系统内两家商业银行之间发生的往来业务,启发学生思考并从中把握同一系统内商业银行之间往来业务的核算流程。

复习思考题:

1. 系统内往来和系统内资金清算的含义是什么?

2. 简述资金汇划清算系统的业务范围。

3. 简述资金汇划清算系统的业务处理流程。

4. 什么是划收款(贷报)业务和划付款(借报)业务?分别列举 2~3 种具体业务予以说明。

账务处理题:

1. 工商银行甲分行 A 支行办理本行客户天蓝公司委托付款业务,付款金额60 000元,收款人为工商银行乙分行 B 支行客户嘉陵公司。

要求:完成分散管理模式下,发报经办行(A 支行)、发报清算行(甲分行)、总行清算中心(工商银行总行)、收报清算行(乙分行)及收报经办行(B 支行)相应的会计分录。

2. 工商银行甲分行 A 支行办理本行客户东升公司委托收款业务,收款金额30 000元,付款单位为工商银行乙分行 B 支行客户大华公司。

要求：

完成发报经办行（A 支行）、发报清算行（甲分行）、总行清算中心（工商银行总行）、收报清算行（乙分行）及收报经办行（B 支行）相应的会计分录。

推荐拓展阅读：

1. 中国人民银行，《支付结算管理办法》（1997 年）。
2. 全国人民代表大会常务委员会，《中华人民共和国票据法》（1996 年）。

第八章 金融机构往来业务的核算

本章导读

在经济社会中，时时刻刻都发生着因商品交易、劳务供应等引发的货币收付。商业银行通过一定的技术手段和流程设计，为客户之间完成货币收付，结清债权债务关系，提供了便利支付结算的功能，在加速社会资金周转过程中发挥了不可替代的作用。

商业银行支付结算功能的发挥，依赖于一个多层次、全覆盖、功能完备的支付清算系统的建立和不断完善。在这一系统中，资金清算分为两个层次。本章将系统阐明银行之间的资金清算，包括商业银行之间以及商业银行与中央银行之间所进行的划拨支付结算款项、办理资金调拨以及资金清偿的活动。

掌握知识和能力要点描述：

（1）了解金融机构往来的内容；再贷款的种类；再贴现的种类；同城票据交换与同业拆借的定义；转贴现的定义与种类；

（2）理解向中央银行存款、存放同业款项及同业存放款项的会计核算；同城票据交换的原理；

（3）掌握向中央银行存取现金、向中央银行借款及办理再贴现的核算；同城票据交换的核算；同业拆借的核算。

第一节　金融机构往来概述

一、金融机构往来的概念

目前，我国实行以中央银行为主导、商业银行为主体、多种金融机构并存的多元化金融机构体制。在这种体制下，商业银行为办理跨系统转账结算业务、与其他银行和非银行金融机构相互拆借资金，以及中央银行在运用货币政策工具行使其职能和为各商业银行提供资金清算服务的过程中,会引起商业银行、中央银行、非银行金融机构相互之间的资金账务往来。

广义的金融机构往来包括商业银行与中央银行之间的往来、各商业银行之间的往来、商业银行与非银行金融机构之间的往来、中央银行与非银行金融机构之间的往来以及非银行金融机构之间的往来等。本章围绕商业银行业务,主要阐述商业银行与中央银行之间,以及商业银行与其他银行和非银行金融机构之间,由于办理存贷款、资金拆借和支付结算等业务而引起的资金账务往来。

二、金融机构往来的核算内容

金融企业往来核算内容主要包括以下几个方面:

(一)同业往来

商业银行之间跨系统的结算、汇划业务,其金额在 10 万元以下(不含 10 万元)的,通过"跨行汇划款项,相互转汇"的办法处理,即同业往来。

(二)同业拆借

商业银行在经营过程中,因资金临时短缺,发生周转困难时,向其他商业银行借入短期资金进行调剂,即为同业拆借。

(三)商业银行与中央银行往来

商业银行跨系统 10 万元(含 10 万元)以上和同一商业银行系统内 50 万元以上(含 50 万元)的大额资金汇划业务以及资金调拨业务,按规定一律通过中央银行办理转汇,并清算资金。近年来,随着电子联行制度的日益发展,商业银行跨系统和系统内资金汇划款项,将全部由中央银行转汇,并同步清算。

此外,商业银行按规定向中央银行上缴存款准备金、向中央银行申请再贷款、办理再贴现、清算本系统联行汇差、调拨业务资金以及按规定借入信贷资金等业务,也是与中央银行往来核算的内容。

(四)同城票据清算

同一城市或同一票据交换区域的商业银行,跨系统各行处之间的款项汇划业务,通过当地中央银行组织的同城票据交换处理,并清算资金。

三、金融机构往来核算的基本要求

(一)同业之间往来

有关跨系统行处之间往来,应在中央银行总的指导原则下,共同制定切实有效的资金划拨清算办法。做到票据、单证不积压,不拖欠延续,按规定处理;要定期清算同业往来账户并及时清算存欠利息。

（二）商业银行与中央银行往来

商业银行各行处要按规定在当地中央银行分支机构开立存款账户,金融企业往来引起的资金收付,必须通过这个账户办理转账。商业银行间资金拆借,也必须通过双方在中央银行的账户划转资金。

（三）同城票据清算

同城票据清算由当地中央银行分支机构组织,各商业银行经批准后参加,并按规定的时间和场次提出和提入票据清算。

四、金融机构往来所涉及的主要账户和科目

（一）存放中央银行款项

各商业银行必须在当地中央银行开立准备金存款账户,该账户所存放的资金主要包括两类:一是法定存款准备金,即按照有关法律规定,商业银行必须将其吸收的存款的一定比例缴存于中央银行,同时,每旬根据存款的增减调整法定存款准备金的余额。二是备付金,即银行为应付资金清算的需要而在中央银行所储存的一定数量的备付金。

商业银行的法定存款准备金与备付金可在中央银行同存于一定账户之内（只要其余额始终高于法定存款准备金的规定余额）。通常,该账户在各商业银行以"存放中央银行款项"科目进行核算。

（二）存放同业

商业银行有时将一部分资金存入其他商业银行或金融机构,其目的是为了同业经营往来清算资金的需要。这部分资金通常以"存放同业"科目核算,一般又可具体分为存放其他商业银行款项、存放政策性银行款项、存放金融性公司款项等。

（三）拆出资金

商业银行间因业务需要而相互融通资金。对拆出方,这种业务通常以"拆出资金"科目进行核算,具体又可分为拆放其他商业银行、拆放政策性银行、拆放金融性公司、拆放资产管理公司、对证券公司拆放的股票质押贷款等。

（四）转贴现与再贴现

商业银行买入他行票据或贴现企业的商业汇票后,因融通资金的需要,可在符合有关规定的前提下,将这部分票据再转卖给其他商业银行或中央银行,即向其他商业银行办理票据的转贴现或向中央银行办理票据的再贴现。这类业务在商业银行一般通过"贴现资产"或"贴现负债"等科目进行核算。

（五）向中央银行借款

商业银行从中央银行融通资金,除了向中央银行办理再贴现外,还可以向中央银行借款,这类借款一般以"向中央银行借款"科目进行核算。

（六）同业存放

因业务往来需要，其他商业银行与金融机构也会有一部分资金存入本行，这类存款一般是活期存款，通常以"同业存放"科目进行核算。"同业存放"是负债类科目，与"存放同业"相对应，又可再细分为其他商业银行存款、政策性银行存款、证券公司存款、基金存款、其他金融性公司存款等。

（七）拆入资金

商业银行因资金需求，可向同业拆入资金，这类业务主要是为了资金融通，通常以"拆入资金"科目核算。"拆入资金"科目属负债类科目，与"拆出资金"相对应，又可细分为其他商业银行拆入、政策性银行拆入、金融性公司拆入等。

第二节 商业银行同业往来的核算

商业银行往来，也称同业往来，是指其他银行或非银行性金融机构与本行之间往来，主要包括跨系统资金往来转汇、同业拆借、代理同城票据交换及清算等业务，根据协商规定的核算内容、利率和资金期限，并通过中央银行账户办理资金清算。需要说明的是，随着中国现代化支付系统不断推广应用，商业银行系统内跨系统的支付清算业务，最终都有可能全部通过人民银行的现代化支付系统完成汇划，同步实时清算资金。目前，对于商业银行之间小额款项的汇划（即行内 50 万元以下和跨行 10 万元以下），仍可采用银行业金融机构行内支付系统和跨行同业往来系统进行汇划清算。

一、同业拆借的核算

（一）同业拆借的有关规定

同业拆借是金融机构之间临时融通资金的一种短期资金借贷行为，是解决短期资金不足的一种有效方法。同业拆借的主体是经中央银行批准具有法人资格的银行和非银行金融机构，以及经全国性商业银行法人授权的一级分支机构。金融机构用于拆出的资金只限于交足准备金、留足 5% 备付金、归还中央银行到期贷款之后的闲置资金，拆入的资金只能用于弥补票据交换差额清算、先支后收等临时性资金周转的需要，禁止利用拆入资金发放固定资产贷款或用于投资。

同业拆借交易必须在全国银行间同业拆借中心的电子交易系统、中国人民银行分支机构的拆借备案系统等中国人民银行认可的全国统一同业拆借网络中进行。同业拆借双方应商定拆借条件，如拆借利率、金额、期限等，并逐笔订立交易合同。同业拆借利率、金额、期限由交易双方自行商定,但同业拆借资金余额不能超过中国人民银行核定的最高限额,同业拆借期限也不能超过中国人民银行规定的拆借资金最长期限,且同业拆借到期后不得展期。其中,银行业金融机构拆入资金的最长期限为 1 年;金融资产管理公司、金融租赁公司、汽车金融公司、保险公司拆入资金的最长期限为 3 个月;企业集团财务公司、信托公司、证券公司、保险资产管理公司拆入资金的最长期限为 7 天。

同业拆借的资金清算涉及不同银行的,应直接或委托开户银行通过中央银行大额支付系统办理。同业拆借的资金清算可以在同一银行完成的,应以转账方式办理。任何同业拆借清算均不得使用现金支付。

(二)会计科目的设置

1."拆出资金"科目

该科目属于资产类科目,核算金融机构拆借给境内、境外其他金融机构的款项。金融机构拆出资金时,借记"拆出资金"科目,贷记"存放中央银行款项""银行存款"等科目;收回资金时做相反的会计分录。该科目期末借方余额,反映金融机构按规定拆放给其他金融机构的款项。该科目可按拆放的金融机构进行明细核算。

2."拆入资金"科目

该科目属于负债类科目,核算金融机构从境内、境外金融机构拆入的款项。金融机构拆入资金时,应按实际收到的金额,借记"存放中央银行款项""银行存款"等科目,贷记"拆入资金"科目;归还拆入资金时做相反的会计分录。资产负债表日,应按计算确定的拆入资金的利息费用,借记"利息支出"科目,贷记"应付利息"科目。该科目期末贷方余额,反映金融机构尚未归还的拆入资金余额。该科目可按拆入资金的金融机构进行明细核算。

(三)同业拆借的核算

1. 通过大额支付系统拆借的核算

同业拆借市场的资金清算采取由拆借双方全额直接清算的方式,即由拆出方或归还方在规定时间主动发送单笔汇划业务支付指令,通过大额支付系统办理资金汇划和清算。支付系统赋予同业拆借业务特定报文和标识,每天营业终了向同业拆借中心下载拆借和归还资金支付信息。

(1)拆借的处理。

① 拆出行的处理。拆借双方签订合同后,拆出行主动发送银行间同业拆借支付报文,通过大额支付系统办理资金汇划。会计分录为:

借:拆出资金——××行
    贷:存放中央银行款项——准备金存款

② 中央银行的处理。大额支付系统国家处理中心收到同业拆借支付报文后,逐笔确认无误,提交支付系统的清算账户管理系统;由清算账户管理系统代理中央银行进行账务处理。

清算账户管理系统代理拆出行开户的中央银行进行账务处理的会计分录为:

借:××存款——××拆出行

　　贷:大额支付往来——××拆出行开户央行

清算账户管理系统代理拆入行开户的中央银行进行账务处理的会计分录为:

借:大额支付往来——××拆入行开户央行

　　贷:××存款——××拆入行

③ 拆入行的处理。拆入行收到清算成功同业拆借支付报文后,办理转账。会计分录为:

借:存放中央银行款项——准备金存款

　　贷:拆入资金——××行

(2)利息的处理。

① 计提利息的处理。资产负债表日,拆入行和拆出行应按照权责发生制原则计提利息,确认利息支出和利息收入。

拆入行计提利息的会计分录为:

借:利息支出——拆入资金

　　贷:应付利息——××行

拆出行计提利息的会计分录为:

借:应收利息——××行

　　贷:利息收入——拆出资金

② 实际支付和收到利息的处理。

拆入行实际支付利息时,会计分录为:

借:应付利息——××行

　　贷:存放中央银行款项——准备金存款

拆出行实际收到利息时,会计分录为:

借:存放中央银行款项——准备金存款

　　贷:应收利息——××行

(3)到期归还的处理。

① 拆入行的处理。拆借资金到期,拆入行主动发送银行间同业拆借支付报文,通过大额支付系统办理拆借资金的本息汇划。会计分录为:

借:拆入资金——××行　　　　　　　　　（拆入资金的本金）

　应付利息——××行　　　　　　　（已计提未支付的利息）

　利息支出——拆入资金　　　　　　（借贷方差额）

　　贷:存放中央银行款项——准备金存款　　（实际归还的金额）

② 中央银行的处理。大额支付系统国家处理中心收到同业拆借支付报文后,逐笔确认无误,提交支付系统的清算账户管理系统,由清算账户管理系统代理中央银行进行账务处理。

清算账户管理系统代理拆入行开户的中央银行进行账务处理的会计分录为:

借:××存款——××拆入行

　　贷:大额支付往来——××拆入行开户央行

清算账户管理系统代理拆出行开户的中央银行进行账务处理的会计分录为:

借:大额支付往来——××拆出行开户央行

　　贷:××存款——××拆出行

③ 拆出行的处理。拆出行收到清算成功同业拆借支付报文后,办理转账。会计分录为:

借:存放中央银行款项——准备金存款　　　（实际收到的金额）

　　贷:拆出资金——××行　　　　　　　　（拆出资金的本金）

　　应收利息——××行　　　　　　　（已计提未收到的利息）

　　利息收入——拆出资金　　　　　　　　（借贷方差额）

2. 通过转账方式拆借的核算

若同业拆借的资金清算可以在同一银行完成,以转账方式进行拆借时,直接由拆出行向中央银行提交其备付金存款账户的转账支票,办理资金划转。中央银行收到拆出行提交的转账支票,审核无误后办理划款的会计分录为:

借:××存款——××拆出行

　　贷:××存款——××拆入行

拆借资金到期,由拆入行主动向中央银行提交其备付金存款账户的转账支票,归还借款。中央银行收到拆入行提交的转账支票,审核无误后办理划款的会计分录为:

借:××存款——××拆入行

　　贷:××存款——××拆出行

其他账务处理与通过大额支付系统拆借相同。

【例8-1】 3月9日,中国建设银行苏州分行因临时性资金周转需要,通过大额支付系统从中国工商银行上海分行拆入资金10 000 000元,双方约定拆借期限为1个月,拆借利率为5.4%。中国建设银行苏州分行到期归还拆借资金本息。

(1)3月9日,拆借资金时,各行的账务处理如下:

① 中国工商银行上海分行

借:拆出资金——中国建设银行苏州分行　　　　　　　　　　10 000 000

　　贷:存放中央银行款项——准备金存款　　　　　　　　　10 000 000

② 大额支付系统国家处理中心(清算账户管理系统代理中央银行进行账务处理)

清算账户管理系统代理中国工商银行上海分行开户的中央银行进行账务处理:

借:商业银行存款——中国工商银行上海分行　　　　　　　　10 000 000

　　贷:大额支付往来——中国人民银行上海分行　　　　　　10 000 000

清算账户管理系统代理中国建设银行苏州分行开户的中央银行进行账务处理:

借:大额支付往来——中国人民银行苏州中心支行　　　　　　10 000 000

　　贷:商业银行存款——中国建设银行苏州分行　　　　　　10 000 000

③ 中国建设银行苏州分行

借:存放中央银行款项——准备金存款　　　　　　　　　　　10 000 000

　　贷:拆入资金——中国工商银行上海分行　　　　　　　　10 000 000

(2)3月31日,拆出行和拆入行计提利息的账务处理如下:

① 中国工商银行上海分行

应提利息=10 000 000×23×5.4%÷360=34 500(元)

借:应收利息——中国建设银行苏州分行　　　　　　　　　　34 500

　　贷:利息收入——拆出资金　　　　　　　　　　　　　　34 500

② 中国建设银行苏州分行

借:利息支出——拆入资金　　　　　　　　　　　　　　　　34 500

　　贷:应付利息——中国工商银行上海分行　　　　　　　　34 500

(3)4月9日,归还拆借资金时,各行的账务处理如下:

① 中国建设银行苏州分行

利息=10 000 000×1×5.4%÷12=45 000(元)

已提未支付利息34 500元,确认利息支出10 500元(=45 000-34 500)。

会计分录为:

借:拆入资金——中国工商银行上海分行   10 000 000

  应付利息——中国工商银行上海分行   34 500

  利息支出——拆入资金   10 500

  贷:存放中央银行款项——准备金存款   10 045 000

② 大额支付系统国家处理中心

借:商业银行存款——中国建设银行苏州分行   10 045 000

  贷:大额支付往来——中国人民银行苏州中心支行 10 045 000

借:大额支付往来——中国人民银行上海分行   10 045 000

  贷:商业银行存款——中国工商银行上海分行 10 045 000

③ 中国工商银行上海分行

借:存放中央银行款项——准备金存款   10 045 000

  贷:拆出资金——中国建设银行苏州分行   10 000 000

   应收利息——中国建设银行苏州分行   34 500

   利息收入——拆出资金   10 500

二、同业间存放款项的核算

(一)会计科目的设置

1."存放同业"科目

该科目属于资产类科目,核算商业银行存放于境内、境外银行和非银行金融机构的款项。商业银行存放于中央银行的款项,在"存放中央银行款项"科目核算。商业银行增加在同业的存款,借记"存放同业"科目,贷记"存放中央银行款项"等科目;减少在同业的存款做相反的会计分录。该科目期末借方余额,反映商业银行存放在同业的各种款项。该科目可按存放款项的性质和存放的金融机构进行明细核算。

2."同业存放"科目

该科目属于负债类科目,核算商业银行吸收的境内、境外金融机构的存款。同业增加在商业银行的存款时,商业银行应按实际收到的金额,借记"存放中央银行款项"等科目,贷记"同业存放"科目;同业减少在商业银行的存款时,商业银行做相反的会计分录。该科目期末贷方余额,反映商业银行吸收的同业存放款项。该科目可按存放的金融机构进行明细核算。

(二)存放同业款项的核算

存放同业款项是指商业银行因办理跨系统资金结算、理财投资或其他资金往来等业务需要,而存入境内、境外其他银行和非银行金融机构的款项。

1. 存出款项的处理

商业银行存出款项,在资金划拨后进行账务处理。会计分录为:

借:存放同业——存放××行××款项
　　贷:存放中央银行款项——准备金存款
2. 利息的处理

资产负债表日、结息日及销户时,商业银行按计算确定的利息金额计提利息收入。会计分录为:

借:应收利息——××行
　　贷:利息收入——存放同业利息收入

结息日次日及销户时,实际收到存放同业款项利息的会计分录为:

借:存放同业——存放××行××款项
　　贷:应收利息——××行

3. 支取款项的处理

商业银行支取款项,在收到划来的资金后进行账务处理。会计分录为:

借:存放中央银行款项——准备金存款
　　贷:存放同业——存放××行××款项

（三）同业存放款项的核算

同业存放款项是指境内、境外其他银行和非银行金融机构,因办理跨系统资金结算、理财投资或其他资金往来等业务需要,而存入商业银行的款项。

1. 同业存入款项的处理

同业存入款项,商业银行在收到划来资金后进行账务处理。会计分录为:

借:存放中央银行款项——准备金存款
　　贷:同业存放——××行存放××款项

2. 利息的处理

资产负债表日、结息日及销户时,商业银行按计算确定的利息金额计提利息支出。会计分录为:

借:利息支出——同业存放利息支出
　　贷:应付利息——××行

结息日次日及销户时,实际支付同业存放款项利息的会计分录为:

借:应付利息——××行
　　贷:同业存放——××行存放××款项

3. 同业支取款项的处理

同业支取款项,商业银行在资金划拨后进行账务处理。会计分录为:

借:同业存放——××行存放××款项
　　贷:存放中央银行款项——准备金存款

三、跨行小额汇划款项的核算

跨行小额汇划款项的核算方法适用于商业银行跨系统汇划款项金额在 10

万元以下的同业往来。汇出行通过一定的方式,将款项转入当地跨系统商业银行办理系统内资金划拨,并在处理过程中随时清算资金。这种跨系统核算方法有利于各银行资金清算,防止各行占用他行资金。

根据商业银行结构设置,具体可以分为三种转汇方式。

（一）汇出行在双设机构地区

汇出行所在地为双设机构地区,也就是说在汇出行所在地还有汇入行系统的分支机构。办理资金划拨时,按不同系统商业银行逐笔填写转汇清单,汇总"划收"或"划付"凭证,通过"同业存放"或同城票据交换将款项划至汇入行的转汇行,转汇行再通过本系统联行将款项划给汇入行。简单地说,就是以"先横(系统间)后直(系统内)"的方式进行款项的汇划。

【例8-2】 中国银行北京分行营业部开户单位(某科技公司)要向工商银行上海分行的开户单位(某进口公司)汇款50 000元。汇划过程是:中国银行北京分行营业部填写转汇清单和划款专用凭证,将款项划至中国工商银行北京分行,再由中国工商银行北京分行划至中国工商银行上海分行。汇划过程如图8-1所示。

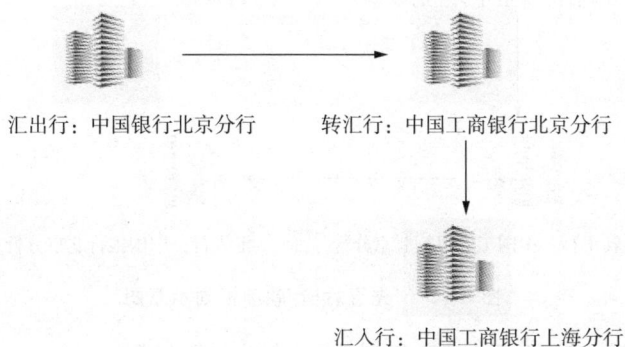

汇出行：中国银行北京分行　　转汇行：中国工商银行北京分行

汇入行：中国工商银行上海分行

图8-1 "先横后直"款项汇划示意图

中国银行北京分行将款项划至中国工商银行北京分行,会计分录如下:

借:吸收存款——活期存款(某科技公司)　　　　　　　50 000
　　贷:同业存放——中国工商银行　　　　　　　　　　　　50 000

中国工商银行北京分行转汇时,会计分录如下:

借:存放同业——中国银行　　　　　　　　　　　　　　50 000
　　贷:联行科目①　　　　　　　　　　　　　　　　　　　50 000

---

① 本章所用"联行科目"并非各行实际使用的科目。由于银行业金融机构行内支付系统所用科目并不相同,这里用"联行科目"替代具体科目。

中国工商银行上海分行收到款项,会计分录如下:

借:联行科目   50 000

  贷:吸收存款——活期存款(某进口公司)   50 000

(二)汇出行在单设机构地区,汇入行在双设机构地区

汇出行为单设机构地区,汇入行在双设机构地区,其汇划款项的途径是先由汇出行将款项通过本系统联行转入汇入地联行,再由汇入地联行通过"同业存放"科目或同城票据交换,向跨系统的汇入行办理汇划和资金清算。简单地说,就是以"先直后横"的方式进行款项汇划。

【例8-3】 某县只有中国工商银行,开户单位某土产贸易公司要汇款给中国银行北京分行营业部的开户单位(某进出口公司),金额50 000元。汇划过程如图8-2所示。

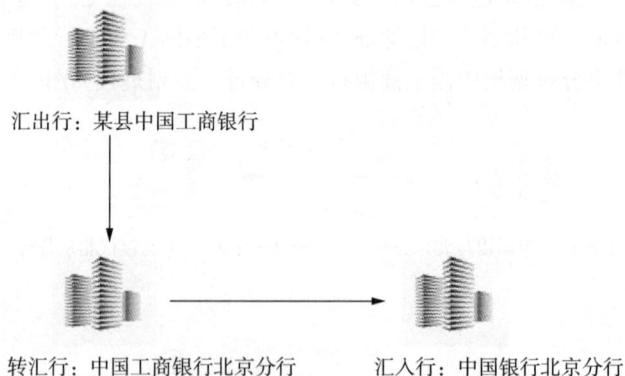

汇出行:某县中国工商银行

转汇行:中国工商银行北京分行   汇入行:中国银行北京分行

图8-2 "先直后横"款项汇划示意图

某县中国工商银行办理联行划款时,会计分录如下:

借:吸收存款——活期存款(某土产贸易公司)   50 000

  贷:联行科目   50 000

工商银行北京分行转汇时,会计分录如下:

借:联行科目   50 000

  贷:同业存放——中国银行   50 000

汇入行中国银行北京分行做会计分录如下:

借:存放同业——中国工商银行   50 000

  贷:吸收存款——活期存款(某进出口公司) 50 000

(三)汇出行和汇入行均在单设机构地区

汇出行和汇入行均在单设机构地区,且两行为非同系统银行,发生款项汇划时,汇出行应将款项通过本系统联行划转附近双设机构地区联行;再由联行

向同城的跨系统银行转汇及清算资金;然后由该跨系统银行通过本系统联行将转汇款项划入本系统汇入地联行,即以"先直后横再直"的方式进行款项汇划。随着我国经济的发展,各家商业银行已经广泛地建立了营业网点,这种情况已经不太多见。汇划过程如图8-3所示。

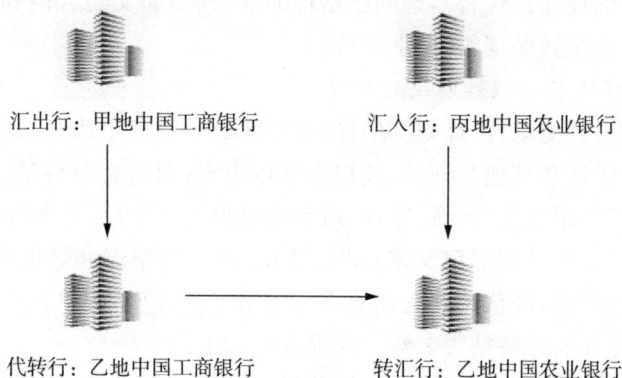

图8-3 "先直后横再直"款项汇划示意图

汇出行会计分录为:

借:吸收存款——活期存款(汇款单位户)

    贷:联行科目

代转行(即汇出行附近双设机构地区联行)转汇,会计分录为:

借:联行科目

    贷:同业存放

转汇行(即双设机构地区的跨系统银行)转汇,会计分录为:

借:存放同业

    贷:联行科目

汇入行会计分录为:

借:联行科目

    贷:吸收存款——活期存款(收款单位户)

四、转贴现的核算

转贴现是指贴现银行将已办理贴现的尚未到期的银行承兑汇票或经总行批准办理贴现的商业承兑汇票,转让给其上一级行的票据行为以及总行与其他商业银行总行之间、分行与其他商业银行之间相互转让票据的行为。

(一)系统内转贴现

1. 下级行向上级行申请转贴现的处理

转贴现申请行(下级行)计划部门出具借据,将已贴现的票据暂时借出,加计总数填制转贴现申请书,经有权人签章批准后,交会计部门办理手续。

会计部门接到计划部门交来的转贴现申请书和已贴现的票据,应在票据上作"转让背书",在被背书人栏填写转贴现行(上级行)名称,在背书人栏加盖汇票专用章和法定代表人或授权经办人名章,并按单张票据填写一式五联转贴现凭证(用贴现凭证代替),连同已贴现的票据、商品交易合同和增值税发票复印件,一并送交转贴现银行(上级行)。

2. 转贴现银行办理转贴现的处理

转贴现银行(上级行)计划部门接到转贴现申请行(下级行)送交的已贴现票据、转贴现凭证和其他单证后,按规定进行审查,对符合条件的,在转贴现凭证"银行审批"栏中签署"同意"字样,由有权审批人签章后,送本行会计部门。

会计部门接到计划部门交来的做成转让背书的票据和转贴现凭证,按照有关规定审核无误,确认贴现凭证的填写与票据相符后,按单张票据内容计算出转贴现利息和实付转贴现金额。计算方法如下:

转贴现利息 = 汇票票面金额 × 转贴现天数 × (转贴现年利率 ÷ 360)

实付转贴现金额 = 汇票票面金额 − 转贴现利息

承兑人在异地的,计算转贴现天数时,应另加 3 天的划款日期。

其后,会计部门在转贴现凭证有关栏内填上转贴现利率、利息和实付金额,并按照实付转贴现金额填写(信)电汇凭证,通过当地中国人民银行向转贴现申请行汇款。第一联贴现凭证作贴现科目借方凭证,第二联作存放中央银行款项科目贷方凭证,中国人民银行退回的汇款回单作其附件,第三联作金融企业往来利息收入贷方凭证,第五联转贴现回执和汇票按申请行和到期日顺序排列,专夹保管。会计分录为:

借:贴现资产

贷:存放中央银行款项

利息收入

根据已办理转贴现凭证的第四联填制转贴现票据清单,连同加盖转讫章的转贴现第四联凭证退交转贴现申请行。

3. 转贴现申请银行收到转贴现款项的处理

转贴现申请银行收到当地中国人民银行的汇款收账通知,在与上级行退回的第四联贴现凭证及转贴现票据清单核对相符,并审查无误后,填制两联特种转账借方凭证,以中国人民银行收账通知作其附件,作为存放中央银行款项科目借方凭证;另一联特种转账借方凭证,以贴现凭证第四联作其附件,作为金融企业往来支出科目借方凭证,以计划部门的借据作其附件,作为贴现科目的贷方凭证。会计分录为:

借:存放中央银行款项

　　利息支出

　　贷:贴现负债

待票据到期后,再进行以下会计分录:

借:贴现负债

　　贷:贴现资产

　　4. 转贴现到期收回票款的处理

转贴现银行作为持票人,按单张汇票到期日收款时,应在汇票背面"背书人"栏加盖结算专用章和授权经办人名章,注明"委托收款"字样,填制委托收款凭证,在委托收款凭证名称栏注明"商业承兑汇票"或"银行承兑汇票"及其号码,连同汇票向付款人或承兑人办理委托收款。对付款人在异地的,应在汇票到期前,匡算至付款人的邮程提前办理委托收款,将第五联贴现凭证作为第二联委托收款凭证的附件存放,其余手续比照发出委托收款凭证的手续处理。

转贴现银行在收到票款划回时,按照委托收款款项划回的有关手续处理。会计分录为:

借:有关科目

　　贷:贴现资产

　　5. 转贴现到期未收回的处理

转贴现银行收到付款人开户行或承兑行退回的委托收款凭证、汇票和拒绝付款理由书,可依据《票据法》有关追索的规定,直接向转贴现申请行收取。

（二）跨系统转贴现

　　1. 商业银行受理转贴现的处理

商业银行持未到期的贴现汇票向其他商业银行转贴现时,应根据汇票填制一式五联的转贴现凭证(用贴现凭证代),在第一联上按照规定签章,将汇票做成转让背书,一并交给转贴现银行。

转贴现银行信贷部门接到汇票和转贴现凭证后,按照有关规定审查,符合条件的,在转贴现凭证"银行审批"栏签注"同意"字样,经有权人签章后送交会计部门。

　　2. 跨系统转贴现的账务处理

转贴现银行会计部门接到做成转让背书的汇票和转贴现凭证后,按照《支付结算办法》的有关规定审查无误,转贴现凭证的填写与汇票核对相符,计算出转贴现利息和实付转贴现金额,通过当地中国人民银行向转贴现申请行划款。第一联贴现凭证作贴现科目借方凭证,第二联作存放中央银行款项科目贷方凭证,中国人民银行退回的汇款回单作其附件,第三联作金融企业往来利

第
八
章

金融机构往来业务的核算

息收入贷方凭证,第四联是银行给持票人的收账通知,第五联转贴现回执和汇票按申请行和到期日顺序排列,并专夹保管。会计分录为:

借:贴现资产

  贷:存放中央银行款项

    利息收入

申请转贴现银行收到转贴现银行交给的转贴现通知和当地中国人民银行的收账通知后,应填制两联特种转账借方凭证和一联特种转账贷方凭证,收账通知作存放中央银行款项借方凭证的附件。会计分录为:

借:存放中央银行款项

  利息支出

  贷:贴现负债

待票据到期后,作如下处理:

借:贴现负债

  贷:贴现资产

3. 转贴现到期收回的处理

转贴现的汇票到期后,转贴现银行作为持票人向承兑人提示付款,具体手续比照上述有关内容。

4. 转贴现到期未收回的处理

转贴现银行收到付款人开户行或承兑行退回的委托收款凭证、汇票和拒绝付款理由书,可依据《票据法》有关追索的规定,向转贴现申请行追索。

第三节　商业银行与中央银行往来业务的核算

一、向中央银行存取现金及缴存存款的核算

(一)会计科目的设置

商业银行应设置"存放中央银行款项"科目,该科目属于资产类科目,核算商业银行存放于中央银行的各种款项,包括业务资金的调拨、办理同城票据交换和异地跨系统资金汇划、提取或缴存现金等。商业银行按规定缴存的法定准备金和超额准备金存款,也通过该科目核算。

商业银行增加在中央银行的存款,借记"存放中央银行款项"科目,贷记"吸收存款""清算资金往来"等科目;减少在中央银行的存款做相反的会计分录。该科目期末借方余额,反映商业银行存放在中央银行的各种款项。

该科目可按存放款项的性质设置"准备金存款"、"缴存财政性存款"等进

行明细核算。

1. 准备金存款

核算商业银行按规定缴存中央银行的法定存款准备金和超额存款准备金的增减变动情况。商业银行增加在中央银行的准备金存款时记入该账户的借方,减少在中央银行的准备金存款时记入该账户的贷方。期末借方余额,反映商业银行存放在中央银行的准备金存款余额。

由于商业银行的法定存款准备金由其总行(法人)统一向中央银行缴存,中央银行按法人统一考核商业银行法定存款准备金的缴存情况。因此,商业银行总行在中央银行开立的准备金存款户,属于法定准备金存款与超额准备金存款合一的账户,除用以考核法定存款准备金以外,还用于向中央银行存取现金、调拨资金、清算资金以及其他日常支付款项。该账户余额应大于或等于规定的法定存款准备金余额。商业银行分支机构在中央银行开立的准备金存款户为超额准备金存款账户,不用于考核法定存款准备金,仅用于向中央银行存取现金、调拨资金、清算资金和其他日常支付款项,不允许透支,如果账户资金不足,可以通过向上级行调入资金或向同业拆借补充。"准备金存款"是核算商业银行与中央银行往来业务的基本账户。

2. 缴存财政性存款

核算商业银行按规定缴存中央银行的财政性存款的增减变动情况。商业银行向中央银行缴存或调增财政性存款时记入该账户的借方,调减财政性存款时记入该账户的贷方。期末借方余额反映商业银行缴存中央银行的财政性存款余额。

商业银行各级机构吸收的财政性存款采取全额就地缴存中央银行的办法,因此,商业银行各级行处均应在"存放中央银行款项"科目下设置该明细账户。

(二)向中央银行存取现金的核算

根据货币发行制度的规定,商业银行需核定各行处业务库必须保留的现金限额,并报开户中央银行发行库备案。当现金超过规定的库存现金限额时,需缴存开户中央银行发行库;当库存现金不足限额时,可以签发现金支票到中央银行发行库提取。

1. 向中央银行缴存现金的核算

商业银行向中央银行缴存现金时,填制现金缴款单一式两联,连同现金一并送缴开户中央银行发行库。商业银行根据中央银行退回的现金缴款单回单,使用相关交易进行处理,打印记账凭证,现金缴款单回单联作记账凭证附件。会计分录为:

借：存放中央银行款项——准备金存款

　　贷：库存现金

2. 向中央银行支取现金的核算

商业银行向中央银行支取现金时，签发现金支票送交中央银行。商业银行取回现金后，使用相关交易进行处理，打印记账凭证，现金支票存根作记账凭证附件。会计分录为：

借：库存现金

　　贷：存放中央银行款项——准备金存款

(三)向中央银行缴存存款的核算

缴存存款是指商业银行将吸收的财政性存款和一般性存款按规定的比例上缴中央银行。缴存财政性存款和缴存一般性存款性质不同，应严格划分，不得混淆。

1. 缴存存款的范围

财政性存款主要有中央预算收入、地方财政金库存款和代理发行国债款项等。其缴存范围是：国家金库款轧减中央经费限额支出数；待结算财政款项轧减借方数；财政发行期票款项轧减应收期票款项；财政发行的国库券及各项债券款项，轧减已兑付国库券及各项债券款项数。

一般性存款的缴存范围是：各商业银行吸收的企业存款；储蓄存款；农村存款；基建单位存款；机关团体存款；财政预算外存款；委托存款轧减委托贷款、委托投资后的贷方余额及其他一般存款。

2. 缴存存款的比例

财政性存款是商业银行代中央银行吸收的存款，属于中央银行的信贷资金来源，商业银行各级机构吸收的财政性存款应全额即100％缴存当地中央银行。

一般性存款属于商业银行的信贷资金来源，缴存一般性存款也称缴存法定存款准备金。中央银行为了控制贷款规模和限制派生存款，扩大商业银行的计提存款准备，规定商业银行应将吸收的一般性存款按规定的比例即法定存款准备金率向中央银行缴存法定存款准备金。法定存款准备金率由中央银行规定，并根据放松或紧缩银根的需要进行调整。2012年5月18日我国法定存款准备金率调整后，大型存款类金融机构为20％，中小型存款类金融机构为16.50％。法定存款准备制度是中央银行实施宏观调控的货币政策工具之一，也是对金融机构进行监督管理的重要手段。

3. 缴存财政性存款的核算

(1)初次缴存财政性存款的核算。商业银行营业机构开业后，第一次向中央银行缴存财政性存款时,应根据有关科目余额,填制缴存财政性存款科目余额表一式两份,并按比例100%计算出应缴金额,向中央银行申请缴存。待收到中央银行回单后使用相关交易进行记账,打印记账凭证,中央银行退回的回单作记账凭证附件,退回的一份缴存财政性存款科目余额表专夹保管。会计分录为:

借:存放中央银行款项——缴存财政性存款
　　贷:存放中央银行款项——准备金存款

(2)调整缴存财政性存款的核算。商业银行初次缴存财政性存款后,还应根据其吸收的财政性存款余额的增减变动,对缴存中央银行的财政性存款按旬调整。即每旬末根据缴存科目余额,按比例100%计算出应缴金额,与缴存财政性存款账户余额进行比较。若缴存财政性存款账户余额小于应缴金额,则应按差额调增补缴,否则应按差额调减退回。

初次缴存金额及调整缴存金额均以千元为单位,千元以下四舍五入。调整缴存应于旬后5日内办理,如遇调整日最后一天为节假日,则可顺延。调整缴存的处理手续与初次缴存基本相同,调增补缴的会计分录与初次缴存一致,调减退回的会计分录与初次缴存相反。

【例8-4】　中国银行上海分行9月20日财政性存款科目余额为77 921 000元。经查,该行9月20日在中央银行的缴存财政性存款账户余额为85 467 000元。

本旬应缴金额=77 921 000-85 467 000=-7 546 000(元)

本旬应调减退回财政性存款为7 546 000元,会计分录为:

借:存放中央银行款项——准备金存款　　　　　　　7 546 000
　　贷:存放中央银行款项——缴存财政性存款　　　　7 546 000

(3)欠缴财政性存款的核算。商业银行调增补缴财政性存款时,若其准备金存款账户余额不足又没有按规定及时调入资金,其不足部分即为欠缴。

商业银行发生欠缴时,也应填制缴存财政性存款科目余额表,对本次能实缴的金额按前述调增补缴的手续办理。对欠缴金额,应及时调入资金进行补缴。中央银行对欠缴金额按欠缴天数和规定比例扣收罚款,欠缴天数从最后调整日起算至欠款收回日的前一日止。

商业银行收到中央银行转来的扣收罚款的特种转账凭证,办理支付罚款转账的会计分录为:

借:营业外支出——罚款支出
　　贷:存放中央银行款项——准备金存款

(4)缴存法定存款准备金的处理。

① 缴存法定存款准备金的核算。商业银行的法定存款准备金由总行统一向中央银行缴存。由于商业银行总行的法定存款准备金与超额存款准备金同存放于中央银行的准备金存款账户,因此,商业银行总行旬末只要确保准备金存款账户余额高于旬末应缴存的法定存款准备金金额即可,不必进行账务处理。

② 存款准备金制度的有关规定:

A. 商业银行法人法定存款准备金按旬调整,于旬后5日内办理。中央银行对商业银行法定存款准备金按旬按法人统一考核,商业银行当旬第五日至下旬第四日每日营业终了时,各行按统一法人存入的准备金存款余额与上旬末该行全行一般存款余额之比,不得低于法定准备金率。

B. 商业银行日终按法人统一存入中央银行的法定准备金存款低于上旬末一般存款余额的法定准备金率,中央银行对其不足部分按每日万分之六的利率处以罚息。

C. 商业银行法人每日应将汇总的全系统一般存款余额表和日计表,报送中央银行。

D. 商业银行法人旬后未按法定准备金率存入法定准备金和未及时向中央银行报送有关报表的,中央银行按有关规定予以处罚。

E. 商业银行法人在中央银行的存款,中央银行于每日日终考核其存款准备金率;日间,只控制其存款账户的透支行为。商业银行分支机构在中央银行的存款,中央银行不考核存款准备金率,只控制其存款账户的透支行为。

F. 商业银行分支机构在中央银行准备金存款账户出现透支,中央银行按有关规定予以处罚。

二、向中央银行借款的核算

商业银行在经营过程中资金头寸不足时,可以向中央银行借款。从中央银行来讲,其对商业银行的贷款,称为再贷款。再贷款是中央银行重要的货币政策工具之一,通过对商业银行发放再贷款,既可以支持商业银行的业务发展,又可以达到实施金融宏观调控的目的。

(一)再贷款的种类

再贷款由中国人民银行总行直接向商业银行总行办理,由商业银行总行集中管理,统借统还,在系统内统一安排使用。再贷款分为年度性贷款、季节性贷款和日拆性贷款。年度性贷款是指商业银行因经济合理增长,引起年度性信贷资金不足,而向中央银行申请的贷款,贷款期限一般为1年,最长不超过2年;季节性贷款是指商业银行因存款季节性下降、贷款季节性上升或信贷资金先支后收等原因引起暂时资金不足,而向中央银行申请的贷款,贷款期限一般为 2 个月,最长不超过 4 个月;日拆性贷款是指商业银行因汇划款项未达和清算资金不足等原因发生临时性资金短缺,而向中央银行申请的贷款,贷款期限一般为 7～10 天,最长不超过 20 天。

(二)会计科目的设置

商业银行应设置"向中央银行借款"科目,该科目属于负债类科目,核算商业银行向中央银行借入的款项。该科目可按借款性质进行明细核算。

商业银行向中央银行借入款项时,应按实际收到的金额,借记"存放中央银行款项"科目,贷记"向中央银行借款"科目;归还借款做相反的会计分录。

资产负债表日,应按计算确定的向中央银行借款的利息费用,借记"利息支出"科目,贷记"应付利息"科目。

该科目期末贷方余额,反映商业银行尚未归还中央银行借款的余额。

(三)向中央银行借款的核算

1. 借入款项的处理

商业银行向中央银行申请再贷款时,应提交再贷款申请书,经中央银行批准后,填制借款凭证提交中央银行。待收到中央银行退回的借款凭证回单及收账通知后,使用相关交易进行记账,打印记账凭证,中央银行退回的借款凭证回单及收账通知作记账凭证附件。会计分录为:

借:存放中央银行款项——准备金存款
　　贷:向中央银行借款——××借款

2. 利息的处理

商业银行在资产负债表日和到期还款日,按计算确定的利息费用计提利息支出。会计分录为:

借:利息支出——向中央银行借款
　　贷:应付利息——××行

中央银行对借款一般按季结息,每季收到中央银行的利息回单时,使用相关交易记账,打印记账凭证,利息回单作记账凭证附件。会计分录为:

借:应付利息——××行
　　贷:存放中央银行款项——准备金存款

3. 到期归还的处理

借款到期,商业银行应填制转账支票或当地央行规定的转账凭证,提交中央银行主动办理借款归还手续。待收到中央银行退回的借款凭证和还款证明后,使用相关交易记账,打印记账凭证,中央银行退回的借款凭证、还款证明和转账支票存根等作记账凭证附件。会计分录为:

借:向中央银行借款——××借款

应付利息——××行

贷:存放中央银行款项——准备金存款

借款到期,商业银行未主动办理还款手续时,若其存款账户有足够的资金,中央银行可以在征得商业银行同意后,填制特种转账凭证收回贷款;若商业银行存款账户余额不足,中央银行应于到期日将贷款转入逾期贷款户,并按规定计收逾期贷款利息。

三、向中央银行再贴现的核算

商业银行因办理贴现业务而引起暂时资金不足,以未到期的已贴现商业汇票向中央银行办理的贴现,称为再贴现。再贴现是中央银行重要的货币政策工具之一,中央银行通过适时调整再贴现总量及利率,调节货币供应量,达到实施金融宏观调控的目的。

(一)再贴现的种类

中央银行办理再贴现的对象,是在中国人民银行及其分支机构开立准备金存款账户的商业银行。再贴现的金额以再贴现的票据到期值为准,扣除再贴现利息后,将其差额作为实付再贴现额支付给申请再贴现的商业银行。再贴现期限从再贴现之日起至汇票到期日止,最长不超过 6 个月。

对再贴现票据的处理,中央银行现有两种操作方式:一种是对再贴现票据进行买断,另一种是进行票据回购。

买断式再贴现是商业银行将未到期的已贴现商业汇票背书转让给中央银行融通资金的行为。再贴现利息按日计算,利率为中央银行发布的再贴现利率,再贴现天数从再贴现之日起至汇票到期的前一日止。汇票到期,中央银行作为票据的债权人向付款人收取票款。

回购式再贴现是商业银行将未到期的已贴现商业汇票质押给中央银行,并约定回购日及回购方式的融资行为。再贴现利息按日计算,利率为中央银行发布的再贴现利率,再贴现天数从再贴现之日起至汇票回购的前一日止。办理回购式再贴现,票据不作背书,不转移票据权利,商业银行于回购日将票据购回,并作为债权人向付款人收取票款。

(二)会计科目的设置

商业银行应设置"贴现负债"科目,该科目属于负债类科目,核算商业银行办理商业票据的再贴现、转贴现等业务所融入的资金。该科目可按贴现类别和贴现金融机构,分别设置"面值"、"利息调整"进行明细核算。

商业银行持贴现票据向中央银行再贴现或向其他金融机构转贴现,应按实际收到的金额,借记"存放中央银行款项"等科目,按贴现票据的票面金额,贷记"贴现负债（面值）"科目，按其差额，借记"贴现负债（利息调整）"科目。

资产负债表日，按计算确定的利息费用，借记"利息支出"科目，贷记"贴现负债（利息调整）"科目。

贴现票据到期，应按贴现票据的票面金额，借记"贴现负债（面值）"科目，按实际支付的金额，贷记"存放中央银行款项"等科目，按其差额，借记"利息支出"科目。存在利息调整的，应同时结转。

该科目期末贷方余额，反映商业银行办理的再贴现、转贴现等业务融入的资金。

(三)买断式再贴现的核算

1. 办理买断式再贴现的处理

商业银行向中央银行申请买断式再贴现时，应填制一式五联再贴现凭证，与商业承兑汇票或银行承兑汇票一并提交中央银行。中央银行审核后按规定的再贴现率计算出再贴现利息和实付再贴现额。

再贴现利息＝再贴现汇票到期值×再贴现天数×(年再贴现率÷360)

实付再贴现额＝再贴现汇票到期值－再贴现利息

商业银行收到中央银行的再贴现款项及退回的第四联再贴现凭证后，使用相关交易记录，打印记账凭证，第四联再贴现凭证作记账凭证附件，并根据再贴现的商业汇票是否带有追索权分别采用不同的方法进行账务处理。

(1)不带追索权的商业汇票再贴现的处理。将不带追索权的商业汇票再贴现，商业银行在转让票据所有权的同时，也将票据到期不能收回票款的风险一并转给了中央银行，商业银行对票据到期无法收回的票款不承担连带责任，即符合金融资产终止确认的条件。在我国，商业银行将银行承兑汇票再贴现，基本上不存在到期不能收回票款的风险，商业银行应将银行承兑汇票再贴现视为不带追索权的票据再贴现业务，按金融资产终止确认的原则进行处理。会计分录为：

借:存放中央银行款项——准备金存款　　　(实际收到的金额)
　　贴现资产——银行承兑汇票贴现——××户(利息调整)

（账面余额）

　　利息支出　　　　　　　(借贷方差额，贷方大于借方时)
贷:贴现资产——银行承兑汇票贴现——××户(面值)

（票面金额）

　　　利息收入　　　　　(借贷方差额，借方大于贷方时)

(2)带追索权的商业汇票再贴现的处理。将带追索权的商业汇票再贴现，商业银行并未转嫁票据到期不能收回票款的风险，商业银行因背书而在法律上负有连带偿还责任,并且直至中央银行收到票款后方可解除。因此,将带追索权的商业汇票再贴现,符合金融资产终止确认的条件。在我国,商业银行将商业承兑汇票再贴现,是一种典型的带追索权的票据再贴现业务,会计上不应终止确认贴现资产,而应将实际收到的再贴现款确认为一项负债。会计分录为:

借:存放中央银行款项——准备金存款　　　　　(实际收到的金额)

贴现负债——××行再贴现负债(利息调整)　　(借贷方差额)

贷:贴现负债——××行再贴现负债(面值)　　　　(票面金额)

2. 再贴现利息调整摊销的处理

再贴现利息调整采用直线法于每月月末摊销,计算公式为:

当月摊销金额＝再贴现利息÷再贴现天数×本月应摊销天数

对于带追索权的商业汇票再贴现业务,商业银行应于资产负债表日和到期收回日,计算本期再贴现利息调整应摊销的金额,并确认为再贴现利息支出。会计分录为:

借:利息支出——再贴现利息支出

贷:贴现负债——××行再贴现负债(利息调整)

3. 买断式再贴现到期收回的处理

买断式再贴现汇票到期,再贴现中央银行作为持票人直接向付款人收取票款。中央银行填制委托收款凭证与汇票一并交付款人办理收款。付款人在异地的,应在汇票到期前,匡算付款人的邮程,提前办理委托收款。第二联委托收款凭证与再贴现凭证一并暂存,待款项划回后,据以处理账务。

对于不带追索权的商业汇票再贴现业务,由于商业银行于再贴现发放时已终止确认贴现资产,因此,汇票到期时商业银行无需进行账务处理。对于带追索权的商业汇票再贴现业务,票据到期时商业银行应根据不同的情况进行账务处理。

(1)票据的付款人于汇票到期日将票款足额付给再贴现中央银行,商业银行未收到有关追索债务的通知,则商业银行因票据再贴现而产生的负债责任解除,应将贴现负债和与之对应的贴现资产对冲。会计分录为:

借:贴现负债——××行再贴现负债(面值)　　　　(票面金额)

贷:贴现资产——商业承兑汇票贴现——××户(面值)

(票面金额)

借:利息支出——再贴现利息支出

贷:贴现负债——××行再贴现负债(利息调整)

(2)如果票据的付款人于汇票到期日未能向再贴现中央银行足额支付票

款,再贴现中央银行收到付款人开户银行退回的委托收款凭证、汇票和拒付理由书或付款人未付票款通知书后,应追索票款,从申请再贴现的商业银行账户收取(若商业银行存款账户不足支付,则不足部分作为逾期贷款),办理转账后将收款通知连同汇票和拒付理由书或付款人未付票款通知书交给商业银行。商业银行收到中央银行从其存款账户中收取再贴现票款的通知,审核无误后进行账务处理。会计分录为:

借:贴现负债——××行再贴现负债(面值) 　　(票面金额)
　　贷:存放中央银行款项——准备金存款 　　(可支付部分)
　　　　向中央银行借款——逾期贷款 　　(不足支付部分)
借:利息支出——再贴现利息支出
　　贷:贴现负债——××行再贴现负债(利息调整)

商业银行应继续向贴现申请人追索票款,先从其存款账户中收取,存款账户不足支付的,不足支付部分作逾期贷款处理。会计分录为:

借:吸收存款——单位活期存款——××单位 　　(可支付部分)
　　贷款——逾期贷款——××户 　　(不足支付部分)
　　贷:贴现资产——商业承兑汇票贴现——××户(面值)

　　　　　　　　　　　　　　　　　　　　　　(票面金额)
借:贴现资产——商业承兑汇票贴现——××户 　　(利息调整)
　　贷:利息收入——贴现利息收入

(四)回购式再贴现的核算

1. 办理回购式再贴现的处理

商业银行办理回购式再贴现的处理手续与买断式再贴现基本相同。中央银行对商业银行的回购式再贴现申请审批同意后,应与申请再贴现的商业银行签订回购合同,约定票据回购日,票据回购日不得为法定节假日,且不得超过汇票到期日前 7 天。办理回购式再贴现,票据不需要背书给中央银行,票据权利人仍为申请再贴现的商业银行,因此,商业银行不应终止确认贴现资产,而应将实际收到的再贴现款确认为一项负债。会计分录为:

借:存放中央银行款项——准备金存款 　　(实际收到的金额)
　　贴现负债——××行再贴现负债(利息调整) 　　(借贷方差额)
　　贷:贴现负债——××行再贴现负债(面值) 　　(票面金额)

2. 再贴现利息调整摊销的处理

再贴现利息调整采用直线法于每月月末摊销,商业银行应于资产负债表日和到期收回日,计算本期再贴现利息调整应摊销的金额,确认为再贴现利息支出。会计分录为:

借:利息支出——再贴现利息支出

　　贷:贴现负债——××行再贴现负债(利息调整)

3. 回购式再贴现回购的处理

回购日,根据回购合同约定的回购方式,由商业银行主动向中央银行送交转账支票及进账单回购再贴现的商业汇票,或由中央银行直接从再贴现商业银行的准备金存款账户划收票款(商业银行未主动送交支票的,也可由中央银行从其存款账户直接扣收),并将再贴现票据交还商业银行。中央银行划(扣)收票款时,若商业银行存款账户余额不足,则不足部分作逾期贷款处理。商业银行回购再贴现票据的会计分录为:

借:贴现负债——××行再贴现负债(面值)　　　　(票面金额)

　　贷:存放中央银行款项——准备金存款　　　　　(可支付部分)

　　　　向中央银行借款——逾期贷款　　　　　　(不足支付部分)

借:利息支出——再贴现利息支出

　　贷:贴现负债——××行再贴现负债(利息调整)

【例8-5】　2012年4月1日,HKB银行持已贴现尚未到期的银行承兑汇票向中央银行申请办理买断式再贴现,汇票面额为1 000 000元,7月5日到期,再贴现率为3.6%,承兑银行在异地。HKB银行办理再贴现时,该银行承兑汇票"贴现资产(面值)"账户借方余额为1 000 000元,"贴现资产(利息调整)"账户贷方余额为12 250元。

再贴现天数应从2012年4月1日算至7月4日,再另加3天的划款期,共98天。

再贴现利息=1 000 000×98×3.6%÷360=9 800(元)

实付再贴现金额=1 000 000-9 800=990 200(元)

HKB银行编制办理买断式再贴现的会计分录如下:

借:存放中央银行款项——准备金存款户　　　　　　　　990 200

　　贴现资产——银行承兑汇票贴现——三禾公司(利息调整)

　　　　　　　　　　　　　　　　　　　　　　　　　　12 250

　　贷:贴现资产——银行承兑汇票贴现——三禾公司(面值)

　　　　　　　　　　　　　　　　　　　　　　　　　1 000 000

　　　　利息收入　　　　　　　　　　　　　　　　　　　2 450

【例8-6】　沿用【例8-5】的资料,假设2012年4月1日,HKB银行持已贴现尚未到期的商业承兑汇票向中央银行申请办理买断式再贴现,中央银行到期收回票款。其他资料不变。

HKB银行编制会计分录如下:

(1)2012 年 4 月 1 日,HKB 银行办理买断式再贴现时:

借:存放中央银行款项——准备金存款   990 200

  贴现负债——××行再贴现负债(利息调整)   9 800

  贷:贴现负债——××行再贴现负债(面值)   1 000 000

(2)2012 年 4 月 30 日,HKB 银行摊销再贴现利息调整时:

当月摊销金额＝9 800÷98×30＝3 000(元)

借:利息支出——再贴现利息支出   3 000

  贷:贴现负债——××行再贴现负债(利息调整)   3 000

(3)2012 年 5 月 31 日,HKB 银行摊销再贴现利息调整时:

当月摊销金额＝9 800÷98×31＝3 100(元)

借:利息支出——再贴现利息支出   3 100

  贷:贴现负债——××行再贴现负债(利息调整)   3 100

(4)2012 年 6 月 30 日,HKB 银行摊销再贴现利息调整时:

当月摊销金额＝9 800÷98×30＝3 000(元)

借:利息支出——再贴现利息支出   3 000

  贷:贴现负债——××行再贴现负债(利息调整)   3 000

(5)2012 年 7 月 8 日,中央银行到期收回票款,HKB 银行因票据再贴现而产生的负债责任解除,应将贴现负债和与之对应的贴现资产对冲。会计分录为:

借:贴现负债——××行再贴现负债(面值)   1 000 000

  贷:贴现资产——商业承兑汇票贴现——三禾公司(面值)

                     1 000 000

同时,摊销再贴现利息调整:

当月摊销金额＝9 800÷98×7＝700(元)

借:利息支出——再贴现利息支出   700

  贷:贴现负债——××行再贴现负债(利息调整)   700

【例 8-7】 沿用例 8-5 的资料,假设 2012 年 4 月 1 日,HKB 银行持已贴现尚未到期的商业承兑汇票向中央银行申请办理买断式再贴现。2012 年 7 月 8 日,中央银行收到付款人开户行寄来的付款人未付款项通知书及退回的托收凭证、汇票,从再贴现申请人 HKB 银行账户收取票款,但 HKB 银行准备金存款账户只有 80 万元。其他资料不变。

HKB 银行编制会计分录如下:

(1)~(4)的会计分录同例 8-6。

(5)2012 年 7 月 8 日,HKB 银行收到中央银行从其存款账户中收取再贴现票款的通知时,会计分录为:

借:贴现负债——××行再贴现负债(面值) 　　　　　　　　　1 000 000
　　贷:存放中央银行款项——准备金存款 　　　　　　　　　　800 000
　　　　向中央银行借款——逾期贷款 　　　　　　　　　　　　200 000

同时,摊销再贴现利息调整:

当月摊销金额＝9 800÷98×7＝700(元)

借:利息支出——再贴现利息支出 　　　　　　　　　　　　　　700
　　贷:贴现负债——××行再贴现负债(利息调整) 　　　　　　　700

　　【例8-8】 沿用例8-5的资料,假设2012年4月1日,HKB银行持已贴现尚未到期的商业承兑汇票向中央银行申请办理回购式再贴现,双方约定票据回购日为2012年6月21日,HKB银行于票据回购日,主动向中央银行回购再贴现的商业承兑汇票。其他资料不变。

　　回购天数从2012年4月1日算至6月20日,共81天。

　　回购利息＝1 000 000×81×3.6%÷360＝8 100(元)

　　实付票据回购金额＝1 000 000－8 100＝991 900(元)

　　HKB银行编制会计分录如下:

　　(1)2012年4月1日,HKB银行办理回购式再贴现时:

借:存放中央银行款项——准备金存款 　　　　　　　　　　　991 900
　　贴现负债——××行再贴现负债(利息调整) 　　　　　　　　8 100
　　贷:贴现负债——××行再贴现负债(面值) 　　　　　　　1 000 000

　　(2)2012年4月30日,HKB银行摊销再贴现利息调整时:

当月摊销金额＝8 100÷81×30＝3 000(元)

借:利息支出——再贴现利息支出 　　　　　　　　　　　　　3 000
　　贷:贴现负债——××行再贴现负债(利息调整) 　　　　　　3 000

　　(3)2012年5月31日,HKB银行摊销再贴现利息调整时:

当月摊销金额＝8 100÷81×31＝3 100(元)

借:利息支出——再贴现利息支出 　　　　　　　　　　　　　3 100
　　贷:贴现负债——××行再贴现负债(利息调整) 　　　　　　3 100

　　(4)2012年6月21日,HKB银行回购再贴现的商业承兑汇票时:

借:贴现负债——××行再贴现负债(面值) 　　　　　　　　　1 000 000
　　贷:存放中央银行款项——准备金存款 　　　　　　　　　1 000 000

同时,摊销再贴现利息调整:

当月摊销金额＝8 100÷81×20＝2 000(元)

借:利息支出——再贴现利息支出 　　　　　　　　　　　　　2 000
　　贷:贴现负债——××行再贴现负债(利息调整) 　　　　　　2 000

第四节　同城票据交换业务的核算

金融机构往来中,很重要的一部分是同城票据交换。由于银行机构的增加,银行之间的往来更加频繁。在同城的结算中,大量与结算业务有关的收付款单位在同城的不同行处开户。同城的银行之间业务往来交叉,业务量大,联系密切。如果每笔票据业务都采取逐笔送交对方行转账或逐笔清偿款项方式,必然使核算工作繁重,延缓凭证传递,也会减缓资金周转。因此有必要对同城的各行处之间的资金账务往来采取同城票据交换的办法,简化核算手续,加快凭证传递,缩短资金清算时间。在我国,各大、中城市已经建立了同城票据交换所,交换和清算相互之间的票据。

一、同城票据交换的概念和意义

同城票据交换是同一票据交换区内各行处之间相互代收、代付票据,每日按规定时间到指定地点集中进行交换,当场轧算的业务活动。这里所称的票据是指银行的全部会计凭证。同城票据交换业务主要采用票据自动清分系统在同城票据清算中心进行资金清算。所谓的"同城",过去主要局限于一个城市的范围,可以是直辖市,也可以是县级市。但现在由于交通、计算机和网络的飞速发展,票据无纸化的应用,同城票据交换已经扩展到周边地区,由同城票据交换向"区域票据交换中心"转变。例如,京津票据交换区包括北京、天津、唐山等城市;上海票据交换区包括上海和苏州等周边地区。

在同一城市和毗邻地区范围内由人民银行(或委托银行)统一组织各商业银行进行票据交换清算的意义在于:其一,可以加速有关银行间的凭证传递,加速资金周转,提高结算效率;其二,可以简化各商业银行间的往来核算手续,及时清算银行间的往来占款,有利于各行处的业务经营。

二、同城票据交换的基本原理

同城票据交换与清算业务所使用的同城票据清分清算系统,从最初的手工清算系统发展为同城跑盘清算系统、同城网络清算系统和同城清分机清算系统等,清算工作中数据收集、传递及票据清分、传递的方式发生了变化,同城资金清算的效率和质量显著提高,但其基本原理并没有改变。

同城票据交换分为提出票据和提入票据,通过票据交换所向他行提出票据的银行为提出行,通过票据交换所从他行提入票据的银行为提入行(如图8-4所示)。参加票据交换的银行一般既是提出行又是提入行(如图8-5所示)。

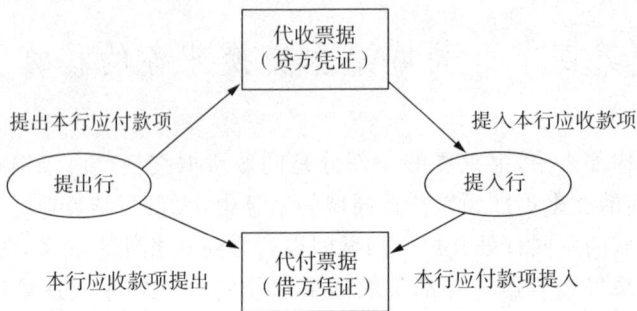

图 8-4　同城票据交换的提出行和提入行

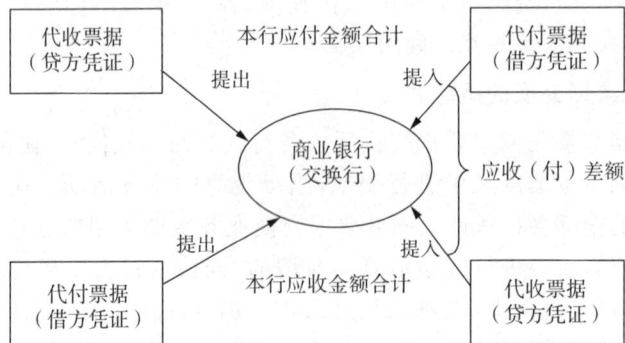

图 8-5　同城票据交换差额的轧计

　　商业银行提出交换的票据可分为两类:①代收票据。代收票据也称贷方凭证,是指以本行开户单位为付款人,向他行开户单位付款的各种结算凭证。如持票人将以本行开户单位为出票人的支票提示付款时提交给本行的进账单,以本行开户单位为付款人的代发工资凭证、划转税款凭证等。②代付票据。代付票据也称借方凭证,是指以本行开户单位为收款人,向他行开户单位收款的各种结算凭证。如以本行开户单位为收款人解入的支票、银行本票、银行汇票等。

　　提出行提出代收票据(贷方凭证)表示本行应付款项,与之相对应,提入行提入代收票据则表示本行应收款项;提出行提出代付票据(借方凭证)表示本行应收款项,提入行提入代付票据则表示本行应付款项(如图 8-4 所示)。由于参加票据交换的商业银行一般既是提出行又是提入行,因此,在每场票据交换中,各行应收和应付金额合计分别为:

　　应收金额合计=提出的代付票据(借方凭证)金额+提入的代收票据(贷方凭证)金额

应付金额合计＝提出的代收票据(贷方凭证)金额＋提入的代付票据(借方凭证)金额

各行在每场交换中应当场加计应收和应付金额合计,并轧计出应收或应付差额,如应收金额合计大于应付金额合计,则其差额为应收差额;如应付金额合计大于应收金额合计,则其差额为应付差额(如图8－5所示)。最后由票据交换所汇总轧平各行的应收、应付差额,并转交中央银行办理转账,清算差额。

三、同城票据交换的相关规定

同城票据交换是同城或同一票据交换区内各商业银行将相互代收、代付的票据,每日定时定点集中相互交换,并轧差清算资金。主要处理实物票据不能截留的跨行支票、本票、银行汇票以及跨行代收、代付的其他纸质凭证。

同城票据交换由当地中央银行统一组织实施和管理,制定票据交换的具体办法,设立票据交换所集中进行票据交换,并根据当地实际情况确定同城票据交换的场次,一般每日设置两场交换,上午和下午各一场,并规定具体交换时间。

参加票据交换的商业银行各行处应向当地中央银行申请同城票据交换号,经审查同意并核发交换号后,方可按规定时间参加交换。

同城票据交换的资金清算,可由参加票据交换的商业银行各行处分别在当地中央银行开立清算账户,分别与中央银行进行资金清算;也可以其管辖行作为清算行在中央银行开立清算账户,统一与中央银行进行资金清算,然后管辖行再通过系统内往来与辖属各行处进行二次清算。

参加票据交换的商业银行各行处必须坚持"及时处理、差额清算,先借后贷、收妥抵用,银行不予垫款"的原则。

四、同城票据交换的核算

(一)会计科目的设置

商业银行应设置"清算资金往来"科目,该科目属于资产负债共同类科目,核算商业银行间业务往来的资金清算款项。该科目可按资金往来单位,分别设置"同城票据清算"、"信用卡清算"等科目进行明细核算。商业银行发生其他资金清算业务,收到清算资金时,借记"存放中央银行款项"等科目,贷记"清算资金往来"科目;划付清算资金时做相反的会计分录。该科目期末借方余额,反映商业银行应收的清算资金;期末贷方余额,反映商业银行应付的清算资金。以下具体阐述该科目在同城票据清算业务中的具体运用。

(二)具体业务的核算

目前,同城票据交换与清算业务所使用的同城票据清分清算系统,是利用清分机、影像设备、计算机网络等现代科学技术,实现多方信息共享的票据清分和资金清算自动化处理系统。与传统的手工分拣票据模式相比,改由清分机对票据进行自动交换、清分,并轧出资金清算差额,可满足大量票据约时清分和清算的需要。

1. 提出票据的处理

柜员收到客户提交的需通过同城交换提出的票据,审核无误后,使用相关交易进行记账,汇划渠道选择"交换提出"。交易成功后打印记账凭证,系统自动登记同城票据提出登记簿。每日定时,各柜员将提出交换的票据交票据交换员提出交换。

(1)提出贷方凭证(如进账单)的会计分录为:

借:吸收存款——××存款——××付款人
　　贷:清算资金往来——同城票据清算

(2)提出借方凭证,根据"收妥入账"的原则,分别不同情况进行处理。

① 对于即时抵用的票据,如银行本票、银行汇票等,应及时将资金划入客户账内。会计分录为:

借:清算资金往来——同城票据清算
　　贷:吸收存款——××存款——××收款人

② 对于收妥抵用的票据,如转账支票等,先将应收票款计入"其他应付款"账户。会计分录为:

借:清算资金往来——同城票据清算
　　贷:其他应付款——同城清算提出

若超过规定的退票时间,未发生退票,再将资金划入客户账内:

借:其他应付款——同城清算提出
　　贷:吸收存款——××存款——××收款人

2. 票据交换所的处理

票据交换所收到各提出行的提出票据后,由票据清分机自动按提入行进行清分,将票据放入各提入行的箱夹,并对通过票据清分机的票据进行数据清算,轧计出各行本场次票据交换中应收金额合计和应付金额合计以及应收或应付差额,并汇总轧平各行的应收、应付差额后产生"交换差额报告单",打印出各交换行的提回明细清单。然后,票据交换所将各提入行箱夹中的票据连同"交换差额报告单"和提回明细清单,按提入行整理并封装交换包,待交换行在规定时间提回。

3. 提入票据的处理

票据交换员提回交换包,将提入票据、交换差额报告单及清单等移交柜

员。柜员审核无误后使用相关交易进行处理,打印记账凭证,系统自动登记同城票据提入登记簿。会计分录为:

（1）提入贷方凭证时:

借:清算资金往来——同城票据清算

　　贷:吸收存款——××存款——××收款人

（2）提入借方凭证时:

借:吸收存款——××存款——××付款人

　　贷:清算资金往来——同城票据清算

4. 交换轧差资金清算的处理

柜员进行交换轧差交易处理,将提入的票据头寸与提出的票据头寸进行轧差,并与当地中央银行清算差额。

（1）若为应收差额,会计分录为:

借:存放中央银行款项——准备金存款

　　贷:清算资金往来——同城票据清算

（2）若为应付差额,会计分录为:

借:清算资金往来——同城票据清算

　　贷:存放中央银行款项——准备金存款

5. 退票的处理

当提入行误提他行票据、提入有错误的票据(如账号与户名不符、大小写金额不一致等)、提入付款人账户资金不足支付的票据等,均要办理退票。

（1）提入票据退票的处理。提入行提入的票据由于各种原因不能办理转账,需要退票时,应在规定的退票时间内电话通知原提出行,等下次票据交换时进行实物退票,并将待退票据视同提出票据列入下次清算。由于待退票据款项已列入本次清算差额,为保持本次"清算资金往来"余额与清算差额一致,便于账务平衡和核查,对待退票款项应列入应收或应付科目核算。会计分录为:

① 对提入的贷方凭证(如进账单)需要退票时:

借:清算资金往来——同城票据清算

　　贷:其他应付款——同城清算退票

下次交换提出退票时:

借:其他应付款——同城清算退票

　　贷:清算资金往来——同城票据清算

② 对提入的借方凭证(如空头支票)需要退票时:

借:其他应收款——同城清算退票

　　贷:清算资金往来——同城票据清算

下次交换提出退票时：

借：清算资金往来——同城票据清算

　　贷：其他应收款——同城清算退票

（2）提出票据退票的处理。提出行接到退票通知后，如查明确属本行提出的票据，在登记簿中注明退票的理由和时间，下次票据交换时将退回的票据视同提入票据处理。会计分录为：

① 提出的贷方凭证发生退票，下次交换提入退票时：

借：清算资金往来——同城票据清算

　　贷：吸收存款——××存款——××付款人

② 提出的借方凭证发生退票，下次交换提入退票时：

借：其他应付款——同城清算提出

　　贷：清算资金往来——同城票据清算

【例 8-9】　8 月 6 日，F 市同城票据交换所纳入当日第一场票据交换轧差的各交换行提出和提入票据如下（假设未发生退票）：

（1）中国建设银行某分行提出转账支票金额 567 000 元，提出进账单金额 216 000 元；提入银行本票金额 127 000 元，提入进账单金额 438 000 元。

（2）招商银行某分行提出银行本票金额 7 200 元，提出进账单金额 33 800 元；提入转账支票金额 21 600 元，提入进账单金额 8 600 元。

（3）中国工商银行某分行提出银行汇票金额 243 200 元，提出进账单金额 249 900 元；提入转账支票金额 738 600 元，提入进账单金额 122 900 元。

假设各交换行均为清算行，且在中央银行的备付金存款账户有足够的资金清算票据交换差额。根据上述资料，编制各交换行的会计分录，计算各交换行应收（付）差额并与中央银行清算差额。

各交换行有关账务处理如下：

（1）编制各交换行的会计分录。

① 中国建设银行某分行编制会计分录如下：

A. 提出转账支票（借方票据、代付票据，收妥抵用）时：

借：清算资金往来——同城票据清算　　　　　　　567 000

　　贷：其他应付款——同城清算提出　　　　　　　　567 000

超过退票时间，未发生退票时：

借：其他应付款——同城清算提出　　　　　　　　567 000

　　贷：吸收存款——××存款——××收款人　　　　567 000

B. 提出进账单（贷方票据、代收票据）时：

借:吸收存款——××存款——××付款人 216 000

  贷:清算资金往来——同城票据清算 216 000

C. 提入银行本票(借方票据、代付票据)时:

借:吸收存款——××存款——××付款人 127 000

  贷:清算资金往来——同城票据清算 127 000

D. 提入进账单(贷方票据、代收票据)时:

借:清算资金往来——同城票据清算 438 000

  贷:吸收存款——××存款——××收款人 438 000

② 招商银行某分行编制会计分录如下:

A. 提出银行本票(借方票据、代付票据,即时抵用)时:

借:清算资金往来——同城票据清算 7 200

  贷:吸收存款——××存款——××收款人 7 200

B. 提出进账单(贷方票据、代收票据)时:

借:吸收存款——××存款——××付款人 33 800

  贷:清算资金往来——同城票据清算 33 800

C. 提入转账支票(借方票据、代付票据)时:

借:吸收存款——××存款——××付款人 21 600

  贷:清算资金往来——同城票据清算 21 600

D. 提入进账单(贷方票据、代收票据)时:

借:清算资金往来——同城票据清算 8 600

  贷:吸收存款——××存款——××收款人 8 600

③ 中国工商银行某分行编制会计分录如下:

A. 提出银行汇票(借方票据、代付票据,即时抵用)时:

借:清算资金往来——同城票据清算 243 200

  贷:吸收存款——××存款——××收款人 243 200

B. 提出进账单(贷方票据、代收票据)时:

借:吸收存款——××存款——××付款人 249 900

  贷:清算资金往来——同城票据清算 249 900

C. 提入转账支票(借方票据、代付票据)时:

借:吸收存款——××存款——××付款人 738 600

  贷:清算资金往来——同城票据清算 738 600

D. 提入进账单(贷方票据、代收票据)时:

借:清算资金往来——同城票据清算 122 900

  贷:吸收存款——××存款——××收款人 122 900

(2)计算各交换行应收(付)差额。

① 中国建设银行某分行应收差额计算如下：

应收金额合计＝567 000＋438 000＝1 005 000

应付金额合计＝216 000＋127 000＝343 000

应收差额＝1 005 000－343 000＝662 000

② 招商银行某分行应付差额计算如下：

应收金额合计＝7 200＋8 600＝15 800

应付金额合计＝33 800－21 600＝55 400

应付差额＝55 400－15 800＝39 600

③ 中国工商银行某分行应付差额计算如下：

应收金额合计＝243 200＋122 900＝366 100

应付金额合计＝249 900＋738 600＝988 500

应付差额＝988 500－366 100＝622 400

(3)各交换行与中央银行清算差额。

① 中国建设银行某分行与中央银行清算差额的会计分录为：

借:存放中央银行款项——准备金存款　　　　　　　　662 000

　　贷:清算资金往来——同城票据清算　　　　　　　　　662 000

② 招商银行某分行与中央银行清算差额的会计分录为：

借:清算资金往来——同城票据清算　　　　　　　　　39 600

　　贷:存放中央银行款项——准备金存款　　　　　　　　39 600

③ 中国工商银行某分行与中央银行清算差额的会计分录为：

借:清算资金往来——同城票据清算　　　　　　　　　622 400

　　贷:存放中央银行款项——准备金存款　　　　　　　　622 400

调研与实践题:

组织学生实地调研分属于不同系统的两家银行之间发生的往来业务,启发学生思考并从中把握不同系统银行之间往来业务的核算流程。

复习思考题:

1. 金融机构往来包括哪些内容?

2. 再贷款有哪些种类?

3. 什么是同城票据交换?简述同城票据交换的基本原理。

4. 什么是同业拆借?同业拆借应通过什么方式办理?

5. 简述转贴现的定义与种类。

账务处理题:

1. 工商银行甲分行 A 分理处受客户天翔公司委托,将 6 万元货款汇给中国建设银行乙分行 B 分理处开户客户楚汉商贸集团。

要求:完成中国工商银行甲分行 A 分理处、中国建设银行甲分行及中国建设银行乙分行 B 分理处有关会计分录。

2. 20××年 10 月 10 日,中国建设银行甲支行因资金紧张向本系统乙支行借款 65 万元,期限 1 个月,月利率 3.5‰。双方签订借贷协议后通过中央银行划款。11 月 10 日,甲支行开出账支票,本息一并归还乙支行。

要求:完成资金拆借与归还时,中国建设银行甲支行、乙支行以及同级中央银行分支行会计分录。

3. 中国工商银行甲分行 A 分理处,其开户单位极北商贸集团,要求将 120 万元货款汇往中国建设银行乙分行 B 分理处,收款人为在该行开户的江南公司。中国工商银行甲分行 A 分理处审核后予以办理。

要求:编制中国工商银行甲分行 A 分理处、中国建设银行乙分行 B 分理处以及中央银行同级分支机构有关会计分录。

推荐拓展阅读:

1. 中国人民银行,《支付结算管理办法》(1997 年)。
2. 全国人民代表大会常务委员会,《中华人民共和国票据法》(1996 年)。

第九章 现代化支付系统的核算

本章导读

近年来,伴随着金融信息化和人民币国际化的浪潮,互联网、移动通信、生物识别、智能卡等新兴技术正深刻改变着人们的支付方式和习惯。面对奔涌的时代潮流,商业银行作为支付清算的参与主体,始终以提供支付服务、保障交易安全、促进经济发展为宗旨,在支付变革的浪潮中切实履行着自己的责任和义务,为中国的现代化支付体系建设和运行发挥了重要作用。

掌握知识和能力要点描述:

(1)了解中国现代化支付系统的主要应用系统及支撑的支付结算工具,大、小额支付系统及网上支付跨行清算系统的体系结构、参与者;

(2)理解大、小额支付系统及网上支付跨行清算系统处理的支付结算业务及基本业务处理流程;

(3)掌握大额支付系统一般普通贷记业务的核算,小额支付系统普通贷记、借记业务、轧差与资金清算的核算;

(4)理解大额支付系统城市商业银行银行汇票业务的核算;小额支付系统定期贷记、实时贷记、定期借记、实时借记、跨行通存通兑业务的核算;网上支付跨行清算系统的核算。

第一节 中国现代化支付系统简介

一、中国现代化支付系统概念

中国现代化支付系统(China National Advanced Payment System,CNAPS)是中央银行根据我国支付清算的需要,利用现代计算机技术和通信网络开发建设的,能够高效、安全地处理各银行办理的异地、同城各种支付业务及其资金清算和货币市场交易资金清算的应用系统。

中国现代化支付系统是我国支付体系的中枢,中央银行作为我国支付体系的参与者和管理者,自 2005 年起相继在全国建成了包括大额支付系统(2005)、小额支付系统(2006)和支票影像交换系统(2007)等主要应用的第一代支付系统。从 2009 年起,中央银行着手建设第二代支付系统,在继承第一代支付系统主要功能的基础上,对系统进行了重新设计和定位。比如,提供了灵活的接入方式和清算模式,支持银行业金融机构以其法人(总行、总部)一点接入现代化支付系统,所有通过支付系统处理的支付业务均通过法人开设的单一清算账户集中进行资金清算,以适应银行业金融机构集约化经营的需要;进一步完善了流动性风险管理功能,使银行业金融机构能及时灵活地掌握清算账户头寸,提高其资金使用效率;新建了网上支付跨行清算系统(2010),支持银行业金融机构之间网银业务跨行处理,有效地促进了银行业金融机构中间业务的发展。各类跨行支付清算系统的建成运行,为银行业金融机构和金融市场参与者构建了跨行清算的高速公路。目前,我国已建成以中国现代化支付系统为核心,银行业金融机构行内业务系统为基础,票据支付系统、银行卡支付系统等为重要组成部分,行业清算组织和互联网支付服务组织业务系统为补充的支付清算网络体系,对加快社会资金周转,提高支付清算效率,促进国民经济健康发展发挥着越来越重要的作用。

二、中国现代化支付系统的应用系统

中国现代化支付系统(第二代支付系统,下同)的应用系统以清算账户管理系统为核心,大额支付系统、小额支付系统、支票影像交换系统、网上支付跨行清算系统为业务应用子系统,支付管理信息系统为辅助支持系统,其架构如图 9-1 所示。

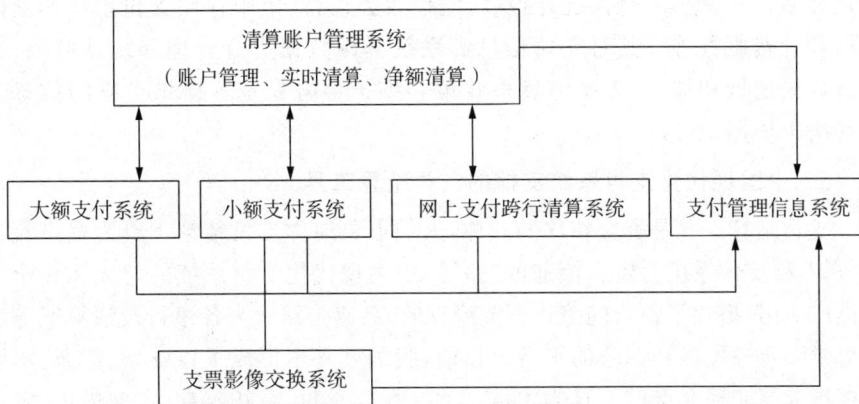

图 9-1 中国现代化支付系统应用系统架构图

清算账户管理系统(SAPS)是现代化支付系统的核心支持系统,通过集中存储和管理清算账户,处理大额支付系统、小额支付系统、网上支付跨行清算系统等业务系统的资金清算,以及中央银行会计核算系统发起的现金存取、再贷款、再贴现等单边业务和同城轧差净额业务。

大额支付系统(HVPS)采取逐笔实时发送支付指令,全额清算资金。该系统处理同城和异地商业银行跨行之间和行内的每笔金额在规定起点以上的大额贷记支付业务和紧急的小额贷记支付业务,中央银行会计和国库部门办理的贷记支付业务,以及公开市场操作、债券交易等的即时转账业务。

小额支付系统(BEPS)采取批量发送支付指令,轧差净额清算资金。该系统处理同城和异地纸凭证截留的商业银行跨行之间的借记支付业务和每笔金额在规定起点以下的小额贷记支付业务,以及中央银行会计和国库部门办理的借记支付业务。

网上支付跨行清算系统(IBPS)即网银互联系统(俗称超级网银),采取逐笔实时发送支付指令,轧差净额清算资金。该系统处理跨行(同行)网上支付、电话支付、手机支付等新兴电子支付业务,跨行账户信息查询以及在线签约等业务。网银互联系统实现了各商业银行网银系统互联互通,为社会提供更为高效、便捷的电子支付清算服务,同时作为大小额支付系统运行时序上的有益补充。

支票影像交换系统(CIS)综合运用影像技术和支付密码等技术,将纸质支票转换为影像和电子信息,实现纸质支票截留,利用网络技术将支票影像和电子清算信息传递至出票人开户行进行提示付款,付款回执通过小额支付系统返回,由小额支付系统统一纳入轧差并提交清算,实现支票的全国通用。该系统处理银行机构跨行和行内的支票影像信息交换。

支付管理信息系统(PMIS)是现代化支付系统的辅助支持系统,主要负责管理行名行号、统计分析、统计报表、监控业务运行、集中存储支付系统的基础数据和计费服务等。其对支付信息和系统基础数据进行管理和统计监测,并进行数据挖掘和加工,为制定货币政策和维护金融稳定等提供可靠的信息支持和决策依据。

三、中国现代化支付系统支撑的支付结算工具

支付结算工具是资金转移的载体,人们形象地称支付结算工具为资金流通的"车",称支付系统为资金流通的"路"。中国现代化支付系统的建成和在全国的推广应用,搭建了银行间跨行资金清算的"高速公路",为各银行及清算服务组织提供了业务发展和创新的平台。目前,我国已基本形成了以支票、汇票、本票和银行卡等非现金支付工具为主体,汇兑、托收承付、委托收款、定期借记、定期贷记等结算方式为补充,网上支付、手机支付等电子支付方式为新兴发展方向的

非现金支付工具体系,为社会提供高效、便捷、安全、灵活的支付清算服务。

中国现代化支付系统支撑的国内使用的支付结算工具,主要有贷记支付工具、借记支付工具和其他支付工具,具体见表 9-1 所列。

表 9-1　现代化支付系统支撑的支付结算工具(国内)分类表

类　别	支付工具名称	适用范围和特点
贷记支付	汇兑	用于企业、政府、银行间及个人消费者异地、同城资金划拨和支付。
	委托收款	主要用于同城、异地的商业性支付,资金划回收款人时通过支付系统处理。
	托收承付	用于异地的商业性支付,资金划回收款人时通过支付系统处理。
	定期贷记	用于同城、异地的定期支付,如个人工资、保险金发放的支付。
	实时贷记	用于同城、异地通存业务、代收付中心发起的实时代付业务等。
	网银贷记	用于同城、异地客户或第三方支付服务组织依照客户委托,依托互联网发起的电子支付业务。
借记支付	银行汇票	用于异地的商业、个人消费或其他支付。
	国内信用证	用于异地商业性支付。
	银行本票	用于票据交换区域内的商业和个人消费性支付。
	支票	用于全国范围内的商业和个人消费性支付。
	旅行支票	未来提供给个人用于异地旅行时的消费性支付。
	定期借记	用于同城、异地的支付,如房租、水电费、电话费、税款的收取。
	实时借记	用于同城、异地通兑业务、代收付中心发起的实时代收业务等。
	网银借记	用于同城、异地客户依托互联网发起的电子支付业务。
其他工具	商业汇票	用于同城、异地的商业性支付,通过银行委托收款,资金划回时通过支付系统处理。
	银行卡	主要用于同城、异地的小额商业、消费性支付。

第二节　大额支付系统的核算

一、大额支付系统的体系结构

大额支付系统采取"两级两层"结构,第一层为国家处理中心(NPC),第二层为城市处理中心(CCPC),NPC 分别与各 CCPC 连接,其体系结构如图 9-2 所示。

其中,中央银行会计核算数据集中系统(ACS)和中央银行国库核算数据集中系统(TCBS)一点接入大额支付系统 NPC 处理相关支付业务。中央银行会计集中核算系统(ABS)和中央银行国库会计核算系统(TBS)在向 ACS、TCBS 切换前(即过渡期间)仍通过当地 CCPC 分散接入大额支付系统处理相关支付业务。

商业银行行内业务系统由商业银行根据业务发展和系统数据集中情况,选择由其法人(总行、总部)一点接入大额支付系统 NPC 或所在地 CCPC,也可由其分支机构分散接入所在地 CCPC,处理商业银行的支付清算业务。

中央债券综合业务系统、中国银联银行卡跨行支付信息交换系统、电子商业汇票系统(ECDS)分别与大额支付系统 NPC 一点连接,全国银行间外汇交易系统和同业拆借系统与大额支付系统上海 CCPC 连接,城市商业银行银行汇票业务处理系统与大额支付系统上海 CCPC 连接。

二、大额实时支付系统的参与者

办理支付结算业务的银行、城市信用社、农村信用社以及其他特许机构,经中央银行批准并申请支付系统行号后(大额支付系统行号与小额支付系统行号为同一行号),可以作为大额支付系统的参与者,通过该系统进行款项划拨与清算。大额支付系统的参与者分为直接参与者、间接参与者和特许参与者。

直接参与者是中国人民银行总行(库)、尚未实现向 ACS 系统数据集中的中国人民银行分支行以及在中国人民银行开设清算账户的银行业金融机构。银行业金融机构在中国人民银行开设的清算账户是指经中国人民银行批准经营支付结算业务的银行业金融机构在当地中国人民银行开设的准备金存款账户,该账户集中摆放在清算账户管理系统(SAPS)中,由 SAPS 集中存储管理和处理大额支付系统、小额支付系统、网上支付跨行清算系统等业务系统的资金清算。开设清算账户的银行业金融机构作为直接参与者通过支付系统办理支付业务,并使用其清算账户进行资金清算。

```
国家处理中心（NPC）
├── 中国银联银行卡跨行支付信息交换系统
├── ┌─────────────────────────────────────┐
│   │ 中央债券综合业务系统                 │
│   │ 中国债券薄记系统                     │
│   │   中央银行债券发行系统               │
│   │     中央银行公开市场业务交易系统     │
│   └─────────────────────────────────────┘
├── 中央银行会计核算数据集中系统（ACS）
├── 中央银行国库核算数据集中系统（TCBS）
├── 商业银行行内业务系统
├── 农村信用社综合业务系统
├── 境内外币支付系统
├── 电子商业汇票系统（ECDS）
├── 境外参与机构
│
└── 城市处理中心（CCPC）
    ├── 中央银行会计集中核算系统（ABS）
    ├── 中央银行国库会计核算系统（TBS）
    ├── 商业银行行内业务系统
    ├── 农村信用社综合业务系统
    ├── 上海 ┌─────────────────────────────┐
    │        │ 全国银行间外汇交易和同业拆借系统 │
    │        │ 全国银行间外汇交易系统        │
    │   上海 │   全国银行间同业拆借系统      │
    │        └─────────────────────────────┘
    ├── 城市商业银行银行汇票业务处理系统
    ├── 深圳 香港人民币清算行
    ├── 广州 澳门人民币清算行
    └── 境外参加机构
```

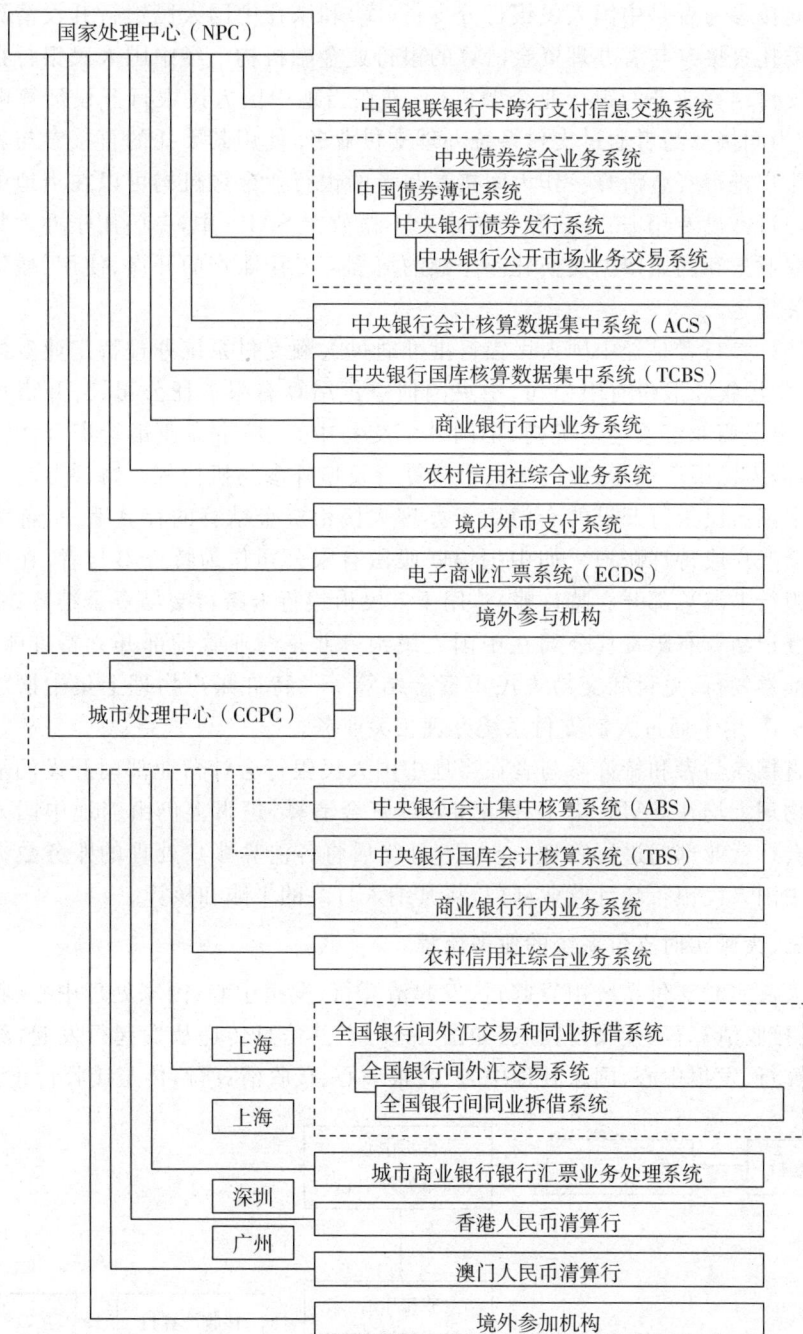

图 9-2 大额支付系统体系结构图

间接参与者是中国人民银行分支行(库)和未在中国人民银行开设清算账户而委托直接参与者办理资金清算的银行业金融机构。经中国人民银行批准经营支付结算业务的银行业金融机构,未在当地中国人民银行开设清算账户的,作为间接参与者通过支付系统办理支付业务,使用其委托的直接参与者的清算账户进行资金清算。作为间接参与者的银行业金融机构可以在当地中国人民银行开设专用账户,该账户物理上不摆放在 SAPS 中,专门用于办理其现金存取业务和同城票据交换轧差净额的清算。专用账户的开设、使用、撤销遵从有关规定。

特许参与者是经中国人民银行批准通过大额支付系统办理特定业务的机构,如中国银联股份有限公司、中央国债登记结算有限责任公司、公开市场操作室、电子商业汇票运营机构、中国外汇交易中心、城市商业银行资金清算中心、香港人民币清算行、澳门人民币清算行及境外参与机构等。特许参与者在当地中国人民银行开设的专门用于办理人民币资金结算的存款账户,称为特许清算账户或特许账户。如中国银联股份有限公司作为特许参与者,在中国人民银行上海总部开立特许账户,用于人民币银行卡跨行交易资金结算;中央国债登记结算有限责任公司在中国人民银行北京营业管理部开立特许账户,用于债券发行、兑付和交易人民币资金结算等。特许账户物理上集中摆放在 SAPS 中,用于通过大额支付系统办理相关业务。

直接参与者和特许参与者在当地中国人民银行会计营业部门开设的清算账户物理上均在 SAPS 集中存储和处理资金清算,逻辑上仍由当地中国人民银行会计营业部门进行管理。SAPS 日终后将各清算账户处理的账务数据下载至中国人民银行会计营业部门,将其纳入日终的平账和核算。

三、大额实时支付系统的业务流程

大额实时支付系统由发起行、发起清算行、发报中心、国家处理中心、收报中心、接收清算行、接收行构成(如图 9-3)。其信息传递从发起行发起,经发起清算行、发报中心、国家处理中心、收报中心、接收清算行,传至接收行止。

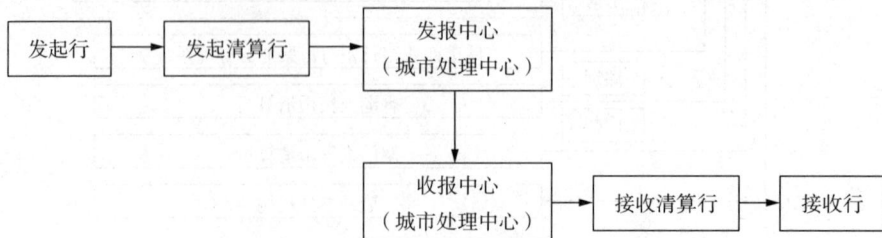

图 9-3 大额实时支付系统的业务流程

发起行（发报行）是向发起清算行提交支付业务的参与者。

发起清算行（清算账户行）是向支付系统提交支付信息并在中国人民银行开设清算账户的直接参与者或特许参与者。发起清算行也可作为发起行向支付系统发起支付业务。

发报中心（城市处理中心，人民银行机构）是向国家处理中心转发发起清算行支付信息的城市处理中心。

国家处理中心（人民银行机构）是接收、转发支付信息，并进行资金清算处理的机构。

收报中心（城市处理中心，人民银行机构）是向接收清算行转发国家处理中心支付信息的城市处理中心。

接收清算行（清算账户行）是向接收行转发支付信息并在中国人民银行开设清算账户的直接参与者。

接收行（收报行）是从清算行接收支付信息的参与者。接收清算行可作为接收行接收支付信息。

四、大额实时支付系统的业务范围

大额实时支付系统（简称大额支付系统）采用逐笔实时方式处理支付业务，全额清算资金。目前，大额支付系统的参与者已覆盖香港和澳门地区的商业银行，并逐步向境外其他地区扩展，对于收、付款人开户银行均为大额支付系统参与者的跨境人民币支付业务，也可直接通过大额支付系统办理。该支付系统已成为银行跨地区、跨行间结算的主渠道，大额支付系统处理的支付业务主要有：

（1）规定金额起点以上的跨行贷记支付业务（目前为5万元以上）；

（2）规定金额起点以下的紧急跨行贷记支付业务；

（3）各银行行内需要通过大额支付系统处理的贷记支付业务；

（4）中国人民银行会计营业部门和国库部门发起的贷记业务；

（5）城市商业银行银行汇票资金的移存和兑付资金的汇划业务；

（6）特许参与者发起的即时转账业务；

（7）中国人民银行规定的其他支付清算业务。

其中，第（1）至第（4）项为普通货记业务。

五、会计科目设置

（一）清算账户行（商业银行机构）的会计科目

1."大额支付系统往账待清算"科目

本科目核算清算账户行发出的支付业务以及代理下属机构发出的支付业务。清算账户行受理贷记支付业务时，贷记本科目；日终收到中国人民银行清算资金对账报文,其中所列往账总金额在借方时,借记本科目,贷记"存放中央银行款项";往账总金额在贷方时,贷记本科目,借记"存放中央银行款项"。本科目余额通常在贷方,表示未发出款项。

2."大额支付系统来账待清算"科目

本科目核算清算开户行接收的支付业务以及代理下属机构接收的支付业务。清算账户行受理汇入贷记业务时,借记本科目;日终收到中国人民银行对账报文,其中所列来账总金额在贷方时,贷记本科目,借记"存放中央银行款项";来账总金额在借方时,借记本科目,贷记"存放中央银行款项"。本科目余额通常在借方,表示未转账或未转发款项。

3."支付系统应付结算款项"科目

本科目核算各网点接收的来账中收款人账号户名与本网点实际账号户名不符的来账,由系统中等待手工解付的款项自动转入本科目,再由经办人员检查确认后手工处理。

4."支付系统手续费暂收款项"科目

本科目核算各网点办理支付业务的结算收费及划缴。当收取手续费时,借记"库存现金"或有关存款科目,贷记本科目;当划缴手续费时,借记本科目,贷记"库存现金"或"存放中央银行款项"等科目。

(二)城市处理中心和国家处理中心(人民银行机构)的会计科目

1. 存款类科目

城市处理中心和国家处理中心按参与大额实时支付系统的金融机构类别,分别设置"工商银行准备金存款"、"农业银行准备金存款"、"中国银行准备金存款"、"建设银行准备金存款"、"交通银行准备金存款"、"政策性银行准备金存款"、"其他商业银行准备金存款"、"城市信用社准备金存款"、"农村信用社准备金存款"、"其他金融机构准备金存款"、"外资银行准备金存款"、"外资其他金融机构准备金存款"、"其他存款"等存款科目。各准备金存款科目核算各金融机构存放在中国人民银行的法定准备金和超额准备金。"其他存款"科目核算特许参与者用于清算的资金和支付业务收费的归集、划拨等。

此类科目贷方核算各银行业金融机构在中国人民银行准备金存款的增加金额,借方核算各银行业金融机构在中国人民银行准备金存款的减少金额,余额通常在贷方。此类科目需按直接参与者(不包括人民银行机构)、特许参与者分设清算账户。

2. 清算类科目

(1)"大额支付往来"科目。本科目核算支付系统发起清算行和接收清算行通过大额支付系统办理的支付结算往来款项,余额轧差反映。年终,本科目余额全额转入"支付清算资金往来"科目,余额为零。

(2)"支付清算资金往来"科目。本科目核算支付系统发起清算行和接收清算行通过大额支付系统办理的支付结算汇差款项。年终,"大额支付往来"科目余额对清后,结转至本科目,余额轧差反映。

(3)"汇总平衡"科目(国家处理中心专用)。本科目是为平衡国家处理中心代理中国人民银行各行(库)账务处理而设置的。该科目用于核算三类业务:发起行或接收行为中国人民银行的不通过清算账户核算的支付清算业务,如国库资金汇划业务、中国人民银行会计营业部门自身汇划业务等;为人民银行会计营业部门发起的只涉及一个清算账户的单边业务,如现金存取、缴存款、再贷款业务等;为同城票据交换轧差净额的清算等业务。

六、大额实时支付业务的会计核算

(一)一般普通贷记业务的核算

1. 发起(清算)行的处理

(1)银行业金融机构发起业务的处理。

① 发起行的处理。发起行受理客户提交的一般普通贷记业务,审核无误进行账务处理后,将支付信息通过行内系统发送发起清算行。发起行的账务处理按各银行系统内往来的规定办理。会计分录为:

借:吸收存款——××存款——××户

　　贷:待清算辖内往来——××行

② 发起清算行的处理。发起清算行收到后,经审核按系统内往来进行账务处理。会计分录为:

借:待清算辖内往来——××行

　　贷:存放中央银行款项——准备金存款

若发起清算行就是发起行,则其对自身发起的一般普通贷记业务进行账务处理。会计分录为:

借:××科目

　　贷:存放中央银行款项——准备金存款

完成账务处理后,发起清算行行内业务处理系统未与前置机直联的,银行根据发起人提交的原始凭证和要求,确定普通、紧急的优先级次(救灾战备款为特急;低于规定的大额金额起点的,应设定为紧急),手工录入或从磁介质导入前置机系统,系统自动逐笔加编地方密押后发送发报中心。待 SAPS 清算资金后接收回执。

发起清算行行内业务处理系统与前置机直联的,根据发起人提交的原始凭证和要求,行内业务处理系统将规定格式标准的支付报文发送前置机系统,系统自动逐笔加编地方密押后发送发报中心。待 SAPS 清算资金后接收回执。

其中,前置机是将银行业金融机构行内系统、ACS、TCBS、清算组织业务处理系统接入现代化支付系统的计算机系统。ABS 和 TBS 不通过前置机直接与当地 CCPC 连接。

(2)中国人民银行(库)发起业务的处理。中国人民银行会计营业部门和国库部门对发起的普通贷记业务进行账务处理后,分别由中央银行会计核算数据集中系统(ACS)和中央银行国库核算数据集中系统(TCBS)将规定格式标准的支付报文发送前置机系统,系统自动逐笔加编全国密押后发送 NPC;或由中央银行会计集中核算系统(ABS)和中央银行国库会计核算系统(TBS)逐笔加编地方密押后发送 CCPC。待 SAPS 清算资金后接收回执。

2. 发报中心(CCPC)的处理

发报中心收到发起清算行发来的支付信息,确认无误后,逐笔加编全国密押,实时发送国家处理中心。

3. 国家处理中心(NPC)的处理

国家处理中心收到发报中心发来的支付报文,逐笔确认无误后,提交 SAPS 进行资金清算。SAPS 分不同情况进行账务处理:

(1)发起清算行、接收清算行均为银行业金融机构的,会计分录为:

借:××存款——××行
　　贷:大额支付往来——中国人民银行××行(即发起清算行所在地人行户)
借:大额支付往来——中国人民银行××行(即接收清算行所在地人行户)
　　贷:××存款——××行

(2)发起清算行为银行业金融机构,接收清算行为中国人民银行(会计营业部门或国库部门)的,会计分录为:

借:××存款——××行
　　贷:大额支付往来——中国人民银行××行
借:大额支付往来——中国人民银行××行(库)
　　贷:汇总平衡科目——中国人民银行××行(库)

(3)发起清算行为中国人民银行(会计营业部门或国库部门),接收清算行为银行业金融机构的,会计分录为:

借:汇总平衡科目——中国人民银行××行(库)
　　贷:大额支付往来——中国人民银行××行(库)
借:大额支付往来——中国人民银行××行
　　贷:××存款——××行

（4）发起清算行、接收清算行均为中国人民银行（会计营业部门或国库部门），会计分录为：

借：汇总平衡科目——中国人民银行××行（库）

贷：大额支付往来——中国人民银行××行（库）

借：大额支付往来——中国人民银行××行（库）

贷：汇总平衡科目——中国人民银行××行（库）

（5）发起清算行为银行业金融机构，其清算账户头寸不足时，SAPS 将该笔支付业务进行排队处理；SAPS 账务处理完成后，将支付信息转发国家处理中心。国家处理中心收到后转发收报中心。

4. 收报中心（CCPC）的处理

收报中心接收国家处理中心发来的支付信息，确认无误后，逐笔加编地方密押，实时发送接收清算行。

5. 接收（清算）行的处理

（1）银行业金融机构接收业务的处理。

① 接收清算行的处理。银行行内业务处理系统与前置机直联的，前置机收到收报中心发来的支付信息，逐笔确认后发送至行内系统进行账务处理；银行行内业务处理系统未与前置机直联的，前置机收到收报中心发来的支付信息，逐笔确认后，银行将支付信息转存磁介质或使用支付系统专用凭证打印支付信息，送行内系统进行账务处理。会计分录为：

借：存放中央银行款项——准备金存款

贷：待清算辖内往来——××行

若接收清算行本身就是接收行，则会计分录为：

借：存放中央银行款项——准备金存款

贷：××科目

② 接收行的处理。接收行收到接收清算行通过行内系统发来的支付信息，逐笔确认无误后，按各银行系统内往来的规定进行账务处理并通知接收人。会计分录为：

借：待清算辖内往来——××行

贷：吸收存款——××存款——××户

（2）中国人民银行（库）接收业务的处理。ACS 和 TCBS 收到 NPC 发来的支付信息，或 ABS 和 TBS 收到 CCPC 发来的支付信息，逐笔确认并核押无误后进行账务处理。

【例9-1】 4月7日，中国工商银行深圳 A 支行（间接参与者）收到开户单位久佳服装厂提交的电汇凭证，要求向中国农业银行北京 B 支行（间接参与者)开户单位华丽丝绸公司汇出货款82 000元。中国工商银行深圳 A 支行审核无误后,将支付信息经行内系统发往其所属的中国工商银行深圳分行(直接参与者),中国工商银行深圳分行收到后通过大额支付系统汇出资金。中国农业银行北京 B 支行收到其所属的中国农业银行北京分行(直接参与者)通过行内系统发来的支付信息,确认无误后,将货款收入开户单位华丽丝绸公司账户。

中国工商银行深圳 A 支行、中国工商银行深圳分行、SAPS、中国农业银行北京 B 支行及中国农业银行北京分行的账务处理如下:

① 中国工商银行深圳 A 支行的会计分录为:

借:吸收存款——单位活期存款——久佳服装厂 82 000
　　贷:待清算辖内往来——中国工商银行深圳分行 82 000

② 中国工商银行深圳分行的会计分录为:

借:待清算辖内往来——中国工商银行深圳 A 支行 82 000
　　贷:存放中央银行款项——准备金存款 82 000

③ SAPS 的会计分录为:

借:商业银行存款——中国工商银行深圳分行 82 000
　　贷:大额支付往来——中国人民银行深圳中心支行 82 000
借:大额支付往来——中国人民银行北京营业管理部 82 000
　　贷:商业银行存款——中国农业银行北京分行 82 000

④ 中国农业银行北京分行的会计分录为:

借:存放中央银行款项——准备金存款 82 000
　　贷:待清算辖内往来——中国农业银行北京 B 支行 82 000

⑤ 中国农业银行北京 B 支行的会计分录为:

借:待清算辖内往来——中国农业银行北京分行 82 000
　　贷:吸收存款——单位活期存款——华丽丝绸公司 82 000

(二)城市商业银行银行汇票业务的核算

城市商业银行银行汇票业务处理系统与大额支付系统上海 CCPC 连接,依托大额支付系统处理城市商业银行银行汇票资金移存和兑付资金清算业务。

1. 银行汇票资金移存业务的处理

(1)发起行(发起清算行)的处理。签发行签发银行汇票,进行账务处理,登记"银行汇票签发登记簿"后,生成汇票资金移存报文,逐笔加编地方密押发送发报中心。在汇票资金移存报文中,收报中心为上海城市处理中心,接收行为汇票处理中心。汇票处理中心作为大额支付系统特许参与者在中国人民银行上海分行开立特许清算账户。

（2）发报中心的处理。发报中心收到银行汇票资金移存报文，确认无误后，逐笔加编全国密押，实时发送国家处理中心。

（3）国家处理中心的处理。国家处理中心收到发报中心发来的银行汇票资金移存报文，逐笔确认无误后，提交 SAPS 进行账务处理。会计分录为：

借：××存款——××行

　　贷：大额支付往来——中国人民银行××行（即××行所在地人行）

借：大额支付往来——中国人民银行上海分行

　　贷：××存款——汇票处理中心

SAPS 账务处理完成后，将清算回执、报文转发国家处理中心。国家处理中心收到后将清算回执发送发起行，并将报文转发收报中心。

如清算账户头寸不足支付时，SAPS 将该笔支付业务作排队处理。

（4）收报中心的处理。收报中心收到国家处理中心发送的银行汇票资金移存报文，确认无误后，逐笔加编地方密押，发送汇票处理中心。

（5）汇票处理中心的处理。汇票处理中心收到收报中心转发的银行汇票移存资金报文，确认无误后，进行账务处理。如发现重复移存的信息，使用银行汇票未用退回资金报文退回发起清算行（发起行）。

2. 银行汇票兑付的处理

（1）兑付申请的处理。代理兑付行收到兑付银行汇票申请，暂不作账务处理，生成申请清算银行汇票资金报文，发送发报中心（其中收报中心为上海城市处理中心，接收行为汇票处理中心），经国家处理中心、上海城市处理中心，转发汇票处理中心。

汇票处理中心收到报文，核验汇票密押，并分不同情况进行处理：

① 密押相符的，自动进行配对处理，若配对相符，进行资金划拨；如配对不符，唤醒人工界面，经查询确认后，属重复兑付或超过汇票有效期的，向代理兑付行发出拒绝兑付通知；属汇票资金未移存的，汇票处理中心应向代理兑付行办理资金划拨。

② 密押不符的，向代理兑付行发出拒绝兑付通知。

（2）汇票兑付资金清算的处理。

① 汇票处理中心的处理。汇票处理中心办理资金划拨时，应分不同情况进行处理：全额兑付的，自动生成清算银行汇票资金报文及银行汇票全额兑付通知报文，将清算银行汇票资金报文逐笔加编地方密押，发送上海城市处理中心；部分兑付的，自动生成清算银行汇票资金报文和银行汇票多余资金划回报文，逐笔加编地方密押，发送上海城市处理中心。

② 发报中心的处理。发报中心收到报文,确认无误后,逐笔加编全国密押,实时发送国家处理中心。

③ 国家处理中心的处理。国家处理中心收到发报中心发来的清算银行汇票资金报文和银行汇票全额兑付通知报文、汇票多余款划回报文,确认无误后,提交 SAPS 进行账务处理。

对清算银行汇票资金报文进行账务处理,会计分录为:

借:××存款——汇票处理中心　　　　　　　　　　　（兑付款）
　　贷:大额支付往来——中国人民银行上海分行
借:大额支付往来——中国人民银行××行
　　　　　　　　　　　　　　　　（即兑付行所在地人行）
　　贷:××存款——××行(兑付行)　　　　　　　　（兑付款）

对汇票多余款划回报文进行账务处理,会计分录为:

借:××存款——汇票处理中心　　　　　　　　　　　（多余款）
　　贷:大额支付往来——中国人民银行上海分行
借:大额支付往来——中国人民银行××行
　　　　　　　　　　　　　　　　（即签发行所在地人行）
　　贷:××存款——××行(签发行)　　　　　　　　（多余款）

SAPS 账务处理完成后,将报文转发国家处理中心。国家处理中心收到后转发收报中心。

④ 收报中心的处理。签发行所在地的收报中心收到银行汇票全额兑付通知或汇票多余款退回报文,逐笔确认后,转发签发行。

兑付行所在地的收报中心收到清算银行汇票资金报文,逐笔确认后,转发兑付行。

⑤ 接收清算行(接收行)的处理。

接收清算行(接收行)为签发行的,收到银行汇票全额兑付通知或汇票多余款退回报文,逐笔确认后,进行账务处理。

接收清算行(接收行)为代理兑付行,收到清算银行汇票资金报文,逐笔确认后进行账务处理。

3. 银行汇票未用退回的处理

(1)银行汇票未用退回申请的处理。发起行(发起清算行)收到未用退回申请,生成银行汇票未用退回申请报文,发送发报中心(其中收报中心为上海城市处理中心,接收行为汇票处理中心),经国家处理中心、上海城市处理中心,转发汇票处理中心。

汇票处理中心收到报文,逐笔确认、配对成功、账务处理完毕后,进行资金划拨。对已兑付的汇票,向签发行发出拒绝退回通知。

(2)汇票未用退回资金清算的处理。汇票处理中心根据汇票出票金额生成银行汇票未用退回资金报文,加编地方密押,发送发报中心。经发报中心转发国家处理中心。

国家处理中心收到收报中心发来的银行汇票未用退回报文,逐笔确认无误后,提交 SAPS 进行账务处理。会计分录为:

借:××存款——汇票处理中心
　　贷:大额支付往来——中国人民银行上海分行
借:大额支付往来——中国人民银行××行
　　贷:××存款——××行(签发行)

SAPS 账务处理完成后,将银行汇票未用退回资金报文转发国家处理中心。国家处理中心收到后发送收报中心,转发接收清算行(接收行),经逐笔确认后,进行账务处理。

4. 银行汇票逾期主动退回的处理

汇票处理中心定期对汇票移存登记信息进行检索,对期满一个月后未解付的汇票,经查询确需退回的进行账务处理,同时生成银行汇票未用退回报文发送发报中心。经发报中心、国家处理中心、收报中心退回签发行。具体处理手续比照银行汇票未用退回资金清算的处理。

5. 银行汇票挂失处理

按照《支付结算办法》规定,填明"现金"字样和代理付款人的银行汇票丧失,持票人可以向签发行和代理兑付行申请挂失,办理公示催告,票据权利人届时凭法院裁定书向签发行申请退款,签发行按汇票未用退回处理,代理兑付行不能办理挂失的银行汇票的解付。

第三节　小额支付系统的核算

一、小额批量支付系统与大额实时支付系统的关系

小额支付系统实行 7×24 小时不间断运行,主要处理跨行同城、异地纸凭证截留的借记支付业务,以及每笔金额在规定起点以下的小额贷记支付业务,可以支撑各种支付工具的应用。它主要为社会提供低成本、大业务量的支付清算服务,满足社会各种经济活动的需要。银行业金融机构行内直接参与者之间的支付业务也可以通过小额支付系统办理。

小额支付系统和大额支付系统二者均属于中国人民银行现代化支付系统

的应用系统,运作原理相同,参与者相同,运用的清算账户管理系统相同,并共享在中国人民银行清算账户的清算资金。

二者的区别主要包括:

(1)清算的金额起点不同。目前,大额支付系统规定的金额起点为5万元以上;小额支付系统为5万元以下。

(2)业务范围不同。大额支付系统处理的是大额贷记支付业务和紧急的小额贷记支付业务;小额支付系统则处理银行业金融机构行内直接参与者之间的支付业务以及跨行普通、定期和实时的贷记和借记业务。

(3)处理模式不同。大额支付系统实时处理支付指令,全额清算资金;小额支付系统一般批量发送支付指令,轧差净额清算资金。

二、小额批量支付系统的参与者和业务流程

小额批量支付系统的参与者分为直接参与者、间接参与者和特许参与者。其定义与大额实时支付系统参与者的定义相同。

小额支付系统处理的业务类型分为贷记业务和借记业务两类,各类业务的流程如下。

(一)贷记业务

1. 同城贷记业务

小额支付系统处理的同城贷记支付业务,其信息从付款行发起,经付款清算行、城市处理中心、收款清算行,至收款行止(如图9-4)。

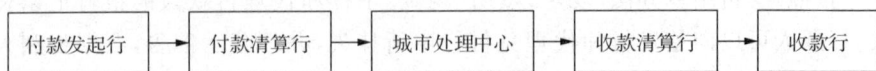

| 付款发起行 | → | 付款清算行 | → | 城市处理中心 | → | 收款清算行 | → | 收款行 |

图9-4 同城贷记支付业务流程

2. 异地贷记业务

小额支付系统处理的异地贷记支付业务,其信息从付款行发起,经付款清算行、付款行城市处理中心、国家处理中心、收款行城市处理中心、收款清算行,至收款行止(如图9-5)。

(二)借记业务

1. 同城借记业务

小额支付系统处理的同城借记支付业务,其信息从收款行发起,经收款清算行、城市处理中心、付款清算行、付款行后,付款行按规定时限发出回执信息,经原路径返回至收款行止(如图9-6)。

2. 异地借记业务

小额支付系统处理的异地借记支付业务,其信息从收款行发起,经收款清

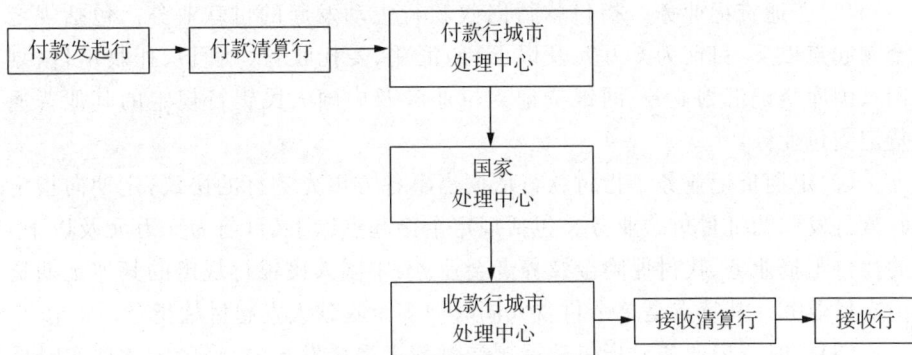

图 9-5 异地贷记支付业务流程

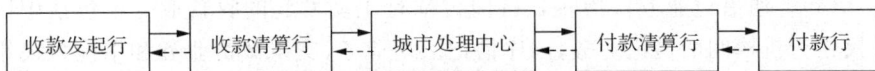

图 9-6 同城借记支付业务流程

算行、收款行城市处理中心、国家处理中心、付款行城市处理中心、付款清算行、付款行后,付款行按规定时限发出回执信息,经原路径返回至收款行止(如图 9-7)。

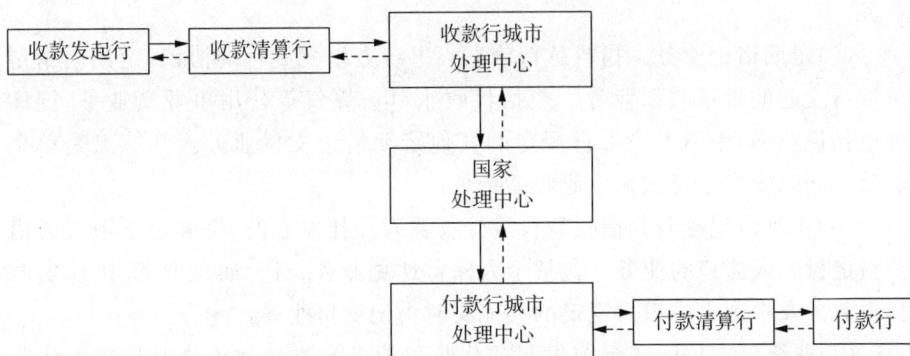

图 9-7 异地借记支付业务流程

付款清算行是指向小额支付系统提交贷记支付业务信息或发起借记支付业务回执信息的直接参与者;收款清算行是指向小额支付系统提交借记支付业务信息,并接收借记支付业务回执信息或贷记支付业务信息的直接参与者。

三、小额批量支付系统的业务范围

小额支付系统处理的支付业务主要有:

(1)普通贷记业务。指付款行向收款行主动发起的付款业务。包括规定金额起点以下(目前为 5 万元及以下)的汇兑、委托收款(划回)、托收承付(划回)、国库贷记汇划业务、网银贷记支付业务及中国人民银行规定的其他普通贷记支付业务。

(2)定期贷记业务。指付款行依据当事各方事先签订的协议,定期向指定收款行发起的批量付款业务。包括规定金额起点以下(目前为 5 万元及以下)的代付工资业务、代付保险金及养老金业务、中国人民银行规定的其他定期贷记支付业务。其特点是单个付款人同时向多个收款人发起付款指令。

(3)实时贷记业务。指付款行接受付款人委托发起的、将确定款项实时贷记指定收款人账户的业务。包括个人储蓄通存业务、中国人民银行规定的其他实时贷记支付业务。

(4)普通借记业务。指收款行向付款行主动发起的收款业务。包括中国人民银行机构间的借记业务、国库借记汇划业务、支票截留业务和中国人民银行规定的其他普通借记支付业务。

其中,支票截留业务是指持票人开户行收到客户提交的纸质支票后,不再将支票提出交换至出票人开户行,而是通过小额支付系统向出票人开户行发起一笔借记业务,出票人开户行根据借记业务指令中提供的支票信息、支付密码、支票影像等确认支票的真实性,并通过小额支付系统完成跨行资金清算的业务。

(5)定期借记业务。指收款行依据当事各方事先签订的协议,定期向指定付款行发起的批量收款业务。包括代收水、电、煤气等公用事业费业务,国库批量扣税业务,中国人民银行规定的其他定期借记支付业务。其特点是单个收款人同时向多个付款人发起收款指令。

(6)实时借记业务。指收款行接受收款人委托发起的,将确定款项实时借记指定付款人账户的业务。包括个人储蓄通兑业务、对公通兑业务、国库实时扣税业务及中国人民银行规定的其他实时借记支付业务。

(7)非金融支付服务组织发起的代收付业务。收付款单位通过集中代收付中心等非金融支付服务组织办理代收付业务时,需将收付款业务清单提交集中代收付中心业务处理系统;系统将代收、代付信息按收付款单位开户银行清分后,通过小额支付系统发送各收付款单位开户银行;开户银行根据业务要求通过小额支付系统分别发起定期、实时借贷记支付业务,待资金清算完成后,开户银行将收付款单位收、付款结果通过小额支付系统通知集中代收付中心。集中代收付中心不在支付系统开立清算账户,代收付业务的资金清算通过各收付款单位的开户行办理。

（8）信息服务业务。指支付系统接收发起参与者发起的不需要支付系统提供清算服务的信息数据，经由所在地 CCPC（同城业务）或 NPC（异地业务）实时转发接收参与者的业务。主要包括处理支票圈存信息、接收转发清算组织提交给商业银行的代收代付信息等非支付类信息。

支票圈存是指借助支付密码技术，由收款人在收受支票时，通过 POS、网络、电话等受理终端，经由小额支付系统向出票人开户行发出圈存指令，预先从出票人账户上圈存支票金额，以保证支票的及时足额支付。

四、会计科目设置

（一）清算账户行的会计科目[①]

1."小额支付系统往账待清算"科目

清算账户行向支付系统发出或代理下属机构发出贷记支付业务或借记支付业务回执，记入本科目贷方；日终收到中国人民银行资金清算对账报文时，将贷方发生额从借方转出，清算后本科目无余额。

2."小额支付系统来账待清算"科目

清算账户行接收或代理下属机构接收支付系统发来的贷记支付业务或借记支付业务回执，记入本科目借方；日终收到中国人民银行资金清算对账报文时，将借方发生额从贷方转出，清算后本科目无余额。

3."小额支付系统待发报"科目

清算账户行辖属机构已复核或授权的小额贷记支付业务或借记业务回执在等待组包发出时，记入本科目贷方；等待发出的支付业务组包发出时，记入本科目借方，发出后本科目无余额。

（二）国家处理中心和城市处理中心的会计科目

人民银行所设国家处理中心和城市处理中心核算小额批量支付业务的会计科目，存款类科目与大额实时支付系统所使用的科目相同；联行类科目中，"支付清算资金往来"和"汇总平衡"科目与大额实时支付系统相同，另设置"小额支付往来"科目，核算支付系统清算账户行通过小额支付系统办理的支付结算往来款项，余额轧差反映。年终，该科目余额全额转入"支付清算资金往来"科目，结转后余额为零。

---

① 中国人民银行发布的《小额支付系统业务处理手续（试行）》中，清算账户行使用的科目为"待清算支付款项"，未区分往账和来账。与中国人民银行清算时，直接将该科目余额与"存放中央银行款项"对转。各商业银行可按需要设置相应的账户。

五、小额支付系统的核算

(一)普通贷记业务的核算

1. 付款(清算)行的处理

(1)银行业金融机构发起业务的处理。

① 付款行的处理。付款行受理客户提交的普通贷记业务,审核无误后进行账务处理,将支付信息通过行内系统发送付款清算行。付款行的账务处理按各银行系统内往来的规定办理。会计分录为:

借:吸收存款——××存款——××户

　　贷:待清算辖内往来——××行

② 付款清算行的处理。付款清算行收到后,审核无误后,按系统内往来进行账务处理。其会计分录为:

借:待清算辖内往来——××行

　　贷:待清算支付款项

若付款清算行本身就是发起行,则其对自身发起的普通贷记业务进行账务处理的会计分录为:

借:××科目

　　贷:待清算支付款项

完成账务处理后,付款清算行行内业务处理系统与前置机直联的,行内系统按收款清算行组包后发送前置机,前置机收到业务包审核无误后,逐包加编地方密押发送 CCPC;付款清算行行内业务处理系统与前置机直联的,则手工录入或从磁介质导入前置机,前置机对提交的业务按收款清算行组包,并加编地方密押后发送 CCPC。

小额支付系统采取"实时双边轧差,定时清算"的资金清算模式。清算行将业务包发送小额支付系统后,小额支付系统并不实时提交 SAPS 进行资金清算,而是由 SAPS 进行付款清算行的净借记限额检查后,NPC 将检查通过的业务包进行轧差处理并转发给收款清算行。待每一个清算时点,小额支付系统按照直接参与者(即清算银行)计算上一清算时点至本清算时点的轧差净额后,提交 SAPS 进行资金清算。由于小额支付系统业务转发在前、资金清算在后,因此,清算行需设置"待清算支付款项"科目,用于核算通过小额支付系统办理支付业务尚未提交 SAPS 进行清算的资金。

待付款清算行收到已清算通知,进行相应的账务处理。会计分录为:

借:待清算支付款项

　　贷:存放中央银行款项——准备金存款

若付款清算行收到已拒绝通知,则会计分录为:

借：××科目　　　　　　　　　　　　　　　　　　　　（红字）
　　贷：待清算支付款项　　　　　　　　　　　　　　　（红字）

（2）中国人民银行（库）发起业务的处理。

中国人民银行会计营业部门和国库部门对发起的普通贷记业务进行账务处理后，分别在 ACS 和 TCBS 按收款清算行组包后发送前置机，前置机收到业务包审核无误后，逐包加编全国密押发送 NPC，或在 ABS 和 TBS 按收款清算行组包后，加编地方密押发送 CCPC。

2.付款清算行 CCPC 的处理

CCPC 收到业务包，检查核押无误后，加编全国密押后转发国家处理中心。

3.NPC 的处理

NPC 收到业务包后，对检查核押无误的业务包提交 SAPS 进行净借记限额检查。将检查通过的纳入轧差处理，并对业务包标记"已轧差"状态，转发收款清算行的 CCPC，同时向付款清算行的 CCPC 返回已轧差信息；检查未通过的，将业务包作排队处理并向付款清算行的 CCPC 返回已排队信息。

4.收款清算行的 CCPC 的处理

CCPC 收到 NPC 发来的业务包，核验全国密押无误后，加编地方密押转发收款清算行。

5.收款（清算）行的处理

（1）银行业金融机构接收业务的处理。

① 收款清算行的处理。银行行内业务处理系统与前置机直联的，前置机收到 CCPC 发来的业务包，逐包确认并核押无误后，发送至行内系统拆包并进行账务处理；银行行内业务处理系统与前置机直联的，前置机收到 CCPC 发来的业务包，逐包确认并核押无误拆包后，银行将业务明细转存磁介质或使用支付系统专用来账凭证打印支付信息，送行内系统进行账务处理。会计分录为：

借：待清算支付款项
　　贷：待清算辖内往来——××行

若收款清算行本身就是收款行，则会计分录为：

借：待清算支付款项
　　贷：××科目

待收款清算行收到已清算通知，进行相应的账务处理。会计分录为：

借：存放中央银行款项——准备金存款
　　贷：待清算支付款项

② 收款行的处理。收款行收到收款清算行通过行内系统发来的支付信

息,确认无误后,按各银行系统内往来的规定进行账务处理并通知收款人。会计分录为:

借:待清算辖内往来——××行
　　贷:吸收存款——××存款——××户

(2)中国人民银行(库)接收业务的处理。

ACS 和 TCBS 收到 NPC 发来的业务包,或 ABS 和 TBS 收到 CCPC 发来的业务包,逐包确认并核押无误后进行相应的账务处理。

【例9-2】 2月10日,中国工商银行天津分行(直接参与者)收到开户单位友谊商场提交的电汇凭证,要求向交通银行上海分行(直接参与者)开户单位光明乳业公司汇出货款12 000元。中国工商银行天津分行审核无误办理转账后,行内系统按收款清算行组包,通过小额支付系统汇出资金。交通银行上海分行收到业务包,经确认无误,由行内系统拆包,将货款收入开户单位光明乳业公司账户。中国工商银行天津分行和交通银行上海分行均收到了小额支付系统发来的已清算通知。

中国工商银行天津分行、交通银行上海分行的账务处理如下:

(1)中国工商银行天津分行的会计分录为:

① 发起业务时:

借:吸收存款——单位活期存款——友谊商场　　　　　12 000
　　贷:待清算支付款项　　　　　　　　　　　　　　　　12 000

② 收到已清算通知时:

借:待清算支付款项　　　　　　　　　　　　　　　　　12 000
　　贷:存放中央银行款项——准备金存款　　　　　　　　12 000

(2)交通银行上海分行的会计分录为:

① 接收业务时:

借:待清算支付款项　　　　　　　　　　　　　　　　　12 000
　　贷:吸收存款——单位活期存款——光明乳业公司　　　12 000

② 收到已清算通知时:

借:存放中央银行款项——准备金存款　　　　　　　　　12 000
　　贷:待清算支付款项　　　　　　　　　　　　　　　　12 000

(二)定期贷记业务的核算

办理定期贷记业务前,付款(清算)行需要与企业签订双方合议。付款(清算)行办理定期贷记业务时,受理企事业单位以联机或磁介质方式提交的业务数据,依据合同审核无误后作相应账务处理。付款(清算)行、CCPC、NPC、收款(清算)行其他业务处理手续比照普通贷记业务办理。

（三）实时贷记业务的核算

1. 发起实时业务的处理

（1）付款（清算）行的处理。付款（清算）行根据客户提交的实时贷记业务，审核无误后进行账务处理。会计分录为：

借：库存现金或吸收存款——××存款——××户

　　贷：待清算支付款项

完成账务处理后，付款（清算）行行内业务处理系统与前置机直联的，行内系统按收款清算行单笔组包发送前置机。前置机对业务包进行检查后，登记实时业务登记簿并加编地方密押后发送 CCPC。

（2）付款清算行 CCPC 的处理。CCPC 收到业务包，检查核押无误，加编全国密押后实时转发 NPC。

（3）NPC 的处理。NPC 收到业务包，检查核押无误后，登记实时业务登记簿并将业务包实时转发收款清算行的 CCPC。

（4）收款清算行 CCPC 的处理。CCPC 收到 NPC 发来的业务包，核验全国密押无误后，将业务包加编地方押后转发收款清算行。

（5）收款（清算）行的处理。收款（清算）行前置机收到业务包，逐包确认并核押无误后，登记实时业务登记簿，并实时转发行内系统作相应处理。

2. 实时业务回执的处理

（1）收款（清算）行的处理。收款（清算）行行内系统对实时贷记业务的收款人账号、户名进行检查后，形成受理成功或拒绝受理的实时业务回执包发往前置机。前置机收到回执包，检查核对无误后，加编地方密押实时发送 CCPC。

待收款（清算）行收到已轧差通知，进行相应的账务处理。会计分录为：

借：待清算支付款项

　　贷：吸收存款——××存款——××户

待收款（清算）行收到已清算通知，进行相应的账务处理。会计分录为：

借：存放中央银行款项——准备金存款

　　贷：待清算支付款项

（2）收款清算行 CCPC 的处理。CCPC 收到回执包，检查核押无误，加编全国密押后发送 NPC。

（3）NPC 的处理。NPC 收到回执包，检查核押无误后销记登记簿。其中，拒绝受理的回执包实时转发付款清算行的 CCPC；受理成功的回执包提交 SAPS 进行付款清算行的净借记限额检查。检查通过的实时纳入轧差处理，对包标记"已轧差"状态后转发付款清算行的 CCPC，同时向收款清算行的 CCPC 返回已轧差信息；检查未通过的做拒绝处理，并将处理结果发送付款清算行的

CCPC。

(4)付款清算行 CCPC 的处理。CCPC 收到 NPC 发来的回执包,核验全国密押无误,加编地方密押后实时转发付款(清算)行。

(5)付款(清算)行的处理。付款(清算)行前置机收到回执包,逐包确认并核押无误后销记登记簿,将回执包发送至行内系统进行相应处理,并通知付款人。付款(清算)行收到拒绝受理的回执包时,进行账务处理的会计分录为:

借:库存现金或吸收存款——××存款——××户　　　　　(红字)

　　贷:待清算支付款项　　　　　　　　　　　　　　　　(红字)

对已轧差回执包,待付款清算行收到已清算通知时,进行相应的账务处理。会计分录为:

借:待清算支付款项

　　贷:存放中央银行款项——准备金存款

(四)普通借记业务的核算

1. 发起借记业务的处理

(1)收款(清算)行的处理。收款(清算)行行内业务处理系统与前置机直联的,根据客户提交的普通借记业务,确定每笔业务的借记回执信息最长返回时间为 N 日(借记回执信息返回基准时间 $\leqslant N \leqslant 5$),按规定组包后发送前置机。前置机对业务包进行检查核对后,登记借记业务登记簿并加编地方密押后发送 CCPC。

(2)收款清算行 CCPC 的处理。CCPC 收到业务包,检查核押无误,加编全国密押后发送 NPC。

(3)NPC 的处理。NPC 收到业务包,检查核押无误后,登记借记业务登记簿并将业务包转发付款清算行的 CCPC。

(4)付款清算行 CCPC 的处理。CCPC 收到业务包,检查核押无误,加编地方密押后转发付款(清算)行。

(5)付款(清算)行的处理。付款(清算)行前置机收到业务包,逐包确认并核押无误后,登记借记业务登记簿并发送至行内系统拆包和处理。

2. 借记业务回执的处理

(1)付款(清算)行的处理。付款(清算)行收到借记业务后执行扣款,对扣款成功的进行账务处理。会计分录为:

借:吸收存款——××存款——××户

　　贷:待清算支付款项

付款(清算)行应在规定时间内,对扣款成功或失败的形成受理成功或拒绝受理借记业务回执包发送前置机。前置机收到后,检查核对无误,加编地方密押发送 CCPC。

待付款清算行收到已清算通知时,进行相应的账务处理。会计分录为:

借:待清算支付款项

　　贷:存放中央银行款项——准备金存款

若付款清算行收到已拒绝通知,则会计分录为:

借:吸收存款——××存款——××户　　　　　　　　　　(红字)

　　贷:待清算支付款项　　　　　　　　　　　　　　　　(红字)

(2)付款清算行 CCPC 的处理。CCPC 收到回执包,检查核押无误,加编全国密押后发往 NPC。

(3)NPC 的处理。NPC 收到回执包,对检查核押无误的回执包中成功金额提交 SAPS 进行净借记限额检查。检查通过的实时纳入轧差处理,销记登记簿,并对包标记"已轧差"状态后转发收款清算行的 CCPC;检查未通过的,进行排队处理并向付款清算行的 CCPC 返回已排队信息。

(4)收款清算行 CCPC 的处理。CCPC 收到回执包,核验全国密押无误,加编地方密押后转发收款(清算)行。

(5)收款(清算)行的处理。收款(清算)行前置机收到回执包,逐包确认并核押无误后销记登记簿,发送行内系统拆包并进行账务处理。会计分录为:

借:待清算支付款项

　　贷:吸收存款××存款——××户

待收款(清算)行到已清算通知,进行相应的账务处理。会计分录为:

借:存放中央银行款项——准备金存款

　　贷:待清算支付款项

(五)定期借记业务的核算

办理定期借记业务前,付款(清算)行、付款人、收费单位需要签订办理代扣某类费用的三方合同或协议。定期借记业务分为发起业务阶段和处理借记回执阶段。在发起业务阶段,收款(清算)行收到收费单位以联机或磁介质方式提交的业务数据,检查无误后按规定组包。收款(清算)行、CCPC、NPC、付款(清算)行的其他业务处理手续比照普通借记业务办理。

(六)实时借记业务的核算

收款(清算)行根据客户提交的实时借记业务凭证或信息,按实时借记业务报文单笔组包。付款(清算)行对扣款成功或失败的需实时返回受理成功或拒绝受理的回执包。NPC 将受理成功的回执包提交 SAPS 进行净借记限额检查。检查通过的纳入轧差处理,并标记"已轧差"状态后转发收款清算行;检查未通过的直接拒绝付款(清算)行,并将处理结果发送收款(清算)行,不作排队处理。收款(清算)行、CCPC、NPC、付款(清算)行其他业务处理手续比照普通借记业务办理。

(七)跨行通存通兑业务的核算

跨行通存通兑业务依托小额支付系统,实现不同银行营业网点的资源共享,客户可以选择任何一家协议银行作为代理行,办理跨行存取款业务,该类业务是实时借(贷)记业务的具体业务种类。

小额支付系统跨行通兑业务包括个人储蓄通兑业务和对公通兑业务;小额支付系统跨行通存业务仅指个人储蓄通存业务。

银行办理跨行通存通兑业务,应按规定向客户收取手续费;对个人储蓄通存通兑,应逐笔实时实现代理行与开户行的手续费分润;代理行应向客户提供完整的交易金额和手续费信息。

1. 个人储蓄通兑业务的处理

(1)客户不用现金支付代理行手续费的处理。代理行收到客户取款凭条,按规定组实时借记业务包,金额为客户取款金额(交易金额)和代理行手续费之和。开户行收到实时借记业务包,确认无误后进行账务处理。会计分录为:

借:吸收存款——××存款——××户

(交易金额＋代理行手续费＋开户行手续费)

贷:待清算支付款项　　　　　　(交易金额＋代理行手续费)

手续费及佣金收入　　　　　　　　　　(开户行手续费)

账务处理完成后,开户行返回实时借记业务回执包。代理行收到回执后,为客户打印凭证,记载通兑业务发生额(交易金额＋代理行手续费＋开户行手续费),付现金(交易金额)给客户;同时打印手续费回单(代理行手续费＋开户行手续费)交与客户。

(2)客户用现金支付代理行手续费的处理。代理行收到客户取款凭条,按规定组实时借记业务包,金额为客户取款金额(交易金额)。开户行收到实时借记业务包,确认无误后进行账务处理。会计分录为:

借:吸收存款——××存款——××户

(交易金额＋开户行手续费)

贷:待清算支付款项　　　　　　　　　　(交易金额)

手续费及佣金收入　　　　　　　　　　(开户行手续费)

账务处理完成后,开户行返回实时借记业务回执包。代理行收到回执后,为客户打印凭证,记载通兑业务发生额(交易金额＋开户行手续费),付现金(交易金额－代理行手续费)给客户;同时打印手续费回单(代理行手续费＋开户行手续费)交与客户。

2. 对公通兑业务的处理

代理行收到客户取款凭条,按规定组实时借记业务包,金额为客户取款金额(交易金额)。开户行收到实时借记业务包,确认无误后进行账务处理。会计分录为:

借:吸收存款——××存款——××户

(交易金额+开户行手续费)

　贷:待清算支付款项　　　　　　　　　　　　(交易金额)
　　手续费及佣金收入　　　　　　　　　　　　(开户行手续费)

账务处理完成后,开户行返回实时借记业务回执包。代理行收到回执包后,为客户打印进账回单,记载存款账户贷方发生额(交易金额-代理行手续费);同时打印手续费回单(金额为代理行手续费金额)交与客户。

3. 个人储蓄通存业务的处理

(1)客户不用现金支付代理行手续费的处理。代理行收到客户存款凭条,按规定组实时贷记业务包,金额为客户存款金额(交易金额)和代理行手续费之差。开户行收到实时贷记业务包,确认无误后进行账务处理。会计分录为:

借:待清算支付款项　　　　　　(交易金额-代理行手续费)

　贷:吸收存款——××存款——××户

(交易金额-代理行手续费-开户行手续费)

　　手续费及佣金收入　　　　　　　　　　　　(开户行手续费)

账务处理完成后,开户行返回实时贷记业务回执包。代理行收到回执后,为客户打印存款回单,记载个人储蓄通存业务发生额(交易金额-代理行手续费-开户行手续费);同时打印手续费回单(代理行手续费+开户行手续费)交与客户。

(2)客户用现金支付代理行手续费的处理。代理行收到客户存款凭条,按规定组实时贷记业务包,金额为客户存款金额(交易金额)。开户行收到实时贷记业务包,确认无误后进行账务处理。会计分录为:

借:待清算支付款项　　　　　　　　　　　　(交易金额)

　贷:吸收存款——××存款——××户

(交易金额-开户行手续费)

　　手续费及佣金收入　　　　　　　　　　　　(开户行手续费)

账务处理完成后,开户行返回实时贷记业务回执包。代理行收到回执后,为客户打印存款回单,记载个人储蓄通存业务发生额(交易金额-开户行手续费);同时打印手续费回单(代理行手续费+开户行手续费)交与客户。

收款(清算)行、CCPC、NPC、付款(清算)行的其他业务处理手续比照实时貸记业务和实时借记业务办理。

（八）非金融支付服务组织代收、代付业务的处理

非金融支付服务组织办理定期借记业务,需与付款（清算）行、付款人、收费单位签订办理代扣某类费用的四方合同（协议）;办理定期贷记业务,需与付款（清算）行、付款人签订三方合同（协议）。

1. 发起代收、代付业务的处理

非金融支付服务组织根据委托人提交的代收、代付业务信息,分别代收业务、收款清算行或代付业务、付款清算行组信息包,加编密押发送 CCPC。

2. CCPC 的处理

CCPC 收到信息包,检查无误后,经 NPC、收报 CCPC 转发收款清算行或付款清算行。

3. 收（付）款清算行的处理

收款清算行或付款清算行收到信息包,检查核押无误后,向非金融支付服务组织返回确认信息。收款清算行或付款清算行将信息包拆包,并按规定重新组包,发起普通贷记、定期贷记、实时贷记、普通借记、定期借记、实时借记业务。业务处理手续如前所述。

4. 代收、代付业务信息的核对

收款清算行和付款清算行完成代收、代付业务后,将业务处理结果通过信息包经 CCPC、NPC 转发非金融支付服务组织。

（九）轧差和资金清算的处理

1. 净借记限额检查的处理

小额支付系统对收到的贷记支付指令和借记及实时贷记业务回执,均需以付款清算行为对象提交 SAPS 进行净借记限额检查。SAPS 将贷记支付指令、借记及实时贷记业务回执中的成功金额与付款清算行的净借记限额可用额度进行比较。贷记支付指令、借记业务回执或实时贷记业务回执金额小于等于净借记限额可用额度的,该业务通过净借记限额检查,实时纳入轧差并转发;大于净借记限额可用额度的,净借记限额检查失败,该业务作排队或退回处理。

其中,净借记限额是指为开立清算账户的直接参与者设定的、对其发生支付业务的净借记差额进行控制的最高额度。净借记限额为直接参与者提供质押品所获取的质押额度、中国人民银行授予的信用额度和为保证支付业务的清算而在其清算账户中圈存的作为担保的资金之和。

付款清算行净借记限额可用额度＝付款清算行净借记限额－付款清算行已提交未清算业务净借记差额－付款清算行本场轧差场次的当前净借记差额＋付款清算行本场轧差场次的当前净贷记差额

小额支付系统和网上支付跨行清算系统共享净借记限额和可用额度。

2. 轧差处理

NPC 对支付业务进行轧差时,普通贷记、定期贷记支付业务以贷记批量包为轧差依据,实时贷记、借记支付业务以回执包中的成功交易为轧差依据。NPC 对通过净借记限额检查的贷记支付指令和借记及实时贷记业务回执,按付款清算行和收款清算行双边实时轧差,公式为:

某清算行提交清算的贷方净额(+)[或借方净额(-)]

=贷记来账金额+他行返回借记回执成功交易金额-贷记往账金额-发出借记回执成功交易金额

小额支付系统处理的支付业务一经轧差即具有支付最终性,不可撤销。银行业金融机构收到已轧差的贷记支付业务信息或已轧差的借记支付业务回执信息时,应当贷记确定收款人账户。

3. 资金清算的处理

NPC 根据中国人民银行的规定,设置日间轧差净额提交清算的场次和时间,在提交时点对本场轧差净额进行试算平衡检查,检查无误后自动提交SAPS 进行资金清算。SAPS 收到轧差净额清算报文,进行试算平衡检查无误后,自动完成相关账务处理。

(1)属于中国人民银行(库)轧差净额处理。属于中国人民银行(库)贷方差额的,会计分录为:

借:小额支付往来——中国人民银行××行(库)

　　贷:汇总平衡科目——中国人民银行××行(库)

属于中国人民银行(库)借方差额的,会计分录相反。

(2)属于清算行轧差净额的处理。属于清算行贷方差额的,会计分录为:

借:小额支付往来——中国人民银行××行

　　贷:××存款——××行

属于清算行借方差额的,如清算账户可用头寸足以支付,则会计分录相反;如清算账户可用头寸不足支付,作排队处理。

完成账务处理后,小额支付系统自动生成清算通知发送至各参与者。各参与者根据清算通知变更业务状态,完成相应的账务处理。

【例9-3】 8月5日,小额支付系统NPC的一场轧差净额为:中国工商银行深圳分行贷方差额1 000 000元,中国农业银行北京分行借方差额500 000元,中国建设银行上海分行借方差额700 000元,中国人民银行武汉分行贷方差额200 000元。NPC进行试算平衡检查无误,生成轧差净额清算报文,提交SAPS进行资金清算。

SAPS 的账务处理如下：

① 对中国工商银行深圳分行贷方差额进行处理的会计分录为：

借：小额支付往来——中国人民银行深圳中心支行　　　　1 000 000

　　贷：商业银行存款——中国工商银行深圳分行　　　　　1 000 000

② 对中国农业银行北京分行借方差额进行处理的会计分录为：

借：商业银行存款——中国农业银行北京分行　　　　　500 000

　　贷：小额支付往来——中国人民银行北京营业管理部　500 000

③ 对中国建设银行上海分行借方差额进行处理的会计分录为：

借：商业银行存款——中国建设银行上海分行　　　　　700 000

　　贷：小额支付往来——中国人民银行上海分行　　　　700 000

④ 对中国人民银行武汉分行贷方差额进行处理的会计分录为：

借：小额支付往来——中国人民银行武汉分行　　　　　200 000

　　贷：汇总平衡科目——中国人民银行武汉分行　　　　200 000

第四节　网上支付跨行清算系统的核算

一、网上支付跨行清算系统的体系结构

网上支付跨行清算系统以网银互联处理中心为核心,各参与者以直联方式通过前置机集中一点接入网银互联处理中心。网银互联处理中心与大额支付系统国家处理中心、小额支付系统国家处理中心同位摆放,共享基础数据。网上支付跨行清算系统体系结构如图 9-8 所示。

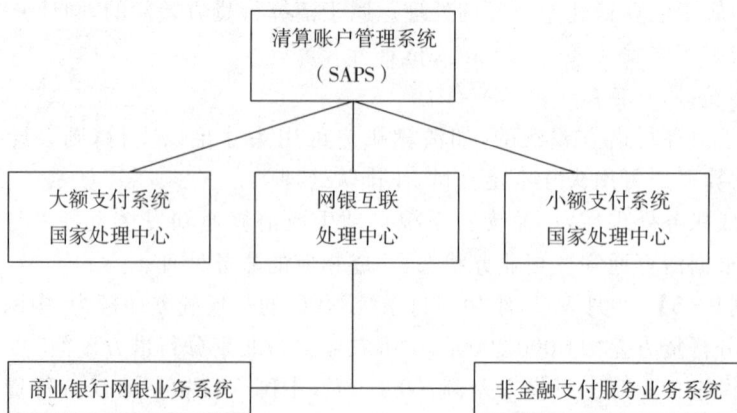

图 9-8　网上支付跨行清算系统体系结构图

二、网上支付跨行清算系统的参与者

网上支付跨行清算系统的参与者分为直接接入银行机构、直接接入非金融机构和代理人接入银行机构。

直接接入银行机构是指与网上支付跨行清算系统连接,并在中国人民银行开设清算账户,直接通过网上支付跨行清算系统办理业务的银行业金融机构。银行业金融机构在中国人民银行开设的清算账户为小额支付系统、大额支付系统和网上支付跨行清算系统共享清算账户。

直接接入非金融机构是指与网上支付跨行清算系统连接,直接通过网上支付跨行清算系统办理业务的非金融支付服务组织。直接接入非金融机构不开设清算账户,而是在支付系统开设收费专户核算其业务费用收支。

代理接入银行机构是指委托直接接入银行机构通过网上支付跨行清算系统代为收发业务和清算资金的银行机构。

三、网上支付跨行清算系统业务处理流程

(一)网银贷记业务处理流程

网银贷记业务是指付款人通过付款行向收款行主动发起的付款业务。网银贷记业务可支持网银汇兑、网络购物、商旅服务、网银缴费、贷款还款、实时代付、投资理财、交易退款、慈善捐款等的资金支付。

网上支付跨行清算系统处理的贷记支付业务,其信息从付款清算行发起,经网银中心转发收款清算行;收款清算行实时向网银中心返回回执,网银中心轧差后分别通知付款清算行和收款清算行。

(二)网银借记业务处理流程

网银借记业务是指收款人根据事先签订的协议,通过收款行向付款行发起的收款业务。网银借记业务可支持实时代收、贷款还款等的资金支付。

网上支付跨行清算系统处理的借记支付业务,其信息从收款清算行发起,经网银中心转发付款清算行;付款清算行实时向网银中心返回回执,网银中心轧差后分别通知付款清算行和收款清算行。

(三)第三方贷记业务处理流程

第三方贷记业务是指第三方机构接受付款人或收款人委托,通过网上支付跨行清算系统通知付款行向收款行付款的业务。第三方贷记业务可支持网络购物、商旅服务、网银缴费、贷款还款、实时代收、实时代付、投资理财、交易退款、慈善捐款等资金支付。

网上支付跨行清算系统处理的第三方支付业务,其信息从第三方机构发起,经网银中心转发付款清算行;付款清算行实时向网银中心返回回执,经网银中心转发收款清算行;收款清算行实时向网银中心返回回执,网银中心轧差

后分别通知第三方机构、付款清算行和收款清算行。其中,第三方机构是指提供第三方支付服务的直接接入银行机构和直接接入非金融机构。

四、网上支付跨行清算系统处理的业务范围

网上支付跨行清算系统实行 7×24 小时不间断运行,采取逐笔发送、实时轧差、定时清算机制,发起方可实时获知业务的最终处理结果。其主要处理规定金额(目前为 5 万元及以下)的网上支付业务和账户信息查询等业务,对畅通电子支付资金汇划清算渠道,满足社会公众最新支付需求及促进电子商务的健康发展具有重要意义。网上支付跨行清算系统处理的具体支付业务主要有网银贷记业务、网银借记业务、第三方贷记业务和中国人民银行规定的其他支付业务。

五、会计科目的设置

(一)存款类科目

1.“政策性银行存款”、“商业银行存款”、“信用社存款”及“其他金融机构存款”科目

以上各存款类科目属于负债类科目,中国人民银行分支行用于按直接接入银行机构分设账户进行明细核算,其具体核算内容在大额支付系统的核算中已述。

2.“其他存款”科目

该科目属于负债类科目,中国人民银行分支行用于核算直接接入非金融机构的业务费用收支,该科目按直接接入非金融机构分设账户进行明细核算。

(二)联行类科目

1.“大额支付往来”科目

该科目属于资产负债共同类科目,中国人民银行分支行用于核算网上支付跨行清算系统参与者应缴纳的汇划费用,按中国人民银行分支机构的会计营业部门分设账户进行明细核算。年终,该科目余额全额由 SAPS 自动转入“支付清算资金往来”科目,结转后余额为零。

2.“小额支付往来”科目

该科目属于资产负债共同类科目,中国人民银行分支行用于核算网上支付跨行清算系统付款清算行和收款清算行通过网上支付跨行清算系统办理的支付结算往来款项,按中国人民银行分支机构的会计营业部门分设账户进行明细核算。余额轧差反映,年终,该科目余额全额由 SAPS 自动转入“支付清算资金往来”科目,结转后余额为零。

3.“支付清算资金往来”科目

该科目属于资产负债共同类科目,中国人民银行分支行用于核算网上支

付跨行清算系统付款清算行和收款清算行通过网上支付跨行清算系统办理的支付结算汇差款项,按中国人民银行分支机构的会计营业部门分设账户进行明细核算。年终,"大额支付往来"、"小额支付往来"科目余额核对准确后,结转至本科目,余额轧差反映。

六、网银业务的会计核算

(一)网银贷记业务的账务处理

网银贷记业务处理包括两个阶段:发起业务阶段和处理业务回执阶段。

1. 发起网银贷记业务的处理

(1)付款(清算)行的处理。付款(清算)行受理付款人的付款请求,检查付款人账户状态、余额,检查通过后进行账务处理。会计分录为:

借:吸收存款──××存款──××户

　　贷:待清算支付款项

付款清算行组网银贷记业务报文,加编数字签名后发送网银中心,标记该业务状态为"已发送"。

(2)网银中心的处理。网银中心收到付款清算行发来的网银贷记业务报文,检查报文格式、业务权限、收(付)款清算行清算账户状态并核验数字签名无误后,转发收款清算行,同时标记该业务状态为"已转发";检查未通过的,做拒绝处理。

(3)收款清算行的处理。收款清算行前置机收到网银中心转发的网银贷记业务报文,检查报文格式并核验数字签名无误后,转发行内业务系统;检查未通过的,做拒绝处理。

(4)收到拒绝通知的处理。付款清算行、网银中心收到"已拒绝"通知,修改相应业务状态。付款清算行应对已拒绝的业务作相应处理。

2. 网银贷记业务回执的处理

(1)收款清算行的处理。收款清算行行内业务系统收到网银贷记业务报文,实时核验数字签名并检查收款人账号、户名及账户状态,根据检查结果组"已确认"或"已拒绝"的网银贷记业务回执报文,加编数字签名后实时发送网银中心。

(2)网银中心的处理。网银中心收到收款清算行发来的网银贷记业务回执报文,进行合法性检查并核验数字签名。核验无误且业务状态为"已确认"的,立即进行净借记限额检查;核验失败的做拒绝处理。

净借记限额检查通过的,实时纳入轧差处理,并标记该业务状态为"已轧差"后组轧差通知报文,加编数字签名,发送至付款清算行、收款清算行;净借记限额检查未通过的,做拒绝处理。

网银中心收到业务状态为"已拒绝"的网银贷记业务回执报文,标记该业务状态为"已拒绝",通知付款清算行。

网银中心检查回执报文格式有误或核验数字签名失败的,标记该业务状态为"已拒绝",同时通知付款清算行和收款清算行。

(3)各节点对各类通知的处理。网银中心、付款清算行、收款清算行收到"已拒绝"、"已轧差"和"已清算"通知后,修改业务状态,并作相应处理。

① 网银中心收到轧差净额"已清算"通知,标记该业务状态为"已清算",并通知付款清算行和收款清算行。

② 付款清算行收到各类通知时,相应进行如下处理。

付款清算行收到"已拒绝"通知时,进行账务处理。会计分录为:

借:吸收存款——××存款——××户　　　　　　　　　　(红字)

　　贷:待清算支付款项　　　　　　　　　　　　　　　　(红字)

账务处理完成后,标记该业务状态为"已拒绝",并通知付款人付款失败。

付款清算行收到"已轧差"通知时,标记该业务状态为"已轧差",并通知付款人付款成功。

付款清算行收到"已清算"通知时,标记该业务状态为"已清算"。其会计分录为:

借:待清算支付款项

　　贷:存放中央银行款项——准备金存款

③ 收款清算行收到各类通知时,相应进行如下处理。

收款清算行收到"已轧差"通知时,标记该业务状态为"已轧差"。其会计分录为:

借:待清算支付款项

　　贷:吸收存款——××存款——××户

收款清算行收到"已清算"通知时,标记该业务状态为"已清算"。其会计分录为:

借:存放中央银行款项——准备金存款

　　贷:待清算支付款项

(二)网银借记业务的账务处理

网银借记业务处理包括两个阶段:发起业务阶段和处理业务回执阶段。

1. 发起网银借记业务的处理

(1)收款(清算)行的处理。收款(清算)行受理收款人的收款请求,检查业务要素无误后,组网银借记业务报文,加编数字签名发送网银中心,并标记该业务状态为"已发送"。

（2）网银中心的处理。网银中心收到收款清算行发来的网银借记业务报文,检查报文格式、业务权限、收(付)款清算行账户状态并核验数字签名无误后,转发付款清算行,同时标记该业务状态为"已转发";检查未通过的,做拒绝处理。

（3）付款清算行的处理。付款清算行前置机收到网银中心发来的网银借记业务报文,检查报文格式并核验数字签名无误后,转发行内业务系统;检查未通过的,做拒绝处理。

（4）收到拒绝通知的处理。收款清算行、网银中心收到"已拒绝"通知,修改相应业务状态。收款清算行应对已拒绝的业务作相应处理,并通知收款人收款失败。

2. 网银借记业务回执的处理

（1）付款清算行的处理。付款清算行行内业务系统收到网银借记业务报文,核验数字签名无误后立即进行协议核验。协议核验成功的,检查付款人账户状态及余额,检查通过的立即进行账务处理。会计分录为:

借:吸收存款——××存款——××户
　　贷:待清算支付款项

账务处理成功后,付款清算行组网银借记业务回执报文(业务状态为"已付款"),加编数字签名后实时发送网银中心。

付款清算行核验数字签名、协议不成功或检查账户状态及余额未通过的,组网银借记业务回执报文(业务状态为"已拒绝"),加编数字签名后实时发送网银中心。

（2）网银中心的处理。网银中心收到付款清算行发来的网银借记业务回执报文,进行合法性检查并核验数字签名。核验无误且业务状态为"已付款"的,立即进行净借记限额检查;核验失败的做拒绝处理。

净借记限额检查通过的,实时纳入轧差处理,并标记该业务状态为"已轧差"后组轧差通知报文,加编数字签名,发送至付款清算行、收款清算行;净借记限额检查未通过的,做拒绝处理。

网银中心收到业务状态为"已拒绝"的网银借记业务回执报文,标记该业务状态为"已拒绝",通知收款清算行。

网银中心检查网银借记业务回执报文格式有误或核验数字签名失败的,标记该业务状态为"已拒绝",并通知付款清算行和收款清算行。

（3）各节点对各类通知的处理。网银中心、付款清算行、收款清算行收到"已拒绝"、"已轧差"和"已清算"通知后,修改业务状态,并作相应处理。

① 网银中心收到轧差净额"已清算"通知,标记该业务状态为"已清算",

并通知付款清算行和收款清算行。

② 付款清算行收到各类通知时,相应进行如下处理。

付款清算行收到"已拒绝"通知时,标记该业务状态为"已拒绝"。其会计分录为:

借:吸收存款——××存款——××户　　　　　　　　　　　（红字）

　　贷:待清算支付款项　　　　　　　　　　　　　　　　　　（红字）

付款清算行收到"已轧差"通知时,标记该业务状态为"已轧差"。

付款清算行收到"已清算"通知时,标记该业务状态为"已清算"。其会计分录为:

借:待清算支付款项

　　贷:存放中央银行款项——准备金存款

③ 收款清算行收到各类通知时,相应进行如下处理。

收款清算行收到"已轧差"通知时,标记该业务状态为"已轧差"。其会计分录为:

借:待清算支付款项

　　贷:吸收存款——××存款——××户

账务处理完成后,通知收款人收款成功。

收款清算行收到"已清算"通知时,标记该业务状态为"已清算"。其会计分录为:

借:存放中央银行款项——准备金存款

　　贷:待清算支付款项

收款清算行收到"已拒绝"通知时,标记该业务状态为"已拒绝",并通知收款人收款失败。

(三)第三方贷记业务的账务处理

第三方贷记业务处理包括三个阶段:第三方机构发起业务阶段、付款清算行发出回执阶段和收款清算行发出回执阶段。

1. 发起第三方贷记业务的处理

(1)第三方机构的处理。第三方机构受理客户的付款或收款请求,组第三方贷记业务报文,加编数字签名后发送网银中心,并标记该业务状态为"已发送"。

(2)网银中心的处理。网银中心收到第三方机构发来的第三方贷记业务报文,检查报文格式、业务权限并核验数字签名无误后,转发付款清算行,同时标记该业务状态为"已转发";检查未通过的,做拒绝处理。

(3)付款清算行的处理。付款清算行前置机收到网银中心发来的第三方贷记业务报文,检查报文格式并核验数字签名无误后,转发行内业务系统;检查未通过的,做拒绝处理。

(4)收到拒绝通知的处理。第三方机构、网银中心收到"已拒绝"通知,修改相应业务状态。第三方机构对已拒绝的业务作相应处理。

2. 付款清算行发出回执的处理

(1)付款清算行的处理。付款清算行行内业务系统收到第三方贷记业务报文,核验数字签名无误后根据报文中的"认证方式"作相应处理。

对于在线方式认证的,付款清算行通过网银中心、第三方机构提示客户进行在线身份验证。经付款人确认付款后,付款清算行检查付款人账户状态及余额,检查通过的立即进行账务处理。

对于协议方式认证的,付款清算行立即进行协议核验。核验成功的,检查付款人账户状态及余额,检查通过的立即进行账务处理。会计分录为:

借:吸收存款——××存款——××户

贷:待清算支付款项

账务处理成功后,付款清算行组第三方贷记业务回执报文(业务状态为"已付款"),加编数字签名后实时发送网银中心。

付款清算行核验数字签名、协议不成功或账户状态及余额检查未通过的,组第三方贷记业务回执报文(业务状态为"已拒绝"),加编数字签名后实时发送网银中心。

(2)网银中心的处理。网银中心收到付款清算行发来的第三方贷记业务回执报文,进行合法性检查并核验数字签名。检查通过的,将第三方贷记业务报文(业务状态为"已付款")转发收款清算行;检查未通过的,标记业务状态为"已拒绝",并通知付款清算行和第三方机构。

(3)收款清算行的处理。收款清算行前置机收到网银中心转发的第三方贷记业务报文,检查报文格式并核验数字签名无误后,转发行内业务系统;检查未通过的,做拒绝处理。

(4)收到拒绝通知的处理。网银中心、付款清算行、收款清算行、第三方机构收到"已拒绝"通知,修改相应业务状态。付款清算行和第三方机构应对已拒绝的业务作相应处理。

3. 收款清算行发出回执的处理

(1)收款清算行的处理。收款清算行行内业务系统收到第三方贷记业务报文,实时核验数字签名并检查收款人账号、户名及账户状态,根据检查结果组"已确认"或"已拒绝"的第三方贷记业务回执报文,加编数字签名后实时发送网银中心。

（2）网银中心的处理。网银中心收到收款清算行发来的第三方贷记业务回执报文，进行合法性检查并核验数字签名。核验无误且业务状态为"已确认"的，立即进行净借记限额检查；核验失败的做拒绝处理。

净借记限额检查通过的，实时纳入轧差处理。如果第三方机构未通过网上支付跨行清算系统代收付款人手续费，网银中心对收、付款清算行进行双边轧差；如果第三方机构通过网上支付跨行清算系统代收付款人手续费，网银中心分别对收、付款清算行和第三方机构进行轧差。轧差完成后，标记该业务状态为"已轧差"，并组轧差通知报文，加编数字签名发送至付款清算行、收款清算行和第三方机构；净借记限额检查未通过的，做拒绝处理。

网银中心收到业务状态为"已拒绝"的第三方贷记业务回执报文，标记该业务状态为"已拒绝"，通知付款清算行和第三方机构。

网银中心检查回执报文格式有误或核验数字签名失败的，做拒绝处理，标记该业务状态为"已拒绝"，同时通知付款清算行、收款清算行和第三方机构。

（3）各节点对各类通知的处理。

网银中心、付款清算行、收款清算行、第三方机构收到"已拒绝"、"已轧差"和"已清算"通知后，修改业务状态，并作相应处理。

① 网银中心收到轧差净额"已清算"通知，标记该业务状态为"已清算"，并通知付款清算行、收款清算行和第三方机构。

② 付款清算行收到各类通知时，相应进行如下处理。

付款清算行收到"已拒绝"通知时，标记该业务状态为"已拒绝"。其会计分录为：

借：吸收存款——××存款——××户　　　　　　　　　　（红字）
　　贷：待清算支付款项　　　　　　　　　　　　　　　　（红字）

付款清算行收到"已轧差"通知时，标记该业务状态为"已轧差"。

付款清算行收到"已清算"通知时，标记该业务状态为"已清算"。其会计分录为：

借：待清算支付款项
　　贷：存放中央银行款项——准备金存款

③ 收款清算行收到各类通知时，相应进行如下处理。

收款清算行收到"已轧差"通知时，标记该业务状态为"已轧差"。其会计分录为：

借：待清算支付款项
　　贷：吸收存款——××存款——××户

收款清算行收到"已清算"通知时，标记该业务状态为"已清算"。其会计分录为：

借：存放中央银行款项——准备金存款

　　贷：待清算支付款项

④ 第三方机构收到各类通知时，相应进行如下处理。

第三方机构收到"已拒绝"通知时，标记该业务状态为"已拒绝"，并通知客户业务处理失败。

第三方机构收到"已轧差"通知时，标记该业务状态为"已轧差"，并通知客户业务处理成功。

第三方机构收到"已清算"通知时，标记该业务状态为"已清算"，如通过网上支付跨行清算系统代收付款人手续费，进行账务处理。会计分录为：

借：存放中央银行款项——准备金存款

　　贷：手续费及佣金收入

(四)轧差和资金清算的处理

1. 轧差处理

网银中心对通过净借记限额检查的网银贷记业务回执、网银借记业务回执和第三方贷记业务回执，实时轧差。轧差公式为：

某清算行提交清算的贷方净额(＋)[或借方净额(－)]
＝网上支付跨行清算系统贷记来账金额＋他行返回网上支付跨行清算系统借记回执成功交易金额－网上支付跨行清算系统贷记往账金额－发出网上支付跨行清算系统借记回执成功交易金额

网上支付跨行清算系统处理的支付业务一经轧差即具有支付最终性，不可撤销。收款行收到支付业务已轧差通知后应实时贷记指定收款人账户。

2. 资金清算的处理

网银中心根据中国人民银行的规定，设置日间轧差净额提交清算的场次和时间，在提交时点对本场轧差净额进行试算平衡检查，检查无误后自动提交SAPS进行资金清算。SAPS收到轧差净额清算报文，进行试算平衡检查无误后，自动完成相关账务处理。

(1)属于清算行轧差净额的处理。属于清算行贷方差额的，会计分录为：

借：小额支付往来——中国人民银行××行

　　贷：××存款——××行

属于清算行借方差额的，如清算账户可用头寸足以支付，则会计分录相反；如清算账户可用头寸不足支付，作排队处理。

完成账务处理后，网上支付跨行清算系统自动生成清算通知发送至各参与者。各参与者根据清算通知变更业务状态，完成相应的账务处理。

(2)属于第三方机构轧差净额的处理。属于第三方机构轧差净额的,会计分录为:

借:小额支付往来——中国人民银行××行

　　贷:××存款——××机构收费专户

复习思考题:

1. 简述中国现代化支付系统的主要应用系统。

2. 大、小额支付系统的参与者分为哪几种? 分别描述其含义。

3. 什么是清算账户? 由谁设置和管理?

4. 大、小额支付系统的业务种类和处理方式有何不同?

5. 网上支付跨行清算系统处理的支付业务种类有哪些?

调研与实践题:

组织学生实地调研某一商业银行的网上服务中心,启发学生思考并从中把握金融机构现代支付系统的业务处理流程。

账务处理题:

1. 3月19日,中国工商银行北京分行收到中国农业银行重庆分行寄来的委托收款凭证和商业承兑汇票,金额8 000元,向本行开户单位曙光箱包厂收取货款,经该公司同意办理转账后,行内系统按收款清算行组包,通过小额支付系统汇出资金。中国农业银行重庆分行收到业务包,经确认无误,由行内系统拆包,将划回的货款收入开户单位南岸皮革厂账户。中国工商银行北京分行和中国农业银行分行均收到支付系统发来的已清算通知。

要求:

(1)根据上述资料,编制中国工商银行北京分行和中国农业银行重庆分行的会计分录。

(2)若中国工商银行北京分行收到小额支付系统发来的已拒绝通知,编制有关会计分录。

2. 11月3日,小额支付系统NPC的一场轧差净额为:招商银行广州分行借方差额600 000元,中国人民银行杭州中心支行借方差额100 000元,中国银行重庆分行贷方差额200 000元,中国工商银行天津分行贷方差额500 000元。NPC进行试检查无误,生成轧差净额清算报文,提交SAPS进行资金清算。

要求:根据上述资料,编制SAPS进行账务处理的会计分录。

3. 6月20日,中国人民银行甲分行受理以下现金存取业务:

（1）交通银行某分行支取现金800 000元。

（2）中国农业银行某分行缴存现金300 000元。

（3）中国工商银行某分行支取现金650 000元。

中国人民银行甲分行将有关单边业务报文加编密押后发送SAPS，并收到SAPS返回的成功信息。

要求：根据上述资料，编制中国人民银行甲分行、SAPS进行账务处理的会计分录。

推荐拓展阅读：

1. 中国人民银行支付结算司．中国支付体系发展报告2013．北京：中国金融出版社，2014.

2. 中国人民银行．中国现代化支付系统运行管理办法（试行）（2005年）.

模块三

非银行金融企业业务核算

第十章 保险业务的核算

本章导读

　　保险业已成为我国国民经济活动中不可或缺的重要组成部分。保险公司是专门从事风险管理并为保险客户提供风险保障服务的金融机构。通过保险业务核算反映保险公司经营活动状况,对已合理分配和使用保险基金,正确履行保险合同约定的赔偿或给付责任,保障保险基金的保值增值,促进社会稳定和国民经济持续协调发展具有重要现实意义。为此,从人身和财产两个维度,详细阐述原保险和再保险的保费收入、赔款支出、准备金计提等相关业务的会计核算,进一步反映保险业务活动的经济实质。

掌握知识和能力要点描述:

(1)了解保险业务的意义和种类;

(2)理解保险业务核算的特点;

(3)掌握保险业务核算的会计要素及其核算对象;

(4)建立保险业务会计核算的理论方法体系。

第一节 保险业务概述

一、保险业务的特点及种类

　　保险是分摊意外事故损失的一种安排。投保人为了应付特定的灾害事故或意外事件,通过支付保险费、订立保险合同,实现补偿或给付的一种经济形式,本质上是由全部投保人分摊部分投保人的经济损失。

　　(一)保险业务的特点

　　保险业务与其他经济业务相比,具有以下特点:

　　第一,经济性。保险是一种经济保障活动,具有经济补偿职能。投保人支付较少的保险费即可获得较大风险带来的经济损失补偿;同时,保险又具有商品属性,保险费率就是保险商品的价格,体现了商品等价交换的经济关系。

第二,互助性。保险在一定条件下分摊了个别单位或个人所不能承担的风险,从而形成一种经济互助关系。互助性是保险的基本特征。

第三,法律性。保险经济保障活动是根据保险合同进行的,保险是一种合同法律行为。

第四,科学性。运用精算科学计算保险费是现代保险显著性特征,也是现代保险业存在和发展的前提和基础。

(二)保险业务的种类

1. 按照保险保障范围的不同,分为财产保险和人身保险

(1)财产保险。财产保险是指以财产及其相关利益、责任为保险标的的保险,是与人身保险相对应的概念。财产保险主要包括:财产损失保险,即指以物质及有关利益为保险标的的保险,具体包括火灾险、货物运输险、工程保险等业务;责任保险,即指以被保险人对第三者依法承担的赔偿责任为标的的保险(根据法律规定,被保险人因疏忽或过失造成他人的人身伤害或财产损失应负的经济赔偿责任由保险人代为赔偿);信用保险,即指保险人为被保险人向权利人提供的一种信用担保业务,如分期付款买卖合同中销货方担心买方不付款或不能按期付款而要求保险人保险,保证其在遇到上述情况而受到损失时,由保险人给予赔偿。

(2)人身保险。人身保险是指以人的身体、寿命或劳动能力作为保险标的,当被保险人在保险期内因保险事故导致伤、残、死亡或者生存至保险期满时,保险人给付保险金的保险。人身保险按保险内容、保险期限、交费方式、给付方式等标准,可分为:人寿保险,即指以被保险人的生命为保证对象的保险,如死亡保险、生存保险、两全保险、年金保险等;意外伤害保险,即指保险人对被保险人在保险有效期内遭受严重意外伤害导致伤残或死亡而给付约定保险金的保险;健康保险,即指保险人对被保险人因疾病、分娩等所支出的诊断费、医药费及住院费,以及对被保险人在治疗、休养期间因不能工作而丧失的收入负责赔偿的保险。

2. 按照业务承保方式的不同,分为原保险、再保险和共同保险

(1)原保险。原保险是指保险人向投保人收取保费,对约定可能发生的事故因其发生所造成的财产损失承担赔偿保险金责任,或者当被保险人死亡、伤残、疾病或者达到约定的年龄、期限时承担给付保险金责任的保险。

原保险是保险人直接承保并与投保人签订保险合同,构成保险人权利和义务的保险,是由投保人与保险人之间因签订保险合同而形成的保险关系,即

投保人将风险转嫁给保险人。

(2)再保险。再保险是指一个保险人(再保险分出人)分出一定的保费给另一个保险人(再保险接受人),再保险接受人对再保险分出人由原保险合同所引起的赔付成本及其他相关费用进行补偿的保险。

再保险也称分保险,是保险公司在直接承保合同的基础上,通过签订分保合同,将其所承保的部分风险和责任向其他保险公司进行保险的行为。

(3)共同保险。共同保险也称共保,是由两个或两个以上的保险人联合承保同一保险标的、同一保险利益、同一保险事故,而保险金额之和不超过保险价值的保险。

3. 按赔付形式的不同,分为定额保险和损失保险

(1)定额保险。定额保险是指在保险合同签订时,由保险双方当事人协商确定一定的保险金额,当保险事故发生时,保险人依照预先确定的金额给付保险金的一种保险。定额保险一般适用于人身保险。

(2)损失保险。损失保险是指在保险事故发生后,由保险人根据保险标的实际损失额而支付保险金的一种保险。损失保险一般适用于财产保险。

除了上述分类以外,按保险实施方式的不同,分为自愿保险和强制保险;按保险经营目的不同,分为商业保险和社会保险;按保险保障主体的不同,分为团体保险和个人保险等。

二、保险业务核算的特点

保险公司作为金融机构组织体系的重要组成部分,其业务有别于一般的工商企业,而且与银行等其他金融企业也有很大的区别。具体来讲,保险公司业务核算有以下几个特点:

(一)实行分业经营,分别核算损益

保险业务主要有财产保险业务和人身保险业务两大类,保险公司对财产保险业务和人身保险业务应分开经营,分别进行会计核算,即分别建账、分别核算损益,如经营财产保险业务的太平洋保险公司、经营人身保险业务的中国平安保险公司等。

(二)实行按会计年度和按业务年度两种损益结算方法

保险业务按会计年度结算损益,即实行一年期结算损益,保险业务的各项收支(不分年度业务),均按权责发生制原则确认为当期收入和费用,并确认当期损益,大部分(除长期工程险、再保险业务外)保险业务均按这种方法结算损益。有些保险业务按业务年度结算损益,即实行多年期结算损益,年限根据业务性质确定,非结算年度的收支差额全额作为长期责任准备金提取,不确认利润,并于下年转回滚存到结算年度终止时结算损益。通常长期工程险、再保业务按这种方法结算损益。

(三)会计要素构成具有特殊性

1. 资产构成

保险公司流动资产中实物形态资产占比很小,其保费所形成的保险基金主要以银行存款、债券等货币性资产形态存在。根据有关规定,保险公司必须将其20%的注册资本作为法定保证金存入保险监督管理部门指定银行,除公司清算时用于清偿债务外,不得动用,这一规定也体现了保险公司资产构成的特殊性。

2. 负债构成

保险公司负债项目中,除一般结算性、金融性负债外,还包括为履行其未来理赔或给付责任而从保费中提取的准备金。根据保险种类不同,准备金包括未决赔款准备金、未到期责任准备金、长期责任准备金、寿险责任准备金、长期健康险责任准备金、保险保障基金和存入分保准备金等多种形式。

3. 所有者权益项目的构成

保险公司所有者权益项目中,除和其他企业具有相同内容外,还包括总准备金。总准备金是按规定从税后利润中提取,在资产负债表中单独列示。说明随着保险公司经营业务活动的开展,各种准备金逐渐积累,使其资本性质发生了改变。

4. 营业利润的构成

一般企业营业利润是营业收入减营业成本和期间费用后的余额,而保险公司营业利润是营业收入减营业支出,营业收入和营业支出构成中含有提取的未到期责任准备金、保险责任准备金、摊回保险责任准备金等。由于准备金的估计与调整难以做到客观、准确,其估计的变动会对年度利润产生较大影响。

(四)年度决算的重点是估算负债

由于保险公司在会计年度末还承担着到期责任和未决赔款责任,这些责任要在以后年度内履行,因此,根据权责发生制要求,在年终决算时需估算未到期责任准备金和未决赔款准备金,从当年收益中提取,作为下年收入。因此,准备金估算正确与否,成为当年年度损益核算是否正确的重要影响因素。

三、保险业务会计核算科目

保险业务会计核算科目按其所反映的经济内容不同可以分为资产类、负债类、所有者权益类和损益类四大类。

(一)资产类

资产类科目反映保险公司拥有的财产、资金及债权情况,主要有:库存现金、应收保费、应收手续费及佣金、应收代位追偿款、应收分保账款、应收分保未到期责任准备金、应收分保保险责任准备金、贷款、贷款损失准备、损余物资、存出资本保证金、独立账户资产、固定资产等科目。

（二）负债类

负债类科目反映保险公司应承担的责任与义务，主要有：应付手续费及佣金、应付赔付款、应付职工薪酬、应付保单红利、应付分保账款、未到期责任准备金、保险责任准备金、保户储金、独立账户负债等科目。

（三）所有者权益类

所有者权益类科目反映投资者享有的权益大小，主要有：实收资本、资本公积等科目。

（四）损益类

损益类科目反映保险公司的收支状况，主要有：利息收入、手续费及佣金收入、保费收入、其他业务收入、汇兑损益、摊回保险责任准备金、摊回赔付支出、摊回分保费用、利息支出、手续费及佣金支出、提取未到期责任准备金、提取保险责任准备金、赔付支出、保单红利支出、退保金、分出保费、分保费用等科目。

第二节　财产保险业务的核算

一、财产保险的种类及会计核算特点

财产保险是指以各种物质财产及其有关利益为保险标的的保险。财产保险有广义和狭义之分。广义的财产保险是指以财产或其他相关利益为标的的各种保险。这里的财产是指建筑物、货物、运输工具、农作物等有形财产，有关利益是指运费、预期收益、权益、责任、信用等无形财产。狭义的财产保险是指以财产为标的物的各种保险，如企业财产、家庭财产、运输货物、运输工具等保险。财产保险具体包括以下种类：普通财产保险、运输工具保险、货物运输保险、农业保险、工程保险、责任保险、特殊风险保险、信用保险、意外伤害保险和短期健康保险等。

需要说明的是，原《保险法》规定财产保险公司不能经营人身保险业务，但人身保险业务中的意外伤害保险和短期健康保险具有与财产保险相同的补偿性质和精算基础，多数国家允许财产保险公司经营这两个险种。2009 年修订的《保险法》对此也作了一些修正，规定财产保险公司经保险监管机构核定，可以经营意外伤害保险和短期健康保险业务。

与人身保险业务的会计核算相比,财产保险业务会计核算具有以下几个特点。

1. 保费收入在签订保单时确认

由于财产保险合同一般是签单时生效,即保险合同一经签订即告成立,保险公司开始承担保险责任。财产保险合同期限一般较短,通常短于1年,保费金额可以确定,收取保费的可能性也通常大于不能收取保费的可能性。因此,财产保险合同一般是在签单时确认保费收入,而不管确认保费收入时是否收到保费。

另外,非寿险保费收入是根据保险合同的约定金额进行确认,寿险保费分期收取的,根据当期应收取的金额确定;一次性收取的,根据一次性应收取的金额确定。

2. 只发生手续费支出,而没有佣金支出

财产保险公司除了依靠本公司职员直接招揽保险业务外,还广泛地利用保险代理人承揽保险业务。根据保险监管部门的要求,人寿保险公司可以发生手续费和佣金支出,财产保险公司只能发生手续费支出,而再保险业务不能发生上述的手续费和佣金支出。

3. 不涉及保单质押贷款核算

由于财产保险期限一般是在1年或1年以内,不具有储蓄性质和库存现金价值,因而不能向保户提供保单质押贷款。

4. 资产负债表日,未到期责任准备金核算与人寿保险业务不同

财产保险未到期责任准备金应在每期期末根据重新精算确定的金额与已计提金额的差额,调整未到期责任准备金及损益;寿险相关准备金则规定至少于每年年度终了,当保险精算重新确定的准备金金额超过已计提金额时,按照差额补提相关准备金,而当保险精算重新确定的准备金金额低于已计提金额时,则不需调整相关准备金。需要说明的是,财产保险的未决赔款准备金也要求至少在每年年度终了进行充足性测试,对其产生的差额采取与寿险相关准备金相同的处理方法。

二、财产保险业务的核算内容

新的会计准则在界定保险业务的核算范围时,明确指出只有承担了保险风险的保险合同才能适用本准则。保险人向投保人签发的承担金融风险的合同,适用于《企业会计准则第22号——金融工具确认和计量》和《企业会计准则第37号——金融工具列报》。保险人与投保人签订的合同使保险人既承担保险风险又承担金融风险,应分别下列情况进行处理:

第一,保险风险部分和其他风险部分能够区分以及单独计量的,可以将保

险风险部分和其他风险部分进行分拆。保险风险部分确定为财产保险合同；其他风险部分，则不确定为财产保险合同。

第二，保险风险部分和其他风险部分不能够区分，或者虽能够区分但不能够单独计量的，应当将整个合同确定为财产保险合同。

财产保险业务会计核算的内容主要包括：财产保险业务营业收入的核算，包括各个险种的保费收入；财产保险业务营业支出的核算，包括各个险种的保险赔款支出、手续费支出、营业费用支出和营业税金及附加等；各种业务准备金的核算，包括未到期责任准备金、未决赔款准备金等的计提与调整；信用保险业务核算。在财产保险业务的会计核算中，除了上述一般业务的核算外，还需要关注下列业务的核算：

（1）货物运输保险业务的核算。如果货物保险合同签订与生效日期不一致时，则保险公司不能将收垫的保费作为保费收入处理，而应作为预收款处理，待符合确认保费收入的条件时再转作保费收入。

（2）信用保险业务的核算。信用保险是以商品赊销和信用放贷中的债务人的信用作为保险标的，在债务人未能如约履行债务清偿而使债权人招致损失时，由保险人向被保险人提供风险保障。它是一种政策性保险险种。

（3）再保险业务的核算。新准则规定保险公司经营的再保险业务应分为分出业务与分入业务，并分别进行核算。

（4）损余物资和代位追偿款的业务核算。保险人因承担赔付保险金责任而取得的损余物资和代位追偿款，应按照同类资产的市场价格确认为资产，并冲减当期赔付成本，在期末对相关资产进行减值测试，计入当期损益。保险人签发的财产保险合同产生的应收款项、损余物资等资产的减值，适用《企业会计准则第22号——金融工具确认和计量》、《企业会计准则第37号——金融工具列报》、《企业会计准则第1号——存货》。处置损余物资或收回代位追偿款时，保险人应按照收到的金额与相关资产的账面价值的差额，调整当期赔付成本。

三、原保费收入的核算

经营财产保险业务的保险公司收入主要包括利息收入、手续费及佣金收入、保费收入、投资收益、其他业务收入、汇兑损益等内容。

保费收入包括原保费收入和分保费收入。原保费收入是根据原保险合同准则确认的原保险合同的保费收入，是保险公司的主要收入项目。保险公司依靠其收取的保费建立有关保险责任准备金，从而实现对被保险人因保险事故所受损失的经济补偿。保费收入的大小反映了保险公司承保能力的大小和保障责任的大小。原保费收入的核算主要有原保费的计算、原保费收入的确认与计量以及原保费收入的账务处理等内容。

(一)原保费的计算

保费是购买保险产品的金额。保险公司通过收取保费建立保险基金,当被保险人遭受约定的灾害事故时,保险公司从该项基金支付赔款或给付保险金。投保人缴纳的保费通常分解为纯保费和附加费两部分。其中,纯保费是保险公司用来建立保险基金,将来用于赔付的那部分保费;而附加费主要用于保险公司各项开支和预期利润。

保险费率是保险产品的价格,是从事保险业务的保险公司按单位保险金额向投保人收取保费的标准。保险费率可分为纯费率和附加费率两部分。纯保费和附加费均是按保险金额乘以纯费率和附加费率确定的。因此,保险费率的高低与保费的多少成正比,保险费的计算关键在于确定保险费率。

1. 纯费率的确定

纯费率应当等于损失概率,即反映未来保费损失的可能性。在实务中,通常选择一组历年保额损失率来确定平均保额损失率,以其近似代替损失概率。由于平均保额损失率是以往各年份保额损失率的平均值,势必会出现有些年份的保额损失率比其平均值高,而有些年份比其平均值低。因此,通常在平均保额损失率附加历史保额损失率的一个、两个或三个标准差(均方差)的方法来确定纯费率。附加均方差次数越多,赔偿金额超过纯保费的可能性就越小,即保险公司得到保障的安全程度就越大。相反,对于投保人来讲,其缴纳的保费数额越多,负担越重。

2. 附加费率的确定

附加费率可按以下几种方法确定。

(1)按单位保险金额的附加费来确定,即:

$$附加费率=单位保险金额的附加费÷单位保险金额×100\%$$

(2)按保险费的一定比例提取附加费用来确定,即:

$$附加费率=保险费率×按保险费提取附加费用的比例$$

(3)按纯费率的一定比例来确定,即:

$$附加费率=纯费率×附加费占纯费用的比例$$

$$保险费率=纯费率+附加费率$$

财产保险业务保费按其收取方式的不同,可按下列三种方法来确定:

$$保费=保险金额×保险费率$$

$$保费=保险标的额×单位标的应交保费$$

$$保费=保户储金×银行利率×储金期限$$

第三种方法适用于将投保人储金利息转作保费的保险业务,其中:

$$保户储金=保险额×保险费率÷银行利率$$

（二）原保费收入的确认与计量

1. 原保费收入的确认

根据《企业会计准则第 25 号——原保险合同》之规定,原保费收入必须同时满足下列条件,才能予以确认。

（1）原保险合同成立并承担相应的保险责任;

（2）与原保险合同相关的经济利益很可能流入;

（3）与原保险合同相关的收入能够可靠地计量。

2. 原保费收入的计量

保险人应当按照下列规定计算确定保费收入金额。

（1）对于非寿险原保险合同,应当根据原保险合同约定的保费总额确定;

（2）对于寿险原保险合同,分期收取保费的,应当根据当期应收取的保费确定;一次性收取保费的,应当根据一次性应收取的保费确定。

原保险合同提前解除的,保险人应按照原保险合同约定计算确定应退还投保人的金额,作为退保费计入当期损益。由于财产保险合同一般是签单生效,即保险合同一经签订即成立,保险公司开始承担保险责任。因此在实际工作中,财产保险合同于签单时即确认保费收入。

（三）原保费收入核算使用的会计科目

原保费收入核算使用的会计科目主要有"保费收入"、"应收保费"、"应收保户储金"、"预收保费"和"保户储金"。

1."保费收入"科目

"保费收入"核算保险公司根据原保险合同准则确认的原保费收入。本科目按照险种进行明细核算。保险公司确认的原保费收入,借记"应收账款"、"预收账款"、"银行存款"、"库存现金"、"利息支出"、"投资收益"等科目,贷记本科目。非寿险原保险合同提前解除的,按原保险合同约定计算确定应退还投保人的金额,借记本科目,贷记"库存现金"、"银行存款"等科目。期末,应将本科目余额转入"本年利润"结转后,本科目期末无余额。

2."应收保费"科目

"应收保费"核算保险公司按照原保险合同应向投保人收取但尚未收到的保险费。借方登记保险公司发生的应收保费及已确认为坏账并转销又收回的保费,贷方登记收回的应收保费及确认为坏账而冲销的应收保费。"应收保费"的期末借方余额反映保险公司尚未收回的保险费。本科目应按投保人设置明细账进行分类核算。

3. "应收保户储金"科目

"应收保户储金"核算保险公司向投保人收取但尚未收到的以储金本金增值作为保费收入的储金。核算保险公司应向投保人收取但尚未收到的保险业务投资款时,可将本科目改为"应收保户投资款"科目,并按投保人和险种进行明细核算。保险公司预收投保人储金也在本科目核算。保险公司应收投保人储金,借记本科目,贷记"保户储金";收到投保人储金,借记"银行存款"、"库存现金"等科目,贷记本科目;预收投保人储金,借记"银行存款"、"库存现金"等科目,贷记本科目;转做保户储金,借记本科目,贷记"保户储金"科目。本科目期末借方余额,反映保险公司尚未收取的储金。

4. "预收保费"科目

"预收保费"核算保险公司按照原保险合同约定收到的尚未满足保费收入确认条件的在保险责任生效前向投保人预收的保险费。本科目借方登记保费收入实现时结转保费收入的金额,贷方登记"预收保费"。"预收保费"科目的期末贷方余额,反映公司向投保人预收的保险费。本科目应按投保人设置明细账进行分类核算。

5. "保户储金"科目

"保户储金"核算保险公司收到投保人以储金本金增值作为保费收入的储金。保险公司收到投保人投资型保险业务的投资款,可将本科目改为"保户投资款"科目,并按照投保人和险种进行明细核算。保险公司向投保人支付的储金或投资款增值也在本科目核算。保险公司应收投保人储金,借记"应收保户储金"科目,贷记本科目;返还投保人储金,借记本科目,贷记"银行存款"、"库存现金"等科目。本科目期末贷方余额,反映保险公司收取投保人储金结余。

(四)原保费收入的核算

1. 直接缴纳保费

保险客户签发保险单并直接缴纳保费,会计部门根据业务部门交来的财产险保费日报表、保费收据存根和银行收账通知办理转账。

【例 10 - 1】 某保险客户按原保险合同规定缴纳保费 10 000 元。编制会计分录为:

借:银行存款——活期户   10 000
    贷:保费收入——××险种   10 000

2. 预收保费

如果发生保险客户提前缴费或缴纳保费在前、承担保险责任在后的保险业务,保险公司应作为预收保费处理,到期再转入保费收入。会计部门根据业务部门交来的财产险保费日报表、保费收据存根以及银行收账通知进行账务处理。

【例 10 - 2】 某财产保险公司于 2004 年 2 月 5 日收到保户交纳的保费 30 000 元,公司于 3 月 5 日起承担保险责任。编制会计分录为:

① 2 月 5 日收到保费时:

借:银行存款   30 000

 贷:预收保费——某公司   30 000

② 3 月 5 日确认保费收入时:

借:预收保费——某公司   30 000

 贷:保费收入——××险种   30 000

3. 分期缴纳保费

对于一些大客户或保额高的保户,经保险公司同意可以分期缴纳保费。保险单一旦签订,全部保费均应作为保费收入,未收款的部分则作为"应收保费"递延,待下期收到时再冲销。

【例 10 - 3】 200×年 1 月,某企业投保财产综合险,与某财产保险公司签订保险合同中约定保费为 50 000 元,双方协商共分 5 期支付。2 月,保险公司收到首期保费 10 000 元。编制会计分录为:

借:银行存款   10 000

  应收保费——某企业   40 000

 贷:保费收入——综合险   50 000

以后各期收取保费时:

借:银行存款   10 000

 贷:应收保费——某企业   10 000

4. 保户储金收益转做原保费收入

对于财产保险业务中的两全保险,投保人在投保时按保险金额与保险公司规定的储金比例一次缴存保险储金,并将该保险储金存入银行或进行债券投资,以取得利息收入或投资收益作为保险费收入;保险期满,投保人到保险公司领回投保时所缴纳的全部保险储金。

【例 10 - 4】 某保险公司会计部门收到业务部门交来的 3 年期家财两全险保户储金日报、储金收据和银行储金专户收款凭证 10 000 元,年利率 2%,3 年后一次还本付息。会计分录为:

① 收到保户储金时:

借:银行存款——储金专户   10 000

 贷:保户储金——家财两全险   10 000

② 每年计算利息时：

借：应收利息　　　　　　　　　　　　　　　　　　　　　　200

　　贷：保费收入——家财两全险　　　　　　　　　　　　　　200

③ 第三年还本付息时：

借：银行存款——活期户　　　　　　　　　　　　　　　　　600

　　贷：应收利息　　　　　　　　　　　　　　　　　　　　　400

　　　　保费收入　　　　　　　　　　　　　　　　　　　　　200

同时，

借：保户储金——家财两全险　　　　　　　　　　　　　10 000

　　贷：银行存款——活期户　　　　　　　　　　　　　　10 000

5. 中途加保或退保

保单签发后至期满前，由于保险标的升值、财产重估或企业关、停、并、转等原因，保户中途要求加保的，应由保户提出书面申请，保险公司业务部门审查同意后签发批单。中途加保的保费收入核算与投保时保费收入核算相同。会计部门根据业务部门转来的批单、保费收据及银行收账通知转账，借记"银行存款"，贷记"保费收入——××险"。

中途退保或部分退保应按已保期限与剩余期限的比例计算退保费，退保费冲减保费收入，借记"保费收入——××险"，贷记"银行存款（或库存现金）"和"应收保费"。

四、原保险合同成本的核算

原保险合同成本是指原保险合同发生所导致所有者权益减少、与向所有者分配利润无关的经济利益的总流出，主要包括发生的手续费或佣金支出、赔付成本以及提取的未决赔款准备金、寿险责任准备金、长期健康险责任准备金等。

（一）理赔支出的核算

1. 理赔支出的计算

(1)固定资产理赔款的计算主要包括遭受全部损失和遭受部分损失理赔款的计算。

第一，全部损失。保险金额高于或等于受险财产出险时重置价值的，其赔款金额以不超过出险时重置价值为限；否则，其赔款金额不得超过保险金额。

第二，部分损失。受损财产保险金额高于或等于出险时重置价值的，其赔偿金额按实际损失计算；否则，按比例赔付并扣除受损财产的残值。部分损失可按下列公式计算：

保险赔款＝保险金额÷出险时重置价值×实际损失（修复费用）－残值

（2）流动资产赔款的计算包括全部损失和部分损失的赔款计算。

第一，全部损失。受损财产保险金额高于或等于出险时账面余额的，其赔款额以不超过出险时账面余额为限；否则，其赔款额不得超过该项财产的保险金额。

第二，部分损失。受损财产保险金额高于或等于出险时账面余额，按其实际损失计算赔款金额；受损财产保险金额低于账面余额，则按下列公式计算赔款金额，即

$$保险赔款＝保险金额÷出险时账面价值×实际损失（修复费用）$$

2. 赔款支出核算使用的会计科目

（1）"赔付支出"科目。"赔付支出"核算保险公司支付的原保险合同赔付款项和再保险合同赔付款项，也可以分别设置"赔款支出"、"满期给付"、"年金给付"、"死伤医疗给付"、"分保赔付支出"等科目，分别核算支付的赔款支出、满期给付、年金给付、死伤医疗给付或分保赔付支出。本科目应当按照险种和保险合同进行明细核算。

保险公司在确定支付赔付款项金额或实际发生理赔费用时，借记本科目，贷记"银行存款"、"库存现金"等科目；承担赔付保险金责任应当确认的代位追偿款，借记"应收代位追偿款"，贷记本科目；收到应收代位追偿款时，应按实际收到的金额，借记"库存现金"、"银行存款"等科目，已计提坏账准备的，借记"坏账准备"，按应收代化追偿款的账面余额，贷记"应收代位追偿款"，按其差额，借记或贷记本科目；承担赔偿保险金责任取得的损余物资，应按同类或类似资产市场价格计算确定其金额，借记"损余物资"，贷记本科目；处置损余物资，应按实际收到的金额，借记"库存现金"、"银行存款"等科目，已计提跌价准备的，借记"损余物资——跌价准备"，按损余物资账面余额，贷记"损余物资"科目，按其差额，借记或贷记本科目；再保险接受人收到分保业务账单时，应按账单标明的分保赔付款项，借记本科目，贷记"应付分保账款"。期末，将本科目余额转入"本年利润"，结转后，本科目期末无余额。

（2）"应收代位追偿款"科目。"应收代位追偿款"核算保险公司按照原保险合同约定承担赔付保险金责任确认的应收代位追偿款。本科目应当按照对方单位（或个人）进行明细核算。应收代位追偿款的账务处理见"赔付支出"账务处理的有关内容。本科目期末借方余额，反映保险公司已确认但尚未收回的应收代位追偿款。

（3）"损余物资"科目。"损余物资"核算保险公司按原保险合同约定承担赔偿保险金责任取得的损余物资。本科目应当按照损余物资种类进行明细核算。损余物资发生减值的，设置本科目的"跌价准备"明细科目进行核算，或

"损余物资跌价准备"科目进行核算。

保险公司承担赔偿保险金责任取得损余物资,按同类或类似资产市场价格计算确定金额,借记本科目,贷记"赔付支出";处置损余物资时,按实际收到金额,借记"库存现金"、"银行存款"等科目,已计提跌价准备的,借记本科目(跌价准备),按其初始入账成本,贷记本科目,按其差额,借记或贷记"赔付支出"。本科目期末借方余额,反映保险公司承担赔偿保险金责任取得的损余物资价值。

3. 赔款支出的账务处理

理赔人员计算出赔偿金额后,应填制赔款计算书,连同被保险人签章的赔款收据送交会计部门。会计部门接到业务部门的理赔结算书后,认真审查有关内容,审查无误后,根据不同情况分别处理。

(1)当时结案赔款支出的核算。对于保险赔案清楚的,应通过"赔款支出"科目核算。

【例 10 - 5】 200×年1月,大华公司投保的一台机器设备出险,承保的某保险公司会计部门收到赔款计算书和投保人签章的赔款收据,签发赔款200 000元转账支票给投保人,同时,支付理赔勘察费 3 000 元。编制如下会计分录:

借:赔付支出——企业财产险　　　　　　　　　　　　　203 000

　　贷:银行存款——大华公司活期存款户　　　　　　　　 203 000

(2)预付赔款的核算。在处理赔案过程中,有些赔偿损失较大且案情复杂,由于种种原因不能当时或短时间内核实损失、确定赔款金额,但为了尽快恢复受损单位和个人生产和生活,保险公司按估赔的比例先预付一部分赔款,待核实结案时再一次结清。一般说来,预付赔款金额不得超过估损金额的50%,且不能跨年度使用,结案率至少在85%以上。

【例 10 - 6】 某工厂厂房失火造成重大损失,一时不能结案,但为了使工厂尽快恢复生产,保险公司按预计损失的50%支付预付赔款 800 000 元。编制如下分录:

借:预付赔款——企业财产险　　　　　　　　　　　　　800 000

　　贷:银行存款　　　　　　　　　　　　　　　　　　 800 000

3个月后,保险公司调查核实确定该厂损失为 2 000 000 元,于是开出支票1 200 000 元结清此案。编制如下会计分录:

借:赔付支出——赔款支出——企业财产险　　　　　　 2 000 000

　　贷:预付赔款——企业财产险　　　　　　　　　　　　 800 000

　　　　银行存款　　　　　　　　　　　　　　　　　　1 200 000

（3）损余物资的核算。保险财产遭受保险事故，多数情况下是部分受损，具有一定利用价值的"损余物资"一般应归被保险人，其价值在赔偿中予以扣除；如果被保险人不愿接受，保险公司可按全额赔付，损余物资归保险公司处理，处理损余物资的收入冲减赔款支出。损余物资在没有处理之前，要妥善保管并设"损余物资登记簿"，登记损余物资数量和金额。

保险人承担赔偿保险金责任取得的损余物资，应当按照同类或类似资产的市场价格计算确定的金额确认资产，并冲减当期赔付成本。处置损余物资时，保险人应当按照收到的金额与相关损余物资账面价值的差额，调整当期赔付成本。

【例10-7】 某商场发生火灾，经计算财产损失应赔偿1 600 000元，保险公司应得损余物资折价90 000元归商场所有，其余赔款由保险公司支付。编制会计分录如下：

借：赔付支出——赔款支出——财产综合险　　　　　1 510 000
　　贷：银行存款　　　　　　　　　　　　　　　　　　1 510 000

对于损余物资，如果保险人不愿处理或者无法处理，可由保险公司收回，作为物料用品暂存。此时，应按估价95 000元入账。会计分录如下：

借：损余物资　　　　　　　　　　　　　　　　　　　95 000
　　贷：赔付支出——赔款支出——财产综合险　　　　　95 000

以后变卖损余物资，得到价款110 000元，并存入银行，会计分录如下：

借：银行存款　　　　　　　　　　　　　　　　　　110 000
　　贷：损余物资　　　　　　　　　　　　　　　　　　95 000
　　　　赔付支出——赔款支出——财产综合险　　　　　15 000

若变卖损余物资的价款为80 000元，则会计分录为：

借：银行存款　　　　　　　　　　　　　　　　　　　80 000
　　赔付支出——赔款支出——财产综合险　　　　　　15 000
　　贷：损余物资　　　　　　　　　　　　　　　　　　95 000

（4）追偿款收入的核算。追偿款收入是指公司向赔偿事故责任人追回的保险赔偿。追偿款是对赔款支出的一种抵减。保险人承担赔付保险金责任应收取的代位追偿款同时满足下列条件的，应当确认为应收代位追偿款，并冲减当期赔付成本：①与该代位追偿款有关的经济利益很可能流入；②该代位追偿款的金额能够可靠地计量。

收到应收代位追偿款时，保险人应当按照收到的金额与相关应收代位追偿款账面价值的差额，调整当期赔付成本。承担赔付保险金责任应当确认的代位追偿款，借记"应收代位追偿款"，贷记本科目。

【例 10 - 8】 亚太保险公司承保的货物运输险发生保险事故,货物损失 100 万元,但是船运公司负有直接责任,需要承担赔偿责任 60 万元,保险公司在赔付 100 万元的保险金后,享有向船运公司代位追偿款的权利,满足确认条件。则会计处理如下:

借:赔付支出——赔款支出——货运险　　　　　　　　　　1 000 000

　　贷:银行存款　　　　　　　　　　　　　　　　　　　1 000 000

借:应收代位追偿款　　　　　　　　　　　　　　　　　　600 000

　　贷:赔付支出——赔款支出——货运险　　　　　　　　　600 000

收到追偿款时:

借:银行存款　　　　　　　　　　　　　　　　　　　　　600 000

　　贷:应收代位追偿款　　　　　　　　　　　　　　　　　600 000

（二）手续费和佣金的核算

手续费及佣金支出是指保险公司向受其委托代理保险业务的代理人支付代理手续费。手续费支付比例不得超过实收保费的 8%,通过"手续费及佣金"科目进行核算。发生手续费支出时,借记"手续费及佣金",期末将该科目从其贷方转入"本年利润",结转后,"手续费及佣金"科目期末无余额。

（三）保险准备金的核算

财产保险准备金是指保险公司为履行其承担的保险责任或者备付未来赔款,从收取保险费中提取的资金准备。根据《企业会计准则第 25 号——原保险合同》和《企业会计准则第 26 号——再保险合同》的规定,原保险合同准备金包括未到期责任准备金、未决赔款准备金、寿险责任准备金和长期健康险责任准备金四种。

未到期责任准备金是指保险公司为承担一年期以内保险业务的未来保险责任,从本期尚未到期的保费中提取、以备下年度发生赔款的准备金。由于保险合同年度和会计年度通常不一致,因此在会计核算期末,不能把所收取保险费全部当作保费收入处理,对于保险责任尚未届满的,应属于下年度部分保险费,必须以准备金的形式提存出来。

未决赔款准备金是指保险人为非寿险保险事故已发生尚未结案的赔偿提取的准备金。它包括三种情况:第一,发生已报案未决赔款准备金是指保险人为非寿保险事故已发生并已向保险人提出索赔、尚未结案的赔案提取的准备金。已发生已报案未决赔款准备金可分别采用逐案估计法、平均值估计法和赔付率法三种方法估计;第二,已发生未报案未决赔款准备金是指保险人为非寿保险事故已发生,尚未向保险人提出索赔的赔案提取的准备金。已发生未报案未决赔款准备金数额的估计比较复杂,一般以过去的经验数据为基础;第三,理赔费用准备金是指保险人为非寿保险事故已发生尚未结案的赔案可能发生的律师费、诉讼费、损失检验费、相关理赔人员薪酬等费用提取的准备金。

1. 保险准备金核算使用的会计科目

(1)"未到期责任准备金"科目。本科目核算公司为承担一年期以内(含一年)保险业务未来保险责任而提存的准备金,属于负债类科目,其贷方登记提存未到期责任准备金,借方登记转回的未到期准备金,余额在贷方,反映本期提存尚未转回的未到期责任准备金。本科目应按险种设置明细账。

(2)"提取未到期责任准备金"科目。本科目核算公司按照规定提存的未到期责任准备金,提存的分出分保业务未到期责任准备金也在本科目核算。本科目属于损益类科目,其借方登记提存的未到期责任准备金数额,贷方登记提存的分保未到期责任准备金和期末结转"本年利润"数额,结转后本科目期末无余额。本科目应按照险种设置明细核算。该项目应在利润表中单独列示。

(3)"未决赔款准备金"科目。本科目核算公司为已经发生非寿险保险事故并已提出保险赔款,已经发生非寿险保险事故但尚未提出保险赔款以及发生理赔费用按规定提取的未决赔款准备金,再保险接受人提取的再保险合同未决赔款准备金也在本科目核算。本科目属负债类科目,其贷方登记按规定提取的未决赔款准备金,借方登记按规定冲减的未决赔款准备金,期末余额在贷方,反映公司未决赔款准备金。本科目按保险合同进行明细核算。

(4)"提取未决赔款准备金"科目。本科目核算公司由于已发生非寿险保险事故并已提出保险赔款,已发生非寿险保险事故但尚未提出保险赔款以及发生的理赔费用按规定提取的未决赔款准备金。再保险接受人提取的再保险合同未决赔款准备金也在本科目核算。本科目属损益类科目,其借方登记按规定提取的未决赔款准备金,贷方登记按规定冲减的未决赔款准备金,期末应将本科目余额转入"本年利润",结转后本科目无余额。

2. 保险准备金的账务处理

(1)未到期责任准备金

① 保险人应当在确认非寿险保费收入当期,按照保险精算确定的金额,提取未到期责任准备金,作为当期保费收入的调整,并确认未到期责任准备金。编制会计分录为:借记"提取未到期责任准备金",贷记"未到期责任准备金"。

② 资产负债表日,保险人应按保险精算重新计算确定的未到期责任准备金金额与已提取未到期责任准备金余额的差额,调整未到期责任准备金余额。编制会计分录为:借记"提取未到期责任准备金",贷记"未到期责任准备金",以增加未到期责任准备金额;或做相反分录,以冲减未到期责任准备金的金额。

③ 保险合同提前解除,应按相关未到期责任准备金余额,借记"未到期责任准备金",贷记"提取未到期责任准备金"。

保险公司计提未到期责任准备金的方法是采用 1/24 法或 1/365 法,提取方法在开始实行前报主管财政机关及保险监督管理部门备案,一经采用不得随意变更,如需变动应报主管部门批准。1/24 法,又称月平均估算法,是假设当月签发保单的有效期为半个月或者保单保费的支付发生在当月的月中而提取未到期责任准备金的方法。其计算公式如下:

未到期责任准备金=(签发保单月份×2-1)÷24×该业务的保费收入

【例 10-9】 某保单当年 4 月 1 日投保,次年 3 月 31 日到期,保费收入 5 000 元,则年底应提取的未到期责任准备金为:

$$(4 \times 2-1) \div 24 \times 5\,000 = 1\,458.3(元)$$

1/365 法,又称逐单逐日计算法,即根据每张保单第二年有效天数占整个责任期限比例逐笔计算未到期责任准备金,其优点是计算准确,缺点是工作量巨大,操作困难。计算公式如下:

未到期责任准备金=第二年有效天数÷保险期天数×该业务保费收入

本例中,如采用 1/365 法,计算如下:

$$90 \div 365 \times 5\,000 = 1\,232.88(元)$$

【例 10-10】 某公司 8 月 13 日承保一笔保费收入为 200 万元 1 年期非寿险保单,按 1/24 法提取未到期责任准备金。账务处理如下:

① 计算未到期责任准备金:

未到期责任准备金=(8×2-1)÷24×200=125(万元)

② 提取未到期责任准备金:

借:提取未到期责任准备金   125
  贷:未到期责任准备金   125

假设,会计期末重新精算确定未到期责任准备金金额为 5 000 万元,而当期已提取金额为 5 005 万元,则应调整如下:

借:未到期责任准备金   5 000
  贷:提取未到期责任准备金   5 000

再将提取未到期责任准备金余额结转"本年利润"冲减收益,会计分录为:

借:本年利润   5 000
  贷:提取未到期责任准备金   5 000

（2）未决赔款准备金

① 非寿险保险事故发生当期，应按保险精算确定的未决赔款准备金金额，借记"提取未决赔款准备金"，贷记"未决赔款准备金"。

② 对未决赔款准备金进行充足性测试时，应按补提未决赔款准备金金额，借记提取"未决赔款准备金"，贷记"未决赔款准备金"。

③ 保险人确定支付赔付款项金额或实际发生理赔费用的当期，应按相应未决赔款准备金余额，借记"未决赔款准备金"科目，贷记"提取未决赔款准备金"科目。

提取未决赔款准备金方法包括逐案估计法、案均赔款法、链梯法、准备金进展法、B－F法等。根据《保险公司非寿险业务准备金管理办法（试行）》规定，对已发生已报案未决赔款准备金，应当采取逐案估计法、案均赔款法以及保险监管部门认可方法谨慎提取；对已发生未报案未决赔款准备金，应根据险种风险性质、分布、经验数据等因素采用案均赔款法、链梯法、准备金进展法、B－F法中至少两种进行谨慎评估提取；对直接理赔费用准备金，应采取逐案预估法提取；对间接理赔费用准备金，应采用比率分摊法提取。

【例 10－11】 某公司 2005 年提取已发生已报案赔款准备金 250 万元，提取已发生未报案赔款准备金 120 万元。根据精算部门计算结果，本年应提取已发生已报案赔款准备金 280 万元，应提取已发生未报案赔款准备金 100 万元。编制会计分录为：

借：提取未决赔款准备金——已发生已报案赔款准备金　　　　30

　　贷：未决赔款准备金——已发生已报案赔款准备金　　　　30

针对已发生未报案赔款准备金，由于精算得到的金额小于已提取金额，故不必进行调整。

第三节　人身保险业务的核算

一、人身保险的种类

人身保险是指以人的生命或身体作为保险标的的保险，是由保险公司根据国家法律规定，向投保人或被保险人收取保费，用以对被保险人在生命或身体遭到保险事故或于约定时间期满时履行义务的一种保险。

人身保险按其保险范围的不同，可分为人寿保险、意外伤害险和健康保险三大类。

（一）人寿保险

人寿保险是指以被保险人在某一期间内生存或死亡为保险事故，给付约定保险金的保险,具体包括生存保险、死亡保险、两全保险、年金保险等。

(1)生存保险,是指以被保险人在约定保险期满时依然生存为给付条件的保险,是一种定期保险,即被保险人若在保险期内死亡,保险单效力即告终止,保险人既不给付保险金,也不退保费。

(2)死亡保险,是指以被保险人在约定保险有效期内死亡为给付条件的保险,又可以分为定期死亡保险和终身死亡保险。若被保险人生存至保单期,则不支付保险金,保费是否退还还要看保单期限长短及保单条款规定。一般长期死亡险具有责任性和保费返还性双重特性。

(3)两全保险,是指被保险人不论在保险期内死亡还是生存至保险期满,保险人都给付保险金的一种综合险。这种保险由生存险和死亡险合并而成,既保生存又保死亡,又称生死合险。这是一种具有储蓄性质的定期保险,又被称为定期储蓄保险;一般长期生死两全险具有责任性与保费返还性双重特性,较受欢迎。

(4)年金保险,又称养老金保险,是指保险人在约定保险期间内以被保险人的生存为给付条件,按照一定周期如1年、半年、1个月给付保险金的保险。该险种可以实现为被保险人老年生活提供经济保障之目的。被保险人在年轻的时候每年从其收入中拿出一部分资金支付保费,以购买年金保险,当达到约定领取年金的年龄时开始以定期定额或定期增额的方式领取保险金,直到被保险人死亡或规定期限终了为止。我国为鼓励企业为其职工提供养老保障,规定企业在职工工资总额的4%限额内,为其职工购买补充医疗保险而支付的保费可以税前列支。

(二)意外伤害险

意外伤害险是指被保险人因意外事故导致死亡或伤残时,保险人依合同约定给付保险金的保险,其期限在1年或1年以内。需要注意的是,对于被保险人由于疾病引起的残疾或死亡或自然死亡,意外伤害保险人不负给付责任。

(三)健康保险

健康保险是指补偿被保险人因疾病或身体残疾所致使损失的保险,分为短期健康险和长期健康险,划分标准以1年为界限。健康险一般单独出售,很少把健康险与意外险和寿险捆绑为综合险出售。常见做法是将寿险作为主险,短期健康险作为附加险,其原因在于健康险经营风险很大,技术操作困难。

二、人身保险业务的核算

人身保险业务的核算主要包括保费收入的核算、保险支出的核算、保险准备金的核算等。

（一）人身保险保费收入的核算

1. 保费收入的计算

人身保险保费是由纯保险费和附加保险费两部分构成。纯保险费计算需要使用生命表并考虑投资所取得收益,附加保险费主要用于保险公司各项开支和预期利润。保费计算关键在于确定合理保费率。保费率由纯费率和附加费率组成。

（1）纯费率。纯费率计算应根据给定死亡率和利率予以确定,通过"利息"折扣和"死亡率"折扣,在签发保险单时使纯保费收入的现值等于将来给付保险金的现值。

（2）附加费率。在确定附加费率时不仅要考虑每份保险单,还要考虑保险金额因素。附加费率计算公式与财产保险业务附加费率计算公式基本相同。

2. 保费收入核算的特点

（1）寿险保单的保险费一般是分期交付,并在保险合同中载明。投保人或被保险人必须按合同规定时间和金额缴纳保险费。

（2）保户第一期保险费必须在签订合同时向保险公司交付,以后各期保险费,保户应按合同规定交费时间前往保险公司规定地点交费。对于因故迟交或补交保险费保户,除补交其所欠保险费外,应缴纳因推迟时间所产生的利息。

（3）当出纳人员收到款项后,随即开出三联收款凭证并加盖"库存现金收讫"章与经办人员签章,第一联保费收据交保户收执,第二联收据副本交业务部门登记业务卡片,第三联收据存根连同银行存款解缴回单一并交会计记账。

3. 保费收入的账务处理

（1）保险业务发生时收取保费。会计部门收到业务部门送来"保费日结单"及所附收据存根和库存现金,经审查无误后办理转账。

【例 10 - 12】 某客户投保人寿保险,采用分期付款方式,按照合同约定当期缴纳保费 100 元。其会计分录为:

借:库存现金　　　　　　　　　　　　　　　　　　　　　　100
　　贷:保费收入——人寿险　　　　　　　　　　　　　　　　100

（2）预收保费。保险客户提前缴费,应作为预收保费处理,到期再转入保费收入。会计部门收到业务部门送来"保费日结单"及所附收据存根和库存现金,经审查无误后办理转账。

【例 10 - 13】 李四投保个人养老金保险,约定每月缴纳 100 元。为了节省时间,20××年 1 月 5 日,他预缴全年保费 1 200 元。其会计分录为:

预收保费时:

借：库存现金　　　　　　　　　　　　　　　　　　　1 200
　　贷：保费收入——年金保险（个人养老金险）　　　　　100
　　　　预收保费——李四　　　　　　　　　　　　　　1 100
20××年以后各个月份，将预收保费转为保费收入：
借：预收保费——李四　　　　　　　　　　　　　　　　100
　　贷：保费收入——年金保险（个人养老金险）　　　　　100

（二）人身保险支出的核算

人身保险支出主要包括人身保险业务的保险金给付、退保金支出、佣金支出等内容。其中，保险金给付是人身保险支出的主要内容。

1. 保险金给付的核算

保险金给付有三种情形：一是满期给付；二是死伤及医疗给付；三是年金给付。

（1）满期给付的核算。满期给付是在保险期满时，保险公司按合同规定一次性或多次向被保险人支付保险金，如养老保险的被保险人生存到保险期满，可按约定每月领取保险金直到死亡为止；又如简易人身保险的被保险人可以在生存到保险期满，按约定一次性领取全部保险金。保险金的给付是以被保险人生存到保险期满为条件的，故列入满期给付范围，通过"赔付支出——满期给付"科目进行核算。会计部门在给付时，如有未交保费或者未清偿借款的，应予以扣除。

【例10-14】　某简易人身保险保户保险期满，持有关证件向保险公司申请领取保险金3 000元，经审核无误后给付保险金3 000元。其会计分录为：

借：赔付支出——满期给付　　　　　　　　　　　　　3 000
　　贷：库存现金　　　　　　　　　　　　　　　　　　3 000

【例10-15】　某保户投保生死两全险，保险金额10万元。10年后保险期满，持有关单位申请满期给付。会计人员审核后，发现保户尚有2万元保单质押贷款没有归还，利息为1 200元，会计部门将贷款及利息扣除后办理了给付。其会计分录为：

借：赔付支出——满期给付——生死两全险　　　　　100 000
　　贷：保单质押贷款　　　　　　　　　　　　　　　20 000
　　　　利息收入　　　　　　　　　　　　　　　　　 1 200
　　　　银行存款　　　　　　　　　　　　　　　　　78 800

（2）死伤医疗给付的核算。死伤医疗给付是指被保险人在保险期限内因生疾病而发生医疗费用或导致伤残、死亡，按保险合同规定给付保险金。按寿险业务规定，申请死伤医疗给付时，被保险人必须及时提供有关证明，经业务部门调查核实后计算出应给付金额,连同有关证明、调查报告送会计部门,经会计部门审核无误后,据以支付给付金额。

为了核算和监督保险公司因人寿保险及长期健康保险业务的被保险人在保险期内发生保险责任范围内的保险事故,保险合同应设置"死伤医疗给付"科目。该科目设置"死亡给付"和"医疗给付"两个明细科目。发生死伤医疗给付时,借记该科目。期末,应将该科目余额转入"本年利润",结转后,该科目期末无余额。

被保险人在保险期内发生死亡、意外伤残、医疗事故而按保险责任支付保险金时,借记"死伤医疗给付",贷记"库存现金"。在保险合同规定交费限期内发生死伤医疗给付时,借记"死伤医疗给付",贷记"保费收入"、"利息收入"或"库存现金"。期末,将"死伤医疗给付"余额转入"本年利润",借记"本年利润",贷记"死伤医疗给付"。

【例 10-16】 某长期健康险保户因交通事故造成下肢瘫痪,保户提出死伤医疗给付申请,保险公司经审查,同意给付保险金 50 000 元,由于保户尚未缴纳当年保险金 2 000 元,会计部门以库存现金支付余额。会计分录为:

借:死伤医疗给付		50 000
贷:保费收入		2 000
库存现金		48 000

(3)年金给付的核算。年金给付的核算是指年金保险业务的被保险人生存至规定年龄,按保险合同约定支付给被保险人的给付金额。为了核算和监督保险公司因年金保险业务的被保险人生存至规定的年龄,按保险合同约定支付给被保险人给付金额的情况,应设置"年金给付"科目。"年金给付"为损益类科目。年金给付时,借记"年金给付",贷记"库存现金"等科目。期末,该科目余额转入"本年利润",结转后,该科目期末无余额。

【例 10-17】 张明投保终身年金保险,年缴保费 2 400 元,现已到约定年金领取年龄。保户持有关证件向保险公司办理领取手续,按规定每年领取保险金 4 800 元,会计部门以库存现金支付。编制会计分录为:

借:年金给付		4 800
贷:库存现金		4 800

2.退保金的核算

退保金是指投保人因某种原因在保险期限未满时申请退保,经保险公司根据规定核定其已缴年限而支付给投保人的退保金额。退保金通过"退保金"科目进行核算。"退保金"科目核算保险公司寿险原保险合同解除时按约定应退还投保人的保险费;公司按非寿险原保险合同约定应退还投保人的保险费,在"保费收入"科目核算。本科目应按险种进行明细核算。

保险公司在原保险合同提前解除时,应按原保险合同约定计算确定的应退还投保人金额,借记"退保金",贷记"库存现金"、"银行存款"等科目。期末,将"退保金"科目余额转入"本年利润",结转后,"退保金"科目期末无余额。

【例 10 - 18】 某人身险保户因移居国外而要求退保,经业务部门同意,按规定计算应退投保人退保金 20 000 元,该投保人还预交 6 个月保费 5 000 元。会计部门审核后,将预交保费和退保金一并退还给投保人,并以库存现金支付。编制会计分录为:

借:退保金		20 000
预收保费		5 000
贷:库存现金		25 000

3. 保单红利支出的核算

由于人寿保险合同期限长,以预计死亡率、利率和费率为依据计算确定的保费标准通常与实际不一致,为此,我国人寿保险公司推出利差返还型寿险产品。当实际利率大于预定利率时,保险公司将利率差对寿险责任准备金产生的利息返还给保单持有人。为了核算和监督保险公司经营人寿保险业务实际支付给保户的利差情况,设置"保单红利支出"科目和"应付保单红利"科目进行核算。

(1)"保单红利支出"科目。"保单红利支出"为损益类科目,核算保险公司按原保险合同约定支付给投保人的红利。本科目按险种进行明细核算。保险公司按原保险合同约定计算确定应支付的保单红利,借记"保单红利支出",贷记"应付保单红利"。期末,应将"保单红利支出"余额转入"本年利润",结转后,"保单红利支出"科目无余额。

(2)"应付保单红利"科目。"应付保单红利"为负债类科目,核算保险公司按原保险合同约定应支付但尚未支付给投保人的红利。本科目应当按投保人进行明细核算。保险公司按原保险合同约定计提应支付的保单红利时,借记"保单红利支出",贷记"应付保单红利";向投保人支付保单红利时,借记"应付保单红利",贷记"库存现金"、"银行存款"等科目。"应付保单红利"期末贷方余额,反映按原保险合同约定应支付但尚未支付给投保人的红利。期末,按照清算部门提供的应付保户利差办理转账,借记"保单红利支出",贷记"应付保单红利"。实际支付红利时,借记"应付保单红利",贷记"库存现金"。期末,将"保单红利支出"余额转入"本年利润",借记"本年利润",贷记"保单红利支出"。

4. 佣金支出的核算

佣金支出是指保险公司向专门推销寿险营销业务的代理人支付的佣金,

其金额不超过实收保费的 5%。佣金支出核算采用"手续费及佣金支出"科目。该科目属于损益类。发生佣金支出时,借记"手续费及佣金支出",贷记"银行存款"。期末,将发生佣金支出转入"本年利润"科目时,借记"本年利润"科目,贷记"手续费及佣金支出"科目。结转后,该科目期末无余额。

(三)人身保险准备金的核算

人身保险业务提存的准备金主要有寿险责任准备金、长期健康险责任准备金、未到期责任准备金和未决赔款准备金。

1. 人身保险准备金核算应设置的会计科目

根据《企业会计准则第 25 号——原保险合同》和《企业会计准则第 26 号——再保险合同》,应设置以下科目进行人身保险准备金的核算。

(1)"保险责任准备金"科目。本科目核算保险公司原保险合同保险责任准备金,包括未决赔款准备金、寿险责任准备金、长期健康险责任准备金。企业也可设置"未决赔款准备金"、"寿险责任准备金"、"长期健康险责任准备金"等科目,分别核算提取的未决赔款准备金、寿险责任准备金、长期健康险责任准备金。再保险接受人提取的再保险合同保险责任准备金也在本科目核算。本科目应按照保险责任准备金的类别和保险合同进行明细核算。

"保险责任准备金"科目期末贷方余额,反映提取的保险责任准备金结余。

涉及保险责任准备金的账务处理主要有:

① 非寿险保险事故发生的当期,应按保险精算确定的未决赔款准备金金额,借记"提取保险责任准备金",贷记"保险责任准备金"。

确认寿险保费收入的当期,应按保险精算确定的寿险责任准备金、长期健康险责任准备金金额,借记"提取保险责任准备金",贷记"保险责任准备金"。

② 对保险责任准备金进行充足性测试时,应按补提保险责任准备金金额,借记"提取保险责任准备金",贷记"保险责任准备金"。

③ 原保险合同保险人确定支付赔付款金额或实际发生理赔费用的当期,应按相应的保险责任准备金金额,借记"保险责任准备金",贷记"提取保险责任准备金"。

再保险接受人收到分保业务账单的当期,应按分保保险责任准备金相应冲减金额,借记"保险责任准备金",贷记"提取保险责任准备金"。

④ 寿险原保险合同提前解除的,应按相关寿险责任准备金、长期健康险责任准备金余额,借记"保险责任准备金",贷记"提取保险责任准备金"。

(2)"提取保险责任准备金"科目。本科目核算保险公司提取的原保险合同保险责任准备金,包括提取的未决赔款准备金、提取的寿险责任准备金、提取的长期健康险责任准备金。企业也可设置"提取未决赔款准备金"、"提取寿险责任准备金"、"提取长期健康险责任准备金"等科目,分别核算提取的未决赔款准备金、提取的寿险责任准备金、提取的长期健康险责任准备金。再保险接受人提取的再保险合同保险责任准备金也在本科目核算。本科目应当按照保险责任准备金的类别、险种和保险合同进行明细核算。期末,应将"提取保险责任准备金"余额转入"本年利润",结转后,"提取保险责任准备金"科目期末无余额。

(3)"提取未到期责任准备金"科目。本科目核算保险公司提取的原保险合同未到期责任准备金和再保险合同分保未到期责任准备金。本科目应按险种和保险合同进行明细核算。

涉及提取未到期责任准备金的账务处理主要有:

① 在确认原保费收入、分保费收入的当期,应按保险精算确定的未到期责任准备金金额,借记"提取未到期责任准备金",贷记"未到期责任准备金"。

② 资产负债表日,应按保险精算重新计算确定的未到期责任准备金金额与已确认的未到期责任准备金金额的差额,借记"未到期责任准备金",贷记"提取未到期责任准备金"。

③ 原保险合同提前解除的,应按相关未到期责任准备金金额,借记"未到期责任准备金",贷记"提取未到期责任准备金"。

④ 确认非寿险原保险合同保费收入的当期,按相关再保险合同约定计算确定的相关应收分保未到期责任准备金金额,借记"应收分保未到期责任准备金",贷记"提取未到期责任准备金"。

资产负债表日,调整原保险合同未到期责任准备金余额时,按相关再保险合同约定计算确定的应收分保未到期责任准备金的调整金额,借记"提取未到期责任准备金",贷记"应收分保未到期责任准备金"。期末,应将"提取未到期责任准备金"余额转入"本年利润",结转后,"提取未到期责任准备金"期末无余额。

下面对寿险责任准备金、长期健康险责任准备金、未到期责任准备金的核算分别阐述。

2. 寿险责任准备金的核算

寿险具有长期性和储蓄性。在寿险业务中,由于投保人通常是选择分期均衡缴费方式支付保险费,因此,投保人缴纳的分期保险费实质上是均衡保险费。与保险合同整个期限相比,出险前期自然保费(或支出)小于均衡保险费,而后期自然保费(或支出)大于均衡保费。保险公司为了平衡未来发生的债务,保证有充足能力随时进行给付,必须把投保人历年缴纳的纯保费和利息积累起来,作为将来保险金给付和退保给付的责任准备金。寿险责任准备金应是保险公司收入的净保费和利息与寿险合同中所规定的当年应承担给付义务之间的差额。为了核算和监督寿险责任准备金的提取、赔付等情况,可以设置以下科目进行核算。

(1)"寿险责任准备金"科目。"寿险责任准备金"科目用来核算保险公司为承担寿险保险期间内的保险责任而应提的准备金。本科目为负债类科目。本科目期末贷方余额,反映保险公司已提取但尚未转回的寿险责任准备金。核算方法见前述"保险责任准备金"科目。

(2)"提取寿险责任准备金"科目。"提取寿险责任准备金"科目用来核算保险公司为承担寿险保险期内的责任而提取的准备金。本科目为损益类科目。期末,应将本科目余额转入"本年利润",结转后,本科目期末无余额。核算方法见前述"提取保险责任准备金"。

【例 10-19】 某人寿保险公司 20××年 12 月 31 日提取寿险责任准备金 5 000 000 元,转回上年同期提取的寿险责任准备金 3 500 000 元。编制如下会计分录:

① 提存寿险责任准备金:

借:提取寿险责任准备金　　　　　　　　　　　　　　　5 000 000

　　贷:寿险责任准备金　　　　　　　　　　　　　　　　5 000 000

② 转回上年同期提取的寿险责任准备金:

借:寿险责任准备金　　　　　　　　　　　　　　　　　3 500 000

　　贷:提取寿险责任准备金　　　　　　　　　　　　　　3 500 000

③ 将提取寿险责任准备金结转本年利润:

借:本年利润　　　　　　　　　　　　　　　　　　　　1 500 000

　　贷:提取寿险责任准备金　　　　　　　　　　　　　　1 500 000

3. 长期健康险责任准备金的核算

健康保险也称疾病保险,是指被保险人在患病时发生医疗费用支出,或因疾病致残或死亡时,由保险公司承担给付保险金责任的保险。健康保险按保险期限的长短,可划分为短期健康保险(保险期限为一年及一年以下)和长期健康保险(保险期限为一年以上);按保险标的所产生的结果,可划分为医疗保险、疾病保险、残疾收入补偿保险等。

为了核算和监督保险公司在年度决算时长期健康险责任准备金的提取情况,应设置以下两个会计科目进行核算:

(1)"长期健康险责任准备金"科目。"长期健康险责任准备金"用来核算保险公司长期性健康保险业务按规定提取的准备金。本科目属于负债类,贷方登记保险公司期末按规定提取的长期健康险责任准备金,以及被保险人从外地转入保险关系而转入的长期健康险责任准备金;借方登记上年同期提取的长期健康险责任准备金,以及因被保险人迁往外地转移保险关系而转出的长期健康险责任准备金。本科目贷方余额反映保险公司已提取但尚未转回的长期健康险责任准备金。本科目核算方法见前述"保险责任准备金"。

(2)"提取长期健康险责任准备金"科目。"提取长期健康险责任准备金"科目用来核算保险公司长期健康保险业务按规定提取的准备金。本科目属于损益类科目,借方登记期末保险公司按规定提取的长期健康险责任准备金,贷方登记期末结转"本年利润"科目的余额。结转后,本科目应无余额。本科目的核算方法见前述"提取保险责任准备金"。

【例 10-20】 某人寿保险公司 200×年 12 月 31 日提取长期健康责任准备金 10 000 000 元,转回上年同期提取的长期健康险责任准备金 7 000 000 元。公司应编制如下会计分录:

① 提取长期健康险责任准备金时:

借:提取长期健康险责任准备金   10 000 000

  贷:长期健康险责任准备金   10 000 000

② 转回上年同期提取的长期健康险责任准备金:

借:长期健康险责任准备金   7 000 000

  贷:提取长期健康险责任准备金   7 000 000

③ 将提取的长期健康责任险准备金转入本年利润:

借:本年利润   3 000 000

  贷:提取长期健康险责任准备金   3 000 000

4. 未到期责任准备金和未决赔款准备金的核算

未到期责任准备金是对短期人身保险业务按规定提取的准备金,核算方法与财产保险相同。未决赔款准备金是对意外伤害保险发生的保险事故按规定提取的准备金,核算方法与财产保险相同。

三、人身保险"三差"损益的核算

人身保险业务的"三差"是死差、利差和费差的简称。死差是指预定死亡率与实际死亡率之间的差异;利差是指预定利息率与实际利息率之间的差异;费差是指预定费用率与实际费用率之间的差异。人身保险业务保险费的确定主要考虑预定死亡率、预定利息率和预定费用率。实际工作中,由于预定死亡率、预定利息率和预定费用率与实际情况存在差异,由此形成"三差"。"三差"是人身保险业务盈利或亏损形成的主要原因,体现了人身保险业务损益计算的特殊性。"三差"损益主要通过编制"三差"损益计算表来反映。

(一)死差益(损)的计算

死差益是由于预定死亡率高于实际死亡率,保险公司按预定死亡率收取

纯保费支出实际死亡成本后尚有盈余而产生的利润;反之,则会产生死差损。死差益(损)计算公式为:

死差益(损)＝(预定死亡率－实际死亡率)×危险保费额＝危险保费总额－实际支付的危险保险费

死差益(损)计算表的格式见表 10-1 所列。

表 10-1　死差益(损)计算表

年　月　日　　　　　　　　　　　　　　　　　　　　　　　　　单位:元

	本年度保费收入	本年度预定提取利息	转回责任准备金	年末提取责任准备金	本年度退保,给付金额				死差益(损)
					退保金	死伤医疗给付	满期给付	年金给付	
	(1)	(2)	(3)	(4)	(5)	(6)	(7)	(8)	(9)
一、人寿保险 1.××险种 2.××险种									
二、健康保险 1.××险种 2.××险种									
三、年金保险 1.××险种 2.××险种									
四、其他险 1.××险种 2.××险种									
合计									

死差益(损)计算表中各项目填列方法如下:

(1)"本年度纯保费收入"项目根据利差益(损)计算表中各险种的"保费收入"减"附加保费"的金额填列(参见表 10-2)。

(2)"本年度预定提取利息"项目根据利差益(损)计算表中各险种相应项目数字填列(见表 10-3)。

(3)"转回责任准备金"项目是指当年年初责任准备金加本年度转入数减

本年转出数的数额,按年末"提取责任准备金"的转回明细数填列。

(4)"年末提取责任准备金"项目根据"提取责任准备金"科目各险种明细账金额填列。

(5)"本年度退保、给付金额"项目根据"退保金"、"满期给付"、"死伤医疗给付"、"年金给付"等科目各险种明细账当年发生额累计数填列。

(6)"死差益(损)"为各险种"(1)+(2)"与"(3)-(8)"的差额,正数为死差益,负数为死差损。

(二)费差益(损)的计算

纯保费形成责任准备金,附加保费是保险公司开展业务必要的费用标准。实际费用低于附加保费,形成了费差益;反之形成费差损。费差益(损)的计算公式如下:

$$费差益(损)=(预定附加费率-实际费用率)\times 保险费总额$$

$$=附加保费总额-实际营业费用总额$$

费差益(损)计算表的格式见表10-2所列。

表 10-2　费差益(损)计算表

年　月　日　　　　　　　　　　　　　　　　　　　　单位:元

	保费收入	附加保费			费用支出				费差益(损)
		费率(%)	金额	比重(%)	手续费及佣金	营业费用	其他	小计	
	(1)	(2)	(3)	(4)	(5)	(6)	(7)	(8)	(9)
一、人寿保险 1.××险种 2.××险种									
二、健康保险 1.××险种 2.××险种									
三、年金保险 1.××险种 2.××险种									
四、其他险 1.××险种 2.××险种									
合计									

费差益(损)计算表中各项目内容和填列方法如下：

(1)"保费收入"项目反映各险种当年原保费收入总额,根据"保费收入"科目及其明细账发生额累计数填列。

(2)"附加保费费率"项目反映各险种预定保费费率,根据业务部门提供的数据填列。

(3)"附加保费金额"项目反映各险种保费收入中所含附加保费的金额,根据表中各险种"保费收入"项目乘以"附加保费费率"项目结果填列。

(4)"附加保费比重"项目反映各险种附加保费占总附加保费额的百分比,根据表中"附加保费金额"计算填列。

(5)"费用支出"栏的"手续费"、"佣金"、"营业费用",根据"手续费及佣金支出"、"营业费用"科目及其明细科目的发生额累计数填列。

(6)"费用支出"栏的"其他"项目根据除手续费、佣金及营业费用以外费用发生额填列。

(7)"费差益(损)"项目按表中各险种"附加保费金额"减"费用支出小计"的差额填列,正数为费差益,负数为费差损。

(三)利差益(损)的计算

当实际收益率(或利率)高于预定利率时,说明年初责任准备金加上该年度储蓄保险金合计利息超过年末所需责任准备金,超过部分就是利差益,反之则为利差损。其计算公式为:

$$利差益(损)=(实际收益率-预定利率)\times责任准备金总额$$

$$=实际收益总额-预计收益总额$$

利差益(损)计算表的格式见表10-3所列。

表 10-3 利差益(损)计算表

年   月   日 单位:元

	年初责任准备金		本年度利息收入	本年度投资收益	本年度预定提取利息	利差益(损)
	金额	比重(%)				
	(1)	(2)	(3)	(4)	(5)	(6)
一、人寿保险 1.××险种 2.××险种						

	年初责任准备金		本年度 利息收入	本年度 投资收益	本年度预定 提取利息	利差益（损）
	金额	比重（%）				
	（1）	（2）	（3）	（4）	（5）	（6）
二、健康保险 1.××险种 2.××险种						
三、年金保险 1.××险种 2.××险种						
四、其他险 1.××险种 2.××险种						
合计						

利差益（损）计算表各项目填列方法如下：

（1）"本年度利息收入"项目，其合计数为年末"利息收入"科目发生额累计数。各险种利息收入按其"年初责任准备金"所占比重计算填列。

（2）"本年度投资收益"项目，其合计数为"投资收益"科目发生额累计数。各险种投资收益按其"年初责任准备金"所占比重计算填列。

（3）"本年度预定提取利息"项目按预定利率乘以各险种当年准备金总额的结果填列。

本年度预定提取利息＝预定利率×[年初责任准备金＋（纯保费－退保金－满期给付－死伤医疗给付）÷2]

"利差益（损）"项目按表中各险种"本年度利息收入"加"本年度投资收益"减"本年度预定提取利息"的结果填列。正数为利差益，负数为利差损。

第四节 再保险业务的核算

一、再保险业务的概念

再保险亦称分保，是保险公司将其经营业务一部分分给其他保险公司或再保险公司的保险业务。在再保险业务中，分出分保业务的公司称为原保险公司或分出公司，接受分保业务的公司称为再保险公司或分入公司。原保险是发生在投保人和保险公司之间的业务活动，称为直接保险业务。当原保险公司承保的直接保险业务金额较大且风险过于集中时，就有必要进行再保险，再保险就是保险人的保险。

在再保险市场，再保险人包括专业再保险人、兼营再保险人和再保险集团。专业再保险人是指依法设立专门从事再保险业务的保险公司，这类公司本身不能直接办理保险业务，只能从原保险公司那里接受分保业务，同时也可以将接受分保业务再向其他再保险人转分保。兼营再保险人是指能够接受再保险业务的原保险公司。再保险集团是指多个保险公司根据协议而组成的再保险联合体，参与者按照比例分担直接保险与再保险业务。当保险金额或再保险金额巨大，超过某一家保险公司承保能力时，就需要再保险集团共同承担。

二、再保险业务的种类

再保险业务主要包括三种类型：临时再保险业务、合同再保险业务和预约再保险业务。

（一）临时再保险业务

临时再保险是最古老、最简单的再保险安排方式，是分出公司根据业务需要将有关风险或责任临时与分入公司协商签订合同的再保险安排。对于临时再保险业务，分出和分入公司均有自由选择权。

（二）合同再保险业务

合同再保险业务是分出公司就某类业务与分入公司预先签订合同，分出公司按照合同约定将有关风险或责任转让给分入公司的再保险安排。由于合同已经将业务范围、地区范围、除外责任、分保手续费、自留额、合同最高限额、账单编制和付费等各项分保条件用文字予以约定，双方的权利和义务均已明确，所以合同再保险亦称为固定再保险。合同一经签订，双方就不再有自由选择权利。合同再保险是再保险市场上最主要的安排形式。

（三）预约再保险业务

预约再保险业务是介于合同再保险业务和临时再保险业务之间的一种安排方式。预约再保险对于分出公司具有临时再保险性质，对分入公司则具有合同再保险性质。分出公司就某类业务与分入公司签订预约再保险合同后，对自己手里该类业务可自由选择办理，但对分入公司来说就没有选择余地，凡是分出属于预约再保险范围的业务必须接受。预约再保险一般适用于特定地区的特定风险或巨额累积责任。

三、再保险业务核算的要求

(1)设置专用会计科目,单独设账,单独核算。再保险分出人不应将再保险合同形成的资产与有关原保险合同形成的负债相互抵消,同时再保险分出人不应将再保险合同形成的收入或费用与有关原保险合同形成的费用或收入相互抵消。

(2)分出业务和分入业务分别核算。对既经营直接保险业务又经营再保险业务的保险公司而言,分出业务一般并入直接业务核算,分入业务则应单独核算;专业再保险公司转分保业务也纳入分入业务进行核算,以便准确核算其业务绩效。

(3)按不同险种进行分类,以区分各类分保业务好坏,并在此基础上根据会计年度划分不同年度经营成果。

(4)再保险业务资金在保险人之间或通过保险经纪人进行结算,要求按时寄送账单并及时结付款项,这是衡量分出、分入公司及保险经纪人信誉好坏的主要标志。

四、再保险业务核算的特点

与直接保险业务会计核算相比,再保险业务的会计核算具有如下几个特点。

(1)再保险业务反映分出或分入公司转嫁或承担责任风险状况,直接保险业务则衡量保险客户转嫁风险大小和承保能力。因此,再保险业务与直接保险业务应分别考核。

(2)分入业务是对方公司直接业务组成部分,分出业务是记账公司直接业务组成部分,因此,分入与分出业务收支不能相互抵消,否则很难考核分入业务和分出业务的效益。

(3)再保险业务会计核算主要凭证是分保账单。分保账单是分出公司对于再保险业务活动各项财务指标按一定格式填制的凭证,它由分出公司编制并送交分入公司,是分入公司与分出公司双方的原始会计凭证,并据以编制记账凭证和登记账簿。在会计核算中,分出公司与分入公司记账方向相反。

(4)分入公司接受再保险业务时,不仅有责任分担再保险业务的赔款支出,还要同时分担分出公司因分出业务赔案处理等产生的费用,这种分保费用在再保险合同中进行约定。

(5)采用比较固定的佣金率或按赔付率高低采用递增佣金率来计算分保手续费,包括分保业务发生手续费(分保佣金)和纯益手续费。分保手续费是指再保险分出人支付的手续费或佣金中应由再保险接受人承担的份额;纯益手续费是指再保险接受人同意在其利润基础上付给再保险分出人一定比例的报酬,纯手续费是按照再保险合同约定计算确定。

五、分出再保险业务的核算

(一)分出再保险业务的核算内容

《企业会计准则第 26 号——再保险合同》分出再保险业务内容作了如下规定:

第一,再保险分出人不应将再保险合同形成的资产与有关原保险合同形成的负债相互抵消;不应当将再保险合同形成的收入或费用与有关原保险合同形成的费用或收入相互抵消。

第二,再保险分出人应当在确认原保险合同保费收入的当期,按相关再保险合同的约定,计算确定分出保费,计入当期损益;同时,原保险合同为非寿险原保险合同的,再保险分出人还应按相关再保险合同的约定,计算确认应收分保未到期责任准备金资产,并冲减提取未到期责任准备金。再保险分出人应当在资产负债表日调整原保险合同未到期责任准备金余额时,相应调整应收分保未到期责任准备金余额。

第三,再保险分出人应当在确认原保险合同保费收入的当期,按照相关再保险合同的约定,计算确定应向再保险接受人摊回的分保费用,计入当期损益。

第四,再保险分出人应当在提取原保险合同未决赔款准备金、寿险责任准备金、长期健康险责任准备金的当期,按照相关再保险合同的约定,计算确定应向再保险接受人摊回的准备金,确认为应收分保准备金资产。

第五,再保险分出人应当在确定支付赔付款金额或实际发生理赔费用而冲减原保险合同相应的准备金余额的当期,冲减相应的应收分保准备金余额;同时,按照相关再保险合同的约定,计算确定应向再保险接受人摊回的赔付成本,计入当期损益。

第六,再保险分出人应在原保险合同提前解除的当期,按相关再保险合同的约定,计算确定分出保费、摊回分保费用的调整金额,计入当期损益;同时,转销应收分保准备金余额。

第七,再保险分出人应因取得和处置损余物资、确认和收到应收代位追偿款等而调整原保险合同赔付成本的当期,按相关再保险合同约定计算确定摊回赔付成本的调整金额,计入当期损益。

第八,再保险分出人应在发出分保业务账单时,将账单标明扣存本期分保保证金确认为存入分保保证金;同时,按账单标明返还上期扣存分保保证金转销相关存入分保保证金。再保险分出人应根据相关再保险合同的约定,按期计算存入分保保证金利息,计入当期损益。

第九，再保险分出人应根据相关再保险合同的约定，在计算确定应向再保险接受人收取纯益手续费时，将该项纯益手续费作为摊回的分保费用，计入当期损益。

第十，对于超额赔款再保险等非比例再保险合同，再保险分出人应当根据再保险合同的约定，计算确定分出保费，计入当期损益。再保险分出人调整分出保费时，直接将调整金额计入当期损益。再保险分出人应当在能够计算确定应向再保险接受人摊回的赔付成本时，将该项应摊回的赔付成本计入当期损益。

(二)再保险分出业务核算的会计科目

1．"应收分保账款"科目

该科目核算保险公司从事再保险业务应收但尚未收到的款项。本科目是资产类科目，应当按照再保险分出人和再保险合同进行明细核算。

涉及"应收分保账款"的账务处理主要有：

(1)保险公司在确认原保险合同保费收入的当期，按相关再保险合同约定计算确定应向再保险接受人摊回的分保费用，借记"应收分保账款"，贷记"摊回分保费用"。

(2)在确定支付赔付款项金额或实际发生理赔费用而冲减原保险合同相应未决赔款准备金、寿险责任准备金、长期健康险责任准备金余额的当期，按相关再保险合同约定计算确定应向再保险接受人摊回的赔付成本金额，借记"应收分保账款"，贷记"摊回赔付支出"。

(3)在原保险合同提前解除的当期，按相关再保险合同约定计算确定的摊回分保费用的调整金额，借记"摊回分保费用"，贷记"应收分保账款"。

(4)在因取得和处置损余物资、确认和收到应收代位追偿款等而调整原保险合同赔付成本的当期，按相关再保险合同约定计算确定的摊回赔付支出的调整金额，借记或贷记"摊回赔付支出"，贷记或借记"应收分保账款"。

(5)在能够计算确定应向再保险接受人收取纯益手续费时，按相关再保险合同约定计算确定的纯益手续费，借记"应收分保账款"，贷记"摊回分保费用"。

(6)对于超额赔款再保险等非比例再保险合同，在能够计算确定应向再保险接受人摊回的赔付成本时，按摊回的赔付成本金额，借记"应收分保账款"，贷记"摊回赔付支出"。

再保险分出人收到或支付分保账款时，按相关应付分保账款金额，借记"应付分保账款"，按相关应收分保账款金额，贷记"应收分保账款"，按收到或支付的分保账款金额，借记或贷记"银行存款"。"应收分保账户"科目期末借方余额,反映从事再保险业务应收但尚未收到的款项。

2."应付分保账款"科目

该科目核算保险公司从事再保险业务应支付但尚未支付的款项。本科目应按再保险分出人和再保险合同进行明细核算。

涉及"应付分保账款"的账务处理主要有:

(1)在确认原保险合同保费收入的当期,按相关再保险合同约定计算确定的分出保费金额,借记"分出保费",贷记"应付分保账款"。

(2)在原保险合同提前解除的当期,按相关再保险合同约定计算确定的分出保费的调整金额,借记"应付分保账款",贷记"分出保费"。

(3)发出分保业务账单时,按账单标明的扣存本期分保保证金金额,借记"应付分保账款"科目,贷记"存入保证金";按账单标明的返还上期扣存分保保证金金额,借记"存入保证金",贷记"应付分保账款"。

(4)按期计算存入分保保证金利息时,借记"利息支出",贷记"应付分保账款"。

(5)对于超额赔款再保险等非比例再保险合同,按相关再保险合同约定计算确定分出保费金额,借记"分出保费",贷记"应付分保账款"。调整分出保费时,借记或贷记"应付分保账款",贷记或借记"分出保费"科目。

另外,涉及"应付分保账款"结算的账务处理:再保险分出人收到或支付分保账款时,按相关应付分保账款金额,借记"应付分保账款";按相关应收分保账款金额,贷记"应收分保账款";按收到或支付的分保账款金额,借记或贷记"银行存款"。"应付分保账款"期末贷方余额,反映从事再保险业务应支付但尚未支付的款项。

3."应收分保未到期责任准备金"科目

该科目核算再保险分出人从事再保险业务确认的应收分保未到期责任准备金。本科目应当按照再保险接受人和再保险合同进行明细核算。

涉及"应收分保未到期责任准备金"科目的账务处理主要有:

(1)保险公司在确认非寿险原保险合同保费收入当期,按相关再保险合同约定计算确定的应收分保未到期责任准备金金额,借记"应收分保未到期责任准备金",贷记"提取未到期责任准备金"。

(2)资产负债表日,调整原保险合同未到期责任准备金余额时,按相关再保险合同约定计算确定的应收分保未到期责任准备金的调整金额,借记"提取未到期责任准备金",贷记"应收分保未到期责任准备金"。

(3)在原保险合同提前解除而转销相关未到期责任准备金余额的当期,借记"提取未到期责任准备金",贷记"应收分保未到期责任准备金"。

"应收分保未到期责任准备金"科目的期末借方余额,反映公司从事再保险业务确认的应收分保未到期责任准备金的结余。

4."应收分保保险责任准备金"科目

该科目核算再保险分出人从事再保险业务应向再保险接受人摊回的保险责任准备金,包括未决赔款准备金、寿险责任准备金、长期健康险责任准备金。本科目应按保险责任准备金的类别和再保险接受人、再保险合同进行明细核算。再保险分出人也可以设置"应收分保未决赔款准备金"、"应收分保寿险责任准备金"、"应收分保长期健康险责任准备金"等科目,分别核算应向再保险接受人摊回的未决赔款准备金、寿险责任准备金、长期健康险责任准备金。

涉及"应收分保保险责任准备金"的账务处理主要有:

(1)在提取原保险合同保险责任准备金的当期,按相关再保险合同约定计算确定的应向再保险接受人摊回保险责任准备金金额,借记"应收分保保险责任准备金",贷记"摊回保险责任准备金"。

(2)在确定支付赔付款金额或实际发生理赔费用而冲减原保险合同相应未决赔款准备金、寿险责任准备金、长期健康险责任准备金余额的当期,按相关应收分保保险责任准备金的冲减金额,借记"摊回保险责任准备金",贷记"应收分保保险责任准备金"。

(3)在对原保险合同保险责任准备金进行充足性测试补提保险责任准备金时,按相关再保险合同约定计算确定的应收分保保险责任准备金的相应增加额,借记"应收分保保险责任准备金",贷记"摊回保险责任准备金"。

(4)在原保险合同提前解除而转销相关寿险责任准备金、长期健康险责任准备金余额当期,按相关应收分保保险责任准备金余额,借记"摊回保险责任准备金",贷记"应收分保保险责任准备金"。

"应收分保保险责任准备金"科目的期末借方余额,反映公司从事再保险业务应向再保险接受人摊回的保险责任准备金的结余。

5."摊回保险责任准备金"科目

该科目核算再保险分出人从事再保险业务应向再保险接受人摊回的保险责任准备金,包括未决赔款准备金、寿险责任准备金、长期健康险责任准备金。本科目应当按照保险责任准备金的类别和险种进行明细核算。再保险分出人也可以设置"摊回未决赔款准备金"、"摊回寿险责任准备金"、"摊回长期健康险责任准备金"科目,分别核算应向再保险接受人摊回的未决赔款准备金、寿险责任准备金、长期健康险责任准备金。

涉及"摊回保险责任准备金"的账务处理主要有:

（1）在提取原保险合同保险责任准备金的当期，应按相关再保险合同约定计算确定的应向再保险接受人摊回的保险责任准备金金额，借记"应收分保保险责任准备金"，贷记"摊回保险责任准备金"。

（2）在确定支付赔付款金额或实际发生理赔费用而冲减原保险合同相应保险责任准备金余额的当期，应按应收分保保险责任准备金的相应冲减金额，借记"摊回保险责任准备金"，贷记"应收分保保险责任准备金"。

（3）在对原保险合同保险责任准备金进行充足性测试补提保险责任准备金时，应按相关再保险合同约定计算确定的应收分保保险责任准备金的相应增加额，借记"应收分保保险责任准备金"，贷记"摊回保险责任准备金"。

（4）在寿险原保险合同提前解除而转销相关寿险责任准备金、长期健康险责任准备金余额的当期，应按相关应收分保保险责任准备金余额，借记"摊回保险责任准备金"，贷记"应收分保保险责任准备金"。

期末，应将"摊回保险责任准备金"余额转入"本年利润"，结转后，"摊回保险责任准备金"期末无余额。

6."摊回赔付支出"科目

该科目核算再保险分出人向再保险接受人摊回的赔付成本。本科目应当按照险种进行明细核算。再保险分出人也可分别设置"摊回赔款支出"、"摊回年金给付"、"摊回满期给付"、"摊回死伤医疗给付"等科目，分别核算应向再保险接受人摊回的赔款支出、年金给付、满期给付、死伤医疗给付。

涉及"摊回赔付支出"科目的账务处理主要有：

（1）在确定支付赔付款金额或实际发生理赔费用而确认原保险合同赔付成本的当期，应按相关再保险合同约定计算确定的应向再保险接受人摊回的赔付成本金额，借记"应收分保账款"，贷记"摊回赔付支出"。

（2）在因取得和处置损余物资、确认和收到应收代位追偿款等而调整原保险合同赔付成本的当期，应按相关再保险合同约定计算确定的摊回赔付成本的调整金额，借记或贷记"摊回赔付支出"，贷记或借记"应收分保账款"。

（3）对于超额赔款再保险等非比例再保险合同，在能够计算确定应向再保险接受人摊回的赔付成本时，应按摊回赔付成本金额，借记"应收分保账款"，贷记"摊回赔付支出"。

期末，将"摊回赔付支出"余额转入"本年利润"，结转后，"摊回赔付支出"无余额。

7."摊回分保费用"科目

该科目核算再保险分出人向再保险接受人摊回分保费用。本科目按险种进行明细核算。涉及"摊回分保费用"的账务处理主要有：

(1)在确认原保险合同保费收入的当期,应按相关再保险合同约定计算确定的应向再保险接受人摊回的分保费用,借记"应收分保账款",贷记"摊回分保费用"。

(2)在原保险合同提前解除的当期,应按相关再保险合同约定计算确定的摊回分保费用的调整金额,借记"摊回分保费用",贷记"应收分保账款"。

(3)在能够计算确定应向再保险接受人收取的纯益手续费时,应按相关再保险合同约定计算确定的纯益手续费,借记"应收分保账款",贷记"摊回分保费用"。

期末,将"摊回分保费用"余额转入"本年利润",结转后,"摊回分保费用"无余额。

8."分出保费"科目

该科目核算再保险分出人向再保险接受人分出的保费。本科目应按险种进行明细核算。

涉及"分出保费"科目的账务处理主要有：

(1)在确认原保险合同保费收入的当期,应按再保险合同约定计算确定的分出保费金额,借记"分出保费",贷记"应付分保账款"。

(2)在原保险合同提前解除的当期,应按再保险合同约定计算确定的分出保费的调整金额,借记"应付分保账款",贷记"分出保费"。

(3)对于超额赔款再保险等非比例再保险合同,应按再保险合同约定计算确定的分出保费金额,借记"分出保费",贷记"应付分保账款"。调整分出保费时,借记或贷记"分出保费",贷记或借记"应付分保账款"。

期末,将"分出保费"余额转入"本年利润",结转后,"分出保费"无余额。

【例 10-21】 甲保险公司与乙保险公司签订火灾再保险合同。甲保险公司将 400 000 元火险保费分给乙保险公司。按照合同规定,甲保险公司扣存分出保险费的 40% 作为保费准备金。根据业务部门提供的分保账单,甲保险公司需要向乙保险公司摊回分保赔款 200 000 元,摊回手续费、税款及杂项100 000 元。

① 发出分保账单时,其会计分录为：

借:分出保费   400 000
　应收分保账款   60 000
　贷:摊回保险责任准备金   160 000
　　摊回赔付支出   200 000
　　摊回分保费用   100 000

② 期末,将分保业务收支转入"本年利润"科目,其会计分录为:

借:本年利润: 400 000
    贷:分出保费   400 000
借:摊回赔付支出   200 000
    摊回分保费用   100 000
    贷:本年利润   300 000

六、分入再保险业务的核算

(一)分入再保险业务核算的有关规定

《企业会计准则第 26 号——再保险合同》对分入再保险业务的核算作了如下规定:

第一,分保费收入同时满足下列条件,才能予以确认:①再保险合同成立并承担相应保险责任;②与再保险合同相关的经济利益很可能流入;③与再保险合同相关的收入能够可靠地计量。再保险接受人应当根据再保险合同的相关约定,计算确定分保费收入金额。

第二,再保险接受人应当在确认分保费收入的当期,根据再保险合同的相关约定,计算确定分保费用,计入当期损益。

第三,再保险接受人应当根据再保险合同的相关约定,在能够计算确定应向再保险分入支付的纯益手续费时,将该项纯益手续费作为分保费用,计入当期损益。

第四,再保险接受人应当在收到分保业务账单时,按照账单标明的金额对相关分保费收入、分保费用进行调整,调整金额计入当期损益。

第五,再保险接受人提取分保未到期责任准备金、分保未决赔款准备金、分保寿险责任准备金、分保长期健康险责任准备金,以及进行相关分保准备金充足性测试,比照《企业会计准则第 25 号——原保险合同》的相关规定进行处理。

第六,再保险接受人应当在收到分保业务账单的当期,按照账单标明的分保赔付款项金额,作为分保赔付成本,计入当期损益;同时,冲减相应的分保准备金余额。

第七,再保险接受人应在收到分保业务账单时,将账单标明的扣存本期分保保证金确认为存出分保保证金;同时,按照账单标明返还上期扣存分保保证金转销相关存出分保保证金。再保险接受人应根据再保险合同的相关约定,按期计算存出分保保证金利息,计入当期损益。

(二)再保险分入业务核算的会计科目

1．"应收分保账款"科目

该科目核算保险公司从事再保险业务应收尚未收到的款项。本科目是资产类,应按再保险接受人和再保险合同进行明细核算。

涉及再保险接受人"应收分保账款"的账务处理主要有:

(1)确认分保费收入时,借记"应收分保账款",贷记"保费收入"。

(2)收到分保业务账单时,按账单标明金额调整分保费收入,按调增时,借记"应收分保账款",贷记"保费收入"科目;按调减时,借记"保费收入",贷记"应收分保账款"。

(3)收到分保业务账单时,按账单标明的再保险分出人扣存本期分保保证金,借记"存出保证金",贷记"应收分保账款";按账单标明的再保险分出人返还上期扣存分保保证金,借记"应收分保账款",贷记"存出保证金"。

(4)计算存出分保保证金利息时,借记"应收分保账款",贷记"利息收入"。再保险接受人收到或支付分保账款时,按应付分保账款金额,借记"应付分保账款";按应收分保账款金额,贷记"应收分保账款";按收到或支付分保账款金额,借记或贷记"银行存款"。

"应收分保账款"科目期末借方余额,反映公司从事再保险业务应收尚未收到的款项。

2."应付分保账款"科目

该科目核算保险公司从事再保险业务应支付尚未支付的款项。本科目应按再保险接受人和再保险合同进行明细核算。

涉及再保险接受人"应付分保账款"的账务处理主要有:

(1)在确认分保费收入的当期,按再保险合同的相关约定计算确定的分保费用金额,借记"分保费用",贷记"应付分保账款"。

(2)在能够计算确定应向再保险分出人支付的纯益手续费时,按再保险合同的相关约定计算确定的纯益手续费金额,借记"分保费用",贷记"应付分保账款"。

(3)收到分保业务账单时,按账单标明的金额对分保费用进行调整,调增时,借记"分保费用",贷记"应付分保账款";调减时,借记"应付分保账款",贷记"分保费用"。

(4)收到分保业务账单的当期,按账单标明的分保赔付款项金额,借记"赔付支出",贷记"应付分保账款"。

涉及"应付分保账款"结算的账务处理主要有:再保险接受人收到或支付分保账款时,按应付分保账款金额,借记"应付分保账款";按应收分保账款金额,贷记"应收分保账款";按照收到或支付的分保账款金额,借记或贷记"银行存款"。

"应付分保账款"科目期末贷方余额,反映公司从事再保险业务应支付尚未支付的款项。

3. "保费收入"科目

分保费收入是指再保险接受人根据再保险合同准则确认的再保险合同分保费收入。分保费收入同时满足下列条件,才能予以确认:①再保险合同成立并承担相应的保险责任;②与再保险合同相关的经济利益很可能流入;③与再保险合同相关的收入能够可靠地计量。

"保费收入"科目核算再保险接受人根据再保险合同准则确认的再保险合同分保费收入。该科目是损益类科目,应当按照险种进行明细核算。确认分保费收入时,借记"应收分保账款",贷记"保费收入";收到分保业务账单时,按账单标明金额对分保费收入进行调整,调增时,借记"应收分保账款",贷记"保费收入";调减时,做相反的会计分录。期末,将"保费收入"余额转入"本年利润",结转后,"保费收入"科目期末无余额。

4. "赔付支出"科目

该科目核算保险公司支付原保险合同赔付款项和再保险合同赔付款项,应按险种和保险合同进行明细核算。公司也可分别设置"赔款支出"、"满期给付"、"年金给付"、"死伤医疗给付"、"分保赔付支出"等科目,分别核算支付的赔款支出、满期给付、年金给付、死伤医疗给付或分保赔付支出。

再保险接受人收到分保业务账单的当期,应按账单标明的分保赔付款项金额,借记"赔付支出",贷记"应付分保账款"。期末,将"赔付支出"余额转入"本年利润",结转后,"赔付支出"科目期末无余额。

5. "分保费用"科目

该科目核算再保险接受人向再保险分出人支付的分保费用。本科目应按险种进行明细核算。

涉及"分保费用"的账务处理主要有:

(1)在确认分保费收入的当期,应按再保险合同约定计算确定的分保费用金额,借记"分保费用",贷记"应付分保账款"。

(2)在能够计算确定应向再保险分出人支付的纯益手续费时,应按再保险合同约定计算确定的纯益手续费,借记"分保费用",贷记"应付分保账款"。

(3)收到分保业务账单时,按账单标明的金额对分保费用进行调整,借记或贷记"分保费用",贷记或借记"应付分保账款"。

期末,将"分保费用"余额转入"本年利润",结转后,"分保费用"科目无余额。

【例10-22】 沿用【例10-21】资料:乙保险公司接到甲保险公司寄送的分保账单,根据分保账单,乙公司编制记账凭证,办理转账。

① 收到分保业务账单时,其会计分录为:

借:提取保险责任准备金   160 000
　　赔付支出   200 000
　　分保费用   100 000
　　贷:保费收入   400 000
　　　　应付分保账款   60 000

② 期末,将分保业务收支转入"本年利润"科目,其会计分录为:

借:保费收入   400 000
　　贷:本年利润   400 000
借:本年利润   300 000
　　贷:赔付支出   200 000
　　　　分保费用   100 000

七、再保险业务的损益核算

下面举例说明再保险业务损益的核算。

【例 10 - 23】　某保险公司 2010 年分入火险业务,结算损益期为三年。结算年度公司提取未决赔款准备金 50 000 元。保险公司 2010—2012 年度收支资料见表 10 - 4 所列。

表 10 - 4　三年火险 2010—2012 年度收支表　　　　　　　　单位:元

营业收支项目	2010 年度	2011 年度	2012 年度
	业务年度	业务年度	业务年度
	2010 年	2011 年	2012 年
保费收入	500 000	400 000	100 000
分保赔付支出	300 000	150 000	50 000
分保费用	20 000	10 000	5 000

(1)2010 年会计年度决算

① 提取保险责任准备金:

保险责任准备金金额＝500 000－(300 000＋20 000)＝180 000(元)

借:提取保险责任准备金   180 000
　　贷:保险责任准备金   180 000

② 将 2010 年度收支、提取的准备金结转"本年利润"：

借：保费收入   500 000

   贷：本年利润   500 000

借：本年利润   500 000

   贷：分保赔付支出   300 000

     分包费用   20 000

     提取保险责任准备金   180 000

(2)2011 年会计年度决算

① 提取保险责任准备金：

保险责任准备金金额＝(180 000＋400 000)－(150 000＋10 000)

               ＝420 000(元)

借：提取保险责任准备金   420 000

   贷：保险责任准备金   420 000

② 转回上年提取的保险责任准备金：

借：保险责任准备金   180 000

   贷：提取保险责任准备金   180 000

③ 将 2011 年业务收支、提取、转回的保险责任准备金结转"本年利润"：

借：保费收入   400 000

   贷：本年利润   400 000

借：本年利润   400 000

   贷：分保赔付支出   150 000

     分包费用   10 000

     提取的保险责任准备金   240 000

(3)2012 年会计年度决算

① 提取未决赔款准备金：

借：提取未决赔款准备金   50 000

   贷：未决赔款准备金   50 000

② 转回上年提取的保险责任准备金：

借：保险责任准备金   420 000

   贷：提取保险责任准备金   420 000

③ 将 2012 年度业务收支、转回保险责任准备金、提取的未决赔款准备金结转"本年利润"：

借：保费收入   100 000

    提取保险责任准备金   420 000

		贷:本年利润	520 000
借:本年利润			105 000
		贷:分保赔付支出	50 000
		分保费用	5 000
		提取未决赔款准备金	50 000

(4)2010 年度,该保险公司利润表见表 10-5 所列。

表 10-5　三年期火险 2010 业务年度利润表

(2010 年 12 月 31 日)

项目	本期数	本年累计数
一、营业收入 　保费收入		100 000
二、营业支出 　1. 分保赔付支出 　2. 分保费用		50 000 5 000
三、准备金提转差 　1. 提取未决赔款准备金 　2. 转回保险责任准备金		50 000 420 000
分保利润		415 000

2010 年度,该公司分保利润＝100 000－(50 000＋5 000)＋(420 000－50 000)＝415 000(元)。

调研与实践题:

以保险公司为会计主体,组织学生对保险公司日常业务进行实地调研,使学生熟悉保险公司相关业务种类,启发学生换位思考,从中把握保险公司会计核算的特点。

复习思考题:

1. 简述保险会计的概念和特点。

2. 什么是保险会计的核算对象,与一般行业会计相比有哪些特点?

3. 财产保险公司业务核算有哪些内容?

4. 寿险业务包括哪些内容? 有何特点?

5. 再保险业务准备金应如何进行核算？

账务处理题：

1. 2013 年 6 月 1 日，安正保险公司收到鑫达公司交来的保费 15 000 元，公司于下月 1 日起承担保险责任。

2. 德宏公司在安华保险公司投保企业财产险，2014 年 2 月 15 日，该企业厂房倒塌，于是向安华保险公司申请相应的赔付。因该事件一时不能结案，但为了尽快恢复生产，安华保险公司按照预计损失的 50%，以支票预付赔款 60 000 元。2014 年 9 月 8 日，经安华保险公司调查核实应给予德宏公司的赔偿金额为 180 000 元，随即开出支票 120 000 元结清此案。

3. 2014 年 6 月 5 日，安华保险公司与嘉华公司签订了财产保险合同，按合同精算确定应提取未决赔偿款准备金 5 000 000 元，2014 年 8 月 10 日支付嘉华公司赔偿金 5 000 000 元，同时冲减相应的未决赔偿金余额。

4. 李某 2012 年 3 月于安华保险公司投保 10 年期终身寿险，按规定每年缴纳保费 4 000 元，宽限期为 3 个月。2012 年 3 月该保户缴纳保费 4 000 元；2013 年 3 月缴费期已到，但该保户尚未缴纳保费；2012 年 5 月，该保户交来保费 4 000 元。

5. 张华在安正保险公司投保养老保险，因经济困难要求退保，退保金为 5 000 元，但尚有 100 元借款及 75 元利息未还清。安正保险公司经审核无误后以现金支付。

6. 某人寿保险公司 2014 年 12 月 31 日提取寿险责任准备金 5 000 000 元，转回上年同期提取的寿险责任准备金 3 500 000 元。

7. 安华保险公司与安正保险公司签订火灾再保险合同，安华保险公司将 400 000 元火险保费分给安正保险公司。按照合同规定，安华保险公司扣存分出保费的 40% 作为保费准备金。根据业务部门提供的分保账单，安华保险公司需要向安正保险公司摊回分保赔款 20 000 元，摊回手续费、税费及杂项 100 000 元。

推荐拓展阅读：

王保平. 商业银行会计实务[M]. 北京：中国财政经济出版社，2009.

第十一章　非银行金融企业业务的核算

本章导读

　　非银行金融机构是指除商业银行和专业银行以外的所有金融机构,主要包括信托、证券、保险、融资租赁、财务公司等多种组织形式。非存款性金融机构包括金融控股公司、公募基金、养老基金、保险公司、证券公司、小额信贷公司等。非银行金融机构是随着金融资产多元化、金融业务专业化深入发展而产生的,与商业银行有着千丝万缕的联系,但又有着自己独特的组织形式和会计结算方式。随着我国市场经济体制的不断完善,各类非银行金融机构在市场经济发展中发挥着越来越重要的作用。为此,分别阐述证券、信托、基金等非金融业务的会计核算,概括反映我国非银行金融机构的经济活动及其会计核算特征。

掌握知识和能力要点描述:

　　(1)了解非银行金融机构的相关业务种类;

　　(2)理解证券、信托和基金管理等非银行金融机构相关业务会计核算特点及内容;

　　(3)掌握证券、信托和基金管理等非银行金融机构相关业务的账务处理;

　　(4)建立非银行金融企业会计核算的质量管理意识。

第一节　证券业务的核算

一、证券业务的种类

　　我国证券公司经营的证券限于资本证券,主要包括股票、债券及其衍生品种如基金证券、可转换债券等。证券公司可以经营以下部分或全部业务:证券经纪,证券自营,证券承销与保荐,证券投资咨询,与证券交易、投资活动有关的财务顾问，证券资产管理，其他证券业务。按其主要内容可分为证券经纪业务、证券自营业务、证券承销业务和其他证券业务。

（一）证券经纪业务

证券经纪业务是指证券公司接受客户委托，按照客户要求代理客户买卖证券并提供相关服务，证券公司收取佣金作为报酬的证券中介业务。从事证券经纪业务的证券公司又称为证券经纪商，其作用是充当证券买方或者卖方的经纪人，按照客户要求，迅速执行指令完成交易、代办相关手续，并提供及时、准确的信息和咨询服务。证券经纪业务分为柜台代理买卖证券业务和通过证券交易所代理买卖证券业务。

目前，我国公开发行并上市的股票、公司债券及其他证券的交易，在证券交易所中以公开集中交易方式进行。由于集中交易方式的特殊性、交易规则的严密性和操作程序的复杂性，广大投资者不能直接进入证券交易所买卖证券，只能委托经批准并具备一定条件的证券公司代理买卖证券。我国证券公司从事证券经纪业务主要是设立证券营业网点，通过其证券营业部、证券服务部等分支机构接受客户委托买卖证券。投资者委托证券公司买卖证券，有柜台委托和非柜台委托两类，柜台委托是委托者本人或者由其代理人到证券公司营业网点的柜台办理委托手续。

（二）证券自营业务

证券自营业务是指证券公司以公司名义、以自有资金或者依法筹集的资金为本公司买卖依法公开发行的股票、债券、权证、证券投资基金及证监会认可的其他证券，以获取盈利的行为。证券公司自营业务按交易场所分为场外（如柜台）自营买卖和场内（交易所）自营买卖。场外自营买卖是指证券公司通过柜台交易等方式，与客户直接洽谈成交的证券交易；场内自营买卖是证券公司通过集中交易场所（证券交易所）买卖证券的行为。我国证券自营业务一般是指场内自营买卖业务，且专指证券公司为本公司买卖证券产品的行为。证券产品包括证券交易所挂牌交易的 A 股、基金、认股权证、国债、企业债券等。

（三）证券承销业务

承销业务是证券公司根据协议，依法协助证券发行人销售其所发行证券行为。依据《证券法》的规定，"发行人向不特定对象发行证券，法律、行政法规规定应当由证券公司承销的，发行人应当与证券公司签订承销协议"，委托证券公司承销。证券承销是投资银行传统业务。承销业务分为代销和包销两种方式。代销是指证券公司代发行人发售证券，在承销期结束时，将未售出证券全部退还给发行人的承销方式；包销是指证券公司将发行人的证券按照协议全部购入，或者在承销期结束时将售后剩余证券全部自行购入的承销方式。

包销又分为全部包销和余额包销两种方式。全额包销是指证券公司作为承销商先全额买断发行人发行的证券,再向投资者发售,由证券公司承担全部风险的承销方式;余额包销是指证券公司作为承销商,按照约定发行额和发行条件,在约定期限内向投资者发售证券,到销售截止日,如投资者实际认购总额低于预定发行总额,未售出的证券由证券公司负责认购,并按约定时间向发行人支付全部价款的承销方式。

二、证券经纪业务的核算

(一)代理买卖证券业务

证券公司接受客户委托,通过证券交易所代理买卖证券时,根据下列两种情况进行处理。

(1)当买入证券成交额大于卖出证券成交额时:应按清算日买卖证券成交价的差额,加上代扣代交印花税等相关税费和应向客户收取的佣金等费用之和,借记"代理买卖证券款"科目,贷记"结算备付金——客户"、"银行存款"等科目;按公司应负担的交易费用,借记"手续费及佣金支出——代理买卖证券手续费支出"科目,按应向客户收取的佣金及手续费,贷记"手续费及佣金收入"科目,按其差额,借记"结算备付金——自有"、"银行存款"等科目。

【例 11-1】 深圳证券股份有限公司接受客户委托,通过证券交易所代理买卖证券,买进股票成交总额为 800 000 元,卖出股票成交总额为 600 000 元,买入证券成交总额多于卖出证券成交总额 200 000 元。代扣代缴的交易税费为 1 500 元,应向客户收取的佣金为 4 000 元,证券公司应负担的交易费用为 200 元。深圳证券股份有限公司根据交易所传来的证券交易一级清算表、营业部出具的证券交易二级清算表、清算银行出具的资金清算单等凭证进行账务处理。编制会计分录为:

借:代理买卖证券款   205 500

    贷:结算备付金——客户   205 500

同时:

借:手续费及佣金支出——代买卖证券手续费支出   200

    结算备付金——自有   3 800

      贷:手续费及佣金收入——代买卖证券手续费收入   4 000

(2)当卖出证券成交总额大于买入证券成交总额时:应按清算日买卖证券成交价的差额,减去代扣代缴的印花税等相关税费和应向客户收取的佣金等费用后的余额,借记"结算备付金——客户"科目,贷记"代理买卖证券款"等科目;按公司应负担的交易费用,借记"手续费及佣金支出——代理买卖证券手续费支出"科目,按应向客户收取的佣金及手续费,贷记"手续费及佣金收入——代理买卖证券手续费收入"科目,按其差额,借记"结算备付金——自有"、"银行存款"等科目。

【例 11-2】 沿用例 11-1 材料,若深圳证券股份有限公司的交易为净卖出 200 000 元,其他数据不变,根据交易所传来的证券交易一级清算表、营业部出具的证券交易二级清算表、清算银行出具的资金清算单等凭证进行账务处理。编制如下会计分录:

借:结算备付金——客户   194 500
　　贷:代理买卖证券款   194 500

同时:

借:手续费及佣金支出——代理买卖证券手续费支出   200
　　结算备付金——自有   3 800
　　贷:手续费及佣金收入——代理买卖证券手续费收入   4 000

（二）代理兑付证券业务

代理兑付证券业务主要设置"代理兑付证券款"和"代理兑付证券"等科目进行核算。

（1）证券公司收到委托单位划来的兑付资金时,应按收到的兑付资金金额,借记"银行存款"科目,贷记"代理兑付证券款"科目。

（2）证券公司收到客户交来的实物债券时,按兑付金额（证券本息）支付资金金额,借记"代理兑付证券款"科目,贷记"银行存款"或"库存现金"科目。

（3）兑付期结束,证券公司将已兑付的证券集中交给委托单位时,按所交付证券金额,借记"代理兑付证券款"科目,贷记"代理兑付证券"科目。

（4）证券公司向委托单位单独收取代理兑付证券手续费的,应按收取手续费的金额,借记"银行存款"或"结算备付金"等科目,贷记"手续费及佣金收入——代理兑付债券手续费收入"科目。

（5）委托单位将手续费与兑付资金一并划给证券公司的,则:

① 当证券公司收到手续费与兑付现金时,应按实际收到的金额,借记"银行存款"或结算备付金"等科目,按兑付资金金额,贷记"代理兑付证券款"科目,按收取手续费的金额,贷记"其他应付款——预收代理兑付证券手续费"科目。

② 兑付证券业务完成后,确认手续费收入时,证券公司应按收取手续费的金额,借记"其他应付款——预收代理兑付证券手续费"科目,贷记"手续费及佣金收入——代理兑付债券手续费收入"科目。

【例 11-3】 深圳证券股份有限公司代理伟达公司兑付到期的无记名证券（实物券）,6 月 1 日收到伟达公司的兑付资金 5 075 000 元,其手续费

750 000元,至 6 月底共兑付证券 5 000 000 元。编制如下会计分录:

① 收到伟达公司兑付资金时:

借:银行存款　　　　　　　　　　　　　　　　　　　　5 075 000

　　贷:代理兑付证券款——伟达公司　　　　　　　　　　5 000 000

　　　　其他应付款——预收代理兑付证券手续费　　　　　　75 000

② 兑付证券时:

借:代理兑付证券款——伟达公司　　　　　　　　　　　　5 000 000

　　贷:银行存款　　　　　　　　　　　　　　　　　　　5 000 000

③ 兑付期结束,向伟达公司交回已兑付证券时:

借:代理兑付证券款——伟达公司　　　　　　　　　　　　5 000 000

　　贷:代理兑付证券——伟达公司　　　　　　　　　　　　5 000 000

同时,确认手续费收入,会计分录如下:

借:其他应付款——预收代理兑付手续费　　　　　　　　　　75 000

　　贷:手续费及佣金收入——代理兑付证券手续费　　　　　　75 000

(三)代理保管证券业务的核算

代理保管证券主要设置“代保管证券”这一表外科目进行记录。当证券公司收到代保管证券时,在专设的备查簿中记录代理报关证券的情况;当保管服务完成时,冲销备查簿中登记的代保管证券。

三、证券自营业务的核算

(一)买入自营证券

(1)由于证券公司进行自营证券的买卖,需要通过清算代理机构进行结算,因此证券公司应先将自有资金存入清算代理机构。存入时,按实际存入金额借记“结算备付金——自有”科目,贷记“银行存款”科目;当从清算代理机构收回资金时,做与存入时相反的会计处理。

(2)证券公司在进行自营证券交易时,应按照《企业会计准则第 22 号——金融工具确认和计量》的规定,根据持有证券的意图对其进行划分,一般可分为交易性金融资产和可供出售金融资产,两者核算方法不同。

① 买入时划分为交易性金融资产的自营证券时,证券公司应按买入证券的公允价值,借记“交易性金融资产——成本”科目,按发生的相关交易费用金额,借记“投资收益”科目,按照实际支付的金额,贷记“结算备付金——自有”科目。

② 买入时划分为可供出售金融资产的自营证券时,证券公司应按买入证券的公允价值及所发生的相关交易费用之和,借记“可供出售金融资产”科目,按照实际支付的金额,贷记“结算备付金——自有”科目。

（3）如果取得自营证券（交易性金融资产或可供出售金融资产）时支付的价款中包含已宣告但尚未发放现金股利或债券利息时，这部分股利或利息应作为"应收股利"或"应收利息"单独核算。

（4）实际收到属于取得自营证券支付价款中包含的已宣告发放的现金股利或债券利息时，证券公司应按照所收到的现金股利或债券利息的金额，借记"结算备付金——自有"科目，贷记"应收股利"或"应收利息"科目。

（5）自营证券在持有期间收取现金股利或债券利息时，应作为投资收益核算，应按照收取现金股利或债券利息金额，借记"结算备付金——自有"科目，贷记"投资收益"科目。

（6）资产负债表日，交易性金融资产公允价值变动形成的利得或损失，应当计入当期损益。如果交易性金融资产公允价值高于其账面余额的差额，证券公司应按此差额，借记"交易性金融资产——公允价值变动"科目，贷记"公允价值变动损益"科目。如果公允价值低于其账面余额，按其差额做相反的会计处理。

（7）资产负债表日，可供出售金融资产应当以公允价值计量，且公允价值变动计入资本公积。如果可供出售金额资产的公允价值高于其账面余额的，证券公司应按此差额，借记"可供出售金融资产——公允价值变动"科目，贷记"资本公积——其他资本公积"科目。如果公允价值低于其账面余额，按其差额做相反的会计处理。

【例11-4】 2010年1月10日，深圳证券股份有限公司购入某钢铁公司股票200 000股，作为交易性金融资产进行核算和管理。每股面值1元，每股成交价6元，共计1 200 000万元（其中包含已宣告但尚未发放的现金股利200 000元）。同时，深圳证券股份有限公司支付了相关交易费用2 680元。编制如下会计分录：

借:交易性金融资产——成本	1 000 000	
应收股利	200 000	
投资收益	2 680	
贷:结算备付金——自有	1 202 680	

【例11-5】 沿用例11-4材料，深圳证券股份有限公司将购入的股票作为可供出售金融资产进行核算和管理。编制会计分录为：

借:可供出售金融资产	1 002 680	
应收股利	200 000	
贷:结算备付金——自有	1 202 680	

（二）卖出自营证券

1. 出售交易性金融资产

出售交易性金融资产时，证券公司应按实际收到的价款，借记"结算备付金——自有"科目,按交易性金融资产的账面余额,贷记"交易性金融资产"科目,按出售交易性金融资产实际收到的价款与其账面余额之间的差额,借记或贷记"投资收益"科目,同时将原计入该交易性金融资产的公允价值变动累计额转出,计入投资损益,借记或贷记"公允价值变动损益"科目,贷记或借记"投资收益"科目。

2. 出售可供出售金融资产

出售可供出售金融资产时,证券公司按实际收到的价款,借记"结算备付金——自有"科目,按可供出售金融资产账面余额,贷记"可供出售金融资产"科目,按出售可供出售金融资产实际收到价款与其账面余额之间的差额,借记或贷记"投资收益"科目,同时将直接计入所有者权益的公允价值变动对应处置部分的金额转出,计入投资损益,借记或贷记"资本公积——其他资本公积"科目,贷记或借记"投资收益"科目。

四、证券承销业务的核算

(一)全额承销包销

采用全额承销包销方式,证券公司向发行单位承购证券的价格可能低于或等于或高于证券面值,双方在协议中确定。发售价格由证券公司确定,发行单位原则上不干预。这种证券承销方式可确保发行单位及时获得所需的资金,但对证券公司来说却要承担全部发行风险。

(1)当证券公司根据协议,按承购价格购入全部待发售证券并向委托发行单位支付全部证券款时,应按照承购价,借记"代理承销证券"科目,贷记"银行存款"科目。

(2)当证券公司将证券转售给投资者时,应按发行价格进行价款结算,借记"银行存款"科目,按已发行证券的承购价格结转代发行证券的成本,贷记"代理承销证券"科目,并按发行价格和结转代发行证券的成本之间的差额,贷记"手续费及佣金收入——代理承销证券手续费收入"科目。

(3)发行期结束后,如有未售出的证券,应转为证券公司自有的金融资产进行核算,证券公司根据金融资产性质及本公司该金融资产的持有意图与管理政策,分别将其划分为"交易性金融资产"或"可供出售金融资产"。

【例11-6】 2010年1月2日,华泰证券公司与尚明股份有限公司签订协议,采用全额承购包销方式承销该公司发行股票50 000 000元,股票每股面值为1元,共发行50 000 000股。华泰证券公司承购价为1.2元,对外承销价为1.28元,发行期为20天,预计可以售完。若有未实现对外发行股票,华泰证券公司将其划分为交易性金融资产管理。编制如下会计分录:

① 华泰证券公司付清全款,客户将股票交予华泰证券公司全额承购时:

借:代理承销证券   60 000 000
　　贷:银行存款   60 000 000

② 华泰证券公司按承销价将 4 800 万股股票转售给投资者时:

借:银行存款   61 440 000
　　贷:代理承销证券   57 600 000
　　　　手续费及佣金收入——代理承销证券手续费收入   3 840 000

③ 期末,华泰证券公司为实现对外出 2 000 000 股股票,承购价转作自身金融资产时:

借:交易性金融资产   2 400 000
　　贷:代理承销证券   2 400 000

(二)余额承购包销

1. 承销无记名证券

(1)证券公司收到委托单位委托发行证券时,作为重要凭证保管,并在备查簿中记录代销证券的发行单位、承销价格、承销数量、承销期限等有关承销证券情况,无需做会计分录。

(2)在证券承销期内出售证券时,证券公司应按承销价格计算的售出证券的金额,借记"银行存款"或"库存现金"科目,贷记"代理承销证券款"科目。

(3)承销期结束有未发售完的证券,按规定由证券公司按承销价格认购。按认购金额,借记"交易性金融资产"或"可供出售金融资产"科目,贷记"代理承销证券款"科目。

(4)承销期结束后,证券公司应与发行单位按承销价格结算承销证券款项,借记"代理承销证券款"科目,按实际收取的手续费金额,贷记"手续费及佣金收入——代理承销证券手续费收入"科目,按照实际支付给委托单位的募集资金金额,贷记"银行存款"科目。

(5)冲销备查簿中登记的承销证券。

【例 11－7】 深圳证券股份有限公司接受委托,采用余额承购包销方式代理江华公司发行面值 700 000 000 元的企业债券,承销价为 700 000 000 万元。承销期结束,剩余 35 000 000 元,根据协议,由深圳证券股份有限公司购入。在与江华公司进行清算时,深圳证券股份有限公司应收按实际承销价计算的 0.5％的发行手续费,承销债券款项扣除发行费用后深圳证券股份有限公司以银行存款支付。编制如下会计分录:

① 收到江华公司委托发行的债券时,只需在专设的备查账簿中登记承销债券的情况。

② 以承销价格在约定的期限内售出 665 000 000 元时：

借：银行存款　　　　　　　　　　　　　　　　　665 000 000

　　贷：代理承销债券款　　　　　　　　　　　　　　665 000 000

③ 未出售 35 000 000 元债券按规定由公司按承销价认购时：

借：交易性金融资产(或可供出售金融资产等科目)　　35 000 000

　　贷：代理承销证券款　　　　　　　　　　　　　　35 000 000

④ 承销期结束，公司将所筹集资金付给江华公司，并收取手费时：

借：代理承销证券款　　　　　　　　　　　　　　　700 000 000

　　贷：银行存款　　　　　　　　　　　　　　　　696 500 000

　　　　手续费及佣金收入——代理承销证券手续费收入　3 500 000

同时冲销备查账簿中登记的承销江华公司债券的记录。

2. 承销记名证券

(1)证券公司通过证券交易所上网发行证券的，在证券上网发行日根据承销合同确认的证券发行总额，按承销价格，在备查簿中记录承销证券的情况。

(2)证券公司与证券交易所交割清算时，应按照网上发行数量和发行价格计算的发行款项扣除代垫委托单位上网费用的金额，借记"结算备付金"科目，按照代垫委托单位上网费用金额，借记"其他应收款——应收代垫委托单位上网费"科目，按照实际承销证券款项，贷记"代理承销证券款"科目。

(3)承销期结束，如有未销证券，按规定由证券公司按承销价格认购，公司应按认购金额，借记"交易性金融资产"或"供出售金融资产"科目，贷记"代理承销证券款"科目。

(4)承销期结束后，证券公司将承销证券款项交付委托单位时，应按承销证券款项金额，借记"代理承销证券款"科目，按收取承销手续费金额，贷记"其他应收款——应收代垫委托单位上网费"科目，按代垫上网费用金额，贷记"手续费及佣金收入——代理承销证券手续费收入"科目，按实际支付的承销证券款的金额，贷记"结算备付金——自有"科目。

(5)冲销备查簿中登记的承销证券。

第二节　信托业务的核算

一、信托业务的种类

(一)私益信托和公益信托

按信托受益对象不同，信托业务可分为私益信托和公益信托。

私益信托,是指委托人为了自己和其他特定人的利益而设立的信托。其目的是为了实现委托人或其他某个或某些特定的人的利益。

公益信托,被称为慈善信托,是指委托人为了社会公共利益而设立的信托,其目的是使整个社会或其中的部分公众获益。

(二)个人信托和法人信托

按信托服务对象不同,信托业务可分为个人信托和法人信托。

个人信托,是指以个人身份委托受托人办理信托业务。个人信托又分为生前信托和身后信托。生前信托是个人在世时以委托人身份与受托人建立信托关系,其信托契约限于委托人在世时有效;身后信托则根据个人遗嘱办理身后有关信托事项,如执行遗嘱、管理财产、为投保寿险者在身后代领赔款等,仅限于委托人去世后生效。

法人信托,又称公司信托,委托人具备法人资格,是法人委托受托人办理信托业务。

(三)资金信托、实物信托、债权信托及经济事务信托

按信托财产种类不同,信托业务可分为资金信托、实物信托、债权信托和经济事务信托。

资金信托,又称金钱信托,是一种以货币标的物的信托业务,如单位资金信托、公益资金信托、劳保基金信托、个人特约信托等。

实物信托,是一种以动产或不动产为标的物的信托业务。动产是指原材料、设备、物资、交通工具;不动产是指厂房、仓库和土地等。

债权信托,是一种以债权凭证为标的物的信托业务,如代为清理和代收付款项、代收人寿保险公司赔款等。

经济事务信托,是一种以委托代办各种经济事务为内容、委托凭证为标的物的信托业务,如委托设计、专利转让、委托审查、委托事务等。

(四)国内信托和国际信托

按是否跨国划分,信托业务可分为国内信托和国际信托。

国内信托,是指信托关系人及信托行为仅限于国内,其业务主要有信托、委托、代理、租赁、咨询等。

国际信托,即信托关系人及信托行为跨越国界,其业务主要有国际信托投资、国际租赁、代理发行外币有价证券、对外担保见证及国际咨询业务等。

二、信托存款与委托存款业务的核算

(一)信托存款与委托存款

信托存款的资金来源限于非直接经营单位自行支配的专项资金。按《金

融信托投资机构资金管理暂行办法》规定,信托机构可吸收以下 1 年期以上信托存款:财政部门委托投资或贷款的信托资金、企事业主管部门委托投资或贷款的信托资金、劳动保险机构的劳保基金、科研单位的科研基金及各种学会与基金会的基金。信托存款每笔资金都单独管理、独立核算。信托机构对信托存款的运用效益决定信托存款的收益,其收益由信托机构按合同规定支付给委托人或委托人指定的第三人。

信托存款委托人对信托资金不指定运用范围,由信托机构负责管理运用并负责保本付息。委托人保本之外收取固定收益。信托机构的收益则来自于支付委托利息外的资金营运的多余收入,而不是收取的手续费。

委托存款是指委托人将定额资金委托给信托机构,由其在约定期限内按规定用途进行营运,营运所获收益扣除一定信托报酬后全部归委托人所有。它与信托货币资金存在差异。

(二)信托存款的核算

客户提出信托存款申请并填写"存款委托书"后,信托机构应审查其资金来源,审查合乎规定后,与客户签订"信托存款协议书",写明信托存款金额、期限、信托收益支付方法、指定受益人、手续费率等。信托机构为委托人开立账户,委托人将信托存款划转到信托机构开立的银行账户,信托机构相应签发存款凭证给委托人。

1. 账户设置

信托机构为反映和监督对信托存款的吸收、归还、付息及结余等情况,应设置"实收信托"、"应付股利"和"信托利润分配"等科目。

(1)"实收信托"属于权益类科目,用于核算由信托项目取得的信托财产初始价值。委托人以现金设立信托的,按实际收到的金额,借记"银行存款"科目,贷记本科目。如果委托人以非现金资产设立信托,按信托文件约定价值,借记有关科目,贷记本科目。如果受益人要求将应付未付收益转增实收信托,借记"应付受益人收益"科目,贷记本科目。本科目应按受益人设置明细账进行核算。本科目期末贷方余额,反映信托项目实收信托的余额。

(2)"应付股利"属于负债类科目,贷方反映根据信托合同约定应计提的信托存款利息,借方反映实际支付的存款利息,期末贷方余额反映应付未付利息,本科目应按存款客户设明细科目。

(3)"信托利润分配"属于损益类科目,借方反映预提的应付利息或实际支付的各项利息,期末将本科目借方发生额从贷方转入"本年利润"科目借方,期末无余额。本科目应按存款客户设置明细科目。

2. 账务处理

(1)开户。信托公司接受客户委托,为客户开立信托存款账户时:

借:银行存款

　　贷:实收信托——××单位户

(2)计息信托存款原则上到期后利随本清,但在存款期内定期计算应付股利:

借:信托利润分配——××信托存款利息支出户

　　贷:应付股利——××单位户

(3)到期支取。存款单位在信托存款期满后,凭信托存款单向信托机构提取存款,并结清利息。因各种客观原因需要提前支取的,与信托机构协商后,可提前支取,但利率按银行同期活期存款利率计算:

借:实收信托——××单位户

　　应付股利——××单位户

　　信托利润分配——××信托存款利息支出户

　　贷:银行存款

【例 11-8】 20×4 年 3 月 1 日,中港信托投资公司收到 A 公司存入信托存款 5 000 000 元,存期 1 年,年利率 3%,采取利随本清结息方式,20×5 年 3 月 1 日 A 公司来支取存款本金。

① 信托投资公司接受存款:

借:银行存款　　　　　　　　　　　　　　　　　　5 000 000

　　贷:实收信托——A 公司　　　　　　　　　　　　　　5 000 000

② 2005 年 3 月 1 日支付 A 公司到期存款:

借:实收信托——A 公司　　　　　　　　　　　　　5 000 000

　　信托利润分配——信托存款利息支出　　　　　　　150 000

　　贷:银行存款　　　　　　　　　　　　　　　　　　5 150 000

(三)委托存款的核算

客户与信托机构商定办理委托业务后,双方应签订"委托存款协议书",标明存款的资金来源、金额、期限及双方的责任等。信托机构根据协议书为客户开立委托存款账户,由客户将委托存款资金存到信托机构开立的银行账户里,信托机构则向客户开出"委托存款单"。委托存款的账务处理如下:

1. 开户

借:银行存款

　　贷:代理业务负债——××单位户委托存款户

2. 计息

根据银行同期活期存款利率按季计算委托存款利息,计息的积数是委托存款与委托贷款余额的轧差数。

　　借:利息支出——××委托存款利息支出户
　　　　贷:应付利息——××单位委托存款户

3. 支取

委托人可随时支取委托存款,但只限于在委托存款余额与委托贷款余额的轧差数之内。信托机构收到委托人支取委托存款的通知后,将款项划入委托人的银行账户。

　　借:代理业务负债——××单位委托存款户
　　　　贷:银行存款

三、信托贷款与委托贷款业务的核算

(一)信托贷款与委托贷款

信托贷款是指信托机构运用自有资金、信托存款或其他方式筹集的资金。信托贷款的对象、用途、期限和利率等由信托机构根据国家政策自行确定,贷款的风险责任也由信托投资公司承担。信托贷款的性质和用途与银行贷款相似,但更灵活、方便、及时。信托贷款的用途主要是解决企业单位某些正当、合理而银行限于制度规定无法支持的资金需求。

委托贷款,是指信托机构接受委托人委托,在委托人存入的委托存款额度内,按委托人指定的对象、用途、期限、利率及金额发放贷款,监督使用并到期收回本息的贷款。由于信托资金的运用对象、运用范围等均由委托人事先指定,信托机构对委托贷款能否达到预期收益以及到期能否收回不负任何经济责任。

(二)信托贷款的核算

1. 开户

　　借:发放贷款——××单位信托贷款户
　　　　贷:银行存款

2. 计息

信托机构按季根据每个借款单位的借款积数分别计算利息。

　　借:应收利息
　　　　贷:利息收入——××贷款利息收入户

3. 收回

信托贷款到期后,信托机构要及时收回信托贷款本金。

　　借:银行存款
　　　　贷:发放贷款——××单位信托贷款户
　　　　　　应收利息——××贷款利息收入户

【例 11 - 9】 中港信托公司贷放给华发公司信托贷款 3 000 000 元,年利率 6.5%,期限 1 年,采取利随本清的结息方式。其会计分录为:

① 发放信托贷款时:

借:发放贷款——华发公司信托贷款户　　　　　　　　　　300

　　贷:银行存款　　　　　　　　　　　　　　　　　　　　300

② 到期收回贷款本利时:

借:银行存款　　　　　　　　　　　　　　　　　　　　319.5

　　贷:发放贷款——华发公司信托贷款户　　　　　　　　300

　　　利息收入——华发公司信托贷款利息　　　　　　　19.5

(三)委托贷款的核算

1. 发放贷款

借款单位按规定向信托机构报送有关资料,并填写借据,签订借款合同。然后,信托机构将委托贷款款项划到借款单位指定的银行账户。

借:代理客户资产——××单位委托贷款户

　　贷:银行存款

2. 收取手续费

信托机构向委托人收取手续费,作为委托贷款业务的劳务收入。手续费计算基数以委托贷款额为准,按双方商定的比例收取。

借:银行存款

　　贷:其他收入——委托贷款手续费收入

3. 结息

信托机构负责按季收取利息,在委托贷款到期时付给委托单位。

借:银行存款

　　贷:应付利息——××单位户

4. 到期收回

委托贷款到期时,由信托机构负责收回。

借:银行存款

　　贷:代理客户资产——××单位委托贷款户

如果协议规定贷款收回后终止委托,则将款项划转到委托方的存款账户。

借:代理客户负债——××单位户

　　贷:银行存款

【例 11 - 10】 中港信托公司接受 B 公司委托,向金贸公司发放委托贷款 1 500 000 元,期限 1 年,年利率为 7%。双方约定信托公司在放款时按照贷款金额的 1.5% 收取手续费。

① 信托公司放款时：

借：代理客户资产——金贸公司委托贷款　　　　　　　　1 500 000
　　贷：银行存款　　　　　　　　　　　　　　　　　　　　1 500 000

② 信托公司收取手续费时：

借：银行存款　　　　　　　　　　　　　　　　　　　　　225 000
　　贷：其他收入——委托贷款手续费收入　　　　　　　　　　225 000

③ 贷款到期时，信托公司代为收回贷款本息：

借：银行存款　　　　　　　　　　　　　　　　　　　　1 605 000
　　贷：代理客户资产——金贸公司委托贷款　　　　　　　　1 500 000
　　　　应付利息——B公司　　　　　　　　　　　　　　　　105 000

四、信托投资与委托投资业务的核算

（一）信托投资与委托投资

信托投资是信托机构以自有资金或未指定使用对象和范围的信托存款进行投资，是指信托机构以投资者身份直接参与企业的投资及其经营成果的分配，并承担相应经济责任，其资金主要来源于信托机构的自有资金及各种信托存款。

信托机构对现有项目进行初选和评估，然后对可否投资提出结论性意见。决定投资后，信托机构与被投资单位签订投资合同，合同一般注明投资的内容、规模、方式、投资金额、参与投资的方式和具体条件、投资各方收益的分配方法等。信托机构将认定的投资资金按期足额划入指定账户，并定期或不定期对资金的使用情况进行检查，促使投资项目按时施工、按时投产、按时竣工。信托投资的收益全部归信托机构所有，风险亦由其承担。信托投资包括短期信托投资和长期信托投资两种类型。短期信托投资指能够随时变现并且持有时间不超过1年的信托投资，包括股票、债券、基金投资等；长期信托投资是指短期信托投资外的信托投资，包括股权投资、债权投资等。

委托投资，是指委托人将资金事先存入信托机构作为委托投资基金，委托信托机构按其指定的对象、方式进行投资，并对资金的使用情况、被投资企业的经营管理和利润分配等进行管理和监督。信托机构要对受托资金进行单独管理、单独核算，按期结清损益，在扣除规定的费用之外，损益归委托人所有。委托投资既可以直接投资于企业，也可用于购买股票、债券等有价证券。

（二）信托投资业务的核算

1. 账户设置

信托机构为了反映和监督信托投资业务状况，根据投资业务的性质，设置"交易性金融资产"、"持有至到期投资"、"可供出售金融资产"、"长期股权投资"以及"投资收益"等科目对信托投资业务进行核算。

"交易性金融资产"科目,用于核算信托机构为了获得证券买卖价差收入交易性目的而持有的债券投资、股票投资、基金投资、权证投资等交易性金融资产的公允价值。本科目属于资产类科目,借方登记买入证券的公允价值(不含支付的价款中所包含的已到付息期但尚未领取的利息和已宣告但尚未发放的现金股利以及相关的交易费用);贷方登记售出证券时结转已售证券的公允价值。本科目期末借方余额,反映信托机构持有的交易性金融资产的公允价值。本科目应当按照交易性金融资产的类别和品种,分别设置"成本"、"公允价值变动"进行明细核算。

"持有至到期投资"科目,用于核算信托机构持有至到期投资的价值。本科目属于资产类科目,借方登记买入证券的公允价值与相关的交易费用,贷方登记售出证券时结转已售证券的账面余值。本科目应按持有至到期投资的类别和品种,分别以"成本"、"利息调整"、"应计利息"等进行明细核算。

"可供出售金融资产"科目,用于核算信托机构持有的可供出售金融资产的价值,包括可供出售的股票投资、债券投资等金融资产。本科目应按可供出售金融资产的类别和品种,分别"成本"、"利息调整"、"应计利息"等进行明细核算。

"长期股权投资"科目,用于核算企业持有的采用成本法和权益法核算的长期股权投资。本科目应按被投资单位进行明细核算。长期股权投资采用权益法核算的,应当分别以"成本"、"损益调整"、"所有者权益其他变动"进行明细核算。

"投资收益"为损益类科目,用于核算信托项目对外投资(含股票投资、债券投资、基金投资等)所取得的收益或发生的损失。本科目贷方反映应收或实际收到的债券利息、股利等,借方反映发生的投资损失。本科目应按投资种类和接受投资的单位设置明细账。

2. 信托投资业务的账务处理

(1)投资。信托公司对外投资时,根据投资品种的性质,做如下会计分录:

借:交易性金融资产(或持有至到期投资,或可供出售金融资产,或长期股权投资)

    贷:银行存款

(2)获得投资收益时:

若信托投资为长期股权投资,采用成本法核算时,会计分录为:

借:应收股利

    贷:投资收益——××单位股权投资户

采用权益法核算时,会计分录为:

借:长期股权投资

　　贷:投资收益——××单位股权投资户

采用权益法核算时,若亏损则做相反会计分录。

若信托投资为其他类型投资,会计分录为:

借:应收股利(或应收利息)

　　贷:投资收益

信托投资类型若为交易性金融资产或可供出售金融资产,在资产负债表日,还要对金融资产的公允价值与其账面余额进行比较,及时记录和反映金融资产的公允价值变动情况。

(3)信托公司出售信托投资时,按所收到的资金,借记"银行存款"科目,按信托投资账面价值,贷记"交易性金融资产"、"持有至到期投资"、"可供出售金融资产"、"长期股权投资"等科目,按其差额借记或贷记"投资收益"科目。

【例 11-11】 北方信托投资公司通过参股方式对 C 公司投资 5 000 000 元,年终分得投资收益 250 000 元。会计分录为:

① 对外投资时:

借:长期股权投资　　　　　　　　　　　　　5 000 000

　　贷:银行存款　　　　　　　　　　　　　　　5 000 000

② 取得收益时:

借:银行存款　　　　　　　　　　　　　　　250 000

　　贷:投资收益——C 公司股权投资　　　　　　250 000

(三)委托投资业务的核算

委托投资是信托机构接受企业的委托资金,按其指定的对象、范围和用途进行投资,信托机构受托监督投资资金的使用、被投资企业经营状况及利润分配等。委托投资的收益全部归委托人所有,信托机构一般只收取一定比例的手续费,投资的风险也由委托人承担。

1. 科目设置

(1)"代理业务资产——委托投资"科目。本科目属于资产类科目,用于核算信托机构接受客户委托,代理客户进行投资。借方反映受客户委托投出的资金,贷方反映收回的投资,期末借方余额反映尚未收回的委托投资。本科目按委托单位和投资种类设置明细账。

(2)"手续费及佣金收入——委托投资手续费收入"科目。本科目属于损益类科目,用于核算信托机构收取的手续费。本科目贷方反映各项手续费收入,期末将贷方余额结转"本年利润"科目贷方,结转之后本科目期末无余额。

2. 委托投资业务的账务处理

(1)委托投资。信托公司接受委托,收到委托资金对外投资时:

借:银行存款

　　贷:代理业务负债——××单位委托存款户

借:代理业务资产——委托投资

　　　　　　　　——××投资单位户

　　贷:银行存款

(2)分红。委托投资的资金分红划到信托机构银行账户,并转入委托人委托存款账户时:

借:银行存款

　　贷:代理业务负债——××单位委托存款户

(3)收取手续费。开办委托投资业务,信托公司收取手续费。

借:银行存款

　　贷:其他收入——委托投资手续费收入

【例 11-12】 北方信托投资公司接受 A 公司存入资金 3 000 000 元投资于 D 公司,经协商信托投资公司收取投资额 2%的手续费。其会计分录为:

① 收到投资资金时:

借:银行存款　　　　　　　　　　　　　　　　　3 000 000

　　贷:代理业务负债——A 公司委托存款　　　　　　3 000 000

② 对外投资时:

借:代理业务资产——委托投资

　　　　　　　　——D 公司　　　　　　　　　3 000 000

　　贷:银行存款　　　　　　　　　　　　　　　　3 000 000

(3)收取手续费:

借:银行存款　　　　　　　　　　　　　　　　　　60 000

　　贷:其他收入——委托投资手续费收入　　　　　　　60 000

五、信托损益的核算

(一)信托收入的核算

信托收入包括信托投资获得的投资收益、信托贷款或拆出信托资金获得的利息收入、信托租赁形成的租赁收入、信托投资公司办理代理、咨询等中介业务形成的手续费及佣金收入等。信托投资公司发生信托收入时,借记“银行存款”等科目,贷记“利息收入”、“手续费及佣金收入”、“投资收益”等科目。

信托收入应按委托人和收入类别(投资收益、利息收入、手续费及佣金收入、租赁收入等)进行明细核算。

第十一章

非银行金融企业业务的核算

（二）信托费用的核算

信托费用分为可直接归集于某项信托资产的费用和不可直接归集于某项信托资产的费用。前者属于因办理某项信托资产业务而发生的费用，可直接归集于该项信托资产，由该项信托资产承担；后者不属于因办理某项信托资产业务而发生的费用，不可直接归集于该项信托资产，由信托投资公司承担。

发生的由某项信托资产业务承担的费用（如利息费用），以及投资交易过程中的手续费、投资损失等，借记"利息支出"、"投资收益"等科目，贷记"银行存款"等科目，这些费用应根据委托人和具体业务的类别等进行明细核算；发生的由信托投资公司承担的费用，借记"业务及管理费"科目，贷记"银行存款"等科目，这些费用应按费用的类别等进行明细核算。

（三）信托业务赔偿的核算

对于从事信托业务使受益人受到损失的，根据损失产生的原因不同分别进行处理。

第一，属于信托公司违反信托目的、违背管理职责、管理信托事务不当造成信托资产损失的，以信托赔偿准备金赔偿。信托投资公司会计处理为：

借：信托赔偿准备金

　　贷：实收信托等相关科目

第二，属于委托人自身原因导致对其信托资产被司法查封、冻结，且须以其信托资产对第三人进行补偿的，仅以其信托资产（扣除原约定费用和对未到期信托资产进行处置的违约金及相关费用后的资产）为限进行赔偿。

（四）信托损益的结转

期末，信托收入和信托费用转入信托损益科目。其账务处理如下：

借：信托收入

　　贷：本年利润

借：本年利润

　　贷：信托费用

期末，信托投资公司应将未分配给受益人和委托人的信托收益结转为待分配信托收益。其账务处理如下：

借：本年利润

　　贷：利润分配

【例 11－13】　中港信托投资公司 2005 年度共获得信托投资收入 600 万元，信托贷款利息收入 500 万元，手续费收入 550 万元，发生的办公费用 800 万元，利息支出 90 万元。结转损益的会计分录为：

```
借:本年利润                                          890
    贷:业务及管理费                                   800
       利息支出                                        90
借:投资收益                                          600
    利息收入                                          500
    手续费及佣金收入                                  550
    贷:本年利润                                     1 650
借:本年利润                                          760
    贷:利润分配                                        760
```

第三节 基金管理业务的核算

一、基金发行与赎回

基金发行分为自行发行和代理发行两种方式。自行发行是指基金按净资产价值由基金单位发行人直接销售给投资人,并按照面值附加一定比例的手续费;代理发行则是指发行人通过证券承销商向社会发行基金单位。

基金赎回是针对开放式基金而言,投资者直接或通过代理机构向基金管理公司要求部分或全部退出基金的投资,并将买回款汇至该投资者的账户内。投资人需填写一份买回申请书,并注明买回基金的名称及单位数(或金额)。买回款项汇入银行账户,一般约需3~4个工作日。当出现巨额赎回时,基金管理人可以根据基金当时的资产组合状况决定全额赎回或部分顺延赎回。

基金发行有其特殊性,不同于一般证券发行。基金发行和赎回必须遵守如下规则:

(1)封闭式基金应事先确定发行总额,在封闭期内基金单位总数不变。基金成立时,实收基金按实际收到基金发行总额入账;基金发行收入扣除相关费用后的结余,作为其他收入。

(2)开放式基金的基金单位总额不固定,随时增减。基金成立时,实收基金按实际收到的基金单位发行总额入账;基金成立后,实收基金应于基金申购、赎回确认日,根据基金契约和招募说明书中载明的有关事项进行确认和计量。

(3)基金管理公司应于收到基金投资人申购或赎回申请之日起,在规定的工作日内对该交易的有效性进行确认。在确认日,按照实收基金、未实现利得、未分配收益和损益平准金的余额占基金净值的比例,将确认有效的申购款项分割为三部分,分别确认为实收基金、未实现利得、损益平准金的增加金额或减少金额。

(4)基金管理公司应当在接受基金投资人有效申购申请之日起,在规定的工作日内收回申购款项,尚未收回之前作为应收申购款入账。

(5)办理申购业务的机构按规定收取的申购费,如在基金申购时收取的,由办理申购业务的机构直接向投资人收取,不纳入基金会计核算范围;如在基金赎回时收取,则待基金投资人赎回时在赎回款中抵扣。

(6)基金管理公司应当在接受基金投资人有效赎回申请之日起,在规定的工作日内支付赎回款项,尚未支付之前作为应付赎回款入账。

(7)开放式基金按规定收取的赎回费用中的基本手续费部分归办理赎回业务的机构所有,尚未支付之前作为应付赎回款入账;赎回费用在扣除基本手续费后的余额归基金公司所有,作为其他收入入账。

二、基金发行与赎回的核算

(一)封闭式基金发行的核算

封闭式投资基金的基金单位一旦募集完毕便不能赎回,投资者在证券市场上买卖基金单位的活动是投资者之间的业务,与封闭式投资基金无直接联系。封闭式投资基金发行公司的净资产与其他行业企业的股东权益类似,只受基金经营活动的影响并发生增减变动,如投资盈亏、派发红利等。因此,封闭式基金所有者权益的核算比较简单。无论是封闭式基金还是开放式基金,基金成立前发生的开办费不应由基金资产承担,同样,投资者购买基金时支付的发行费用也不应计入基金资产和基金净资产。根据《证券投资基金会计核算办法》规定,封闭式基金设立后,发行费收入与相关费用相抵后的余额,应作为其他收入处理。封闭式基金的会计核算,应设置"实收基金"科目,该科目类似于一般企业投资业务核算中的"实收资本"科目,实收资本是指投资者按照企业章程或合同、契约的约定实际投入的资本。封闭式基金募集发行期结束,应按实际收到的金额,借记"银行存款"科目,按基金单位的发行总额,贷记"实收基金"科目,按其差额,贷记"其他业务收入"科目。

【例 11-14】 A 证券投资基金管理公司发行 10 亿份基金单位,基金单位发行价为 2.04 元,支付费用 1 600 万元。其会计分录如下:

借:银行存款　　　　　　　　　　　　　　2 040 000 000

　贷:实收基金　　　　　　　　　　　　　2 024 000 000

　　其他业务收入——基金发行费收入　　　　16 000 000

(二)开放式基金申购的核算

投资者申购开放式基金时,应按购买的金额提出申请,而不是按购买的份额提出申请。开放式基金的申购金额包含申购费用和净申购金额。投资者在进行申购时要缴纳申购费。我国《开放式证券投资基金试点办法》规定,申购费率不得超过申购金额的 5%。申购费可以在申购基金时收取,也可以在赎回时从赎回金额中扣除。办理申购业务的机构按规定收取的申购费,如在基金申购时收取的,由办理申购业务的机构直接向投资人收取,不纳入基金会计核算范围;如在基金赎回时收取,则待基金投资人赎回时从赎回款中抵扣。对某一笔申购金额可以买到基金单位的计算方法为:

$$申购费用 = 申购金额 \times 申购费率$$

$$净申购金额 = 申购金额 - 申购费用$$

$$申购份数 = 净申购金额 / 申购当日基金单位资产净值$$

根据规定,基金管理公司应当在接受基金投资人有效申请之日起 3 个工作日内收回申购款项,尚未收回之前作为"应收申购款"入账。基金申购确认日,按有效申购款,借记"应收申购款";按有效申购款中含有的实收基金,贷记"实收基金"科目;按有效申购款中含有的未实现利得,贷记"未实现利得"科目;按有效申购款中含有的未分配收益,贷记"损益平准金"科目。"应收申购款"科目应按办理申购业务的机构设置明细账进行明细核算。期末,"应收申购款"科目的借方余额反映尚未收回的有效申购款。

【例 11-15】 2009 年 3 月 2 日,某投资者向 A 证券投资基金管理公司申购开放式基金 21 000 000 元,当日该基金单位资产净值为 2 元,申购费为 1 000 000元。按照契约规定,高于基金单位的部分在扣除费用后,将 3/5 作为未实现利得,2/5 作为未分配收益。

计算投资者用 21 000 000 元可以买到的基金单位:

$$净申购金额 = 申购金额 - 申购费用 = 21\ 000\ 000 - 1\ 000\ 000 = 20\ 000\ 000(元)$$

$$可申购份数 = 净申购金额 \div 申购当日基金单位资产净值$$

$$= 20\ 000\ 000 \div 2 = 10\ 000\ 000$$

根据计算结果,编制如下会计分录:

借:应收申购款	20 000 000
贷:实收基金	10 000 000
未实现利得	6 000 000
损益平准金	4 000 000

我国基金采取 T+1 交割方式,即在交易日第二天进行款项交割,因此,3月 3 日进行款项交割时,基金管理公司编制如下会计分录:

借：银行存款　　　　　　　　　　　　　　　　　　　　20 000 000
　　贷：应收申购款　　　　　　　　　　　　　　　　　　　　20 000 000
以后收到申购款时：
借：银行存款　　　　　　　　　　　　　　　　　　　　20 000 000
　　贷：应收申购款　　　　　　　　　　　　　　　　　　　　20 000 000

（三）开放式基金赎回的核算

开放式基金可以根据基金管理运作的实际需要收取赎回费,赎回费率一般不超过赎回金额的3%,赎回费收入在扣除基本手续费后,余额归基金公司所有。基金赎回是按份额赎回,即投资者在提出赎回申请时按卖出的份额提出申请,而不是按卖出的金额提出。基金赎回时投资者所得到的金额是赎回总额扣除赎回费用的部分。其计算公式如下：

$$赎回总额＝赎回份数×赎回当日基金单位净值$$

$$赎回费用＝赎回总额×赎回费率$$

$$赎回金额＝赎回总额－赎回费用$$

基金管理公司应在接受基金投资人有效申请之日起7个工作日内支付赎回款项,尚未支付之前作为"应付赎回款"入账。开放式基金按规定收取的赎回费中,基本手续费部分归办理赎回业务的机构所有,尚未支付之前作为应付赎回款入账。赎回费在扣除基本手续费后的余额归基金公司所有,作为其他收入入账。

基金赎回确认日,按赎回款中含有的实收基金,借记"实收基金"科目;按赎回款中含有的未分配收益,借记"损益平准金"科目;按赎回款中含有的未实现利得,借记"未实现利得"科目;按应付的赎回款,贷记"应付赎回款"科目;按赎回费中属于销售机构所有的部分,贷记"应付赎回费"科目;按赎回费中属于基金所有的部分,贷记"其他收入——赎回费"科目。同时,支付投资人赎回款,借记"应付赎回款"科目,贷记"银行存款"科目。

"应付赎回款"应按办理赎回业务的销售机构或申请赎回业务的投资人设置明细账进行核算,期末贷方余额反映尚未支付的基金赎回款。办理赎回业务的机构支付赎回费时,借记"应付赎回费"科目,贷记"银行存款"科目。"应付赎回费"应按办理赎回业务的机构设置明细账,进行明细核算。期末贷方余额反映尚未支付的基金赎回费用。

【例11-16】　2009年6月2日,投资者申请赎回D证券投资基金管理公司开放式基金500 000份,当日该基金单位资产净值为1.0 029元,赎回费率为0.5%,应付给代为办理赎回业务的某商业银行300元,同时按照契约规定,结转未实现利得 1 454.25 元,损益平准金为－4.25 元。

计算投资者赎回总额和扣除费用之后的赎回金额:

赎回总额＝赎回份数×赎回当日基金单位净值

$$＝500\ 000×1.0\ 029＝501\ 450(元)$$

赎回费用＝赎回总额×赎回费率＝501 450×0.5%＝2 507.25(元)

赎回金额＝赎回总额－赎回费用＝501 450－2 507.25＝498 942.75(元)

借:实收基金	500 000
未实现利得	1 454.25
损益平准金	－4.25
贷:应付赎回款	498 942.75
其他收入——赎回费	2 207.25
应付赎回费——某商业银行	300

款项交割时:

借:应付赎回款	498 942.75
贷:银行存款	498 942.75

若在某一开放日,基金净赎回申请超过上一日基金总份额的 10%,即认为发生了巨额赎回。在出现巨额赎回时,如果基金管理公司认为有能力兑付投资人的全部赎回申请,则按正常赎回程序执行,对投资人的利益没有影响。如果基金管理公司认为兑付投资人的赎回申请有困难,则可在当日接受赎回比例不低于上一日基金总份额 10% 的前提下,对其余赎回申请延期办理。对于当日的赎回申请,应当按照单个账户赎回申请量占赎回申请总量的比例,确定当日受理的赎回份额,未受理部分可延迟至下一个开放日办理,并以该开放日的基金资产净值为依据计算赎回金额。投资者可以在申请赎回的同时选择将当日未获受理部分予以撤销。如果连续发生巨额赎回,基金管理人可以按照基金契约及招募说明书载明的规定,暂停接受赎回申请,已经接受的赎回申请可以延缓支付赎回款项,但不能超过正常支付时间 20 个工作日,并应在证监会指定的信息披露媒体上公告。

调研与实践题:

组织学生对证券公司、信托公司和资金管理公司进行实地调研,使学生进一步了解证券公司、信托公司和资金管理公司的业务种类和相关业务办理历程及会计核算方法。

复习思考题：

1. 简述证券公司的类型及主要从事的业务。

2. 如何理解信托业务？信托业务有哪些类型？

3. 信托存款与委托存款存在哪些异同点？

4. 基金发行与一般证券发行有什么区别？

5. 基金赎回应如何进行会计核算？

推荐拓展阅读：

1. 孟艳琼. 金融企业会计[M]. 武汉：武汉理工大学出版社，2007.

2. 章颖薇. 金融企业会计[M]. 成都：西南财经大学出版社，2008.

模块四

金融企业财务报告编制

第十二章 财务报告

本章导读

　　财务报告是对金融企业财务状况、经营成果和现金流量的结构性描述。金融企业需要按照规定定期对外报告财务状况、经营成果和现金流量,为外部信息的使用者提供决策所需的信息。同时,金融企业通过编制财务报表提供的信息有助于考核金融企业管理者的履职情况,有助于加强企业内部经营管理并提高管理效率和经济效益。为此,分别阐述包括以下几部分内容:资产负债表、利润表、现金流量表、所有者权益变动表和附注。

掌握知识和能力要点描述:

　　(1)了解金融企业财务报表内容及分类;

　　(2)理解金融企业财务报表编制的要求及作用;

　　(3)掌握商业银行资产负债表、利润表、现金流量表、所有者权益变动表的编制方法以及财务报表附注应披露的内容;

　　(4)建立依据金融企业财务报表采集会计信息进行相关决策分析的理念。

第一节　财务报告概述

一、财务报告的内容

　　财务报告是指企业对外提供的反映企业某一特定日期财务状况和某一会计期间的经营成果、现金流量等会计信息的文件。财务报告的核心是财务报表。财务报表是会计核算的最终成果,也是企业对外提供信息的主要手段。根据《企业会计准则》和《金融企业会计制度》的规定,金融企业应当按照《企业财务会计报告条例》的规定,定期编制和对外提供真实、完整的财务报告。一般而言,金融企业财务报告由会计报表、会计报表附注和财务情况说明书组成

（不要求编制和提供财务情况说明书的金融企业除外）。

金融企业编制的财务报告至少应包括以下三方面内容：

（1）向外提供的会计报表，包括资产负债表、利润表、现金流量表、利润分配表、所有者权益变动表以及其他有关附表。

（2）会计报表附注，包括会计报表编制基准不符合会计核算基本前提的说明、重要会计政策和会计估计的说明、重要会计政策和会计估计变更的说明、或有事项和资产负债表日后事项的说明、关联方关系及交易的披露、重要资产转让及出售的说明、金融企业合并与分立的说明、会计报表中重要项目的明细资料以及有助于理解会计报表需要说明的其他事项。

（3）财务情况说明书，包括金融企业经营的基本情况、利润实现和分配情况、资金增减和周转情况以及对金融企业财务状况、经营成果和现金流量有重大影响的其他事项。

二、财务报告的分类

按照不同的分类标准，金融企业财务报告可以有如下几种不同的分类：

（1）按编报内容的不同，财务报告可分为会计报表、会计报表附注以及财务情况说明书。

会计报表是根据账簿记录和有关资料，按照规定的报表格式总括反映金融企业财务状况、经营成果和现金流量的报告文件；会计报表附注是会计报表的补充说明，是为帮助理解金融企业会计报表的内容而对有关项目所做的解释；财务情况说明书是在会计报表所反映情况的基础上，对金融企业财务状况、经营成果、资金周转情况以及发展前景所做的总括说明。

（2）按编报期间的不同，财务报告可分为月度报告、季度报告、半年度报告和年度报告。

月度、季度财务报告是指月度和季度终了提供的财务报告；半年度财务报告是指在每个会计年度前 6 个月结束后对外提供的财务报告；年度财务报告是指年度终了对外提供的财务报告。除年度报告以外，半年度、季度和月度财务报表统称为中期财务报告。年度、半年度财务报告应当包括：财务报表、财务报表附注、财务情况说明书，而季度和月度财务报告则相对简单，一般只包括财务报表。我国已上市金融企业的年度报告必须经过会计师事务所审计，而中期报告则无此强制性要求。

（3）按编报的主体不同，财务报告可以分为个别财务报告和集团财务报告。

个别财务报告是以单一金融企业为编报主体，反映单个金融企业的财务状况、经营成果和现金流量的报告文件；集团财务报告是将金融企业集团作为一个企业看待，将集团内部母子公司之间的投资、销售、服务等形成的债权债务和收入费用抵消后,编制合并会计报表。

(4)按报告服务的对象不同,财务报告可分为对外财务会计报告和对内财务报告。

对外财务报告的内容、种类、格式由《金融企业会计制度》明确规定,并经过独立审计后对外报送;对内财务报告一般是因金融企业内部管理需要而编制,其内容、种类、格式等由金融企业自行规定。

此外,金融企业会计报表还可以按所反映的期间、时点多少的不同,分为单期会计报表和比较会计报表;按反映内容的不同,分为动态会计报表和静态会计报表等。

三、财务报告编制的要求

金融企业在编制财务会计报告过程中必须按照一定程序、方法和统一的要求进行编制。编制财务会计报告时必须符合以下要求:

(1)应当以持续经营为基础,根据实际发生的交易或事项,依据各项会计准则确认和计量的结果编制财务报表。

(2)依据重要性原则,在编制财务报表的过程中,对于性质或功能不同的项目要单独列报,但不具有重要性的项目除外;对于性质或功能相同的项目应予以合并。

(3)财务报表项目的列报应当在各个会计期间保持一致,不得随意变更。下列情况除外:① 会计准则要求改变财务报表项目的列报。②企业经营业务的性质发生重大变化后,变更财务报表项目的列报能够提供更可靠、相关的会计信息。

(4)财务报表项目应当以总额列报,资产和负债、收入和费用不能相互抵销,即不得以净额列报,但《企业会计准则》另有规定的除外。

(5)列报当期财务报表时,至少应当提供所有列报项目上一个可比会计期间的比较数据,以及与理解当期财务报表相关的说明,但《企业会计准则》另有规定的除外。

此外,企业应当在财务报表的表首部分披露:编报企业名称;报表涵盖的会计期间;货币单位和名称;财务报表是合并财务报表的,应当予以标明。

第二节 财务报告的编制

金融企业根据自身所在行业的特点编制适合本行业使用的会计报表。虽然因行业不同而使其在报表名称、具体项目上有一定差异,但其核心内容依然反映金融企业的财务状况、经营成果和现金流量。因而在此以商业银行为例，阐述金融企业会计报表编制的具体情况。

一、资产负债表

资产负债表是反映商业银行在某一特定时日的资产、负债、股东权益及其相关信息的报表。通过阅读资产负债表可以了解商业银行资产、负债、所有者权益的构成及其合理性；了解金融企业资产、负债的流动性；了解财务弹性，即金融企业应付以外情况如意外灾害、意外机会的能力等。政策性商业银行、信托投资公司租赁公司等应当执行商业银行资产负债表格式和附注规定，如有特别需要，可以结合本企业的实际情况进行必要调整和补充。

(一)资产负债表内容及格式

根据《企业会计准则第 30 号——财务报表列报应用指南》，资产负债表按照"资产＝负债＋所有者权益"的基本会计等式，分左右双方排列，左边列示资产，邮编列示负债和所有者权益。我国商业银行资产负债表的格式和内容见表 12－1 所列。

在资产负债表上，资产按其流动性分类分项列示，包括流动资产、固定资产、无形资产及其他资产。商业银行的各项资产有其特殊性，按照其性质分类分项列示。

在资产负债表上，负债按其流动性分类分项列示，包括流动负债、长期负债等。商业银行的各项负债有其特殊性，按照其性质分类分项列示。

在资产负债表上，所有者权益应当按照实收资本（或股本）、资本公积、盈余公积、未分配利润等项目分项列示。

(二)资产负债表项目及填列方法

资产负债表中，"年初余额"栏内各项数字，应根据上年末资产负债表"期末余额"栏内所列数字填列。如果本年度资产负债表规定的各个项目名称和内容同上年度不相一致时，应按照本年度的规定进行相应调整，并填入本表"年初余额"内。

资产负债表内主要项目的内容和期末余额填列方法见表 12－1 所列。

(1)"现金及存放中央银行款项"项目，反映商业银行期末持有的库存现金、存放中央银行款项等总额。本项目应根据"库存现金"、"存放中央银行款项"等科目的期末余额合计填列。

(2)"存放同业款项"项目，反映商业银行与同业之间资金往来业务而存放于银行和非银行金融机构的资金。本项目应根据"存放同业款项"科目的期末余额和"法定存款准备金"的借方余额填列。

表 12-1　资产负债表

会商银 01

编制单位：　　　　　　　　　　年　月　日　　　　　　　　　　单位:元

资　产	期末	年初	负债及所有者权益	期末	期初
资产			负债		
现金及存放中央银行款项			向中央银行借款		
存放同业款项			同业及其他金融机构存放款项		
贵金属			拆入资金		
拆出资金			交易性金融负债		
交易性金融资产			衍生金融负债		
衍生金融资产			卖出回笼金融资产款		
买入返售金融资产			吸收存款		
应收利息			应付职工薪酬		
发放贷款及垫款			成交税费		
可供出售金额资产			应付利息		
持有至到期投资			预计负债		
长期股权投资			应付债券		
投资性房地产			递延所得税负债		
固定资产			其他负债		
无形资产			负债合计		
递延所得税资产			所有者权益(或股东权益)		
其他资产			实收资本(或股本)		
			资本公积		
			盈余公积		
			一般风险准备		
			未分配利润		
资产总计			所有者权益(或股东权益)总计		

(3)"贵金属"项目,反映商业银行在国家允许范围内买入黄金、白银等贵金属。本项目应根据"贵金属"科目期末余额填列,反映"贵金属"成本或市价。

(4)"拆出资金"项目,反映商业银行与其他商业银行之间进行的资金拆借减去"贷款损失准备"所属明细科目后的余额,反映银行拆借给其他金融机构的款项。本项目应根据"拆放同业"、"拆放金融性公司"和"同业透支"等科目的期末余额填列。

(5)"交易性金融资产"项目,反映商业银行为短期获利目的而持有的债券投资、股票投资、基金投资等交易性金融资产的公允价值。本项目应根据商业银行"交易性金融资产"科目余额填列。

(6)"衍生金融资产"项目,反映商业银行期末持有的衍生工具、套期工具、被套期项目中属于衍生金融资产的金额。本项目应根据"衍生金融资产"科目总账的期末余额填列。

(7)"买入返售金融资产"项目,反映商业银行与交易对手签订返售协议先买入再按固定价格返售的票据、证券和贷款等金融资产的摊余成本,再减去"坏账准备"科目所属相关明细科目的期末余额。本项目应根据"买入返售金融资产"科目的期末余额填列。

(8)"应收利息"项目,反映商业银行所持有的交易金融资产、持有至到期投资、可供出售金融资产、发放贷款、存入中央银行款项、拆出资金、买入返售金融资产应收取而尚未收到的利息。本项目应根据"应收利息"科目的余额填列。

(9)"发放贷款和垫款"项目,反映商业银行发放的各类贷款和信用证、银行承兑汇票业务而垫付的款项减去"贷款损失准备"所属明细科目后的余额。本项目应根据"贴现"、"短期贷款"、"单位短期透支"、"国际贸易融资"、"短期个人消费贷款"、"银行卡透支"、"垫款"、"中长期贷款"、"中长期房地产贷款"、"个人住房贷款"、"中长期个人消费贷款"、"质押贷款"、"应收进出口押汇"、"贷款损失准备"、"开出信用证"、"逾期贷款"等科目余额计算填列。

(10)"可供出售金融资产"项目,反映商业银行持有的可供出售金融资产的公允价值。本项目应根据"可供出售金融资产"科目余额减去"可供出售资产减值准备"后的金额填列。

(11)"持有至到期投资"项目,反映商业银行准备持有至到期投资的摊余成本,期末根据"持有至到期投资"科目余额减去"持有至到期投资减值准备"的余额计算填列。

(12)"长期股权投资"项目,反映商业银行持有的按成本法和权益法核算的长期股权投资,应根据"长期股权投资"科目余额减去"长期股权投资减值准备"科目的余额计算填列。

(13)"固定资产"项目,反映商业银行所有自用的各种固定资产包括使用的、未使用的固定资产净值减去"固定资产减值准备"的余额。本项目应根据

"固定资产"账户的余额减去"累计折旧"账户余额后填列。

(14)"在建工程"项目,反映尚未完工的在建工程。本项目应根据"在建工程"科目余额减去"在建工程减值准备"、"在建工程"账户的期末余额后填列。

(15)"无形资产"项目,反映商业银行各项无形资产的原价扣除摊销后的净额。本项目应根据"无形资产"科目的期末余额减去"无形资产减值准备"科目的余额计算填列。

(16)"递延所得税资产"项目,反映商业银行按照资产负债表债务法确认的可抵扣暂时性差异产生的所得税资产。本项目应根据"递延所得税资产"科目的余额填列。

(17)"其他资产"项目,反映商业银行存出保证金、应收股利、其他应收款等资产减去相应减值准备。本项目应根据有关科目的期末余额填列。

(18)"向中央银行借款"项目,反映商业银行尚未归还中央银行借款余额。本项目应根据"向中央银行借款"科目的余额填列。

(19)"同业及其他金融机构存放款项"项目,反映商业银行吸收同业和其他金融机构的存款余额,本项目应根据"同业存款"、"同业定期存款"、"法定存款准备金"等科目的贷方余额和"联行存放款项"等科目填列。

(20)"拆入资金"项目,反映商业银行为了弥补头寸不足而从其他金融机构拆入的资金余额。本项目应根据"同业拆入"、"拆入资金"等科目的期末余额填列。

(21)"交易性金融负债"项目,反映商业银行承担的交易性金融负债的公允价值。本项目根据"交易性金融负债"科目的余额填列。

(22)"衍生金融负债"项目,根据"衍生金融工具"科目的余额填列,如果"衍生金融工具"科目的余额在借方,则填入"衍生金融资产"项目。

(23)"卖出回购金融资产款"项目,反映商业银行与其他企业按合同或协议,卖给企业一批金融资产,到一定日期后再买回该批资产。卖出金融资产时收到的款项在本项目反映。本项目应根据"卖出回购金融资产款"科目的期末余额填列。

(24)"吸收存款"项目,反映商业银行吸收的各类存款包括吸收的单位存款、居民储蓄存款和财政性存款。本项目应根据"活期存款"、"单位定期存款"、"活期储蓄存款"、"银行卡存款"、"定期储蓄存款"、"财政性存款"等科目的期末余额填列。

(25)"应付职工薪酬"项目,反映商业银行应支付给职工的薪酬,包括工资、福利、补贴、解除劳动关系的补偿和以现金结算的股份支付。本项目应根据"应付职工薪酬"科目的余额填列。

(26)"应交税费"项目,反映商业银行根据税法规定计算应交纳的各种税费,包括营业税、所得税、土地增值税、城市维护建设税、房产税、土地使用税、教育费附加和车船使用税等。本项目应根据"应交税费"科目的余额填列。

(27)"应付利息"项目,反映商业银行按照合同约定应支付的利息,包括吸收存款、分期付息到期还本的长期借款和金融债券利息。本项目应根据应付利息科目余额填列。

(28)"应付债券"项目,反映商业银行发行在外的债券余额,包括长期债券和短期债券。本项目应根据"应付债券"以及商业银行为弥补资本不足而发行的"长期次级债券"科目余额直接填列。

(29)"递延所得税负债"项目,反映商业银行确认的应纳税暂时性差异产生的所得税负债。本项目应根据"递延所得税负债"科目余额填列。

(30)"其他负债"项目,根据"本票"、"外汇买卖"(轧差后贷方余额)、"应解汇款"、"汇出汇款"等科目的余额计算填列。

(31)"实收资本(或股本)"项目,反映商业银行实际收到的资本(或股本)总额。本项目应根据"实收资本"科目及各明细科目的期末余额分析填列。

(32)"资本公积"项目和"盈余公积"项目,分别反映商业银行的资本公积和盈余公积的期末余额。本项目根据"资本公积"科目和"盈余公积"科目的期末余额填列。

(33)"库存股"项目,反映商业银行为减少注册资本、激励高级管理人员和与其他企业合并而回购尚未注销的本公司股份,根据"库存股"科目的借方余额填列。

(34)"一般风险准备"项目,反映商业银行根据金融监管规定提取的一般准备金的余额。本项目应根据"贷款损失准备——一般准备金"账户的余额分析填列。

(35)"未分配利润"项目,反映商业银行盈利尚未分配的部分。本项目根据"本年利润"科目和"利润分配"科目的余额计算填列,未弥补的亏损应在本项目内用"—"号表示。

(三)资产负债表的作用

资产负债表是最重要的财务报表,为管理层、投资者、债权人等报表使用者提供相关信息资料,对其做出相关决策具有重要的参考价值。资产负债表主要反映商业银行以下几方面情况:①反映商业银行所拥有或控制的经济资源及其分布状况;②反映商业银行所承担的负债及其状况;③反映商业银行所有者权益的构成及其状况;④为商业银行未来财务状况变化趋势提供信息。报表使用者可以据此分析商业银行资产结构及其资产质量的总体情况,分析商业银行贷款质量及其内在风险,评价商业银行的经营业绩,预测其发展前景,进而做出合理的经济决策。

二、利润表

利润表又称损益表,反映商业银行在一定会计期间内的损益情况。商业银行通过编制利润表如实反映其在一定会计期间内实现的营业收入以及与收入相配比的成本费用等情况。政策性银行、信托投资公司、租赁公司、财务公司等均应执行商业银行利润表格式和附注的规定,如有特别需要,可以结合本企业的实际情况,进行必要调整和补充。

(一)利润表内容和格式

常见的利润表结构有单步式和多步式两种,我国企业会计制度规定,商业银行利润表的结构一般采用多步式,即通过对当期的收入、费用、支出项目按性质加以归类,按利润形成的主要环节列示一些中间性利润指标,分步计算当期净损益。具体而言,商业银行多步式利润表主要分为四部分内容:第一部分是反映主营业务的构成情况,包括利息收入、手续费收入、投资收益、公允价值变动损益、汇兑损益和其他业务收入;第二部分是营业支出,反映商业银行开展业务的成本和费用支出,包括营业税金及附加、业务及管理费、资产减值损失及其他业务成本;第三部分是营业外收支;第四部分是利润总额和净利润。商业银行利润表的格式和内容见表12-2所列。

(二)利润表的编制方法

利润表中的栏目分为"上期金额"和"本期金额"。"上期金额"栏反映各项目上期实际发生数;"本期金额"栏反映各项目本期实际发生数。在编制年度利润表时,应将"本期金额"栏改为"本年金额","上期金额"栏改为"上年金额"。年度利润表中"上年金额"栏内各项数字应根据上年度利润表中"本年金额"栏内所列数字填列。如果上年度利润表规定各个项目的名称和内容同本期不一致,应对上年度利润表各项目名称和数字按本年度规定进行调整,填入"上年金额"栏。"本期金额"栏反映各项目本期实际发生额。

表 12-2　利润表　　　　　　　　　　　　　　　　　会商银 02

编制单位:　　　　　　　　　年　月　日　　　　　　　　　　　　单位:元

项　　　目	本期金额	上期金额
一、营业收入		
利息净收入		
利息收入		
利息支出		

项　目	本期金额	上期金额
手续费及佣金净收入		
手续费及佣金收入		
手续费及佣金支出		
投资收益（损失以"－"号填列）		
其中：对联营企业和合营企业的投资收益		
公允价值变动收益（损失以"－"号填列）		
汇总收益（损失以"－"号填列）		
其他业务收入		
二、营业支出		
营业税金及附加		
业务及管理费		
资产减值损失		
其他业务成本		
三、营业利润（亏损以"－"号填列）		
加：营业外收入		
减：营业外支出		
四、利润总额（亏损总额以"－"号填列）		
减：所得税费用		
五、净利润（净亏损以"－"号填列）		
六、每股收益		
（一）基本每股收益		
（二）稀释每股收益		
七、其他综合收益		
八、综合收益		

利润表各项目的填列方法如下：

（1）"利息净收入"项目，应根据"利息收入"科目金额减去"利息支出"科目金额后的余额计算填列。"利息收入"和"利息支出"项目，反映的是商业银行经营存贷款业务、与其他金融机构之间发生资金往来等确认的利息收入和发生的利息支出,分别根据"利息收入"和"利息支出"科目期末结转利润科目的数额填列。

(2)"手续费及佣金净收入"项目,应根据"手续费及佣金收入"科目金额,减去"手续费及佣金支出"科目金额后的余额计算填列;"手续费及佣金收入"和"手续费及佣金支出"项目,反映商业银行在经营活动中确认的各项手续费、佣金收入和发生的各项手续费、佣金支出,分别根据"手续费及佣金收入"、"手续费及佣金支出"科目期末结转利润科目的数额填列。

(3)"投资收益"、"公允价值变动收益"、"汇兑收益"项目反映商业银行以各种方式对外投资取得的收益、按照相关准则规定应计入当期损益的资产或负债公允价值变动收益、汇率变动形成的收益,如为损失,以"一"号列示,分别根据"投资收益"、"公允价值变动损益"、"汇兑损益"科目期末结转利润科目的数额分析填列。

(4)"其他业务收入"、"其他业务成本"项目,反映商业银行经营的主营业务以外的其他业务中所取得的收入和发生的成本,根据期末结转利润科目的数额填列。

(5)"营业税金及附加"、"业务及管理费"、"资产减值损失"项目,反映商业银行交纳的营业税及附加税费、业务及管理费、资产减值损失等项目,分别根据"营业税金及附加"、"业务及管理费"、"资产减值损失"科目期末结转利润科目的数额填列。

(6)"营业外收入"、"营业外支出"、"所得税费用"等项目,反映商业银行发生与其经营活动无直接关系的各项收入和支出,以及根据所得税准则确认的从当期利润总额中扣除所得税费用,分别根据"营业外收入"、"营业外支出"、"所得税费用"期末结转利润科目的数额填列。

(三)利润表的作用

利润表提供的盈利或亏损的信息,是衡量商业银行管理效率高低的依据,对债权人、投资者等报表使用者具有重要的参考作用。通过阅读利润表可以了解:商业银行利润多少或亏损的程度及形成原因,据以分析、考核商业银行经营目标和利润计划的执行情况;商业银行经营业绩的主要来源和构成,据以判断净利润的质量及风险以及净利润的持续性;商业银行依法纳税情况;基于对商业银行投资的价值分析,据此判断商业银行资本保值增值情况。

另外,将利润表中的信息与资产负债表中的信息相结合,还可以对商业银行进行进一步财务分析提供相关资料,如资产收益率、存货周转率等财务指标,便于报表使用者判断商业银行未来的发展趋势,做出正确的经济决策。

三、现金流量表

现金流量表是以现金为基础,反映商业银行在一定时期内现金和现金等价物流入和流出的财务状况变动表。现金流量表能够综合反映商业银行获得现金和现金等价物的能力。

（一）现金流量表的内容和格式

现金流量表是以现金及现金等价物为基础，按照收付实现制原则编制，并将权责发生制下的盈利信息调整为收付实现制下的现金流量信息。

根据商业银行业务活动的性质和现金流量的来源不同，可以将商业银行在一定期间产生的现金流量分为以下三类：

（1）经营活动产生的现金流量，主要包括吸收存款、发放贷款、同业存放、同业拆借、利息收入和利息支出、收回的已于前期核销的贷款等。

（2）投资活动产生的现金流量，主要包括权益性证券的投资、债券投资、固定资产、无形资产和其他长期投资等。

（3）筹资活动产生的现金流量，主要包括吸收权益性资本、发行债券、借入资金、支付股利和偿还债务等。

商业银行现金流量表是由主表和附表（补充材料）两部分组成，分类反映其经营活动、投资活动和筹资活动产生的现金流量，并最后汇总反映商业银行某一会计期间现金及现金等价物的净增加额。现金流量表的主表要求用直接法编制，同时要求附表采用间接法来反映。商业银行现金流量表的主表及附表的格式和内容见表 12-3 和表 12-4 所列。

表 12-3　现金流量表　　　　　　　　　会商银 03

编制单位　　　　　　＿＿＿年＿＿＿＿＿＿月　　　　　　　　　单位：元

项　目	本期余额	上期余额
一、经营活动产生的现金流量		
客户存款和同业存放款项净增加额		
向中央银行借款净增加额		
向其他金融机构拆入资金净增加额		
收取利息、手续费及佣金的现金		
收到其他与经营活动有关的现金		
经营活动现金流入小计		
客户贷款及垫款净增加额		
存放中央银行和同业款项净增加额		
支付手续费及佣金的现金		
支付的各项税费		

项　　目	本期余额	上期余额
支付其他与经营活动有关的现金		
经营活动现金流出小计		
经营活动产生的现金流量净额		
二、投资活动产生的现金流量		
收回投资收到的现金		
取得投资收益收到的现金		
收到其他与投资活动有关的现金		
投资活动现金流入小计		
投资支付的现金		
购建固定资产、无形资产和其他长期资产支付的现金		
支付其他与投资活动有关的现金		
投资活动现金流出小计		
投资活动产生的现金流量净额		
三、筹资活动产生的现金流量		
吸收投资收到的现金		
发行债券收到的现金		
收到其他与筹资活动有关的现金		
筹资活动现金流入小计		
偿还债务支付的现金		
分配股利、利润或偿付利息支付的现金		
支付其他与筹资活动有关的现金		
筹资活动现金流出小计		
筹资活动产生的现金流量净额		
四、汇率变动对现金及现金等价物的影响		
五、现金及现金等价物净增加额		
加:期初现金及现金等价物余额		
六、期末现金及现金等价物余额		

第十二章

财务报告

补充资料	本期金额	上期金额
1. 将净利润调节为经营活动现金流量		
净利润		
加：资产减值准备		
固定资产折旧、油气资产折旧、生产性生物资产折旧		
无形资产摊销		
长期待摊费用摊销		
处置固定资产、无形资产和其他长期资产的损失（收益以"－"号填列）		
固定资产报废损失（收益以"－"号填列）		
公允价值变动损失（收益以"－"号填列）		
财务费用（收益以"－"号填列）		
投资损失（收益以"－"号填列）		
递延所得税资产减少（收益以"－"号填列）		
递延所得税负债增加（收益以"－"号填列）		
存货的减少（收益以"－"号填列）		
经营性应收项目的减少（收益以"－"号填列）		
经营性应收项目的增加（收益以"－"号填列）		
其他		
经营活动产生的现金流量净额		
2. 不涉及现金收支的重大投资和筹资活动		
债务转为资本		
一年内到期的可转换公司债券		
融资租入固定资产		
3. 现金及现金等价物净变动情况		
现金的期末余额		

补充资料	本期金额	上期金额
减：现金的期初余额		
加：现金等价物的期末余额		
减：现金等价物的期初余额		
现金及现金等价物增加额		

（二）现金流量表的编制方法

商业银行现金流量表各项目的填制方法如下：

1. 经营活动产生的现金流量

（1）"客户存款和同业存放款项净增加额"项目，反映商业银行本期吸收的金融机构以及非同业存放意外的各种存款的增加额。本项目应根据"吸收存款"、"存放同业"、"其他金融机构存放"等科目的记录分析填列；商业银行也可以根据实际情况将本项目分解成更详细的项目来反映。

（2）"向中央银行借款净增加额"项目，反映商业银行本期向中央银行借入款项的净增加额，根据"向中央银行借款"科目记录分析填列。

（3）"向其他金融机构拆入资金净增加额"项目，反映商业银行向其他金融机构拆入款项所取得现金减去拆借给其他金融机构款项而支付的现金后的增加额。本项目根据"拆入资金"和"拆出资金"科目的记录分析填列。

（4）"收取利息、手续费及佣金的现金"项目，反映商业银行本期收到的利息、手续费及佣金减去支付的利息手续费及佣金的净额。本项目可以根据"利息收入、手续费及佣金收入"、"应收利息"等科目的记录分析填列。

（5）"收到其他与经营活动有关的现金"项目，反映银行收到其他与经营活动有关的现金。

以上各项（1～5项）合计填列入经营活动现金流入小计项目。

（6）"客户贷款及垫款净增加额"项目，反映商业银行本期发放的各种贷款、办理商业票据贴现、转贴现的融入及融出资金等业务的净增加额。本项目根据"贷款"、"贴现资产"、"贴现负债"科目的记录分析填列。

（7）"存放中央银行和同业款项净增加额"项目，反映银行本期存放于中央银行及其他金融机构款项净增加额。本项目根据"存放中央银行款项"、"存放同业"等科目的记录分析填列。

（8）"支付手续费及佣金的现金"项目，反映商业银行支付的利息、手续费及佣金。本项目可以根据"手续费及佣金支出"等科目的记录分析填列。

(9)"支付给职工以及为职工支付的现金"项目,反映商业银行为职工支付的各种费用,包括工资、养老金、医疗保险、失业保险以及工伤保险、解除劳动关系的补偿及其他福利费。本项目根据"现金"、"银行存款"、"应付职工薪酬"等科目的记录分析填列。

(10)"支付的各项税费"项目,反映商业银行按照规定支付的各种税费,包括本期发生本期支付的税费、本期支付以前各期发生的税费和预交的税费。本项目根据"银行存款"、"应付税费"等科目的记录分析填列。

(11)"支付其他与经营活动有关的现金"项目,反映支付其他与经营活动有关的现金。

以上各项(6~11项)合计列入经营活动现金流出小计项目。经营活动现金流入小计与经营活动现金流出小计相减后得到经营活动现金流量净额。

2. 投资活动产生的现金流量

(1)"收回投资收到的现金"项目,反映商业银行出售、转让或到期收回除现金等价物以外的"持有至到期投资"、"投资性房地产"、"固定资产"、"处置公司及其他营业单位收到的现金"净额;银行也可以根据实际情况将本项目细分。本项目可以根据"持有至到期投资"、"投资性房地产"、"固定资产"、"长期股权投资"、"现金"、"银行存款"等科目记录分析填列。

(2)"取得投资收益收到的现金"项目,反映商业银行因股权投资而分得的现金股利以及因股权投资和其他投资以现金方式实际分得的利润。本项目应根据"应收股利"、"应收利息"、"投资收益"、"现金"、"银行存款"等科目记录分析填列。

(3)"投资支付的现金"项目,反映商业银行因对外投资而支付的现金。根据"长期股权投资"、"持有至到期投资"、"现金"、"银行存款"等科目记录分析填列。

(4)"购建固定资产、无形资产和其他长期资产支付的现金"项目,反映商业银行购买建造固定资产、取得无形资产和其他长期资产而支付的现金及税款。根据"固定资产"、"在建工程"、"无形资产"、"现金"、"银行存款"等科目的记录分析填列。

3. 筹资活动产生的现金流量

(1)"吸收投资收到的现金"项目,反映商业银行因发行股票方式筹集资金实际收列的款项净额,其中发行过程中由银行直接支付的审计费用、咨询费用等直接费用在收到的款项中扣除。根据"实收资本(或股本)"、"资本公积"、"无形资产"、"现金"、"银行存款"等科目记录分析填列。

(2)"发行债券收到的现金"项目,反映商业银行因发行债券方式筹集资金实际收到的款项净额,其中发行过程中由银行直接支付的审计费用、咨询费用等直接费用在收到的款项中扣除。根据"应付债券"、"现金"、"银行存款"等科目记录分析填列。

(3)"偿还债务支付的现金"项目,反映商业银行偿还长期债务本金而支付的现金,根据"应付债券"、"现金"、"银行存款"等科目记录分析填列。

(4)"分配股利、利润或偿付利息支付的现金"项目,反映商业银行因分配股利、利润或偿付债券利息支付的现金,根据"应付债券"、"应付股利"、"现金"、"银行存款"等科目记录分析填列。

(三)现金流量表的作用

商业银行编制现金流量表,能够为报表使用者提供一定会计期间商业银行现金及等价物的流入和流出信息,有助于报表使用者能够正确判断和评价商业银行获取现金和现金等价物的能力,并据以预测商业银行未来的现金流量。现金流量表弥补了资产负债表和利润表提供信息的不足,有助于报表使用者分析商业银行收益质量及现金净流量的影响因素,有助于报表使用者正确评价商业银行支付能力、偿债能力和发展能力,便于其做出合理的经济决策。

四、所有者权益变动表

(一)所有者权益变动表的内容和格式

所有者权益变动表是反映商业银行所有者权益的各个组成部分当期的增减变动及其影响因素的报表,它不仅要反映所有者权益总量的增减变动,还应反映所有者权益增加和减少变动情况的重要结构性信息,让报表使用者能够准确了解所有者权益增减的根源。

所有者权益变动表各项目应根据商业银行当期净利润、直接计入所有者权益的利得和损失、所有者投入资本和向所有者分配利润、从利润中提取盈余公积、一般风险准备金等情况分析填列。直接计入当期损益的利得和损失应包含在净利润中。直接计入所有者权益的利得和损失主要包括可供出售金融资产公允价值变动净额、现金流量套期工具公允价值变动净额等,应单列项目反映。

所有者权益变动表包括表头和正表两部分。其中,表头列示所有者权益变动表、编制单位、货币单位、会计分期等信息。正表以矩阵形式列示:一方面,列示导致所有者权益变动的交易或事项,对特定时期所有者权益变动情况进行全面反映;另一方面,按照所有者权益各组成部分(包括实收资本、资本公积、盈余公积、一般风险准备、未分配利润和库存股)及其总额列示交易或事项对所有者权益的影响。为了比较所有者权益的变动情况,表中列示的项目分为"本年金额"和"上年金额"两栏,需要分别填列。

表 12-5　所有者权益变动表

会商银 05

编制单位：　　　　　　　　　　　　　年度　　　　　　　　　　　　　单位:元

项　　目	本年金额							上年金额						
	实收资本	资本公积	减库存股	盈余公积	一般风险准备	未分配利润	所有者权益合计	实收资本	资本公积	减库存股	盈余公积	一般风险准备	未分配利润	所有者权益合计
一、上年年末金额														
加:会计政策变更														
前期差错更正														
二、本年年初余额														
三、本年增减变动金额(减少以"－"号填列)														
(一)净利润														
(二)直接计入所有者权益的利得和损失														
1.可供出售金额资产公允价值变动金额														
(1)计入所有者权益的金额														
(2)转入当期损益的金额														
2.现金流量套期工具公允价值变动净额														
(1)计入所有者权益的金额														
(2)转入当期损益的金额														
(3)计入被套期项目初始确认金额中的金额														
3.权益法下被投资单位其他所有者权益变动的影响														

项　目	本年金额							上年金额						
	实收资本	资本公积	减:库存股	盈余公积	一般风险准备	未分配利润	所有者权益合计	实收资本	资本公积	减:库存股	盈余公积	一般风险准备	未分配利润	所有者权益合计
4. 与计入所有者权益项目相关的所得税影响														
5. 其他														
上述（一）和（二）小计														
（三）所有者投入和减少资本														
1. 所有者投入资本														
2. 股份支付计入所有者权益的金额														
3. 其他														
（四）利润分配														
1. 提取盈余公积														
2. 提取一般风险准备														
3. 对所有者（或股东）的分配														
4. 其他														
（五）所有者权益内部结转														
1. 资本公积转增资本（或股本）														
2. 盈余公积转增资本（或股本）														
3. 盈余公积弥补亏损														
4. 一般风险准备弥补亏损														
5. 其他														
四、本年年末金额														

（二）所有者权益变动表的编制方法

所有者权益变动表应根据所有者权益账户及其所属明细账户的发生额分析填列。"上年金额"栏内各项数字根据上年所有者权益变动表中的"本年金额"栏的数据填列;"本年金额"栏内各项数字应根据"实收资本"、"资本公积"、"盈余公积"、"一般风险准备"、"未分配利润"、"库存股"、"以前年度损益调整"等账户进行分析填列。

(1)"上年年末余额"项目,反映商业银行上年年末各所有者项目的余额。

(2)"会计政策变更"、"前期差错更正"项目,反映商业银行由于会计政策变更或前期会计差错对以前年度所有者各项目的影响金额,主要涉及"盈余公积"、"未分配利润"项目。

(3)"本年年初余额"项目,反映所有者权益各项目"上年年末余额"经过"会计政策变更"、"前期差错更正"项目调整后的金额。

(4)"本年增减变动金额"项目,反映商业银行所有者权益增加或减少额,根据"净利润"、"直接计入当期所有者权益的利得和损失"等项目对所有者权益的影响金额合计填列。

(5)"净利润"项目,反映商业银行全年实现的净利润,根据"利润表"中的"净利润"项目金额填入本表"未分配利润"项目。

(6)"直接计入所有者权益的利得和损失"项目,反映商业银行当期直接计入所有者权益的利得和损失,根据"资本公积"账户的明细账分析计算填入本表的"资本公积"项目。

(7)"可供出售金融资产公允价值变动净额"项目,反映商业银行持有可供出售金融资产公允价值变动金额,对应填在"资本公积"栏,其中转入当期损益填入"未分配利润"栏。

(8)"权益法下被投资单位其他所有者权益变动的影响项目",反映商业银行对权益法核算的长期股权投资,被投资单位除了实现净利润外其他所有者权益变动中应该享有的份额,并对应填在"资本公积"栏。

(9)"与计入所有者权益项目相关的所得税影响"项目,反映商业银行按《企业会计准则第 18 号——所得税》规定应计入所有者权益项目的所得税影响额,对应填在"资本公积"栏。

(10)"所有者投入资本"项目,反映所有者投资所形成的股本和股本溢价,并对应填在"股本"("实收资本")和"资本公积"栏。

(11)"股份支付计入所有者权益的金额"项目,反映商业银行处于等待期内权益结算的股份支付当年计入资本公积的金额,对应填在"资本公积"栏。

(12)"提取盈余公积"项目,对应填在"盈余公积"栏。根据"盈余公积"、"利润分配"账户及其所属明细账本期发生额计算填入"盈余公积"和"未分配利润"项目。

(13)"对股东(所有者)的分配"项目,反映商业银行应付给股东(所有者)

的利润,对应填在"未分配利润"栏。

(14)"资本公积转增资本(股本)"项目,反映商业银行用资本公积转增资本(股本)的金额,对应填在"资本公积"和"实收资本"栏。

(15)"盈余公积转增资本(股本)"项目,反映商业银行用盈余公积转增资本(股本)的金额,对应填在"盈余公积"和"实收资本"栏。

(三)所有者权益变动表的作用

所有者权益变动表反映了商业银行各项交易和事项引起的所有者权益增减变动及其各组成部分增减变化的结构性信息,有助于报表使用者分析商业银行所有者权益的来源和构成。同时,该表不仅列示了直接计入所有者权益的利得和损失,也列示了归属所有者权益变动的净利润,体现了商业银行综合收益的特点。

所有者权益变动表全面反映了商业银行所有者权益年度变化情况,综合揭示了商业银行当期经营活动对净资产的影响,便于报表使用者准确把握所有者权益增减变动情况,进而深入分析商业银行资本保值增值情况,从而做出理性的投资决策。

五、财务报表附注

附注是财务报表的重要组成部分。附注是对报表中列示的项目的文字描述,以及对未能在这些报表中列示项目的说明,从而有助于报表使用者理解和使用会计信息。报表使用者要了解商业银行的财务状况、经营成果、现金流量和所有者权益变动情况,应当全面阅读附注。商业银行应按会计准则的要求,在财务报表附注中至少披露下列内容,非重要项目除外。

(1)商业银行的基本情况。

① 商业银行注册地、组织形式和总部地址;

② 商业银行的业务性质和主要经营活动;

③ 母公司以及集团母公司的名称;

④ 财务报表的批准报出机构和日期。

(2)财务报表的编制基础。

(3)遵循企业会计准则的声明。

商业银行应声明编制的报表符合会计准则的要求,真实、完整地反映了商业银行的财务状况、经营成果和现金流量等有关信息。

(4)重要会计政策和会计估计的说明。

商业银行应当披露的重要会计政策和会计估计;披露的重要会计政策包括会计政策确定的依据和财务报表项目的计量基础等,披露会计估计中采用的关键假设和不确定因素。

(5)会计政策和会计估计变更以及差错更正的说明。

商业银行应按照《企业会计准则第28号——会计政策、会计估计及差错变更》的规定,披露会计政策、会计估计及差错变更的有关情况。

(6)报表重要项目的说明。

商业银行对报表重要项目的说明,按照资产负债表、利润表、现金流量表、所有者权益变动表及其项目列示的顺序,采用文字或数字描述相结合的方式进行披露。披露内容主要有:

① 现金及存放中央银行款项的构成及期初、期末账面余额等信息。

② 拆出资金的期初、期末账面余额等信息。

③ 交易性金融资产的构成及期初、期末账面价值等信息。

④ 衍生工具的构成及期初、期末账面余额等信息。

⑤ 买入返售金融资产的构成及期初、期末账面余额等信息。

⑥ 发放贷款及垫款。

⑦ 可供出售金融资产的构成及其期初与期末的公允价值等信息。

⑧ 持有至到期投资的构成及其期初与期末账面余额等信息。

⑨ 其他资产(存出保证金、应收股利、其他应收款、抵债资产)账面价值等信息。

⑩ 企业应分别借入中央银行款项、外汇存款等披露期末账面余额和年初账面余额。

⑪ 企业应分别同业、其他金融机构存放款项披露期末账面余额和年初账面余额。

⑫ 企业应分别银行拆入、非银行金融机构拆入披露期末账面余额和年初账面余额。

⑬ 交易性金融负债(不含衍生金融负债)的期初、期末公允价值。

⑭ 卖出回购金融资产款的构成及其期初、期末账面余额等信息。

⑮ 吸收存款的构成及其期初、期末账面余额。

⑯ 应付债券的发行情况及其期初、期末账面余额。

⑰ 其他负债(存入保证金、应付股利、其他应付款)期初、期末账面余额。

⑱ 披露一般风险准备的期末、年初余额及计提比例。

⑲ 利息收入与利息支出的构成及其本期、上期发生额等信息。

⑳ 手续费及佣金收入与支出的构成及其本期、上期发生额等信息。

㉑ 投资收益的构成及其本期、上期发生额等信息。

㉒ 公允价值变动收益的构成及其本期、上期发生额等信息。

㉓ 业务及管理费的构成及其本期、上期发生额等信息。

㉔分部报告。以业务分部为主要报告形式,在主要报告形式基础上,对于次要报告形式,企业还应披露对外交易收入、分部资产总额。

㉕担保物。按照《企业会计准则第 37 号——金融工具列报》相关规定进行披露。

㉖金融资产转移(含资产证券化)。按照《企业会计准则第 37 号——金融工具列报》相关规定进行披露。

(7)或有事项。

商业银行按照《企业会计准则第 13 号——或有事项》第 14、15 条的相关规定进行披露信贷承诺、经营租赁承诺、资本支出承诺、证券承销承诺以及债券承销承诺等相关情况。

(8)资产负债表日后事项。

商业银行应当在报表附注中披露每项重要的资产负债表日后非调整事项的性质、内容及其对财务状况和经营成果的影响,无法做出估计的,应当说明原因。

(9)关联方关系及其交易。

(10)风险管理。

按照《企业会计准则第 87 号——金融工具列报》对商业银行的信用风险、流动风险、外汇风险、套期保值等信息进行披露。

调研与实践题:

组织学生实地调研商业银行年度相关财务报表,使学生进一步理解其财务报表编制的方法、流程以及需要注意的事项。

复习思考题:

1. 简述金融企业财务报表的种类及内容。

2. 如何认识金融企业财务报表的作用?举例说明。

3. 简述商业银行资产负债表、利润表、现金流量表的编制方法。

4. 简述商业银行所有者权益变动表的内容和格式。

5. 简述商业银行报表附注披露的内容。

推荐拓展阅读:

1. 财政部会计司. 企业会计准则讲解[M]. 北京:人民出版社,2010.

2. 章颖薇. 金融企业会计[M]. 成都:西南财经大学出版社,2008.

3. 孟艳琼. 金融企业会计[M]. 武汉:武汉理工大学出版社,2012.

参考文献

[1] 财政部会计司. 企业会计准则讲解[M]. 北京:人民出版社,2010.

[2] 杨华. 金融企业新会计准则应用与讲解[M]. 北京:中国金融出版社,2007.

[3] 财政部. 企业会计准则[M]. 北京:经济科学出版社,2006.

[4] 财政部. 企业会计准则——应用指南[M]. 北京:中国财政经济出版社,2006.

[5] 于卫兵. 金融企业会计[M]. 沈阳:东北财经大学出版社,2014.

[6] 亚春林. 金融企业会计[M]. 上海:立信会计出版社,2014.

[7] 王允平. 金融企业会计学[M]. 北京:经济科学出版社,2013.

[8] 孟艳琼. 金融企业会计[M]. 武汉:武汉理工大学出版社,2013.

[9] 李燕. 金融企业会计[M]. 沈阳:东北财经大学出版社,2013.

[10] 王海荣,徐旭东. 金融企业会计[M]. 北京:人民邮电出版社,2013.

[11] 于小镭. 新企业会计实务讲解(金融企业类—第2版)[M]. 北京:机械工业出版社,2013.

[12] 李刚. 金融企业会计实务(第2版)[M]. 北京:首都经济贸易大学出版社,2013.

[13] 任聪聪,冯凌茹. 金融企业会计[M]. 北京:中国财政经济出版社,2012.

[14] 程祖伟,韩玉军. 国际贸易结算与融资[M]. 北京:中国人民大学出版社,2012.

[15] 王金媛. 银行会计学[M]. 北京:科学出版社,2011.

[16] 于春红. 银行会计学[M]. 北京:对外经济贸易大学出版社,2009.

[17] 王保平. 商业银行会计实务[M]. 北京:中国财政经济出版社,2009.

[18] 戴建中. 国际银行业务[M]. 北京:清华大学出版社,2008.

[19] 章颖薇. 金融企业会计[M]. 成都:西南财经大学出版社,2008.

[20] 李晓梅,关新红. 金融企业会计[M]. 北京:首都经济贸易大学出版社,2006.